Zum 11. Juli 1992

Zur mentalen Vorbereitung
auf das bevorstehende
Ereignis ...!

Alles liebe zum 65.

Pamela & Thomas

„Über den Wolken, muß die Freiheit
wohl grenzenlos sein ..."

„Erfüll' den Träumen
jede Bitte, denn „genug"
ist nie genug!"

„... den Mut voraus – hochhinaus!"

Brucksch · ABENTEUER BALLONFAHREN

THEODOR BRUCKSCH

Abenteuer Ballonfahren

PIETSCH VERLAG STUTTGART

Einbandgestaltung: Siegfried Horn

ISBN 3-613-50078-7

1. Auflage 1988

Ein Unternehmen der Paul Pietsch-Verlagsgruppe GmbH & Co. KG

Satz und Druck: Voralpendruck Sulzberg Klaus Kratz, 8961 Sulzberg im Allgäu
Bindung: Franz Spiegel Buch GmbH, 7900 Ulm
Printed in Germany

Inhalt

Vorwort

Gut 200 Jahre ist es her, daß der Ballon die Geschichte der Luftfahrt eröffnet hat. Im Jahre 1783 stiegen die ersten ›Luftschiffe‹ auf, die von den Brüdern Montgolfier entworfenen Heißluftballone, die Montgolfieren und die von Professor Charles und den Brüdern Robert entwickelten Gasballone, die Charlieren. Seitdem hat sich an den Ballonen nicht viel verändert. Und das ist gut so. Da hat es wohl Verbesserungen am Material gegeben, da sind Gewinnung, ›Verpackung‹ und Transport von Wasserstoff weit weniger umständlich geworden, da reagiert der moderne Heißluftballon sozusagen auf Knopfdruck. Doch wie eh und je ist der Ballon nur bedingt steuerbar. Seine Fahrt ist dem Wind ausgeliefert. Der Gasballon sinkt durch den Zug an der Ventilleine oder steigt durch Verringerung des Ballastes. Und der Heißluftballon sinkt durch die Abkühlung und steigt durch die Erhitzung der Innenluft. Und die Ballöner – so nennen sich jene, die sich dieser altertümlichen Art zu fliegen verschrieben haben – wünschen sich, daß es so bleibt, so wie sie ja auch nicht ›fliegen‹, sondern ›fahren‹. Denn es ist schon eine besondere Art, die Welt von oben zu betrachten: Natürlich ist auch das Ballonfahren heute den Reglementierungen des Luftverkehrs unterworfen, doch hat es seine ursprüngliche Romantik bewahren können. Beschaulich zieht die Welt unter dem Ballon vorbei, und von der Plattform des Ballonkorbs aus gesehen wird das von Menschen Gemachte klein. Der Mensch im Korb nimmt Eindrücke auf, läßt seine Gedanken schweifen. Für viele oder große Worte bleibt da wenig Platz. Ein wenig von dieser Beschaulichkeit, von dieser Naturnähe, aber auch vom Abenteuer des Zufalls möchte ich in diesem Buch spürbar werden lassen.

Wie ich zum Ballonfahren kam? Nun, oft werden solche Fragen mit dem Hinweis auf die uralte Sehnsucht des Menschen, fliegen zu können, beantwortet; da mag auch ein Gesichtspunkt sein, sich zeitweise von der geschäftigen, lauten Menschheit loszulösen. Das hat sicher auch bei mir eine große Rolle gespielt – aber genau genommen kam ganz einfach eins zum anderen ...

Noch gut in Erinnerung ist mir jener 1. Mai vor mehr als drei Jahrzehnten, als mich das Bähnle nach Süden, ins Allgäu brachte und mich die Allgäuer Alpen mit ihrem hellglitzernden Firn begrüßten. Ein herrliches Bild war's, aber (noch) nicht mehr als ein Bild. Jahrzehnte harter Arbeit folgten, aber auch Stunden der Freizeit, in denen ich mich erholen konnte, in denen ich mir diese prächtigen Berge erschloß. Auf Gipfeln, in Tobeln wurde ich ebenso heimisch wie in den Berghütten. Ich bekam einen Blick für die Kostbarkeiten dieser Landschaft, die Kamera half mir, Gesehenes zu bewahren.

Oft sah ich auf meinen Touren den Bergdohlen zu, diesen unscheinbaren Vögeln, die sich in den Aufwinden so souverän zu bewegen verstanden; hin und wieder zog ein Adler ruhig seine Kreise. Bewunderung und ein bißchen Neid waren da zu spüren. Doch auch die von den Menschen ge-

◄ *Romantisch-beschauliches Fahren am Himmel.*

machten Fluggeräte, Segelflugzeuge und die so seltenen Ballone, die ich zu Gesicht bekam, schienen mir unerreichbar, waren nur Teil eines Bildes, wie die Berge damals an jenem 1. Mai. Aber die Wege Gottes sind wunderbar …

Irgendwann hatte ein Arbeitskollege, Angehöriger der Bergwacht, mitgeholfen, einen Ballon zu bergen, der unter recht dramatischen Umständen hatte landen müssen. Dafür bekam er eine Ballonfahrt geschenkt. Und mein Kollege war sofort Feuer und Flamme. Der Ballonsport wurde sein großes Freizeitvergnügen, er legte sogar die Pilotenprüfung ab.

Auch ich hatte durch ihn die Gelegenheit bekommen, mich den Ballönern anzuschließen. Doch ich konnte nicht sofort in den Korb. Zuerst saß ich unzählige Male im Verfolgerauto, ja ich mußte erst mal meine Abneigung dem Auto gegenüber aufgeben. Aber auch das Verfolgen ist ein interessanter Teil des Ballonsports (von der Notwendigkeit mal abgesehen). So glaubte man wohl dann, ich sei ein absoluter Autonarr, oder die Piloten hatten schlicht nicht daran gedacht, mich mit in den Korb zu nehmen. Und eines Tages, ich war völlig überrascht, war es dann doch soweit …

Beinahe 100 Fahrten mit dem Gas- und Heißluft-Ballon liegen heute hinter mir. Ich habe die Ausbildung zum Ballon-Piloten nicht gemacht – so weit ging mein Ehrgeiz nicht. Das Hobby sollte für mich noch Vergnügen bleiben, ohne einem Club, einem Sponsor, einem Passagier gegenüber allzu viele Verpflichtungen eingehen zu müssen. Dennoch bin ich bei den Ballönern auf Leute gestoßen, die meine Freunde wurden. Ihnen möchte ich meinen Dank sagen.

Zuerst aber gilt mein Dank meiner Frau, die meinen ›Höhenkoller‹ so viele Jahre toleriert hat. Sie weiß, was Ballonfahren heißt: Mit unseren Kindern hat sie damals auf einer Fahrt ein Stück Himmel kennengelernt. Doch ihr schien der dafür notwendige Aufwand an Freizeit doch zu groß. Ihr sei dieses Buch gewidmet.

Großer Dank gebührt auch jenen, die mir zum Ballonsport verholfen haben. Da ist einmal Günther Math, jener Arbeitskollege von mir, ein lebensfroher Bergfreund und Ballonpilot. Aber noch mehr Alfred Schulz, der Pionier des Allgäuer Ballonsports und des Deutschen Heißluftballonsports. Ihnen verdanke ich mehr als ein Jahrzehnt Ballonerfahrung und -begeisterung. Auch allen Piloten und aktiven Ballönern des Alpen-Ballonsport-Clubs (ABC) in Sonthofen sei gedankt, denn nur mit ihnen gemeinsam konnte ich der begeisterte Ballonfahrer werden. Aber auch einem anderen sei gedankt, mit dem ich auf vielen Fahrten erleben konnte, wozu ein Ballon fähig ist: Ernst Bauer. Er hat sich dem Heißluftballon verschrieben und die Ballonsportgruppe Alpin in Sonthofen gegründet. Seinen Ballönern sei ebenfalls herzlich gedankt.

Ballönerfreundschaft verbindet mich mit Rolf Bitzer und seiner Gruppe, den Hohenzollerischen Ballonfahrern von der Schwäbischen Alb. Mit ihnen erlebte ich den ›Fliegenden Teppich‹ in kritischen Situationen, genoß die Fahrten mit dem ›Badcap‹. Dem Amerikaner Bob Snow danke ich für eine einzige unvergeßliche Fahrt. Ich weiß nun, daß Ballonfahren in Florida wenig mit dem Ballonfahren im Allgäu zu tun hat.

Freundschaft verbindet mich auch mit Peter Klossek, der mit mir gemeinsam der Ballonleidenschaft frönt. Seinem Zuspruch, seiner Ermunterung zu diesem Buch, gilt mein besonderer Dank.

Viele Ballöner haben auch mein Schweigen kennengelernt, denn beinahe nur schweigend – denke ich – ist das so kurze Glück am Himmel aufzunehmen. Deshalb möchte ich dem Leser einen Satz von Johann Nestroy mit auf den Weg durch dieses Buch geben, den ich etwas abgewandelt habe: »Zum Glück gibt's nur zwei Wege: Entweder sich niederzulassen in eine tiefe Furche, wo einem jeder Grashalm unserer Umgebung als etwas Großes erscheint, oder sich so hoch zu erheben, daß einem die Welt kleinwinzig erscheint.«

Die Ballöner

SIE RÜSTEN AUF ...

Manchmal schon in der Nacht, meist aber am frühen Morgen, an Wochenenden oder Feiertagen bei schönem Wetter, rüsten die Ballöner am Startplatz ihre Gaskugel auf. Aus dem Rüstzeug, einem Haufen Seilzeug aus hanfenem Netzwerk und einem Bündel gummierten Stoffes soll ein wohlgerundeter Ballon entstehen. Wenn nach einer Stunde des Entwirrens, Auslegens, Raffens und Ordnens der Wasserstoff in die Hülle zischt, dann wird es Zeit, daß sich über den Berggraten im Osten die Sonne erhebt, um unsere Welt mit Leben zu erfüllen.

Die Sonne betreibt ihr formvollendendes Tun schon seit Jahrmillionen. Der Ballon kann auf seine Entstehung etwas mehr als 200 Jahre zurückblicken. Der Freiballon hat die Entwicklung der heutigen Luft- und Raumfahrt eingeleitet. Er ist aber auch in seiner Entwicklung stehengeblieben. Und das ist gut so. Da mögen wohl einige Verbesserungen am Material erfolgt sein. Da mag es auch gelungen sein, das Wasserstoffgas weniger umständlich als einst herzustellen. Doch wie eh und je ist der Ballon in seiner horizontalen Fahrt nicht steuerbar. Die Gaskugel sinkt oder steigt noch heute nach dem Griff zur Ventilleine oder nach dem Verbrauch von ganz gewöhnlichem Sand. Ja, und die Ballöner wünschen sich, es möge so bleiben: Jede Vergewaltigung des Ballons würde aus ihm ein anderes Luftfahrzeug machen.

Annähernd zwei Stunden hat der Füllvorgang gedauert. Ein knappes Hundert Sandsäcke – je nach Größe des Ballons – hat nach mehrfachem Umhängen die untersten Maschen des Netzes und damit die Auslaufleinen erreicht. Mehr als tausend Kubikmeter Gas haben ihre Behälter gewechselt. Ganz gleich zu welcher Jahreszeit: Am Füllschlauch und an den leergewordenen Stahlflaschen des Gaswagens glitzert Rauhreif. Diese Eiskristalle bilden sich deshalb, weil durch das hochkomprimierte Gas ein Entspannungszustand eingesetzt hat, der auf den großen Druckunterschied zurückzuführen ist. Nur langsam leckt die Sonne die Kristalle weg. Der Ballon hat seine Falten verloren und seine Form vollendet. Beim leisesten Lufthauch pendelt er zur Seite. Es wird klar, warum die Gaskugel mit einem Netz umwoben ist, das wie eine Spinne, den Ballon am Boden hält. Wenig später hängt an den Auslaufleinen des Netzes, am Korbring, das Flechtwerk jenes Aussichtsraumes, dem sich drei oder vier Menschen anvertrauen werden, der Korb.

Der Ballonmeister hat seine Arbeit beendet, er übergibt den Ballon dem Piloten. Sind dann auch die anderen Mitfahrer an Bord, die Geräte überprüft und die Vorschriften der Neuzeit erfüllt, kann gestartet werden. Es ist soweit: Kinderaugen hängen sehnsüchtig an dem entfesselten Ballon, erwachsene Menschen schicken ihre Gedanken hinterher. Wir Ballöner bewundern den geraden Sitz des Ballons im Netz, die faltenlose Hülle. Mancher Fotojünger bewundert sein Motiv, das elegant und farbenprächtig so richtig an den

Warsteiner Pilsener
KÖNIGIN UNTER DEN BIEREN
ZEPPELIN

Himmel paßt und langsam entschwindet. Für die dort oben hat die lautlose Fahrt begonnen. Für die am Boden gebliebenen Ballöner beginnt das Abenteuer des Verfolgens.

SIE HEIZEN EIN ...

Eine Handvoll Ballöner genügt, um in einer halben Stunde aus einem Korb, einem Gestänge mit Rahmen und Brenner, ein paar Propangasflaschen mit Schläuchen, einigen Stahlseilen und einer Kunstfaserhülle sowie einem Gebläse, einen Heißluftballon, eine Montgolfiere entstehen zu lassen. Das hört sich einfach an, und das ist es auch, wenn die Mannschaft eingespielt ist und die Windverhältnisse mitmachen. Es kann aber auch anders sein.

Ein Ballonstart ist angekündigt. Die Mannschaft ist damit beschäftigt, Gerät, Korb und Hülle herzurichten. Die Brennerprobe erschreckt das erste Mal die neugierige Menge. Wenig später schaufelt ein großer Ventilator kalte Außenluft in die ausgelegte Hülle. Bereits jetzt packen die ersten Böen die sich blähende Nylonhülle. Die kleine Mannschaft hat alle Hände voll zu tun. Manchmal

◄ *Die verschiedenen Aufrüstphasen der Gasballone.*

▼ *Wenn ein Gebläse die ausgelegte Hülle mit Luft gefüllt hat, kann der Brenner einsetzen, um die Luft zu erwärmen.*

kommt Hektik auf. Windböen können die Öffnung der Hülle – die immer noch am Boden liegt – zudrücken. Der Heizvorgang muß dann unterbrochen werden, bis sich der Wind gelegt hat. Auch die Mannschaft am Topseil, das dem windanfälligen Ballon als Halteseil dient, hat viel zu tun. Bläst der Wind mit mehr als 15 Kilometern in der Stunde, wird das Füllen Probleme machen oder gar unmöglich sein.

So, nun hat es die Mannschaft trotz des Windes doch geschafft. Der Ballon hat sich aufgerichtet. Mehr als zwanzig Meter ragt er in die Höhe, zwei- bis dreitausend Kubikmeter erhitzte Luft blähen die farbenprächtige Hülle auf. Je stärker der Wind, desto schneller müssen im Korb die letzten Vorbereitungen für den Start getroffen werden. Dann faucht der Brenner seine Flammenstöße in die Hülle. Die Temperatur der Fülluft steigt, der größer werdende Auftrieb läßt den Ballon abheben. Je niedriger die Außentemperatur, desto größer der Auftrieb, je wärmer es draußen ist, desto mehr wird der Pilot heizen müssen.

SIE VERFOLGEN ...

Während jene dort oben ihre Ballonfahrt genießen und ihren Blick meist nach unten gerichtet haben, gibt es andere, die gebannt den Himmel absuchen, ob dort nicht irgendwo ihre Gaskugel schwebt. Das sind die Verfolger, die mit ihrem Fahrzeug dem Ballon auf den Fersen sind, um bei der Landung, auch einer Zwischenlandung, dabei zu sein. Schwebt der Ballon weit oben, als winzige, bunte Murmel, sieht es aus, als müßte er sich den Weg durch die Wolken bahnen. Für die Suchenden wird er dann zur berühmten Stecknadel im Heuhaufen. Manchmal ist er nur ein Pünktchen im Weiß und Blau der Himmelskuppel. Ein andermal scheint der Ballon über die Voralpenlandschaft zu rollen, wie einen Medizinball sehen ihn dann die Verfolger über blühende Wiesen und Waldstücke weghüpfen. Manchmal ähnelt die Gaskugel einem Wasserball, wenn sie bedenklich tief über einem der vielen Allgäuer oder oberbayerischen Seen dahinschwebt, oder einer Gasmurmel, die im Gegenlicht an den Wänden und Bergflanken der Alpen entlangrollt.

Strahlend ist auch mancher Wintertag. Wie eine aufgehende Sonne schwingt sich der pralle Ballon über die weiße Welt jener Jahreszeit. Über tiefverschneite Wiesen huscht dann ein langer Schatten. Die Nebelschleier, die von dampfenden Bächen und Seen aufsteigen, scheinen mit dem Ballon wetteifern und mit nach oben streben zu wollen.

Anders, aber nicht weniger faszinierend ist der Anblick des Heißluftballons. Wie eine riesige, auf den Kopf gestellte Birne schwebt er dahin. Durch seine Größe ist er auffälliger, seine bunte Nylonhülle leuchtet weithin, und der Stoff ist durchscheinend. Treffen den Ballon die Sonnenstrahlen, scheint er aufzuglühen. Hängt er noch im späten Licht am Himmel, wird er zum Lampion, in dem zeitweise eine große Kerze angezündet wird. Welcher Erwachsene, welches Kind könnte sich diesem Zauber entziehen?

So wechselt bei den Ballönern oft die Blickrichtung: Mal ist es der genießende Blick bei einer Ballonfahrt, mal der suchende Blick nach der am Himmel fahrenden Gaskugel oder Heißluftbirne. Der Ballöner, der diesmal im Korb steht, wird ein andermal sein Luftfahrzeug am Boden verfolgen. Beides gehört zum Hobby des Ballonfahrens, beides zusammen macht jenen besonderen Reiz aus.

Noch ein Wort sei dem Verfolger- oder Rückholfahrzeug gewidmet. Der eine Club oder Verein bevorzugt einen Kastenwagen, andere halten ein Allradfahrzeug mit Anhänger für geeigneter. Vielleicht ist es sogar ein Kleinbus, der für mehr Transportkapazität sorgt. Bei den Ballönern des Alpen-Ballonsport-Clubs in Sonthofen hieß das Fahrzeug immer schlicht und einfach ›Muli‹. Einst war es ein VW-Pritschenwagen mit Doppelkabine,

Das Verfolgerfahrzeug, der Muli, am gelandeten (zwischengelandeten?) Gasballon.

später ein Mercedes-Kastenwagen. Dem Verfolgerfahrzeug den Namen Muli zu geben, konnte treffender gar nicht sein. Er hat uns durch die süddeutschen Lande getragen, hat manchen Feld- und Waldweg aufgestöbert, viele Paßstraßen und manchen Alpweg erklommen. Bei Alpenüberquerungen hat er Gerät und Mannschaft von der Adria, vom Po und von den oberitalienischen Seen zurückgeholt. Er hat die Luft der österreichischen, italienischen und der Schweizer Alpen ebenso geschnuppert, wie die milde Luft an den Rebhängen der Wachau, des Wienerwaldes, des Burgenlandes und des Rheins. Er hat uns getreu durch die Reisfelder der Poebene gebracht, durch die Weizenfelder der Insel Fünen ebenso wie durch die Hopfengärten der Hallertau.

Das klingt wie eine Liebeserklärung. Dabei bin ich doch gar kein Autonarr. Beim Muli aber war es anders. Man wird das verstehen, wenn man weiß, welche Leistungen er vollbracht hat. Unermüdlich

OA-SE 84

verfolgte er den am Himmel dahinziehenden Ballon, und wenn er dann verpackt und aufgeladen war, wurde der Muli zum wirklichen Lastenträger. Schwerbeladen brachte er uns alle nach Hause.

Während der Ballonkorb oft Plattform für Gespräche mit der Seele sein konnte, so bot der Muli oft Gelegenheit für Gespräche unter den Verfolgern. Man bedenke nur, welche Gelegenheit sich bot, wenn stundenlange Verfolgungsfahrten vor uns lagen, wie sie bei Alpenüberquerungen, bei Weitfahrten oder bei Fahrten zu Auswärtsstarts üblich waren. Man hatte Zeit zum Zuhören, Probleme wurden gewälzt, da wurde gestritten, gesungen, gefachsimpelt, gelacht, es wurde Vergangenes aufgerollt, Zukunftsgedanken gesponnen. Manchmal wurden dabei Menschen mit all ihren Fehlern und Schwächen zu Freunden.

Der Muli diente auch als Schlafplatz, Kinderstube und Liebesnest. Da gab's Leute, da mag die Gegend, die Fahrt noch so interessant gewesen sein, sie schliefen zu jeder Tages- und Nachtzeit. Anstelle der Landschaft ließen sie ihre Träume vorüberziehen. Bei voraussichtlichen kürzeren Verfolgungsfahrten waren auch mal Kinder mit im Muli, manchmal hatte die Frau eines Ballonfahrers sogar ihr Kleinkind dabei, und das wollte gefüttert und gewickelt werden. Hin und wieder turtelte es im Muli. Das waren dann keine Brieftauben, sondern ein junges Pärchen. Schnäbelnd und schmusend lagen sie sich in den Armen, irgendwann waren sie eingeschlafen. Der siebente Himmel fiel für sie dann herunter, wenn wir am Ziel waren und der Ballon langsam vom Himmel fiel.

Viele Verfolgungsfahrten forderten vom Muli und seiner Besatzung das Äußerste. Während der Ballon am Himmel seine Fahrt dem unberechenbaren Wind überlassen mußte, wühlten sich die Mulifahrer durch den Verkehr. Ihre Aufgabe war es, sicher und schnell ans Ziel – zum landenden Ballon – zu kommen. Da wurde nicht allein der Fahrer gefordert, sein Beifahrer war ebenso wichtig: Je aufmerksamer er die Landkarte studierte, die Wegweiser beachtete, das Funkgerät bediente und den Himmel nach dem Luftfahrzeug absuchte, desto schneller konnten sie am Ballon sein. Trotz aufmerksamster und flottester Verfolgungsfahrt konnte sich der Ballon den Blicken der Verfolger entziehen. Vielleicht war auch der Funkkontakt unterbrochen – denn UKW-Sprechfunk ist auf freie Sichtlinie angewiesen – was der Fall sein konnte, wenn Berge den Sichtkontakt verhinderten oder der Ballon sehr tief fuhr, so daß jeder Wald, jeder Hügel schon die Sichtlinie unterbrach. Manchmal gelang es den Verfolgern, den Ballon wiederzufinden, wenn sie das letzte Stück der bisherigen Fahrtlinie des Ballons auf der Landkarte verlängerten. Diese Methode wurde oft bei Alpenüberquerungen angewandt, wenn der Muli ohne jeden Funkkontakt durch die Alpentäler eilte. Immer wieder ist es vorgekommen, daß nach mehrstündiger Funkstille an der flacher werdenden Alpensüdseite der Kontakt wieder da war – und die Mulitreiber in Jubel ausbrachen. Und hätte der Muli wiehern können, er hätte es in diesem Augenblick getan.

Es konnte aber auch anders kommen, und das war nicht weniger selten: Der Funkkontakt war und blieb weg. Für Verfolger wie Ballonfahrer gab es dann nur eins: die vereinbarte Telefonnummer zu Hause zu wählen, den Standort durchzugeben oder auch schon zu erfahren, wo sich die Gesuchten befanden. Das funktionierte immer recht gut, so daß sich Verfolger und Ballonfahrer bald wiedersehen konnten. Da traf man sich vielleicht in einem Ristorante und war bald wieder im Ballönergespräch vereint. Beim Wein berichteten die einen von den Abenteuern ihrer ›Himmelfahrt‹, die anderen erfuhren die neueste Mulitreibergeschichte.

◀ *Die verwendeten Verfolgerfahrzeuge sind bei der jeweiligen Ballonsportgruppe so verschieden, wie es die Palette der verwendeten Farben der Ballone sein kann.*

Taufe und Hochzeit

TAUFE MIT SAND UND SEKT

Annähernd ein Jahr lang habe ich nun die Gaskugel mit dem Muli verfolgt. Wer dabei mehr erlebt hat, die dort oben oder ich? Ich weiß es nicht. Die Piloten scheinen mich vergessen zu haben. Sicher denken sie, ich sei ein leidenschaftlicher Autofahrer. Doch ich besitze selber kein Auto. Ich kenne nicht einmal die gebräuchlichsten Autotypen und kann sie kaum unterscheiden. Doch eines bin ich: ein leidenschaftlicher Mulitreiber. Das hört sich etwas brutal an, ist es aber nicht. Ich habe ein gutes Verhältnis zum Muli. Es könnte fast platonische Liebe sein.

Wir beide, der Muli und ich, kennen nur eine Aufgabe: immer in der Nähe des Ballons zu sein, erst recht, wenn er landet. Manchmal, wenn die Ballonfahrer ganz unberechenbar über die Lande ziehen und wir doch rechtzeitig zur Stelle sind, da scheint es mir, als hörte ich den Muli vor Freude wiehern.

Diesmal ist alles anders. Ich könnte vor Freude platzen, denn ich stehe das erste Mal im Korb. Als der Ballon vom Boden abhebt, da werden die Menschen zu Zwergen, die Häuser, der Muli zu Spielzeug. Günther wird nun den Muli fahren, und wir steigen auf in den Spielplatz des Windes.

Dieser Wechsel ist für mich so plötzlich gekommen, daß ich kaum Zeit hatte, mich darauf vorzubereiten. Ich habe immer meinen Rucksack mit im Muli, der das enthält, was für eine Bergtour auch geeignet wäre. Und wenigstens den habe ich nun am Korb hängen. Doch ich meine eine andere Vorbereitung, eine innere, die sicher für solch eine Fahrt notwendig wäre.

Michael, der Pilot sagte einfach: »Komm, Theo, du fährst heute mit!« Und da stehe ich nun. Man lehnt sich über den Rand des Korbes und schaut und schaut, als hätte ein Blinder sein Augenlicht wiedererhalten. Während ich die verschneite Landschaft genieße, nimmt der Pilot die üblichen Bordbucheintragungen vor. Dabei fragt er mich nach der Zahl meiner Fahrten. »Das ist die erste!« antworte ich ihm. Da verschlägt es ihm fast die Sprache. »Ja, das gibt's doch nicht!« Michael kramt aufgeregt in den Korbtaschen herum. »Und wir haben nichts zum Taufen an Bord, kein Bier, keinen Sekt, kein Wasser!«

Ich lehne weiterhin entspannt am Korbrand und betrachte genußvoll die Landschaft. Über das Unterallgäu hat der Winter sein Weiß gebreitet. Beschaulich gleiten Flußwindungen, Hügel, Dörfer, später auch eine Burg unter uns durch. Ein Film aus dem großen Naturtheater.

»Muli von Allgäuer, kommen!« ruft Michael in die Muschel des Funkgerätes. »Ja, hier Muli!« kommt es von unten. »Günther, hast du noch Taufwasser im Muli? Theo ist noch gar nicht getauft!« Günther: »Oi Fläsche Bier isch no doa.« Darauf Michael: »Gut, beim nächsten Fall wirfst du mir eine Flasche in den Korb.« Damit sind die Gespräche über das Funkgerät beendet. Himmlische Ruhe hält wieder Einzug im Korb. Michael wartet auf den Fall des Ballons, und ich warte auf das, was auf mich zukommt. Der Höhenschreiber zeichnet nur kleine Wellen: Mal fällt der Ballon, mal steigt er wieder. Endlich muß wohl eine kühlere Bachniederung den Ballon heruntergelockt haben. Bedächtig fallen wir. »Günther, komm her!« ruft der Pilot. Fünf, sechs Meter sind wir über dem Boden, da landet eine Flasche Bier im Korb. Dafür geht eine Schaufel Oberallgäuer Flußsand über die Schneedecke des Unterallgäus. Der Korb hat nicht mal den Boden berührt. Wir steigen wieder.

Ich wundere mich, weshalb der Pilot nun so geistesabwesend über die Landschaft stiert. Man hört es förmlich in seinem Hirn knistern. Dann meint er: »Es geht los! Theo, nimm die Mütze ab!« Es folgen einige Worte über die Tradition der Ballöner und die Rechte und Pflichten der getauften Ballonfahrer. Sand wird mir auf den Kopf gestreut. »Mit dem Sand, der uns in die Höhe bringt, und dem Alkohol, der uns frohbeschwingt, taufe ich dich auf den Namen: Kurzzwischenlandungsbaron Theo von Legau.«

Ein Gemisch aus Sand und Bier rinnt mir über den spärlich bewachsenen Kopf. Michael gratuliert mir. Gemeinsam trinken wir den verbliebenen Rest des Biers aus. Nur gut, daß die Sonne es gut mit uns meint, sonst käme zu dem Klebrigknirschenden noch die Kälte.

Annähernd zwei Stunden dauert diese Ballonfahrt. Der Sand ist langsam von den Haaren ins Hemd und dann aus der Hose gerieselt, was bei Bundhosen gar nicht so einfach ist. Vom Bier ist ein stinkig-klebriger Belag übriggeblieben. Und so viel Eindrückliches ist unter dem Korb vorbeigezogen, daß ich wohl noch Tage brauchen werde, um alles zu verarbeiten. Doch was wäre gewesen, hätten wir nicht das überschaubare Unterallgäu, sondern das an Schönheit kaum zu überbietende Oberallgäu unter dem Korb gehabt?

Was hat es mit dem Taufen und dem Verleihen eines ›Adelstitels‹ auf sich? Nun, wenn in der Schiffahrt die Äquatortaufe schon fast sprichwörtlich ist, so haben die Ballonfahrer ebenso ein Recht auf ›ihre‹ Taufe.

Taufe und Namensverleihung mögen wohl davon abgeleitet worden sein, daß die ersten Ballonfahrer in den Adelsstand erhoben wurden. Grund genug war das auch, alles kräftig mit Champagner zu begießen. Zum anderen mögen aber auch die Taufen von jenen Lustfahrten abgeleitet sein, die im 19. und beginnenden 20. Jahrhundert mit dem Gasballon durchgeführt wurden. Es war der hohen Gesellschaft nicht genug, die Erde von oben zu betrachten; es wurde ausgiebig diniert. Die Delika-

Eine Handvoll Sand, ein Schuß Sekt und ein adliger Name besiegeln die Ballonfahrertaufe.

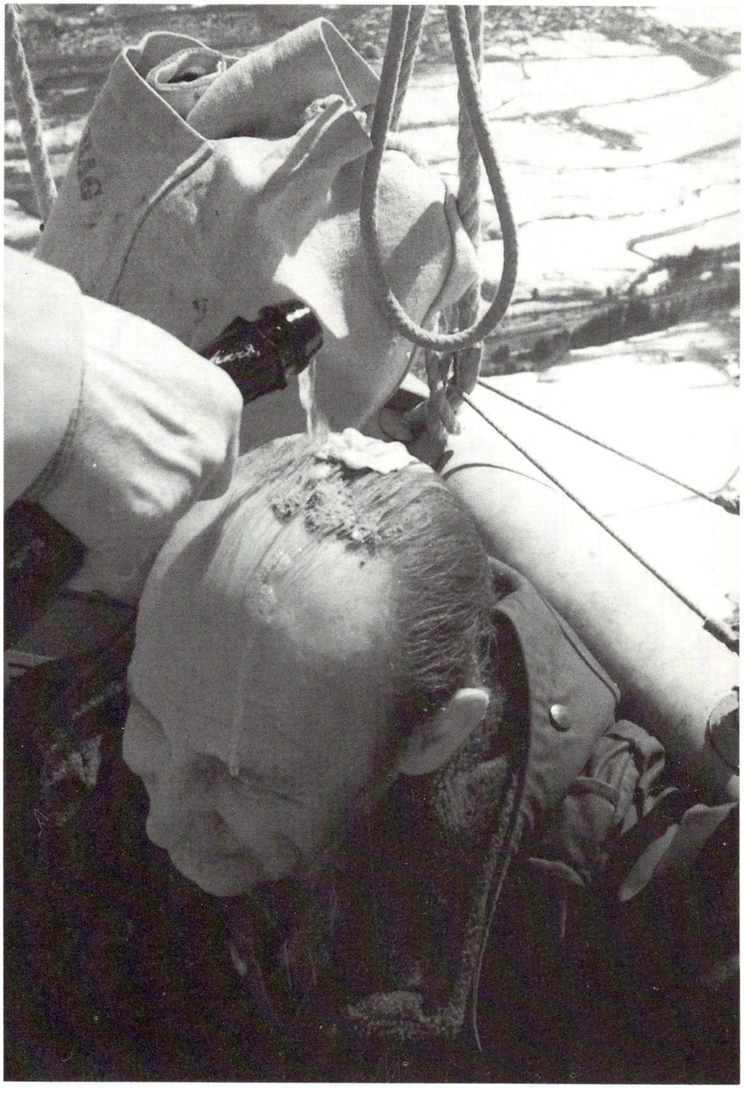

Eigentlich ist jede Ballonfahrertaufe beim Heißluftballon eine Nottaufe.

tessen, die am Himmel verspeist wurden, sind kaum aufzuzählen. Auch der Champagner durfte dabei nicht fehlen. Der Blick aus dem Korb über die Landschaft war dann eher nur Zutat.

Einem der bekanntesten Feinschmecker jener Zeit, Hermann Fürst von Pückler-Muskau, war es auf einer Fahrt jedoch nicht vergönnt, sich an den Delikatessen im Picknickkorb zu erfreuen. Die für das Abendessen gedachten gebratenen Fasane mußten als Ballast geopfert werden, ebenso einige Flaschen Champagner. Pückler aber nahm das mit Humor und stellte sich vor, daß einem auf dem Felde schlafenden Landmann die gebratenen Fasane geradewegs ins Maul und der Champagner vor die Füße fielen.

Etwas nüchterner geht es in der heutigen Zeit zu. Verhungern und verdursten wird zwar keiner bei einer Ballonfahrt, aber der Pilot hat den Alkohol zu meiden.

Es gibt auch eine ›Nottaufe‹, wenn während einer Ballonfahrt die ordentliche Taufe aus irgendeinem Grund nicht durchgeführt werden kann und nach der Landung nachgeholt wird. So kann es sein, daß eine Ballonfahrt so kurz war, daß keine Zeit zur Taufe blieb. Oder eine Fahrt erforderte die ganze Aufmerksamkeit des Piloten, wie es bei schnellen oder bei Wettfahrten der Fall sein kann. Nottaufen gibt es eigentlich nur bei den Gasballonfahrern. Beim Heißluftballon müßte fast jede Taufe als Nottaufe bezeichnet werden, da sie meist erst nach der Fahrt stattfindet.

Am einfachsten ist es, wenn der Ballon nach der Landung am Landeplatz ruhig stehenbleiben kann. Hier kann dann der Pilot Sand und Sekt auf die Häupter seiner Täuflinge verteilen. Ähnlich kann auch eine Taufe nach der Fahrt mit einem Heißluftballon aussehen. Nur muß hier, nachdem die Hülle des Ballons in sich zusammengefallen ist, der Täufling sich auf den Boden knien, dann wird ein Büschel Haare genommen – es können auch Brusthaare sein –, angezündet und sofort mit Alkohol gelöscht. Doch ›schlimmer‹ sind Nottaufen, die in einer Gastwirtschaft durchgeführt werden.

Alo, der Pilot, landet mit dem Gasballon nördlich von Kochel im Moor der Loisach. Am gelandeten Ballon sind dann nicht nur wir Verfolger, sondern auch ein Bekannter, ein Ballonpilot aus Augsburg. Alo möchte den Ballon entleeren, da ihm eine Weiterfahrt zur Benediktenwand nicht ratsam erscheint. Doch der Augsburger Pilot fragt den Alo, ob er nicht mit seiner Verwandten noch eine kurze Bummelfahrt unternehmen kann. Er gedenke mit dem Ballon so tief zu bleiben, daß er nicht in die Berge gerät. Zögernd willigt Alo ein.

Die beiden erleben dann eine halbstündige Fahrt, die in der Nähe von Kochel endet. Es folgt ein etwas turbulentes Zusammenlegen. Der Augsburger Pilot meint, mit seinen für uns ungewohnten Methoden etwas Gutes tun zu können. Oder will er nur seiner Begleiterin zeigen, wer hier etwas vom Ballon versteht? Wir verabreden uns in einem Gasthaus in Kochel, wo wir uns stärken wollen. So ganz nebenbei erfahren wir, daß die Verwandte des Augsburgers heute ihre erste Fahrt erleben durfte.

Und während wir im Gasthaus auf die Brotzeit warten, da packt uns der Übermut. Wir fragen den Augsburger Piloten, ob wir die Taufe seiner Begleiterin vorbereiten können. Der Pilot willigt nur zögernd ein. Er meint, die kurze Fahrt sei es nicht wert, sei keiner Taufe würdig. Für uns ist aber jede Ballonfahrt einer Taufe würdig, vor allem, wenn daraus eine Nottaufe werden soll.

Nach einer kurzen Gasballonfahrt eine Ballonfahrertaufe, die am Boden nachgeholt wird: eine Nottaufe.

Mit Wolfgang, dem Mitverfolger, suche ich in der Nachbarschaft nach einer Wanne oder einem Sautrog. Ein Bauer verweist uns an eine Metzgerei. Hier erhalten wir zu unserer Freude einen Sautrog aus Blech. Der Metzger will natürlich wissen, was wir vorhaben, dann wünscht er uns viel Spaß. Mit Getöse und Gongschlägen erreichen wir das Gasthaus. Die Augen aller Gäste wenden sich fragend zu uns. Ob hier vielleicht ein Schlachtfest vorbereitet wird?

Unsere Ballöner wissen was kommt und helfen grinsend mit. Dem Augsburger Piloten ist unser Tun sichtlich peinlich, aber was bleibt ihm schon weiter übrig, als gute Miene zu machen? Der Trog wird mitten in der Gaststube postiert, eine alte Decke kommt hinein, worauf sich der Täufling knien muß. Ein passender Taufname wird dem Piloten schon eingefallen sein. Der Sekt steht bereit, eine Handvoll Sand haben wir bereits aus dem Muli geholt. Und so nimmt die Prozedur ihren Lauf. Während wir bei einer Nottaufe mit Sekt und Sand recht verschwenderisch umgehen, be-

D-TEUTSCHPILS
Allgäuer

Hauptsache, der Wind bläst nicht zu stark.

schränkt sich der Pilot bei seinem Täufling mehr mit einer Andeutung. Dennoch, um des lieben Friedens willen, lassen wir es gelten.

Aufmerksam haben die Gäste im Lokal die Zeremonie verfolgt. Alle freuen sich, wir, die Gäste – und wie wir später feststellen – auch die Getaufte. Und der Pilot selber, ob der auf uns sauer ist? Vielleicht macht er das nächste Mal einen großen Bogen um einen Allgäuer Ballon.

Nottaufen werden auch nach Fesselstarts durchgeführt, um den Leuten das Gefühl einer ›fast richtigen‹ Ballonfahrt zu vermitteln. Pilot Alfred hat diesmal als Mitfahrer zwei Versehrte mit im Korb. Der eine ist ein bekannter Versehrten-Fallschirmspringer, der andere dessen Freund. Beide verbringen ihren Urlaub in einem Heim im Westallgäu. Beide haben sich aber auch vorgenommen, in ihrem Urlaub einmal mit den Allgäuern Ballon zu fahren. Als Mitbewohner dieses Heimes das erfahren, beschließen sie, mit einem Pkw die beiden Ballonfahrer zu verfolgen.

So kommt es denn, daß zwei Autos den Ballon verfolgen. Unsere ›Nachfahrer‹ entpuppen sich als begeisterte Verfolger. Sie machen alle Umwege mit, die nun mal ein Ballon bei seiner Fahrt so nimmt. Stunden vergehen an diesem Wintertag, dann landet der Ballon. Ruhig steht er in der Winterlandschaft des östlichen Oberallgäus. Einer der Verfolger meint, man könnte doch am Schleppseil noch einige Fesselstarts durchführen …

Was dann kommt, läßt unsere Versehrten-Verfolger in Jubel ausbrechen. Einer nach dem anderen darf in den Korb einsteigen. Dann wird der Ballon so weit hinaufgelassen, wie das Schleppseil reicht, 30 bis 40 Meter. Und jedem wird dabei das Gefühl vermittelt, als erlebe er eine richtige Ballonfahrt.

◀ *Ein festlicher Rahmen um einen jungen, zu taufenden Ballon: Blasmusik und blauer Himmel.*

Wie bei einer Schiffstaufe, eine Flasche Sekt zerschellt am ›Bug‹. ▶

Die Freude der behinderten Leute erreicht ihren Höhepunkt, als wir nach dem Zusammenlegen und Verstauen des Ballons eine Bauernwirtschaft aufsuchen und die Nottaufe mit allem Drum und Dran durchführen.

Als ich den Muli später heimwärts lenke, habe ich wohl den geringsten Teil des Sektes genossen, dafür aber große Genugtuung damit erlebt, daß wir den behinderten Menschen mit so kleinen Dingen eine so große Freude bereiten konnten.

Aber nicht nur der Mensch ist einer Taufe würdig, noch eher ist es der Ballon, unser treues Gefährt. So mag die Taufe eines neuen Ballonfahrers allzu weltlich scheinen, ein bloßer Spaß sein. Die Taufe eines neuen Ballons jedoch ist von anderem Ernst geprägt. Der Segen, der dem Ballon mit auf den Weg gegeben wird, soll helfen, den Piloten und die Mitfahrer wieder heil zurückzubringen. Der Sponsor wird sich vielleicht von seiner himmlischen Werbung einen anderen Segen erhoffen. Dennoch ist jeder Segenswunsch willkommen – auch wenn er dem Sponsor dient.

DIE ENTFÜHRTE BRAUT

Ein drückender Junitag liegt über Ratzenried im oberschwäbischen Allgäu. Hoch oben schwebt unsere Gaskugel, der wir mehr nachsinnen als sie zu verfolgen. Nicht viel los ist heute am Himmel, und nicht viel mehr scheint hier in diesem Dorf los zu sein. Wie kann ein Ort überhaupt zu solch einem Namen kommen, der auf den ersten Blick (sicher bedeutet es aber was anderes) so viel wie Rattenmoor heißen mag.

Doch plötzlich kommt Leben in das Bauerndorf. Die Glocken der nahen Kirche läuten voller Überschwang eine Hochzeit aus. Die Hochzeitsgesellschaft verläßt das Gotteshaus und steigt die Treppe zum Dorfplatz herunter. Unter den Neugierigen stehen auch wir in unseren orangefarbenen Overalls. Das Brautpaar sägt einen Holzklotz durch. Um nicht aufzufallen, fragen wir erst gar nicht, was das zu bedeuten hat. Doch einer der Hochzeitsgäste hat den Ballon am Himmel und dann uns entdeckt. Wenig später gafft alles in den Himmel und zu uns herüber. Bald aber treibt's die Festgesellschaft an die Maßkrüge oder Kaffeetassen in die nahe Gastwirtschaft. Wir sinnen ihnen nach …

Was einem da so in den Sinn kommt, wenn man Zeit und kaum etwas zu tun hat. Der Ballon steht noch immer – fast ortsfest, wie ein Nachrichtensatellit – am Himmel. »Wie wär's«, so frage ich meine Mitverfolger, »wenn wir die Braut entführen«? Nach einigem Wenn und Aber sind alle dabei. Ein Funkspruch jagt hinauf in den Himmel

Alles schaut an den Himmel – zum Ballon – und dann zu uns.

Geschafft! Die Braut steht im Korb und niemand ist uns gefolgt: Brautentführung mal anders.

und reißt Franz, den Piloten, aus dem Dösen. Er wird darüber unterrichtet, was wir vorhaben. Wenig später haben wir seine Antwort: »Ich mach mit! Ich leite sofort die Landung ein.« Wir hingegen werden uns an die Braut ›ranmachen‹.

Die Hochzeitsgesellschaft hat im Saal im ersten Stock Platz genommen und wird von der Wirtstochter versorgt, die immer wieder zur Saaltür raus- und reinrennt. Hier passen wir sie ab, Jürgen und ich. Unbemerkt von den Ratzenriedern erreichen wir mit Hilfe des Mädchens, daß die Braut zu uns herauskommt. Alles andere geht dann sehr schnell.

Wir erklären der Braut in wenigen Sätzen, was wir vorhaben. Wir haken die sprachlose Braut unter und hasten die Treppe hinunter auf die Straße. Hier wartet bereits unser Muli mit laufendem Motor. Über Funk erfahren wir, wo Franz voraussichtlich landen wird. Bis das soweit ist, müssen wir erst einmal die Braut beruhigen, die fast einen Schock bekommen hat. Immer wieder stammelt sie: »Warum gerade ich? Warum?« Doch bald haben wir sie überzeugt, und als sie dann auch noch die gewünschte Zigarette erhält, ist schon fast alles in Ordnung.

Dem Franz gelingt die Landung nicht sofort. Turbulenzen, die in der Mittagszeit öfter einsetzen, versetzen den Ballon um einige Kilometer.

Nach der Brautfahrt: noch immer nicht im siebten Himmel?

Dann aber ist der Korb am Boden und wir zur Stelle. Kräftige Arme heben die Braut in den Korb. Wenige Minuten später ist der Ballon mit seiner festlichen Fracht wieder am Himmel, wenn auch nicht gerade am siebenten ...

Für die neugierig Herbeigeeilten ist solch eine Ballonlandung schon etwas Besonderes. Daß aber an diesem Tag sogar eine Braut mit im Korb mitfährt, das ist für einige alte ›Baureweible‹ schier unbegreiflich. So starren sie mit verrenkten Hälsen dem entschwindenden Ballon nach: Was mag das nur mit dieser Braut im Korb so auf sich haben?

Nach einer halben Stunde darf (oder muß?) die Braut den Himmel wieder verlassen. Der Ballon landet gemächlich vor den Toren und Türmen der Stadt Isny. Wie immer, so lockt auch diesmal der Ballon eine Menge Leute an, und wieder erregt ›unsere‹ Braut Aufsehen. Irgendwer überreicht der Braut einen Fliederstrauß. Dann aber wird die Jungvermählte und inzwischen auch Frischgetaufte schnellstens zu ihrem Angetrauten zurückgebracht. Wir versprechen der Braut, in der nächsten Stunde nachzukommen, damit ihr diese Himmelfahrt auch geglaubt wird.

Beim Ballonentleeren, Zusammenpacken, Einladen und dann auf der Rückfahrt erzählt uns Franz, wie das so mit ›seiner‹ Braut war. Nun, die ersten Minuten im luftigen Korb vergingen recht schweigsam. Der Pilot hatte seinen Ballon zu bedienen und die Instrumente zu beobachten. Die Braut war – wie fast jeder neue Ballonfahrer – hin- und hergerissen zwischen Angst und Glücksgefühl. Meistens aber verliert sich die Angst, das beglückende Gefühl bleibt: So auch diesmal. Hätte die Braut auch noch ihre Zigarette haben können, dann wäre für sie das Glück komplett gewesen. Aber dann wäre diese Brautfahrt vielleicht zum Drama geworden, wäre in eine richtige Himmelfahrt ausgeartet.

Was uns Verfolger jedoch am meisten interessiert, ist, wie Franz es fertiggebracht hat, die übliche Ballonfahrertaufe durchzuführen, ohne die geringsten sichtbaren Spuren zu hinterlassen. Doch hier schweigt des Piloten Höflichkeit. Ihm mag wohl die Unversehrtheit des bestickten Brautkleides und der Frisur ebenso am Herzen gelegen haben wie dem Angetrauten die Unversehrtheit seiner Braut.

Als wir am Spätnachmittag das Gasthaus in Ratzenried wieder erreichen, kommt es uns vor, als hätte noch gar keiner der Gäste bemerkt, was sich in den vergangenen Stunden ereignet hat. So empfängt uns ein glückliches Brautpaar und eine allem Anschein nach nichtsahnende Hochzeitsgesellschaft, die uns kaum beachtet. Erst als Franz ans Mikrofon tritt und von der Himmelfahrt der Braut berichtet, ist das Staunen groß ...

Abenteuer auf dem Lande

Naturgemäß suchen die Ballöner die Fahrt über freies Land, und entsprechend intensiv ist der Kontakt mit der Landwirtschaft. Was da so alles passiert, mit Menschen, Feld und Vieh – das ist tatsächlich ein Kapitel für sich ...

FLURSCHÄDEN

Es ist im tiefsten Oberbayern, vor den Toren jenes Ortes, in dem es noch viele Heilige gibt, solche aus Holz oder als Mitwirkende eines bekannten Passionsspieles. Der Ballon landet ausgerechnet – wie es Ballone manchmal so an sich haben – in einer noch ungemähten Wiese. Viele Erwachsene, aber auch – wie immer – viele Kinder, sind herbeigeeilt, um das seltene Schauspiel miterleben zu können.

Ebenso herbeigeeilt ist ein älteres Weib mit hochrotem Kopf und völlig außer Atem. Die Frau erklärt sich als Bäuerin und Besitzerin dieser Wiese. Was uns denn einfallen würde, im hohen Gras zu landen! Der nasse Sommer des Vorjahres hätte den Heupreis so in die Höhe getrieben, daß sie in diesem Jahr um jeden Grashalm froh sein müßte. Was wir hier angerichtet hätten, das wäre mindestens einen Ballen Heu wert, der ihr wieder fehlen würde. Der Schaden beliefe sich auf 100 Mark. Der Pilot jedoch weigerte sich, diese Summe zu bezahlen, und bietet 50 Mark. Aber die Bäuerin lehnt entrüstet ab. »Ja, wenn das so ist«, meint der Pilot, »dann bekommen Sie von mir gar nichts. Ich werde das der Versicherung melden und die wird in den nächsten Tagen einen Gutachter schicken, um den Schaden prüfen zu lassen«. Die Bäuerin scheint wohl schwäbisches Blut in ihren Adern zu haben, sie scheint zu überlegen, wieviele Grashalme in den nächsten Tagen noch am Boden liegen. Schlau wie ein Fuchs meint sie dann: »Gut, dann also 60 Mark.« Womit dann auch der Pilot einverstanden ist.

Wie vorsichtig und wie sensibel die Ballöner im Lauf der Zeit für dieses Problem geworden sind, zeigt ein anderer Fall. Netterweise entpuppt sich aber alles als Irrtum, ja löste sich in Wohlgefallen auf. An einem Frühwintertag hat uns der Gasballon vom Allgäu bis ins Oberbayerische, nach Benediktbeuern getragen. Auf einer Wiese, die dünn mit Schnee bedeckt ist, landen wir. Kinder helfen uns beim Zusammenlegen des Ballons, und anschließend veranstalten sie eine regelrechte Schneeballschlacht. Das jedoch mißfällt einer keifend und fuchtelnd herbeieilenden Frau. Wir vermuten, daß sie die Besitzerin dieser Wiese ist und sind schon darauf gefaßt, daß sie uns auch bald anfauchen wird. Aber was können wir schon auf der verschneiten Wiese angerichtet haben? Hier, wo unter der dünnen Schneedecke der erst vor kurzem gebreitete Mist herausschaut und der Hülle des Ballons eine unerwünschte Patina verpaßt.

Die Kinder folgen sofort dem Befehlston der Frau. Auch wir folgen ihr gehorsam – und gern, als sie barsch meint: »Und ihr, ihr kommt dann zu mir in die Schule rüber, da gibt's dann 'ne Brotzeit.«

Erge
D-ERGEE

Die Türme bekommen Besuch.

Wie aus einem Bilderbuch: Gasballon und Heißluftballon vor der Basilika in Kempten.

Die Frau ist also nicht die Bäuerin, der diese Wiese gehört, sondern die Hausmeisterin der nahen Schule. Später, bei der guten Brotzeit, plaudern wir noch lange. Es gibt auch reichlich Grund dazu: Unser Pilot ist schließlich Rektor einer Allgäuer Schule, und das weiß sie zu würdigen.

IM HOPFENWALD

Eine Landung gehört schon zum Sagenschatz der Allgäuer Ballöner. Es ist schon eine Weile her, als es passierte, aber Berti, die Frau des Piloten, erinnert sich noch so gut daran, als sei's gestern gewesen. Berti war damals mit jenem Piloten unterwegs, von dem man sagt, er hätte stets das Kursbuch dabei, um sich nach den Zügen zu orientieren. Aber damals über der Hallertau, da nützte dem Piloten das Kursbuch auch nicht mehr viel, höchstens als Ballast, den er noch hätte abwerfen können.

Sei's aus Ballast- oder Zeitmangel, man mußte runtergehen. Doch im Lande der Niederbayern mochte man wohl gerochen haben, daß jemand aus dem Alemannischen daherkam. Als der eine hüb' und der andere drüb' aus dem Korb sah, da waren große Gebiete jener Gegend mit einer Art Ballonlande-Abwehrsystem verbaut, die als Nebenprodukt den für das Bier in fast aller Welt benötigten Hopfen liefert. Aber der Pilot hatte keine Wahl. Der Korb berührte das zarte Gebilde eines solchen Hopfenwaldes, es knackte, zirpte und zischte. Diese Laute konnten auch vom Korb oder vom entweichenden Gas kommen. Zu konzentriert ist jeder Pilot bei der Landung, als daß er auf alles achten könnte. Deshalb fragte der Pilot seinen Co, die Berti, wieviele Stangen denn umgefallen seien, worauf Berti erschüttert erwiderte: »Alle!«

KETTEN-REAKTION

Das Allgäu, in dem mehr Milch als Bier fließt, hat mit seinen blühenden Weiden zur Landung eingeladen. So eine Viehweide kann von weit oben wie ein bunter, weicher Teppich aussehen. Der Pilot täuscht sich aber nicht darüber, daß in diesem Teppich einige Webfehler vorhanden sein können, meist sogar sind: Zäune in vielen Variationen, oft aus Stacheldraht. Auch sie könnte man als Ballonabfanganlagen bezeichnen, denn nicht alle Allgäuer sind uns hold gesonnen.

Der Ballon landet nicht gerade so sanft wie auf einem Teppich. Ein leichter Wind befördert den Korb nach dem ersten Aufsetzer an den nächsten Stacheldrahtzaun, wo er hängenbleibt. Hier können die Gelandeten verharren, bis die Verfolger sie erlösen. Das dauert auch diesmal nicht lange. Aus der Landung wird eine Zwischenlandung. Bald sind die Passagiere ausgewechselt, und der Korb ist für die Weiterfahrt ausgewogen. Der Starter gibt den Ballon frei.

Doch der Stacheldrahtzaun, von dem man vor dem Start vorsorglich etwas abgerückt ist, besitzt eine magische Anziehungskraft. Nun hat es aber der Zaun mit einem startenden und nicht mit einem landenden Ballon zu tun, und das ist sein Pech. Erst ein Summen wie von gespannten Saiten, dann: ratsch, ratsch, ratsch! Wie eine zu groß geratene Strickleiter hängt der halbe Weidezaun samt Pfählen in der Luft. An einem der untersten Korbknebel hängt der Draht, und das zwingt den Piloten zu einer unvorhergesehenen weiteren Zwischenlandung.

Der herbeigeeilte Bauer hat an dem Anblick des kuriosen Luftgefährts und am Gesicht des verdutzten Piloten mehr Freude als an dem ihm später zugesteckten halben Hunderter. Auch das gibt's …

FESTGENAGELT

Wir sind mit dem Heißluftballon auf Wintermärchenfahrt. Nicht allzu tief unter uns liegt das Oberallgäu, seine Täler und Hügel sind unter einer Schneekristalldecke verborgen. Fauchend unterbricht in halbminütigen Abständen immer wieder der Brenner die Stille um uns. Doch als das Fauchen asthmatischer wird, die Flamme nicht mehr der eines Schweißbrenners gleicht – durchsichtigblau –, sondern eher wie ein müdes Feuer lodert, wird es Zeit, daß wir den Himmel verlassen. Der Druck in den Gasflaschen ist zu gering geworden, was bei den Kältegraden an solch einem Wintertag schnell passiert. Und Stickstoff oder Methan zur Druckerhöhung haben wir noch nicht benutzt, wir haben keine Erfahrung damit.

Ernst, der Pilot, will unter diesen Bedingungen nicht mehr weiterfahren. Jäh geht unsere Bummelfahrt zu Ende. Noch muß eine kleine Stromleitung überwunden werden, dann bietet sich freies Hanggelände zur Landung an. Sachte setzen wir auf. Aber was ist das? Ganz gemächlich, als würde ein Maulwurf seinen Hügel aus dem Erdreich schieben, erhebt sich ein Pfahl zwischen uns. Meist brechen Pfähle bei der geringsten Berührung ab. Aber dieser hier? Der steht nun zwischen Ernst und mir. Und es scheint, als möchte er andeuten: So, bis hierher und nicht weiter! Wenigstens für heute wird das von uns akzeptiert. Und wenn es schon kein Flurschaden ist, den wir angerichtet haben, so ist es doch ein Korbschaden. Schade …

SCHWEIN GEHABT

Da meldete doch kürzlich eine Zeitung: Gasballon gelandet, zwei Schweine erschrocken – tot!

Ich befinde mich mit Günther im Heißluftballon auf geräuschvoller Fahrt tief über dem Weserbergland. Nach mehr als einer Stunde abwechslungsreicher Bummelfahrt kommt uns ein größeres Waldgebiet entgegen. Der Pilot hält es für besser, vor dem Wald herunterzugehen. Ein kleiner Weiler mit prächtigen Fachwerkhäusern liegt noch vor uns. Dahinter wollen wir landen. Wir erkennen eine Viehweide mit Kühen, die friedlich grasen, Pferde in einer Koppel, einige Fohlen tollen herum. Oder haben sie Angst vor uns? Angst vielleicht wie die kleine Schaffamilie, die in eine Scheune flüchtet? Als wir die Gebäude hinter uns haben, lasse ich das Seil hinunter. Ein Bauer hält uns damit fest. Auf einer umzäunten Wiese kommt unser Ballon zur Ruhe. Wenig später entweicht die heiße Luft, die Hülle fällt in sich zusammen.

Aber was ist das? Kaum zehn Schritte von uns entfernt lugen einige schwarze Gesichter neugierig durch den Zaun. Es sind haarige, schwarze Schweine, ähnlich ihren wilden Artgenossen. Wir mögen in ihrem eintönigen Leben eine Abwechslung sein. Oder liegt Vorwurf in ihrem Blick? Ist vielleicht eines gestorben, während unserer Landung? Doch so weit ich den Pferch überblicken kann, liegt dort keines herum, das danach aussieht.

Darum merkt euch, ihr Bauern: Züchtet schwarze Schweine, denn ihr Gefühlsleben ist sogar einem landenden Heißluftballon gewachsen. Was wollt ihr mit den kinderpopofarbenen Tierchen, die beim Anblick eines Ballons verenden …

STIERKAMPF

Herbst im Salzkammergut – und was für einer. Wir sollen mit unserem Heißluftballon in einem Film mit bayerischem Lederhosenkitsch posieren. Und wie's nun mal so ist bei den Filmleuten: Es vergeht viel Zeit. Man könnte meinen, diese Leute würden bei schönem Wetter auf noch schöneres Wetter warten wollen. Nun, auch wir haben Zeit. Wir genießen den Herbst mit seiner Farbpalette, die Stimmungen der verschiedenen Tageszeiten.

PAULANER
MÜNCHEN

Vorige Doppelseite:

Links: *Wo anders spricht man von Kaiserwetter, hier dieses – Weißblau – kann nur ein bayerisches Wetter sein.*

Rechts oben: *Der nördliche Forggensee, der gestaute Lech.*

Darunter: *Der Blick über Pfronten im Ostallgäu und die Tiroler Berge.*

So kommt es, daß wir am zweiten Tag zusehen müssen, wie das Kamerateam bei schönem Wetter Innenaufnahmen dreht. Wir werden auf 14 Uhr vertröstet. Als es dann soweit ist, tritt das ein, was wir zu dieser Tageszeit immer fürchten: Wind und Turbulenzen. Wir kämpfen eine Weile mit den Böen, aber die machen mit der Hülle, was sie grad wollen. So wird der Aufnahmetermin doch auf den nächsten Morgen verschoben.

Der Salzkammergutherbst hat für uns die dritte Seite seines Bilderbuches aufgeschlagen: Flache Talnebelschichten ziehen über die Viehweiden von Schönau, wo der Ballon gefilmt werden soll. Je wärmer die Sonne wird, desto mehr lösen sich die grauen Schleier auf, ziehen in die Schattenwände unter die Felshäupter im Süden. Ein Nebelschleier gibt eine Viehweide frei, auf der – wie erstarrt – eine Stierherde dahindöst. Oder ist sie gar eingefroren?

Unweit dieser Herde legen wir unseren Ballon aus. Eine Attrappe eines Festzeltes fehlt hier ebensowenig wie ein alter (aber echter) Bauernhof. Uns interessiert nur der Ballon, den wir heute etwas früher aufgestellt haben wollen. Bald nach den ersten Handgriffen blasen wir mit dem Propeller kühle Morgenluft in die Kunststoffhülle, damit der Ballon schon mal Form gewinnt. Als dann noch fauchend der Propangasbrenner einsetzt, da wird jede Hand unserer kleinen Mannschaft gebraucht. Das geht so lange gut, bis Günther ruft: »D' Molle kommet!«

Die Stierherde ist in Bewegung geraten und aus ihrer Koppel ausgebrochen. Mag die Tiere das Brennergeräusch aufgeschreckt oder die gelbrote Hülle sie neugierig gemacht haben, nun stehen sie in Tuchfühlung mit der bunten Hülle. Es scheint nicht, als hätten die Stiere vor, etwas auf die Hörner zu nehmen, dafür aber etwas aufzufressen. Sofort stellen wir den Brenner ab und lassen die Hülle in sich zusammenfallen. So verhindern wir in letzter Minute, daß unser Ballon den Viechern zum Opfer fällt.

Nun, während wir die Tiere auf ihre Weide zurückdrängen, wird auch keiner von uns von den Stieren auf die Hörner genommen. Doch später, als nach Stunden endlich die gewünschten Szenen ›im Kasten‹ sind, wird die Hülle von Böen erfaßt und gegen das Festzelt geschleudert. Der Ballon geht in Fetzen! Vielleicht wäre es doch besser ge-

Soll ich oder soll ich nicht – angreifen?

Mal Torero, mal Pilot: alias Günther.

wesen, wenn wir den Ballon den Stieren überlassen hätten. Dann hätte im nächsten Salzkammergut-Tagblatt gestanden: »Stierherde überfällt Heißluftballon und frißt Hülle auf.« So aber kommen wir nicht in die Zeitung. Statt dessen werden wir mit dem zerfetzten Ballon heimfahren und nicht mit den Stieren, sondern mit der Versicherung kämpfen, die sich um die Schadenersatzleistung drücken möchte.

VIEHSCHEID

Es ist Mitte September, der Herbst läßt sich schon erahnen. Im Allgäu ist die Zeit des Viehscheids angebrochen. Nun sind zwar die Ballöner berüchtigt für ausgiebiges Feiern, aber das Ballonfahren wird auch über ein solches Ereignis gestellt. Übrigens sollte der Viehscheid, der Alpabtrieb, den Bauern, Sennen und Viehhändlern vorbehalten bleiben. Daß der Tourismus dieses Spektakel entdeckt hat, ist verständlich: Man will den Gästen ›was bieten‹.

Der Ballon startet an diesem Tag in einen Himmel, der über jedem Viehscheid gespannt sein sollte: makellos blau und mit einer wohlig wärmenden Herbstsonne, die den nassen Sommer vergessen läßt. Benno ist heute Pilot. Er kann seinen Mitfahrern eine Voralpenlandschaft bieten, über die der Herbst seine Farbfülle auszuschütten beginnt. Marieluise, Bennos Frau, verfolgt mit mir die tief dahinziehende Gaskugel. Und wie der Tag zur Beschaulichkeit, zum Verweilen einlädt, so vollzieht sich auch die Fahrt. Nach Stunden ist

Vorige Doppelseite: *Wenn's Allgäu blüht …*

Rettenberg erreicht, ein Ort, der meistens nur die erste Etappe darstellt und bald hinter uns liegt.

In Rettenberg ist heute Viehscheid. Es ist einer der letzten Alpabtriebe und einer der kleinsten. Die Massenaufläufe – von Menschen! – wie in Hindelang, Oberstdorf und Gunzesried sind hier nicht üblich. Biertisch, Blasmusik und blauer Himmel passen hier so richtig zusammen. Auch wir haben unsere Freude an diesem Fest. Und wir haben Zeit, um den Einzug der Jungviehherden miterleben zu können.

Viehscheid im Allgäu: erst die Rinder, dann das Wetter und als Zugabe ein Ballon.

Die Tiere kommen aus der Sommerfrische von den Alpen – wie die Almen hier heißen – am Nordhang des Grünten. Es ist, als wäre Sonntag und die Glocken würden läuten. Doch das Läuten jetzt ist fröhlicher und stammt von den einziehenden Rindern. Die verschiedenen Glocken und Schellen am Hals der Tiere geben einen Klang von sich, der ins Reich der Mythen passen würde.

Während der Ballon gemächlich und tief über den Festplatz zieht, als wäre er hierherbestellt worden, kosten wir von dem Bier nur soviel, wie es für Verfolger ratsam erscheint. Der Ballon verhält sich so, wie es sich gehört: Er schwebt lange über Volk und Verfolger, bis einer den anderen so richtig kennt. Dann haben die Ballonfahrer genug von Vieh und Volk. Der Duft des Biers könnte für sie zum Alptraum werden. Langsam zieht die Kugel nach Osten, und wir zuckeln mit dem Muli gemächlich hinterher.

Aus der Fahrtrichtung Osten wird später Norden. Als ich dann – nach einer Zwischenlandung – mit im Korb stehe, wird es sogar Westen. Noch immer sehr tief, halten wir Zwiegespräch mit Land und Leuten. Kinder winken und rufen. Wir rufen und winken zurück. Eine kleine Fichtenzapfenernte wird eingebracht. Dafür müssen einige Hände voll Allgäuer Flußsand über Bord gehen. Das ist heute wieder ein Geben und Nehmen … An einer Viehweidgrenze, am Waldsaum, zersägen zwei Männer einen Baumstamm. Und es sieht so aus, als wäre Wilhelm Tell mit seinem Sohn persönlich bei der Arbeit. Wenig später werden wir von den Bewohnern einer Waldhütte zum Kaffee eingeladen. Wir machen zwar den Spaß einer kurzen Zwischenlandung mit, doch bis die Leute bei uns sind, meint es der Wind anders und weht uns wieder über die voller Zapfen hängenden Wipfel. Ein herzliches Dankeschön geht zu den Leuten hinunter, dann nimmt uns der Hangwind des Hauchenberges mit.

So vergehen Stunden über Berg und Wald, über Tal und Weide, über fröhlichen Menschen. Der Niedersonthofener See gibt uns weiter an den Alpsee. Ein Lufthauch aus Norden hat uns endlich hierher gebracht, so als möchte er sagen: »'s wird Zeit, daß ihr heimkommt.« Nun, Benno und ich wollen zwar noch nicht heim, aber bevor der Wind ganz einschläft, sollten wir besser landen. Hier unter uns, auf der Anhöhe nördlich des Alpsees, liegen prächtige Bergweiden. Hier hat auch das Vieh die Alpe noch nicht verlassen. Und als unser schlaffer Ballon gemächlich vom Himmel fällt, da glotzen die Tiere, ohne wegzulaufen.

Kaum wahrnehmbar läßt Benno den Ballon sich der Erde wieder nähern, als würde er die letzten Hälmchen des Herbstes nicht zerdrücken wollen. Als wir dann aufsetzen, kann ich nur staunen, wie weich doch eine Bergweide sein kann. Das Jungvieh betrachtet uns so gelassen, als hätte es seit Tagen schon auf uns gewartet.

Plötzlich steht ein prächtiger Allgäuer vor uns. Ein gutmütiges Gesicht voller Lebenserfahrung strahlt uns an. Unter dem grauen Allgäuer Berghut quillt lockiges, silbernes Haar hervor. Von gleicher Art ist auch der schöne Vollbart. Sein weißes Hemd ist wie eine Winterlandschaft, aus der zwei Wiesenstreifen schauen. Auf ihnen strahlen schöne Edelweißsterne. Da sind die typischen Hosenträger, die mit den edlen Sternen bestickt sind und zu so einer Lederhose gehören, wie sie der Senn anhat. Ja, dieser Allgäuer ist Senn hier auf der Siedelalp. Er hält uns zum Willkommenstrunk einen Glaskrug, eine Maß edlen Bieres, vor die Nase. Und der Gerstensaft vergoldet unsere Stimmung auf köstliche Weise. Hier ist ein Mensch, der empfängt uns nicht mit berechtigtem oder unberechtigtem Schimpfen über angerichteten Flurschaden, nein, er empfängt uns mit kühlem Bier, das schnell zur Neige geht.

Berauscht von diesem Mann und seinem Bier fühlen wir uns wieder voller Tatendrang. Benno will das Gas aus dem Ballon entweichen lassen, hält aber sofort inne, als der Senn die bescheidene Frage stellt, ob er auch mal in den Korb dürfte. Jetzt tut es uns leid, daß der Ballon nicht mehr so viel Gas hat, daß der Pilot mit dem Älpler hätte aufsteigen können. Doch als der Vollbärtige neben dem nicht so bärtigen Piloten steht, da scheinen wir wieder mal jemanden wie ein Kind glücklich gemacht zu haben. Dabei erzählt uns der Senn, daß er unseren Ballon schon einige Male über seiner Alp gesehen hätte, aber daß wir einmal hier landen würden ... Er ist gerührt und fast den Tränen nahe.

Ein Alphirt besucht uns nach der Landung.

medico
MERCEDES-BENZ

◄ *Beinahe wie bei einem Kinderfest.*

▲ *Herbstliche Farbtöne am Himmel wie auf des Allgäus Erde.*

Mal anders herum — Flirt mit dem Ballon

Ab und zu denkt man sich, es wäre schön, den Ballon in der Luft zu begleiten, am besten in einem zweiten Ballon. Aber es gibt noch andere Möglichkeiten.

Der Ballon steht diesmal fast ortsfest am Himmel des Oberallgäus. Es rührt sich also nicht viel dort oben. Ebensowenig ist bei uns hier unten los. Im Ballon fährt ein Gast mit, und sein Sohn verfolgt mit uns, besser gesagt, er steht ebenso herum wie wir. Und eben dieser ist Fluglehrer vom Flugplatz Zeil bei Leutkirch. Der junge Mann hat die Idee: »Man müßte doch mal schnell das Flugzeug holen, den Ballon umschwirren und dann eben wieder weiterverfolgen.« Die Idee gefällt uns gut. Und so teilen wir Verfolger uns auf in jene, die den Ballon besuchen, und die, die wohl oder übel am Boden bleiben müssen.

Angelika und ihr Freund Hubert, der Fluglehrer und ich fahren nun auf dem schnellsten Weg nach Leutkirch, wo das telefonisch ›gecharterte‹ Flugzeug bereitsteht. Als wir nach einer knappen Stunde dort eintreffen, ist der Vogel betankt und startbereit. Auf geht's.

Ich sitze rechts neben dem Piloten in der Maschine mit Doppelsteuerung. Hinter uns sitzen Angelika und Hubert. Es dauert nicht lange, dann ist unser Vogel in seinem Element und brummt in Richtung Oberstaufen. Wir können die Runde selbst bestimmen, die wir fliegen wollen. Und da ich so etwas wie ein Copilot bin, so schlage ich dieses und jenes vor. Ja, ich darf sogar das Flugzeug eine Weile – nach den Anweisungen des Piloten – selbst steuern. Aber die Landschaft, der Blick aus dem Fenster fasziniert mich mehr. Als wir über dem großen Waldgebiet am Schwarzen Grat sind, frage ich den Piloten, wo denn der Aussichtsturm ist. Der Pilot kippt die Maschine über die linke Tragfläche, so daß ich fast senkrecht hinunterschauen kann, und meint: »Dort unten steht er!«

Über Funk hören wir, daß der Ballon nun am Grünten ist, über jenem Berg, den man auch den Wächter des Allgäus nennt. Also die Nase unseres Vogels etwas mehr nach Osten. Es dauert nicht lange, da haben wir den dunklen Punkt entdeckt. Bald wird daraus die gestreifte Gaskugel. Ein hauchfeines Netz, wie von einer Spinne, hängt an dieser Kugel und darunter der ebenso kleine Korb, aus dem einige Winzlinge herüberwinken.

Es ist nun gar nicht so einfach, bei diesem Flirt, bei den engen Kreisen um den Ballon, diesen mal richtig gerade in der Luft hängen zu sehen. Noch viel schlimmer ist es, als ich durch den Sucher meiner Spiegelreflexkamera schaue: Meistens bringe ich den Ballon schief aufs Bild.

Nach viel zu vielen Kapriolen – sie haben bei unserer Mitfliegerin bald unangenehme Folgen – schnurrt unser Vogel nach Südwesten. Ich schlage dem Piloten vor, zum Gottesackerplateau und dann über Oberstdorf zurückzufliegen. Schon immer war es mein Wunsch, einmal über das Felsenmeer des Gottesackers zu kommen. Und wenn schon nicht mit dem Ballon, dann eben mit dem Flugzeug. So gleitet bald das noch tiefverschneite Felsenmeer unter uns vorbei. Nicht nur ich bin

Flirt mit dem Ballon, in dem man sonst selbst steht.

fasziniert. Wenig später sind wir über Oberstdorf. Aber ich habe nicht viel Zeit, mir meinen Heimatort in Ruhe von oben anschauen zu können, denn der Angelika hinter mir ist schlecht geworden …

Es ist wohl das Beste, auf dem kürzesten Wege zurückzukehren. Als wir dann am Flugplatz eintreffen, ist wohl nur die Angelika froh, daß dieser Flug zu Ende ist. Nun muß sie noch mit Hubert die Flugzeugsitze wieder in Ordnung bringen. Dann geht's zurück mit dem Auto, um den Ballon wieder einzuholen. Auf einer Anhöhe, wo wir guten Funkkontakt bekommen, erfahren wir, daß der Ballon bereits über dem Ostallgäu ist. Und als wir ihn endlich über uns haben, da sind wir am Ufer des Forggensees, wo es schon ins Oberbayerische geht.

Ein andermal, als unser Ballon dem Bodensee zudriftet und wir Verfolger bereits auf der kurvenreichen Strecke des Rohrachs nach Lindau hinunter sind, da hören wir einen Sportflugzeugpiloten über Funk mit dem Piloten unseres Ballons sprechen. Es ist Franz, der heute durch die Lüfte fliegt;

Nach dem Kalender wär's längst Frühling, doch tiefster Winter liegt über dem Gottesackerplateau.

er ist auch bei uns im Ballonclub Mitglied. Er bietet uns Verfolgern an, daß einer bei ihm mitfliegen könnte. Wir sollten sofort zum Flugplatz kommen, wo er bald landen werde. Der Flugplatz Wildberg, nördlich von Lindau, ist bald erreicht. Wenige Minuten später landet auch Franz mit seiner Maschine.

Meine Mitverfolger haben sich für mich entschieden, der nun mitfliegen soll. Ich bin natürlich nicht abgeneigt, deshalb sitze ich bald hinter Franz im kleinen Zweisitzer. Ich bitte den Piloten, erst die Insel Lindau und dann den Ballon anzusteuern. Beides, eine Inselbesichtigung und der Flirt mit dem Ballon wird nicht allzulange dauern. Das Schöne ist: Wenn ich fotografieren will, brauche ich nur das Kabinenfenster nach vorne zu schieben, und schon habe ich freies Schußfeld. Und es ist schon fotografierenswert, was sich dort unten bietet: die Insel Lindau, die auf dem See zu schwimmen scheint, nur gehalten von den beiden Fäden der Zufahrtswege, der Bahn und der Straße.

Sobald ich das Kabinenfenster geöffnet habe, dringt ein Schwall kalte Luft herein. Und schnell ist das Fenster wieder zu. Im Boden des Flugzeugs entdecke ich ein offenes Loch, durch das ich auf den See schauen kann. Ich frage Franz nach dem Zweck dieses Lochs. Er bringt dort seine Luftbildkamera an, wenn er Senkrechtaufnahmen zu machen hat. Ich denke mir, ein solches Loch wäre für Angelika damals ganz praktisch gewesen …

Über der Insel Lindau schrauben wir uns immer höher. Der Pilot hat Mühe, zum Ballon hinaufzukommen. Offensichtlich steigt auch der Ballon gerade. Aber dann ist es doch geschafft. Wie eine Katze umschnurren wir die Gaskugel. Wie Ameisen wirken die Leute im Korb, die uns zuwinken. Nach einigen Runden um den Ballon stellt Franz den Motor ab, und im Gleitflug geht's hinunter ins Westallgäu. Die Ruhe tut gut, nur der Fahrtwind ist noch zu hören. Die Erde, die Landschaft unter uns wippt auf und ab. Details werden zunehmend größer. Die junge Autobahn, diesseits des Pfänders, weist uns den Weg zum Flugplatz. Wenig später setzen wir auf der Wiese auf: Die Erde hat uns wieder.

Und so, als hätte ich einfach mal auf eine andere Art den Ballon verfolgt, so setzte ich mit meinen Mitverfolgern die Fahrt mit dem Muli wieder fort. Aber mir ist, als säße ich noch im Flugzeug, und ich danke Franz im stillen für diesen Flirt mit der Insel Lindau und dem Ballon.

Ballontrauben am Himmel

MASSENSTART MIT JETS

Es ist für uns Ballöner gar nicht so selten, ganze Ballontrauben am Himmel sehen zu können. Man muß nur den Terminkalender befragen, in dem all die Wettfahrten des In- und Auslandes aufgeführt sind. Oft sind mehrere Dutzend Ballone in der Luft. Schon seltener ist es – für den Nichtpiloten –, in solch einer Traube mitfahren zu können. Doch es ist schon etwas ganz Besonderes, wenn von den etwa 60 in Deutschland existierenden Gasballonen mit einem Male 30 am Frankfurter Himmel hängen sollen. Und wer den Himmel über Frankfurt kennt, weiß, was ich meine: Da hängt der Himmel nicht voller Geigen, sondern voller Flugzeuge. Und in diesen starken Luftverkehr wollen sich noch 30 weitere Luftfahrzeuge einmischen? Das scheint schier unmöglich.

Ganz bescheiden wollte der Veranstalter ein Jubiläum begehen, ein Ereignis wiederholen, das bereits 200 Jahre zurückliegt. Damals startete in Frankfurt der französische Ballonfahrer Blanchard mit seiner Charliere, einem Gasballon. Doch die Zeiten haben sich seitdem geändert: Während man damals ganz zaghaft damit begann, den Himmel mit Montgolfieren und Charlieren zu erobern, ist heute der Himmel über Frankfurt Inbegriff für den Luftverkehr geworden. Frankfurt ist eine Drehscheibe im internationalen Luftverkehr.

Ein heißer Septembertag liegt über dem Frankfurter Ostpark. Im Moment gibt es mehr stechende Insekten in der Luft als Jets, die zeitweise im Minutenabstand am südlichen Horizont über dem Park einschweben. Doch nicht nur die stechenden Fliegen sind uns an diesem schwülen Tag im Wege, sondern auch die Jumbos, Tristars, Airbusse und wie sie alle heißen mögen. Und ausgerechnet zu ihnen, zum Nest dieser Riesenvögel, weht der leichte Wind aus Nordosten.

Ganz bescheiden wollte man erst sein: Mit einem oder vielleicht zwei Gasballonen wollte man zu diesem Jubiläum starten. Doch viele Verhandlungen und noch mehr Gespräche mit den Behörden, vor allem mit den Beamten der Flugsicherung machten den würdigen Rahmen dieses Jubiläums möglich: 30 Gasballone sollen in den Himmel steigen, wenn, ja wenn der Wind nicht gerade zum Flughafen wehen würde ...

Die Mannschaften aus der ganzen Bundesrepublik kommen nacheinander angereist, wir aus dem Allgäu. Die Rasenfläche des Ostparks ist riesig, so daß jedem Ballon ein ausreichend großer, numerierter Platz zur Verfügung gestellt werden kann. Jede Mannschaft beginnt bald mit dem Herrichten und Auslegen ihres Ballongerätes. Auch die Gastransporter treffen ein. Mit ihren Raketenbatterien, in denen das Wasserstoffgas schlummert, sehen sie aus, als gälte es einen Krieg, wenn auch nur einen friedlichen, zu gewinnen. Es soll ein Wettstreit werden: Jets und Gasballone im friedlichen und geordneten Miteinander am Himmel. Zehn dieser ›Raketenfahrzeuge‹ würden ausreichen, um die Bäuche der 30 Gasballone zu füllen. Ein Fahr-

Stern Pils
ergee
Humana
EDEL-PILS
IBBENBÜREN
D-IBBENBÜREN

Eine Weltmeisterschaftstraube über Bern-Belp.

◀ *Ein ganz, ganz seltener Anblick: 30 Gasballone im Frankfurter Ostpark.*

zeug zusätzlich soll als Ersatz dienen, wenn je ein Ballon nicht dicht wäre oder aus irgendeinem anderen Grund Gas verlieren sollte. Man stelle sich diesen Aufwand vor! Und dann weht der Wind ausgerechnet zum Flughafen hin.

Auch am nächsten Morgen hat sich's der Wind nicht anders überlegt. Dennoch beginnt jede Mannschaft mit dem Füllen ihres Ballons. Während sich die dünnen Morgennebel vom Platz lösen und die Sonne das Gras zu trocknen beginnt, kommt Leben in jede Ballonhülle. Die Meteorologen haben dem Veranstalter vorsichtig Hoffnung gemacht. Nun warten alle darauf, daß sie sich erfüllen. Das Bild ändert sich zusehens: Während das Gas immer noch aus den Raketen strömt, vollenden sich die Kugeln. Viele von ihnen haben bereits ihren Füllansatz geschlossen. Gegen Mittag hat auch unsere 750 m^3 Gas fassende Kugel ihre Form vollendet. Und da es kaum Wind am Platz gibt, so werden auch bald die Ballone ›hochgelassen‹, das heißt, das Netz wird von den Ballastsäkken befreit, die nun an den Korb gehängt werden. Die Ballone in ihrer stattlichen Größe wären nun startbereit.

Beim Anblick dieser bunten Gaskugeln schlägt jedes Ballönerherz höher. Aber werden sie auch an den Himmel können? Die Startleitung kommt mit den Meteorologen, den Piloten und den Beamten von der Flugsicherung überein, zwei Ballone als Pilotballone starten zu lassen. Die beiden Ballone, je ein Beamter von der Flugsicherung fährt mit, sollen in etwa 1200 Meter Höhe eine vermutete Drift nach Südosten vorfinden. Sollte diese Drift bestätigt werden, so könnten alle anderen Ballone ebenfalls starten.

Endlich ist es soweit: Nicht nur von uns löst sich die Spannung, auch die der zigtausend Zuschauer – man spricht von über hunderttausend! – löst sich, und ihre Geduld wird belohnt. Die beiden Pilotballone starten, streben schnell der Zwölfhundertmetermarke zu. Als sie dann auch noch in dieser Höhe die vorhergesagte Drift erhalten, da ist die Begeisterung groß.

Allgemeine Startfreigabe. Die Piloten haben die Aufgabe, schnell diese günstige Höhe von 1200 Metern zu erreichen und sie auch einzuhalten. Daß dabei mancher Wasser- und Sandballast über die Menge rieselt, ist verständlich.

Wir am Boden Gebliebene sehen der entschwindenden Ballontraube nach. Wir stellen uns vor, wie es jetzt dort oben wohl sein mag, über der Einflugschneise zu schweben, während unter dem Korb ein Jet nach dem anderen der Landebahn zustrebt. Später erzählen sie uns dann davon, die Piloten, die Mannschaften, nach ihrer gelungenen Landung am Rande des Odenwaldes. Selbst die Jetbesatzungen sollen fasziniert gewesen sein. Sie hatten beim Landeanflug die Ballonkugeln über sich, die Mannschaften in den Körben die Riesenvögel unter sich. Und jede Gruppe akzeptierte die andere als gleichberechtigt.

WETTFAHRTEN MIT DEM HEISSLUFTBALLON

So etwas kann es nur dort geben, wo die Landschaft flach und überschaubar und nicht so unfaßbar und gewaltig ist wie die der Alpen. Begeben wir uns also in die Landschaft des Emslandes bei Münster.

Am Flugplatz Münster-Osnabrück, bei Greven, sind 92 Heißluftballone am Start und wollen zum Gelingen der 16. Montgolfiade beitragen. Bei der ersten Fahrt sind drei Ziele in der Richtung ausgelegt, in die der Wind voraussichtlich weht. Es gilt eines der Ziele, das etwa 10 Kilometer entfernt liegt, so nahe wie möglich anzufahren. Am Zielkreuz soll nicht gelandet, sondern ein Marker geworfen werden.

Als ich mit Ernst, dem Piloten, im Korb des Ballons am Himmel hänge, sind bereits zwei Drittel der Ballontraube vor uns am Bilderbuchhimmel. Und da nun jede Besatzung den Ehrgeiz hat, einem der Ziele so nahe wie möglich zu kommen, so wird die Traube zusammen bleiben. Ich denke etwas anders als der Pilot: Ich selber würde ausbrechen! Ich ließe Ziel und Marker, wo sie sind und würde die bunten Ballonbeeren über der schönen Landschaft Westfalens genießen. Der Kompromiß: Ich stehe als Co im Korb und helfe dem Piloten bei der Navigation. Ich muß zu jeder Zeit wissen, wo wir mit dem Ballon sind. Aber da mir das meist gelingt, muß der Pilot auch mir helfen, daß ich von dieser Fahrt etwas mitnehmen kann: ein wenig Erleben und viel Nacherleben. Beides, Erleben und Nacherleben, sind bei einer Wettfahrt nur möglich durch die Bilder, die man fast heimlich schießen muß. Für mich gibt es kein Ballonerlebnis, ohne dem Erlebnis mit der Landschaft. Das Ziel interessiert mich nur am Rande, und doch ist es heute die Hauptaufgabe für den Piloten und mich.

Man hat so wenig Muße fürs Schauen. Ich widme mich den winzigen Punkten auf der Landkarte, die in der Landschaft Häuser, oft Fachwerkbauten, sind. Der gewundene Strich auf der Karte, das ist die Ems, die sich schlängelt, als müßte sie jedem Acker ausweichen. Grüne Flekken in der Karte sind Wäldchen, Alleen ziehen sich nicht selten schnurgerade dahin. Über all dem, über Fachwerkhäusern, über Gewässern, Äckern, Wäldern und Alleen schweben die Beeren der Ballontraube.

An einer Weggabelung entdecken wir das ausgelegte Zielkreuz. Als wir kaum mehr als 50 Meter vor ihm sind, wirft der Pilot den Marker, ein etwa 100 Gramm schweres Sandsäckchen mit einem meterlangen, farbigen Band daran. Die Hoffnung, der Marker würde – wie unser Ballon – ins Ziel treiben, geht nicht auf. Der Marker wurde zu früh geworfen und fällt fast senkrecht in den Akker. Das ärgert den Piloten. Auch ich habe gehofft, den Marker besser plazieren zu können. Doch was nützt es, sich darüber zu ärgern, liegen wir nicht auch so recht gut? Wenige Stunden später können wir uns freuen, nämlich, als wir erfahren, daß wir mit 57,33 Meter Ablage dennoch den ersten Rang erreicht haben.

Am Spätnachmittag bin ich wieder als Verfolger unterwegs. Diese zweite Wettfahrt ist eine Fuchsjagd: Ein Ballon, der Fuchs, startet vor allen anderen. 15 Minuten danach dürfen die anderen Ballone – je nach Startfreigabe – ebenfalls starten. Die zuletzt an den Himmel kommen, werden es schwer haben, den Fuchs noch am Himmel zu entdecken. Wer dann kein Fernglas dabei hat, kann sich nur an anderen Ballonen orientieren, und er muß auch viel Glück haben.

Für uns Verfolger ist es am besten, sich ebenfalls an den Fuchs zu halten, denn in der Nähe dieses Ballons soll auch der eigene landen. Wir Verfolger sind dem Fuchs hinterhergefahren und sehen ihn nach einer guten Stunde landen. Ein Ballon nach dem anderen zieht links oder rechts am gelandeten Fuchs vorbei. Damit es für den Fuchs nicht zu gefährlich wird, hat man ihn schnellstens zusammen- und dafür ein Zielkreuz ausgelegt. Und damit es auch diesmal im Zielgebiet nicht zu eng wird, hat jeder Pilot seinen Marker dabei.

Doch wo bleibt unser Ballon? Rundherum sehen wir die Ballone vorbeiziehen, hören auch das Fauchen von denen, die hinter kleinen Wäldchen versteckt daherkommen. Längst ist die Hälfte der Traube an uns vorbei. Wo bleibt er nur, unser Ernst? Endlich! Tief über eine Baumgruppe ziehend, pirscht sich der weiß-blaue Ballon heran. Die dort oben sehen nicht mehr uns, sondern nur noch das Ziel. Vor Freude fallen wir uns um den Hals, denn unser Ballon ist genau auf dem Weg ins Ziel. Das müssen wir uns genauer anschauen. Ja, das gibt's doch nicht! Ernst scheint genau auf dem Zielkreuz landen zu wollen! Der Korb schwebt kaum mehr einige Handbreit über dem Boden. Der Copilot legt geradezu den Marker in die Mitte des Zielkreuzes. Bei den Vermessern, den Zuschauern und bei uns bricht Jubel aus. Danach zieht der Pilot den Ballon noch einmal hoch, um sich einen geeigneten Landeplatz aussuchen zu können.

Am nächsten Tag, dem Pfingstsonntag, sind wieder Zielfahrten vorgesehen. Drei Ziele in nördlicher Richtung sind zur Auswahl gestellt. Ernst entscheidet sich für jenes, das am Dortmund-Ems-Kanal liegt. Aber der Pilot kommt so weit vom Ziel ab, daß er von den 90 gestarteten Ballonen auf den 60. Platz kommt. Dennoch liegt unser Ballon in der Gesamtwertung nun auf dem dritten Platz.

Um Mittag und am Nachmittag zieht eine Störung durch das Münsterland. Es regnet sogar zeitweise. Damit aber haben wir auch die Hoffnung, den dritten Preis der Montgolfiade mit nach Hause nehmen zu können. Aber das Wetter bessert sich bis zum Abend wieder. Eine weitere Wettfahrt, eine Zielfahrt wird festgesetzt. Wir geraten damit etwas in Bedrängnis. Ich weiß, der Pilot wird nun alles auf eine Karte setzen. Und ich werde wieder mit im Korb stehen.

Unter diesem Druck starten wir. Alles andere

Eine harte Landung vor dem ›Fuchs‹ (am Waldrand).

wird nun Nebensache: die tiefstehende Sonne hinter uns und die annähernd 90 bunten Ballone vor uns. Welch ein Ehrgeiz, beides unter einen Hut zu bringen: ein wenig Ballonfahrererlebnis und einen guten Platz bei dieser Zielfahrt. Als wir nun dem Pulk der Ballone hinterherdriften, sind es gerade die zehn Aufnahmen, die ich mit meinem Rollfilm verschießen kann. Und da muß ich noch ein schlechtes Gewissen haben. Für einen Filmwechsel reicht die Zeit nicht. Und das, wo einige Nachzüglerballone und die tiefstehende Sonne manchen Romantiker und Fotografen ins Schwärmen brächten. So beiße ich mir auf die Zunge, wage ab und zu einen Blick auf dieses prächtige Bild, bin abert sofort wieder in Karte und Landschaft vertieft.

Wir haben auf der Landkarte, zwischen Startplatz und Zielpunkt, einen Strich gezogen, auf dem wir entlangfahren. Jede Abweichung muß ich dem Piloten melden, damit er sie korrigieren kann. Ja, und das Wunder geschieht: Wir liegen mit dieser Fahrt so gut, daß wir den Gesamtsieg erreichen und den ersten Preis mit ins Allgäu nehmen können.

Ob sich das gelohnt hat, mit dem Verzicht auf (in meinen Augen) wirklichen Ballonfahrergenuß, auf Romantik? Vielleicht. Die Romantik holen wir im Allgäu wieder nach.

Wenn es das Veranstaltungsgelände zuläßt, so wird manchmal auch ein sogenanntes ›Fly in‹ durchgeführt. Beim ›Briefing‹ vor dem Start, der Pilotenbesprechung, erläutert ein Meteorologe Wetterlage und voraussichtliche Richtung und Stärke des Windes. Die Piloten müssen nun aus einem Mindestabstand von drei, fünf oder gar zehn Kilometern das Ziel anfahren. Am ausgesuchten Startplatz wird noch einmal der Wind geprüft. Vielleicht muß danach der Startplatz neu gewählt werden. Und wenn der Grundstücksbesitzer einverstanden ist, wird der Ballon ausgelegt und gefüllt, es kann gestartet werden.

Wir sind in Pforzheim beim Europa-Cup der Heißluftballone. Ein herrliches Wetter hat in den vergangenen beiden Tagen einige Zielfahrten und ein ›Fly in‹ zugelassen. Heute, am Sonntag, dem eingeplanten Ausweichtag, ist vom Veranstalter als zusätzlicher, für die vielen Zuschauer besonders attraktiver Programmpunkt, ein sogenanntes ›Schlüsselgrabschen‹ vorgesehen, das einem ›Fly

Die Meute auf Zielfahrt.

in‹ gleichkommt. Auf dem großen Veranstaltungsplatz hoch über der Stadt hat man eine biegsame Kunststoffstange aufgestellt, an der an einem großen Ring ein übergroßer, symbolischer Schlüssel befestigt ist. Die Ballonmannschaft, die diesen Schlüssel mit der Hand erreicht, gewinnt einen Geländewagen.

In den vergangenen Tagen war ich bei verschiedenen Mannschaften als ›Observer‹, als Sportzeuge eingesetzt. Heute habe ich frei und möchte auf der riesigen Wiese, die ein wohlgesonnener Bauer dem Veranstalter zur Verfügung gestellt hat, die landenden Ballone beobachten. Noch aber sind die Mannschaften zu ihren Startplätzen unterwegs. Hier wartet eine große Menschenmenge auf das, was da kommen wird.

Endlich erscheinen die ersten Ballone im Süden. Schließlich will keiner der erste sein, der startet, denn an ihm werden sich alle anderen Ballone orientieren. Was jetzt folgt ist interessant, viel-

Kein Ballon am Himmel und dennoch auf Wettfahrt über dem Lahntal.

Eine Auswahl von 92 Heißluftballonen über dem Münsterland.

leicht auch typisch für den jeweiligen Piloten, zeugt von gesundem oder übertriebenem Ehrgeiz oder von Dabeisein-ist-alles. Die einen kommen an, verfehlen das Ziel um 50 oder 100 Meter, geben auf, landen und packen ihren Ballon zusammen. Andere liegen zwar schlecht, probieren aber dennoch, sich zu verbessern, und landen schließlich im nahen hohen Maisfeld. Zwei Ballone kommen der Stange sehr nahe, umgaukeln sie eine Weile und geben dann doch auf.

Und dann kommen die Profis, ziehen drei, vier Meter an der Stange vorbei, haben zu kurze Arme und hochrote Gesichter. Sie möchten ihren Ballon förmlich hinschaukeln und landen schließlich doch am Rand der Wiese. Wie ein Kamikazeflieger fällt ein anderer Profi vom Himmel. Bumm! Die Hülle sackt auf den Korb hinunter, schnellt noch einmal hoch, der Ballon ist ein Dutzend Schritte vom Schlüssel entfernt, und dann fällt er in sich zusammen. Der Pilot hat den Schlüssel nicht, dafür aber eine lädierte Nase.

Dann tastet sich auch der sympathische Spanier mit seinem kleinen gelben Ballon heran. Er steht zwar längst als Gesamtsieger der Veranstaltung fest, aber auch er erreicht den Schlüssel nicht. Es folgt ein Ballon, dessen bescheidene Besatzung mehr Glück hat. Es gelingt der Mannschaft aus Heilbronn tatsächlich, den Schlüssel zu grabschen. Der Jubel ist groß, und die Menge gönnt dieser sympathischen Mannschaft den Geländewagen.

Ich muß an gestern denken, an die letzte offizielle Wettfahrt. An diesem Nachmittag wurde ebenfalls ein ›Fly in‹ durchgeführt. Da der Wind aus nördlicher Richtung kam, der Platz aber im Süden der Stadt liegt, so mußten die Ballone über die Stadt, um ihr Ziel zu erreichen. Ich wollte mir das Schauspiel von der Stadt aus ansehen. Vielleicht gäbe es da einige interessante Blickwinkel.

◀ *Als spielte die Figur dort oben mit den Ballonen.*

In der Stadtmitte von Pforzheim hat es einige schöne Partien mit Treppen, Brunnen und Anlagen, hier steht auch das riesige moderne Rathaus. Auf dem Dach dieses Rathauses, auf dem Sims eines Dachgartens oder einer Pergola, da steht eine Figur, dessen Silhouette von unten auf die Passanten wirkt, als stände ein leibhaftiger Mensch dort oben.

Als die ersten Ballone über die Stadt zogen, stand ich in der Nähe des Rathauses. Fast zu hoch, um gute Bilder zu machen, drifteten die Ballone nach Süden, ihrem Ziel entgegen. Als ein Teil von ihnen über das Rathaus kam, sah es so aus, als spielte diese seltsame Figur dort oben mit den Ballonen. Diese Beziehung hatte etwas Symbolisches an sich, die es einzufangen galt.

Da dieses ›Fly in‹ am Spätnachmittag durchgeführt wurde, stand die Sonne schon sehr tief, und sie hatte immer wieder mit einigen Wolken zu kämpfen. Während die meisten Ballone nach Süden, dem Veranstaltungsplatz entgegenzogen, da hatte sich's ein Ballon anders überlegt. Ein wiesengrüner Ballon – mit einigen Wolken als Dekor – bummelte über das Rathaus, besuchte jene Figur dort oben und zog dann schon rötlich strahlend der Sonne entgegen.

Während die glutrote Sonne ihrem ›Landepunkt‹ entgegensank, suchte wohl auch der wiesengrüne Ballon, der mit den Wolken, nach geeignetem Gebiet. Dennoch kam es mir so vor, als hätte es die Ballonbesatzung vorgezogen, sich auf das Spiel mit der Sonne einzulassen, als dem Ballon Zwang anzutun, um ihn besser an das vorgegebene Ziel zu bekommen. Und ich glaube, das wäre wohl das romantischere Erleben bei Wettfahrten: Wenn es sein muß, sein Können beweisen, und wenn Gelegenheit dazu ist, dem ›Freiballon‹ seinen Lauf lassen. Sinn der Wettfahrten sollte es zwar sein zu zeigen, daß man seinen Ballon beherrscht; aber Glück haben, das hängt doch noch immer vom Wind ab, und der will nicht immer so, wie der Pilot will.

◀ *Wo viele Ballone am Himmel sind, da treffen sich auch viele Menschen (Europa-Cup in Pforzheim).*

▲ *Im Veranstaltungsgelände – hoch über Pforzheim.*

Auf Alpenfahrt

ÜBER VERTRAUTEN BERGPFADEN

Wieder einmal habe ich es nicht geschafft, daß ich im Korb stehen konnte, während der Ballon über jenen Ort zog, in dem ich zu Hause bin, über Oberstdorf. Nach einer Fahrt über das obere Illertal hat der Gasballon den Ort überquert und ist nun im Süden auf einer Wiese gelandet. Aus der Landung wird eine Zwischenlandung, aus dem Verfolger ein Ballonfahrer. Nun stehe ich also mit Günther und Ulla im Korb. Ich bin wirklich gespannt, ob der Ballon jetzt in die Berge oder zurück über den Ort schweben wird. Was mir lieber wäre? Schon immer hatte ich den Wunsch, einmal mit dem Ballon über den Ort zu kommen, in dem ich lebe und meiner Arbeit nachgehe. Doch diesmal bin ich im Zweifel, was wohl schöner wäre. Ich glaube, eine Fahrt in die Berge wäre wohl unvergleichlich schöner als über eine Siedlung, auch wenn's der Heimatort ist.

Günther, der Pilot, läßt den Ballon gemächlich von der Wiese abheben. Fasziniert bin ich vom Blick über ›meinen‹ Ort. Aber ebenso Bekanntes tut sich rund um den Korb auf. Während Oberstdorf immer winziger wird, kommen die Berge, so scheint es, zum Greifen nah. Wir haben bereits den Himmelschrofen erreicht und ziehen über dem Grat dem Gipfel entgegen. Unterhalb des Gipfels winken wir einigen Bergsteigern zu. Dann weht uns der Wind über die Westwände und den Schrofensatz ins Birgsauertal hinunter.

Was gibt's da alles zu sehen, was vertraut und dennoch ungewohnt wirkt. Gerade noch die senkrechten Wände des Schrofensatzes und nun, auf der Westseite des Tales, die Idylle des Freibergsees. Nebenan reckt die Skiflugschanze ihren Finger in die Höhe. Die Schanze wirkt wie eine große

Geht's über den Ort (Oberstdorf) oder geht's in die Berge?

Die Mädelegabelgruppe: einst meine Hausberge, heut ein Hausbesuch bei ihnen.

Hinter der filigranen Wächte die Täler- und Gipfelvielfalt der Allgäuer Alpen.

Rutschbahn für den Freibergsee, nur hat man sie kurioserweise verkehrt in die Landschaft gestellt. Und rundherum überall Bekanntes: Berge, Täler, Wege, Bäche.

Bald sind wir so tief über dem Tal der Stillach, daß die fast über uns stehende Sommersonne einen großen Schatten auf die Straße wirft. Einige Wanderer blicken erschrocken – ob der so plötzlich auftauchenden ›Wolke‹ – auf und entdecken den lautlos dahinschwebenden Ballon über sich. Wir wechseln einige Worte, aber der Talwind weht uns weiter, vorbei an der Talstation der Fellhornbahn, an Anatsstein, an Birgsau und bald an Einödsbach. Wir haben dabei fast keinen Ballast verbraucht, aber hier gäbe es auch keinen geeigneten Landeplatz. Also geht ein Sack Ballast über dem schönsten Teil des Oberallgäus nieder. Ich tippe nun auf Westen, Günther auf Süden, doch der Ballon entscheidet sich für Osten. Noch besser, denke ich mir.

Nun geraten wir in ein Bergparadies. Die Mädelegabelgruppe mit meinem ›Hausberg‹, der Trettachspitze, baut sich groß auf. Winzig klein westlich davon: das Waltenberger Haus, in dem ich mich einst so zu Hause fühlte. Unter uns nun die Schafalpe des Einödsberges. Dann ist der Grat er-

Links oben: *Der Ballon steigt über die Kirchturmspitze und verharrt dort.*

Unten: *Die ersten Strahlen der Sonne treffen den Ballon.*

Der Ballon über dem Illertal – lange Schatten, bereifte Viehweiden begleiten ihn.

reicht, der sich von der Mädelegabelgruppe bis zum Himmelschrofen vor zieht. Auf ihm liegt eine kilometerlange, zierliche Wächte – ein Rest vom Winter. Dann öffnet sich nicht nur das Spielmannsauer Tal mit der Trettach, sondern die ganze Täler- und Gipfelvielfalt der Allgäuer Alpen: nicht nur die berühmten Allgäuer Grasberge mit ihren Edelweißbeständen, sondern auch die Dolomitgipfel, die von den Kletterern bevorzugt werden.

Gemächlich treiben wir in Richtung Oberstdorf, vorbei an der Ostflanke des Wildgundkopfes. Es sieht so aus, als ob wir südlich des Christlessees das Spielmannsauer Tal queren würden. Das reizt Günther zu einem Landeversuch. Doch die von uns aufgeblasenen und hinabgelassenen Luftballone erreichen das Tal nicht, sondern den Gegenhang. Sofort wird der Landevorgang abgebrochen. Doch wir treiben wieder zurück in die Schrofen und Wände des Himmelschrofens. In flotter Fahrt, knapp an den Felsen vorbei, schießt der Ballon dem Grat entgegen. Erschreckte Gemsen jagen in wilder Flucht davon. Losgetretenes Gestein poltert in die Tiefe. Wir sind wieder über dem Grat mit der filigranen Wächte. Knapp hundert Meter über dem Grat nimmt uns der Wind mit über das Tal, in dem wir vorhin landen wollten. Das blaue Auge des Christlessees lacht uns ein zweites Mal an. Oder lacht es uns aus? Gerstruben, das uralte Bergdorf, zieht bald an uns vorbei. Damit geht's dem nächsten Höhenzug entgegen.

Das Hahnenköpfle und die südlich davor liegende Alpfläche kommt auf uns zu. Buttergelb sind die Ränder der Bäche, wo die Sumpfdotterblumen in breiten Bändern ihre Farbe ausgeschüttet haben. Verdächtig nahe kommen wir einigen Bergsteigern, die auf dem Hahnenköpfle Brotzeit halten. Gerade hier, knapp über dem Gipfel, erfährt Günther über Funk, daß die Schweizer Ballonpilotin Regula auch in der Luft ist. Die Begrüßung ist ebenso herzlich wie kurz, denn der Gipfel des Hahnenköpfles kommt uns immer näher. Sofort geht ein halber Sack Ballast über Bord. Nun fällt der Ballon nicht mehr, aber die brotzeitmachenden Gipfelfreunde haben ihre Portion abbekommen. Dennoch erreicht uns kein Vorwurf von den Bergsteigern. Noch eine Weile können wir ihre Gespräche aufschnappen, bis sie endgültig verwehen.

In der Gegend des Oytalhauses kommen wir über das prächtige Hochtal. Die fast senkrechten Seewände, aber noch mehr der türkisfarbene Seealpsee fesseln den Blick. Auch hier: vertraute Gegend, bekannte Pfade. Noch bekannter ist das Nebelhorngebiet, dem wir entgegendriften. »Am Nebelhorn versuchen wir eine Landung«, unterbricht mich Günther in meinem Sinnieren. Als wir über dem weiß-braunen Fleckerlteppich der Frühlingslandschaft sind, kommen wir der Bergstation der Nebelhornbahn nahe. Schon immer mal hatte Günther den Leuten von der Bahn dort unten versprochen: »Bei euch lande ich mal mit dem Ballon!« Jetzt scheint der Zeitpunkt gekommen zu sein, daß er sein Versprechen einlösen kann. Wieder kommt unser Test mit den aufgeblasenen, abgelassenen Luftballonen. Aber der Wind spielt nicht mit.

Es ist fast 14 Uhr, als der Gipfel des Nebelhorns bereits hinter uns liegt. Am Hochvogel drüben bauen sich verdächtige Quellwolken auf, stellenweise zerfließen sie schon und sehen recht düster aus. Die Verfolger funken herauf, daß sich auch am Rubihorn etwas zusammenbraut. Günther betrachtet das Wettergeschehen besorgt, bleibt aber ruhig. Hier über den Nordabstürzen des Nebelhorns gäbe es sowieso keine Landemöglichkeit.

Am östlichen Steilhang des Retterschwang-Tales, noch bevor unter uns eine Nebelbank durchzieht, entdecken wir ein großes Hirschrudel. Es nimmt von uns gar keine Notiz. Zwischen einigen Nebelfetzen sehen wir unter uns auch einen Motorsegler heimwärts schleichen. Es wird für ihn ebenso Zeit heimzukommen wie für uns, denn drüben im Hintersteiner Tal rumpelt es bereits.

's wird Zeit, daß wir runter kommen, ein Gewitter zieht auf.

Die Westabstürze des Daumens wirken nun, bei dieser Beleuchtung und mit den Wolkenfetzen, gespenstisch und gewaltig. Flott kommen wir an den Ausgang des Retterschwang-Tals. Bei Bruck passieren wir die Engstelle des Ostrachtals. Dann nehmen uns Hang und Grat des Iselers auf. Günther geht ans Ventil und hofft, bei Oberjoch landen zu können. Aber er täuscht sich. Der Ballon wird wieder zurückgetrieben und kommt abermals an die Engstelle bei Bruck.

Obwohl es hier nur wenig geeignetes Landegebiet gibt, leitet Günther wegen dem drohenden Gewitter doch die Landung ein. Wir fallen der Ostrach, kleinen Wäldchen und ebenso kleinen Viehweiden entgegen. Und o Wunder! Wir schaffen es, unweit der Straße auf einer kleinen Viehweide zu landen. An der Straße haben bereits die Verfolger auf uns gewartet. Nun tragen sie den Ballon bis zum Fahrzeug hinunter. Ballast kommt in den Korb, um ihn zu beschweren. Der Ballon wird an einigen Bäumen festgezurrt und alle, die abkömmlich sind, suchen Schutz vor Blitz und Donner. Aber das Gewitter findet woanders statt. Ein Platzregen ist alles, was uns und den Ballon erfrischt.

Als sich die Wolken verzogen haben und die Sonne uns und den Ballon zu trocknen beginnt, da startet ein anderer Pilot mit einer anderen Mannschaft. Noch annähernd drei Stunden kann Max am Himmel bleiben. Die Fahrt geht noch bis ins Ostallgäu, südlich von Seeg, wo endgültig der Ballon landet. Und ausgerechnet beim Zusammenlegen des Ballons hat uns ein ausgewachsenes Gewitter eingeholt. Auf diese Art geläutert können wir – wenn auch klitschnaß – vom Ballonfahren nur schwärmen …

STEINSCHLAG IM BALLONKORB

Annähernd zwei Stunden ist der Gasballon nun in der Luft. Tief und gemächlich zieht er über das obere Illertal den Allgäuer Alpen entgegen. Es mag für die dort oben ein besonderes Vergnügen sein, an diesem warmen Sommertag über ihre Heimat zu fahren. Alle an Bord sind von Oberstdorf und kennen sich in der unter ihnen liegenden Landschaft gut aus. Sie können all das, was sie schon zu Fuß erwandert oder erstiegen haben, nun aus ein-, zweihundert Meter über Grund betrachten.

Auch uns Verfolgern, dem Ralf und mir, gefällt es, wenn die Gaskugel tief über die blühende Landschaft fährt. Mich reizt das immer wieder, Aufnahmen zu machen. Südlich von Oberstdorf, in der Nähe der Lorettokapellen, berührt der Bal-

▲ *Eine Rosette in einem Wintermärchen.*

Der erste ›richtige‹ Wintertag, der sich zu überbieten scheint. ▶

Tief zieht der Ballon über die Lorettokapellen den Bergen entgegen: zu einer Alpenfahrt?

lon fast den Boden, landet aber nicht. Was soll das? Will Günther, der Pilot, mit seinen drei Mitfahrern vielleicht über die Berge?

Als wir uns nach mehr als drei Stunden wiedersehen, da sind alle blutverschmiert. Alle drei Mitfahrer sind verletzt, Marie, die Frau des Piloten, am schwersten. Günther ist anscheinend als einziger unbehelligt geblieben. Aber was ist dort oben geschehen?

Als der Ballon über den Wiesen bei den Lorettokapellen wieder höher stieg, wehte ihn ein leichter Lufthauch über das Birgsauer Tal. Wir Verfolger nahmen noch an, daß der Ballon vielleicht dort landen würde, aber er stieg dann gemächlich über die Berge nach Südosten. Wir wurden vom Piloten über Funk ins Lechtal geschickt. Während wir bei der üblichen Funkstille in regem Ausflugsverkehr mit dem Muli den Jochpaß erklommen und den Gaichtpaß hinunterfuhren, leitete Günther die Landung ein. Für ihn lag das Lechtal greifbar nahe, obwohl er immer noch über den Bergen nördlich von Elbigenalp war. Gemächlich verlor der Ballon an Höhe. Die annähernd zehn Sack Ballast waren genug für eine unproblematische Landung.

Es mag gegen 13 Uhr gewesen sein, als im Lechtal der Föhn einbrach. Während wir Verfolger bei Weißenbach einen flotten Wind aus Nordosten verspürten, bildeten sich über der Hornbachkette wattegleiche Föhnwolken und verharrten dort. Der landende Ballon wurde von einem ebenso flotten Südwestwind gepackt und an die Rotwand getrieben. Günther versuchte den starken Fall durch Ballastabgabe zu bremsen. Das gelang ihm zwar, aber der Ballon wurde dennoch an die Felsabstürze der Rotwand gedrückt.

»Alles runter in den Korb!« rief Günther. Die Hülle schwankte bereits über dem Grat, während der Korb gegen die Wand klatschte. Der Korb schnellte zurück und krachte erneut gegen den Fels. Der Ballon kam dadurch zwar etwas höher, aber das Folgenschwerste war nicht das Aufprallen, das verkraftet ein Weidenkorb schon. Die Auslaufleinen des Netzes lösten durch den Drang des Ballons nach oben das brüchige Gestein an der Rotwand.

Was nun folgte, dürfte in der über zweihundertjährigen Geschichte der Ballonfahrt einmalig gewesen sein. Gestein prasselte in den Korb, auf die dort kauernden Mitfahrer. Die messerscharfen Brocken verfehlten nicht ihre Wirkung. Günther hatte vorerst nur das Treiben des Ballons im Auge und stand an der den Felsen abgewandten Korbseite. Mit der einen Hand hielt er die Ventilleine griffbereit, mit der anderen Hand umklammerte er eine der Korbleinen. Eine Ewigkeit dauerten die wenigen Minuten dieses Dramas. Dann hatte die Hülle den Korb hinaufgezerrt. Der Ballon war frei.

Als der Pilot nun die Verletzten im Korb sah, entschloß er sich, nicht erst irgendwo im Lechtal zu landen, sondern gleich dort oben, in dem nun unter ihm liegenden Noppenkar. Weiteres Steigen des Ballons hatte Günther bereits mit einigen Ventilzügen verhindert. Nun konzentrierte er sich auf die Landung, die dann in etwa 2000 Meter Höhe auch recht gut gelang. Der Pilot, der unverletzt geblieben war, kümmerte sich nun erst um die anderen. Er stellte dabei fest, daß seine Frau und ein Mitfahrer starke Schnittwunden am Kopf hatten. Die andere Mitfahrerin, die kaum verletzt war, schickte er ins Tal, um den Hubschrauber anzufordern.

Als wir Verfolger mit dem Muli in Elbigenalp eintreffen, ist schon die Bergwacht unterwegs und der Hubschrauber verständigt. Später, als die Verletzten erst zu Tal und dann nach Reutte ins Krankenhaus gebracht werden, haben wir Zeit, uns mit den Einheimischen über das Drama zu unterhalten. Eine Bauersfrau weist zur Rotwand hinauf und meint, sie hätte den Ballon in der Wand entdeckt. Sie hätte auch ihre kleinen Kinder dabei gehabt und zu ihnen gesagt: »Kinderlan, schaugt weg! Jetzt ist es aus!« Sie hätte das Gesicht der Kinder mit ihrem Rock verdeckt.

Wir schauen auch noch einmal hinauf zur Rotwand, bevor wir zu den Verletzten nach Reutte fahren. Über dem Berg steht noch die wattegleiche Föhnwolke, sie ist noch immer so groß wie vorher und tut, als gehörte sie zu diesem Teil der Lechtaler Alpen.

Ballonbergen, das teure Ende einer Alpenfahrt.

Das Ballongerät darf diesmal mitfliegen.

▲ *Vorbereitung zur Hochalpenfahrt. Der Ballonmeister baut das Ventil ein.*

Das größte Abenteuer ist und bleibt eine Alpenüberquerung. Über den Dolomiten. ▶

»BALLON ABGESTÜRZT« – EINE ENTE

Die Nordischen Ski-Weltmeisterschaften im tirolischen Seefeld gehen ihrem Ende entgegen. Am letzten Veranstaltungstag, einem Sonntag, wollen die Allgäuer und die Salzburger Ballonfahrer noch eine Ballonpost an den Himmel bringen. Wind und Schneeschauer verhindern aber, daß die Salzburger ihre Ballone, ihre Heißlüfter aufgestellt bringen. Etwas besser geht es mit unserem Gasballon. Gegen 13 Uhr starten Alfred und Bernhard – mit der Post an Bord – in den aufreißenden Himmel von Tirol.

Wir Verfolger beeilen uns, in das Inntal zu kommen, denn die Meteorologen haben flotten Wind aus Nordwesten angesagt. Zunächst sehen wir noch die winzige, von der Sonne beschienene Gaskugel, erst hoch über dem Innsbrucker Flugplatz und später in einer Lücke des Gewölks über dem Patscherkofel. Aber danach geht uns der Ballon verloren. Auf der Fahrt zur Grenze, zum Brenner, sehen wir weder etwas von dem Ballon noch hören wir etwas im Funkgerät.

Es ist wieder einmal ratsam, die ursprüngliche Fahrtlinie des Ballons zu verlängern, um so dem Ballon vielleicht wieder auf die Spur zu kommen. Das weist uns den Weg ins Pustertal. Also hinein in das Tal, das ich kaum kenne. Bereits bei Mühlbach hören wir im Funkgerät ein leises Krächzen – wenigstens etwas! In der Gegend von Bruneck ist der Funkkontakt dann tadellos. Aber was wir dann erfahren, ist für uns wenig informativ: »Viel Sonne, viel Schnee, viel Berge!« kommt es von oben. Und als wir nach der Position fragen, da können wir mit der Antwort kaum etwas anfangen, die da lautet: »Nördlich Pustertal!« So viel wir auch den Himmel über dem nördlichen Pustertal absuchen, der Ballon bleibt für uns unsichtbar. Schließlich ist der italienische Teil des Pustertales 60 Kilometer lang.

Dramatischer wird es erst für uns, als die Ballonfahrer mitteilen, daß sie bald im Pustertal landen werden. Immer noch fehlt eine Ortsangabe. Offensichtlich ist für die Ballonfahrer eine genaue Positionsangabe deshalb nicht zu machen, weil über den Bergen im Norden, wie auch über dem Tal, stimmungsvolles Gewölk lagert. Wir wissen aber, je tiefer der Ballon sinkt, desto schlechter wird der Funkkontakt sein. So kommt es dann auch. Eisiges Schweigen herrscht bald über dem spätnachmittäglich beleuteten Dolomitental, über dem bereits der Mond steht. Wir suchen und fragen über Funk von den verschiedensten erhöhten Standpunkten die Gegend ab, doch vergebens. So bleibt uns nur eines übrig: ein Gasthaus aufzusuchen und von dort in Abständen zu Hause anzurufen, ob von den Gelandeten bereits eine Nachricht eingetroffen ist.

Es ist bereits in der Dämmerung, als wir von den Daheimgebliebenen erfahren, daß der Ballon bei Anras in Osttirol gelandet sei, also halbwegs zwischen Grenze und Lienz. Die Ungewißheit hat nun ein Ende. Wie die Landung ausgesehen hat, werden wir ja bald erfahren. Wir brechen sofort auf und lenken unser Verfolgerfahrzeug auf der vereisten Straße nach Osten. An der Grenze wird der Muli von den Italienern besonders genau kontrolliert. Danach sind noch 15 Kilometer zu fahren. Dann muß unser Fahrzeug noch einige Kilometer vereiste Hangstraße erklettern. Wehe, wenn wir hier anhalten müssen! Gegen 20 Uhr können wir mit viel Hallo die beiden Ballonfahrer begrüßen.

Was man uns dann berichtet, das hört sich weder nach ›Absturz‹ noch ›Bruchlandung‹ an. Das sei halt wieder einmal eine Berglandung mit all ihren Problemen und Strapazen gewesen. Der Ballon stünde noch gefüllt oben im Tobel und müßte morgen geborgen werden.

An diesem Abend wird mehr über vergangene Ballonfahrten, auch über die eben erlebte, geredet als über die Bergung am kommenden Tag. Es stellt sich heraus, daß die Ballonfahrer am Nachmittag wohl das Pustertal erkannt hätten, daß aber die Position kaum zu bestimmen war, weil oft mächtige Wolkenfetzen markante Orte und Berge verdeckten. Ja selbst bei der Landung waren Alfred und Bernhard der Meinung, noch in Italien zu sein. Als nach einiger Zeit zwei junge Burschen zu den Gelandeten stießen, da fragte Alfred die Einheimischen: »Parla italiano?« Bis sich herausstellte, daß Osttiroler und Allgäuer so etwas Ähnliches wie Deutsch reden.

Es wird an diesem Abend viel berichtet, gefragt, gegessen und getrunken. Natürlich muß auch an den Ballon gedacht werden, der noch oben im Bergwald steht. Man kommt überein, daß wir mit einigen Einheimischen am nächsten Morgen gegen acht Uhr dort hinaufsteigen würden. Es sieht so aus, als hätten wir auch vom Wetter nichts zu befürchten.

Der Morgen beginnt mit geeignetem Wetter. Eine hohe Wolkenschicht liegt über der Landschaft. In der vergangenen Nacht haben einige Kältegrade den Schnee verfestigt, und wenn die Sonne weiterhin verschleiert bliebe, wäre das für uns sicher eine Erleichterung. So scheint es, als sollte es für uns ein guter Tag werden. Dazu trägt natürlich auch ein gutes Frühstück bei, das uns für die sicher kommenden Strapazen stärkt.

Gegen acht Uhr treffen wir uns mit den einheimischen Helfern. Als wir aufbrechen und dann nach zwei, drei Hausecken in ein wartendes Allradfahrzeug steigen sollen, da scheint der erste Gag schon perfekt: Der Lada, nur für vier Personen zugelassen, muß nun zehn kräftige Mannsbilder aufnehmen. Und das schier Unmögliche gelingt. So krabbelt dann das Fahrzeug mit uns ›Ölsardinen‹ nach oben und erspart uns sicher eine Stunde kräftezehrenden Aufstiegs. Am obersten Bauernhaus, am Waldrand, steigen wir etwas zerknautscht aus dem Lada. Robust ist das russische Gefährt! Und russisch geht es weiter: Eine Schnapsflasche macht die Runde.

Wenig später stapfen wir in den Spuren des Vortages den Bergwald hinauf. Der teilweise feste Schnee mag hier 30 bis 40 Zentimeter hoch liegen. An einem Vorsprung, am Rande eines Tobels, können wir weit hinaufschauen und entdecken unseren winzigkleinen Ballon zwischen den Bäumen. Er scheint noch eine recht gute Figur zu machen. Was ist zu tun? Mit dem Rat der Einheimischen kommen wir zu der Einsicht, daß ein Abtransport nach unten, durch den engen, vereisten und mit Bäumen bestandenen Tobel, ausscheidet. Also dann nach oben, aber wie weiter? Die Helfer berichten, daß dort oben ein Weg den Bergwald quert. Während die Mannschaft den Ballon zu dem Weg hinaufschafft, soll einer den Allradtraktor holen. Dem wird dann zugestimmt, obwohl wir uns kaum vorstellen können, daß ein Traktor den Weg durch den tiefen Schnee schafft.

Eine Verschnaufpause beim Hochtransport. Im Bergwald der Lienzer Dolomiten.

▲ *Celerina bei St. Moritz:*
Startplatz zu Hochalpenfahrten.

St. Gilgen im Salzkammergut:
Startplatz zu Fahrten unter extremen Bedingungen. ►

D-PAULANER

Beim Hochtransport des Ballons muß mancher Baum umgangen werden.

So steigt einer der Tiroler ins Dorf ab, wir steigen auf, dem Ballon entgegen. Erstaunlich, daß noch so viel Gas in der Hülle verblieben ist. Noch mehr aber wundern wir uns über die noch vorhandene Tragkraft, als ein Pilot im Korb steht und der Ballon – gefesselt – abhebt. An Lärchen und Fichten vorbei wird das müde Luftgefährt nach oben dirigiert. Trotz der Schinderei – über Eisschwellen und Steilhänge, um Bäume herum – gelingt der Transport recht gut. Als etwa zwei-, dreihundert Höhenmeter geschafft sind, da hören wir erleichtert über uns den Traktor durch den Bergwald dröhnen. Gott sei Dank!

Durch spärlicher bewachsenes Hanggelände verlassen wir den Tobel, umgehen kleine Waldstücke und erreichen einen Waldweg. Noch eine halbe Stunde Schinderei, und der Traktor ist erreicht. Die meisten sind erledigt, aber froh. Nach einer kurzen Stärkung aus dem Rucksack wird der Ballon entleert, zusammengepackt und auf den Hänger verladen. Fast vergessen ist bald alle Mühsal. In bester Laune besteigen wir den Hänger, wo wir im Korb und auf dem Bündel der Hülle Platz nehmen. Alles andere überlassen wir nun dem Anraser, der seinen Allradtraktor – kettenbestückt und pflugbewehrt – zu Tal bringen soll. Die 60 Pferdestärken werden das schon schaffen.

Es ist eine lustige und kuriose Fuhre, die abwärts krabbelt. Da hat zwar jeder nasse Füße; so lang die in Bewegung waren, sind sie auch warm gewesen. Nun aber kriecht die Kälte die Beine hoch. Doch die Stimmung ist famos. Manch einer hält sich sprungbereit, denn der Traktor kämpft sich wie eine Raupe durch den Schnee. Und wenn der Weg zu steil wird, läßt der Fahrer einfach den Schneepflug herunter.

Einer der Ballöner kramt die deutsche Fahne aus der Tasche des Ballonkorbes heraus, die sonst

Hauptsache der Traktor schafft es und wir können mitfahren. Die Lienzer Dolomiten schauen zu.

am Ballon hängt. Ein Anraser besorgt für unsere Fahne eine Stange, und ›beflaggt‹ fahren wir in Anras ein. Hannes, ein Anraser, meint dazu: »Alles in deutscher Hand!« Er hat einfach Freude daran, daß junge Osttiroler Burschen, die deutsch sprechen, auf deutsche Ballonfahrer gestoßen sind.

Als wir endlich vor dem Dorfgasthaus eintreffen, ist einiges los; die Ballonlandung ist in dieser 1200-Seelengemeinde in aller Munde. Auch die Osttiroler Zeitungen berichten am Montag über die Ballonfahrt von der Nordischen Ski-Weltmeisterschaft in Seefeld nach Osttirol. Und als wir wieder zu Hause im Allgäu sind und die Zeitung aufschlagen, da hört sich das schon dramatischer an: »Ballon abgestürzt, Bruchpiloten unverletzt!«

MÜRREN – MEKKA DER HOCHALPINEN

Wenn vom Ballonfahren in den Alpen die Rede ist, fällt meist auch der Name des Schweizer Luftschiffer-Kapitäns Eduard Spelterini. Er unternahm bereits zur Jahrhundertwende zahlreiche Alpenfahrten und -überquerungen mit dem Gasballon. Doch Spelterini war nicht der erste, der über die Alpen fuhr. Ein halbes Jahrhundert vor ihm hatte der Franzose Arban, wohl etwas unfreiwillig, die Seealpen überquert. Spelterini jedoch plante seine Alpenfahrten, einige dienten wissenschaftlichen Untersuchungen. Er ließ seine Gasballone nicht nur am Alpenrand, sondern vor allem mitten in den Hochalpen, denen des Wallis und des Berner Oberlandes, aufsteigen.

Seine Alpenfahrten, sicher auch seine phantastischen Luftaufnahmen der Alpen waren vielleicht Anlaß, daß es nach der Jahrhundertwende große Mode wurde, in den Alpen Ballon zu fahren. Nur gutbetuchte Piloten und Passagiere konnten sich solche Fahrten leisten. Sogar Hochzeitsreisen über die Alpen wurden unternommen. Einmal wurde die Frau, kaum Braut, schon Witwe; ihr Angetrauter stürzte nämlich nach der Landung in eine Gletscherspalte.

Besinnlicher, weniger zum Luxus und geplanter ging man nach dem Zweiten Weltkrieg an die Alpenfahrten. Die erste gelang 1957 von Gersthofen bei Augsburg aus. Auch in den folgenden Jahren wurden immer wieder von Gersthofen aus Alpenüberquerungen unternommen. Einen Nachteil hat der Startplatz Gersthofen: Die Ballone müssen erst 80, 100 Kilometer zurücklegen, um den Alpenrand zu erreichen. Günstiger liegt der Startplatz von Burgkirchen, von dem es nur noch 50 bis 60 Kilometer bis zum Alpenrand sind. Aber den besten Startplatz für Alpenfahrten haben wohl die Allgäuer Ballonfahrer. Ihr Startplatz in Sonthofen hat zwar keinen Gasanschluß, der Wasserstoff muß recht umständlich und aufwendig von Gersthofen geholt werden; dafür sind die Allgäuer Ballonfahrer schneller gerüstet, wenn der Wind aus Norden weht.

Die sogenannten abo's, die Alpen-Ballonsportwochen Oberallgäu (Oberstdorf), haben bereits ab dem Jahre 1965 deutschen und ausländischen Piloten die Gelegenheit gegeben, den knappbemessenen deutschen Alpenraum kennenzulernen. Diese Veranstaltungen, die der Alpen-Ballonsport-Club in Sonthofen durchgeführt hat, wurden bis in jüngste Zeit fortgesetzt.

Für die Allgäuer Ballonfahrer gab es auch sonst immer wieder Gelegenheit, ihre Berge kennenzulernen. Oft brachte sie der Ballon an der Alpenkette entlang nach Osten oder Westen. Das größte Erlebnis war aber immer, wenn es gelang, die Alpen von Nord nach Süd zu überqueren.

In jüngster Zeit wurden auch hin und wieder Alpenüberquerungen mit dem Heißluftballon von der Schweiz aus gemeldet. Auch von Deutschland aus ist es 1987 das erste Mal gelungen, die Alpen mit dem Heißluftballon zu überqueren. Piloten der Ballonsportgruppe Alpin aus Sonthofen schafften diese 245 km lange Fahrt in etwas mehr als vier Stunden.

Startplatz der ›abo‹ (Allgäuer Ballonsportwoche Oberstdorf).

Rechte Seite:

Oben: *Wie eine Mitternachtssonne am Polarkreis.*

Unten: *Mürren im Berner Oberland: Startplatz der Hochalpinen.*

HB-BFO

Mürren
Schilthorn

Michels ›Ente‹ im Tal der Wände und Wasserfälle, in dem von Lauterbrunnen.

Man sollte auch erwähnen, daß immer wieder Wettfahrten für Heißluftballone in den Alpen durchgeführt werden. Ich denke an Flims und Arosa in der Schweiz und an Filzmoos und St. Gilgen in Österreich. Man sollte sich mal ansehen, wie die fauchenden Heißluftbirnen zu ihrem Alpenabenteuer starten. Ebenso interessant sind auch die Starts der Gasballone zu Hochalpenfahrten, wie die von Celerina im Engadin, aber vor allem von Stechelberg und Mürren in den Berner Alpen aus.

Die Hochalpenfahrten vom Berner Oberland aus sind bereits zu einem Begriff geworden. Kapitän Spelterini hat sie zur Jahrhundertwende dort eingeführt, Fred Dolder hat sie später mit der Spelterini-Gesellschaft fortgesetzt. Und wenn man selbst schon nicht an solch einer Hochalpenfahrt teilnehmen kann, so sollte man wenigstens mal nur zum Zuschauen an den Startplätzen gewesen sein.

Begeben wir uns also Anfang Juli in das Berner Oberland und beobachten die Ballonfahrer, die bei der Internationalen Hochalpinen Ballonsportwoche in Mürren starten wollen. Was ich vor fünf Jahren in Mürren bereits kennengelernt habe, das möchte Michel jetzt mit mir kennenlernen. So bringt uns Michels Ente vom Allgäu ins Berner Oberland, und diese Fahrt mit der Ente hat fast ein wenig vom Ballonfahren an sich. Hat sie doch mit den Gondeln früherer Ballone gewisse Ähnlichkeit. Gut, daß man das Dach der Ente aufmachen kann, im Berner Oberland wird der Hals vom Michel vor lauter Schauen immer länger, und erst recht, als wir dann ins Lauterbrunner Tal kommen. Solche Wände, solche Wasserfälle versetzen sogar einen echten Allgäuer wie Michel ins Staunen.

In Stechelberg, an der Talstation der Schilthornbahn, entdecken wir Ballönerisches: Fahrzeuge und Ballongerät. Und obwohl die Gascontainer, die Flaschen bestimmt dicht sind, so glaubt man Gas zu riechen. Einbildung? Wir kommen gerade zur rechten Zeit; einige Ballöner sind damit beschäftigt, Korb und Hülle eines Ballons in die Kabine der Seilbahn zu verladen. Es gibt wohl morgen in Mürren einen Ballonstart. Die Berge sind zwar wolkenverhangen, aber sonst scheint die Sonne. Ein gutes Zeichen.

Auch wir nehmen unsere Rucksäcke und fahren mit der Seilbahn nach Mürren, wo wir übernachten wollen. 800 Meter höher spazieren wir durch den Ort, wir sind wählerisch in der Suche nach einem Quartier. Ausgerechnet dort, wo wenige Meter talwärts die senkrechten Wände abfallen, finden wir ein kleines Hotel, wo wir uns wohlfühlen. So, nun schnell sich frischgemacht und dann ab in den Ort, in dem es förmlich nach Ballönern riecht.

Am Hotel Jungfrau-Lodge – am Treffpunkt der Ballonfahrer – entdecken wir eine Tafel: Morgen, Dienstag, 2. Juli, Start des ›Ajoie‹, ›Karstadt‹, ›Toblerone‹ von Stechelberg und des ›Mürren‹ von Mürren aus. Startzeit ca. 8.30 Uhr. Ein wenig oberhalb des Hotels, wo früher ein Wiesenplatz war, macht sich nun das Sportzentrum breit. Das Gras, das einst auf der Wiese sproß, grünt nun auf dem Dach des Sportzentrums. Eine gute Idee! Im Gebäude selbst ist auch das Informationsbüro untergebracht, wo wir uns Prospekte besorgen. Draußen blendet der schneeweiße Beton der Wintereisbahn. Auch hier sind einige Ballöner dabei, verschiedenes Ballongerät vorzubereiten.

Am Abend sind wir wieder in einem Hotelrestaurant am Abgrund. Die Raclette mundet uns ebenso gut wie der Walliser Wein. Den nächsten Tag wollen wir beginnen, wenn die Vögel uns wecken, denn wir haben beide die Uhr vergessen.

Die Vögel haben bereits den Tag begonnen, als ich aufwache und den Michel wecke. Die Morgenwäsche fällt kurz aus, das Frühstück wird auf später verlegt. Und als würden wir etwas versäumen, eilen wir zum Startplatz. Aber wir sind noch viel zu früh dran. Der Ballonmeister beginnt gerade erst die Ballonhülle auszulegen. So haben wir viel Zeit zum Beobachten. Zu helfen gibt es nichts, denn die Mannschaft ist ausreichend groß.

Über dem Tal von Stechelberg und Lauterbrunnen liegt noch Nebel. Später steigt der Nebel und zieht an den Wänden des Schwarzmönchs und des Lauberhorns entlang. Im Westen verabschieden sich die letzten Sterne. Ein Tag ist im Werden, als sei's der erste.

Noch gestern nachmittag haben wir beobachten können, wie die Container mit den Gasflaschen von der Zahnradbahn abgeladen und mit einem Gabelstapler hierher gebracht wurden. Die Containergestelle auf Paletten enthalten meist 12 Gasflaschen. Und was wir gestern nicht sahen, das konnte ich bei meinem letzten Besuch beobachten: Mühevoll war es, in Lauterbrunnen die Container in der Talstation der Standseilbahn zu verladen, von wo sie eine Transportkabine zur Grütschalp brachte. Hier mußten die Container wiederum in die Zahnradbahn umgeladen werden, die sie nach Mürren brachte. Und vom Bahnhof holte sie der Gabelstapler ab.

Und nun stehen die Behälter hier am Startplatz. Die Container spiegeln sich in den Pfützen vergangener Schlechtwettertage, ebenso die ersten von der Sonne beleuchteten Spitzen des Tschingelgrates im Westen. Als endlich die Sonne über dem Lauberhorn emporklettert, wird man von der gewaltigen Szenerie fast erschlagen. Vielleicht haben die noch wallenden Nebel die Aufgabe, nicht alles auf einmal zu zeigen. Das Dreigestirn von Eiger, Mönch und Jungfrau geben ein überwältigendes Bild ab, das nur stückweise zu erfassen ist. Und vor dieser Kulisse haben die Ballöner damit begonnen, ihre Luftkutsche aufzublasen, die sie über die Hochalpen tragen soll.

Morgenstimmung vor Eiger, Mönch und Schwarzmönch.

Noch heute sehe ich vor mir ein ähnliches Bild, das sich mir vor ein paar Jahren bot. Ich weilte mehrere Tage hier, es hatte Schnee ebenso gegeben wie einige herrliche Ballonstarts. An jenem

PALACE
HOTEL
GSTAAD

◀ *Mir zu Füßen und zu Füßen der Hochalpen: der Startplatz von Interlaken im Berner Oberland.*

▲ *Bern-Belp: eine Weltmeisterschaft am Rande der Zentralalpen.*

Tag wurde der ›Vagabund‹ gefüllt, ein Ballon, der zu dieser gewaltigen Landschaft paßte. Unvorstellbare 2300 m^3 Wasserstoff können in seinem Bauch verschwinden. Auch wenn der Ballon nur bis zu 70 % gefüllt wird, so ist es doch eine riesige Menge Gas, die da verbraucht wird. Gleich groß und von gleichem Aussehen ist der Ballon ›Zürich‹. Ich wüßte nicht, daß es in Europa noch weitere Gasballone dieser Größe gäbe.

Mir drängte sich damals der Vergleich mit Elefanten auf. Grau war die Haut, die Hülle, und ebenso faltig, auch die Größe war von elefantenhaften Dimensionen. War es nicht Hannibal, der vor mehr als 2000 Jahren die Alpen mit Elefanten durchquerte? Hannibal war mit einem ganzen Heer unterwegs. Die großen Ballone hatten vier bis fünf Personen in ihren Körben und zogen in 4000 bis 5000 Metern über die Alpen.

Es mag drei Stunden dauern, bis der ›Mürren‹ startfertig ist. Die Zeit vergeht, ohne daß es langweilig wird. Vielleicht liegt das an der Kulisse? Das Bild wirkt lieblich und gewaltig zugleich. Wir vermuten, daß der Ballon bald starten wird. Was die anderen Ballone im Talgrund von Stechelberg vorhaben, wissen wir nicht. Doch Michel will gerade diese Ballone von Mürrens Abgrund aus aufsteigen sehen. Ich verharre über dem Sportzentrum an einem Panoramaweg, wo ich alles im Blickfeld habe: den Ballon ›Mürren‹, den Ort Mürren, die Berge um Mürren. Mürrisch dürfte eigentlich nur der sein, der jetzt noch im Bett liegt.

Plötzlich löst sich eine bunte Seifenblase im Tal von Stechelberg. Oder ist es ein Kinderluftballon? Es folgen noch zwei. Sie drängen von den düsteren

Links oben: *Welcher Aufwand an Gas, um den ›Vagabund‹ (2300 cbm Inhalt) zu füllen.*

Unten: *Ein großer Korb, ein elefantenhafter Ballon.*

Rechts: *Einer der größten existierenden Gasballone auf Hochalpenfahrt, der ›Vagabund‹.*

VAGABUND
Grand Prix Schilthorn

Wänden des Schwarzmönchs in die heitere Frische der Fastviertausender. Wäre nicht der ›Mürren‹ im Vordergrund, man könnte die kleinen Ballone übersehen. Akustisch macht nichts auf das Geschehen aufmerksam.

Während die vorab gestarteten Ballone längst den Eisgraten zustreben, startet der ›Mürren‹. Aber er hebt nicht – wie im Flachland üblich – wie eine Feder vom Boden ab, sondern forsch und zielstrebig. Der Pilot hat sicher die Absicht, schnell in den Höhenwind aus Norden zu gelangen. Der Ballon hat den Drang, die ›Prallhöhe‹ zu erreichen, die bei 4500 Metern liegen mag. Das Gas wird sich dort so ausgedehnt haben, daß es zu hundert Prozent die Hülle ausfüllt.

Noch strebt der Ballon den Nebelresten über dem Allmendhubel zu. Ja, er zieht eher nach Norden als nach Süden. Dann schluckt ihn der Nebel. Als er nach einiger Zeit wieder sichtbar wird, da hat ihn der Nordwind erfaßt, denn er folgt den bereits nur noch murmelgroßen anderen Ballonen.

Die Ballone werden wohl jetzt prall, ihre Hüllen voll sein. Mein Magen ist leer und ruft nach dem Frühstück. Als ich im Hotel mit Michel zusammentreffe, ist es bereits 9 Uhr. Das Frühstück ist gut und reichlich, aber wir nehmen es kaum wahr. Zu sehr sind wir noch mit den Eindrücken beschäftigt. Die Wirtin unterbricht uns in unserem Schwärmen und Sinnieren und meint: »Ja, ihr habt ein Glück! Ihr seid gestern angereist, habt heut ein Bilderbuchwetter, und vier Ballone haben starten können. Seit Tagen haben die Ballonfahrer auf dieses Wetter gewartet. Oder habt ihr das gar mitgebracht?« Nun, die Sonne im Herzen haben wir sicher, aber für das Wetter können wir doch nichts.

◀ *Selbst der ›Vagabund‹ wirkt in dieser Hochgebirgswelt wie ein Kinderluftballon.*

Startbereiter ›Mürren‹ in Mürren. Gestarteter ›Ajoie‹ über dem Tal von Stechelberg. ▶

HB-BFO
SPORTHAUS
isostar isostar

So einen prächtigen Tag soll man nicht im Hotel mit Geschwätz verbringen. Wir beschließen, auf das Schilthorn zu fahren. So ganz leicht fällt uns das nicht, denn 50 Franken für das Billett sind kein Pappenstiel. Aber was sind schon 50 Franken gegen 5000, die eine hochalpine Ballonfahrt mit allem Drum und Dran kostet. Wir wollen uns dort oben – für kurze Zeit wenigstens – ein bißchen fühlen wie die Hochalpenfahrer.

Auf der Fahrt zum Schilthorn macht Michel ein kleines Experiment: Er hat einen Kinderluftballon schwach aufgeblasen. Schön ist zu sehen, wie sich der kleine Ballon mit zunehmender Höhe immer mehr ausdehnt. Die anderen Fahrgäste halten das vielleicht für etwas kindisch, betrachten aber dennoch interessiert den Ballon.

Am Nachmittag, wieder in Mürren, kommen wir in Kontakt mit den Ballonfahrern, die im Hotel Jungfrau residieren. Hier lernen wir einige Größen des Gasballonsports kennen, Kemper, Haueisen, Dolder, Fridrich und andere. Sie haben erfahren, daß wir zu den Allgäuer Ballönern gehören, und nehmen sich Zeit, um mit uns über dieses und jenes zu plaudern.

Den Abend verbringen wir wieder im Hotelrestaurant am Abgrund. An einem der Nachbartische wird auch übers Ballonfahren geredet, wir spitzen die Ohren. Die Augen jedoch sind auf die Wände und Flanken des Schwarzmönchs und Silberhorns gerichtet. Die späte Sonne zaubert dem Silberhorn ein rosafarbenes Kristallkleid, während der Schwarzmönch bereits in ein würdevolles Purpur getaucht ist. Doch diese Eindrücke kann man kaum schildern, man muß es selbst erleben.

Am nächsten Morgen – strahlend blauer Himmel – packen wir unsere Rucksäcke und verlassen die Hochterrasse von Mürren. An der Seilbahn wird bereits Ballongerät verladen und nach unten befördert. Ballone sind an diesem Morgen nicht gestartet. Den Ballonfahrern ist offensichtlich das Gas ausgegangen. An der Talstation sind einige Ballonmeister mit ihren Helfern dabei, die vor Tagen gestarteten Ballonhüllen und anderes Gerät zu ordnen und zu verpacken. Man berichtet uns, daß eine belgische Mannschaft den Gasballon verpackt hätte wie einen Heißluftballon, es sollen auch Heißluftballon-Piloten gewesen sein. Der leere Heißluftballon wird gerafft und zum Teil eingerollt. Diese Rolle kommt dann in den Hüllensack, der Rest der Hülle wird danach hineingestopft. Beim Gasballon wird etwas anders verfahren. Wenn der Ballon über das Ventil oder die Reißbahn entleert ist, wird die Hülle zuerst vom Netz befreit. Später wird die schwere Hülle in Falten gelegt, vollständig eingerollt, und in eine Plane verpackt.

So plaudern und fachsimpeln wir noch lange mit den Mannschaften über Gas- und Ballastmengen bei Hochalpenfahrten, auch über die verwendeten Hüllen aus einfachen oder doppelten (doublierten) Stoffen. Einem deutschen Pilotensprößling erzählt Michel von unserem Besuch auf dem Schilthorn. Worauf der junge Mann fragt: »Habt ihr dort oben auch die großen schwarzen Schwalben jesehen?« Michel, der sich in den Bergen zu Hause fühlt, meint: »Des war'n koi Schwalben, des war'n Bergdohle.«

Wir verlassen das Tal der Wände und Wasserfälle, wir kehren der Hochalpenwelt den Rücken und wenden uns wieder unserer kleineren Bergwelt zu.

›RAUF, RÜBER, RUNTER‹ – EINE ALPENÜBERQUERUNG

Kurz vor halb elf hebt der Ballon vom Boden ab. Vorwinterlich breitet sich die Landschaft des Oberallgäus aus. Die Stadt liegt dort unten wie Bausteine im Sandkasten, blaß sind die Farben, viel Grau und Braun. Auch die Seen und Flüße trübe, matt und ohne Reflexe. Eine kalt wirkende Welt, der wir entschweben.

Günther ist der Pilot, und neben ihm stehe ich. Die Fahrt geht fast nach Westen über die Iller, die kiesbeladen und wasserarm, über Bergweiden, die stumm und viehlos, über Voralpengipfel, die ruf-, geschrei- und menschenlos sind. Über der Hörnerkette erhalten wir in etwa 2000 Meter Höhe die vorhergesagte Drift nach Südsüdwest. Wir steigen kaum mehr, dafür nimmt die Geschwindigkeit zu. Bald ist der Riedbergpaß erreicht und wenig später Rohrmoos westlich von Oberstdorf.

Irgendwer dort unten scheint uns Rauchzeichen zu geben. Die Rauchsäule, die sicher von Waldarbeitern stammt, wird im oberen Teil nach Süden abgelenkt. Vor uns liegt nun das schneebedeckte Gottesackerplateau. Ich erkenne vieles von hier oben wieder, anderes ist bereits vom Neuschnee zugedeckt. Wenn jetzt die Sonne scheinen würde – so aber wirkt dieses Plateau, wie es der Name andeutet: wie ein Friedhof, ohne Leben. Doch im Sommer sieht das anders aus ... In Wellen steigt dieses Plateau von Südwesten her an, es wirkt wie ein versteinerter Gletscher. Ein Teil der riesigen Felswogen fällt nach Nordosten in langen, senkrechten Wänden ab. Zutage treten hier Schrattenkalke in unzähligen Schichten: wie eine Chronik aus Jahrmillionen. Im Sommer ist der Gottesacker voll Leben, Fauna und Flora sind einzigartig. Es gibt nur wenige alpine Pflanzen des Allgäus, die dort nicht wachsen. Doch das Geheimnisvollste des Gottesackers ist seine ›Unterwelt‹, die Schächte, Risse und Fugen im Fels, die weitläufigen Höhlensysteme.

Einen ganzen Sack echten Allgäuer Flußsand verteilt nun der Pilot über die Wintereinsamkeit des unteren Gottesackers. Wir steigen, der Blick zum oberen Gottesacker verschleiert sich. Bald liegt der Hochnebel unter uns und mit ihm die Kälte des grauen Vorwintertages. Wie ein Meer wogt der Nebel unter uns. Und darüber, fast im Süden, steht vor klarem Himmel eine strahlende Sonne. Genauso fühle ich micht jetzt. Die trüben Gedanken von heute morgen sind im Grau des unter uns liegenden Nebels zurück geblieben. Und die Schwierigkeiten dieses Morgens werfe ich sozusagen über Bord.

Wie immer gingen die Vorbereitungen gut voran. Ich hatte die Hoffnung, daß ich diesmal mit in den Ballonkorb durfte. Nun ist das für mich zwar keine so große Seltenheit mehr, doch die heutige Fahrt könnte vielleicht eine Alpenüberquerung werden. Und das ist nun mal der Höhepunkt eines jeden Ballöners. Noch aber lag die Hülle ausgelegt am Füllplatz, und der Ballonmeister weigerte sich, den Ballon füllen zu lassen. Was war los? Nun, genau das, was ich nie erwartet hätte: daß, wenn ich einmal zu solch einer Fahrt in den Korb einsteigen darf, kein Verfolger da ist. Wie oft war ich auf Achse, meist mit jüngeren Ballönern. Aber heute hatte keiner Zeit. Um die Ballonfahrt nicht platzen zu lassen, bot ich mich wieder selbst an, aber das wurde von den anderen Ballönern abgelehnt. Es wäre ja auch zu viel des Guten, wenn nur ein Mann mit fast 1000 m^3 Wasserstoff über die Alpen führe. Und ein Mann im Muli wäre auch zu wenig. Es dauerte eine Weile, bis endgültig sicher war, daß ich mit in den Korb konnte. Ich kenne nun seit Jahren den guten Gemeinschaftsgeist der Allgäuer Ballöner, und ich hätte mich schwer getäuscht, wäre an diesem Morgen das Problem nicht gelöst worden. Wolfi und Wolfgang sagten alle Verpflichtungen ab und waren bereit, den Muli über die Alpen zu treiben.

»Günther für Max kommen!« Einer unserer Daheimgebliebenen reißt mich mit seinem Funkspruch aus den Gedanken. »Max für Günther kommen!« – »Wie schaut's aus mit eurer Fahrt?« Der Pilot: »Unsere Höhe beträgt 3400 Meter, unsere Position ist Schröcken-Hochtannbergpaß. Wir haben weiterhin Drift nach Südwesten. Unsere Geschwindigkeit beträgt etwa 30 Kilometer in der Stunde.« – »Weiterhin gute Fahrt und gut Land!« Wenig später melden sich die beiden Verfolger – sie haben unser Funkgespräch mitgehört – sie seien nun bei Bregenz und auf der Fahrt zum

San Bernardino. Dann kehrt bei uns wieder himmlische Ruhe ein.

Wenige Worte haben wir seit dem Start gewechselt. Still genießen wir die Fahrt, die Ausblicke. Wenn wir uns unterhalten, gilt das Gespräch meist der Orientierung, denn die ist immer noch schwierig. Jetzt über dem Wolkenmeer, wer kann da schon sagen, wo wir genau sind. Regenbogengleich, wie nach einem Sommerregen über dampfenden Wiesen, so schwimmt eine schöne Aureole mit uns, erlischt, wird wenig später wieder sichtbar. Wenn wir unseren Schatten in dieser Aureole entdecken, da kommen wir uns vor, als hätte uns der Himmel einen Heiligenschein aufgesetzt …

Schon zu Beginn unserer Wolkenwanderung haben wir festgestellt, daß sich weit im Süden ein markantes Bergmassiv aus den Hochnebelresten hervorhebt. Günther und ich sind uns einig: das ist die Berninagruppe mit ihrem Viertausender, der dieser Gruppe den Namen gibt, dem Piz Bernina. Obwohl wir nicht auf diese Gruppe zufahren, so wird sie noch lang unser Wegbegleiter sein und die Orientierung erleichtern.

Als wir östlich von Bludenz über das Klostertal mit der Straße zum Arlberg kommen, sind unter uns die Orte nicht genau zu bestimmen. Größere Nebelfetzen überziehen immer wieder Berg und Tal. Daß wir aber nicht auf dem ›Holzweg‹ sind, wird bestätigt, als wir wenig später über Schruns kommen und westlich, bei Tschagguns, die kleinen Seen entdecken. Da diese Seen in der Karte eingezeichnet sind, so können wir feststellen, daß unser Ballon seit der Hörnerkette in fast gerader Linie nach Südwesten gefahren ist. Annähernd zwei Stunden sind seit dem Start vergangen, die Distanz in Luftlinie beträgt etwa 60 Kilometer. Mit der bisherigen Durchschnittsgeschwindigkeit könnte die Alpenüberquerung gelingen.

Hier, über dem Montafon, läßt unsere Anspannung nach. Gelöster, genußvoller betrachten wir die Landschaft, die nun auch überschaubarer unter uns liegt. Die meiste Zeit haben wir uns auf die Orientierung konzentriert. Nun kennen wir uns aus und sind frei, die Schönheiten, die sich uns darbieten, zu genießen.

Wir nähern uns dem Rätikon und damit der Schweizer Grenze. Im Westen grüßt die markante, mehr als 2600 Meter hohe Zimba herüber. Es ist einige Jahre her, daß ich sie besuchte. Meine Freunde hatten nicht gerade den leichtesten Weg gewählt. Der Ostgrat schien mir damals nicht ganz geheuer, doch wir erreichten wohlbehalten den Gipfel.

Der höchste Berg des Rätikon, die fast 3000 Meter hohe Schesaplana, versteckt sich in einem Hochnebelrest. Unser Höhenmesser zeigt inzwischen etwa 4000 Meter an. Da die meisten Berge hier keine 3000 Meter hoch sind, haben wir eine

Tausend Meter über den Bergen des Rätikon.

Unter uns die Weißfluh und die Gegend, in der Davos liegen soll.

Überhöhung von mehr als 1000 Metern. Das ist gut, dadurch ist der Ballon der Wärme- und Kälteabstrahlung der Täler und Berge kaum ausgesetzt, deshalb ist auch der Ballastverbrauch gering.

Als uns die Berge des Rätikon weiterreichen an die Täler des Prättigaus, werfe ich noch öfters den Blick zurück zur Drusen- und zur Sulzfluh. Ich fühle mich fast an den Ifen und die Gottesackerwände mit den senkrechten Mauern versetzt. Die Täler des Prättigaus sind weiträumig; es gibt wohl einige Wälder und Wäldchen an den Steilhängen, doch die Weiden herrschen vor. Braun sind jetzt diese Flächen. Die vielen Höfe und Hütten sind von hier oben nur als Punkte zu erkennen, als hätte man sie von Hand über die Wiesen gestreut. Östlich von uns, wo sich das Tal der Landquart immer mehr verjüngt und nach Süden abbiegt, liegt Klosters. Wir überfahren den ausgedehnten Nordhang von Conters. Weiter im Osten sollte jetzt eigentlich die markante Silvrettagruppe das Bild beherrschen, aber die Häupter dieser Dreitausender sind umwallt von Hochnebelbänken. Darüber ist nur Blau bis zum Horizont.

Das jetzt schon schneebedeckte Skigebiet von Conters wirkt von hier oben eher eintönig. Mich beeindruckt mehr das Massiv der Weißfluh, dem wir zudriften. Dieser Berg ist so ein richtiger ›Ekkensteher‹, von seinem Fuß gehen einige Täler ab. Er erinnert mich an einen Allgäuer Grasberg, den Fürschießer, der gleich der Weißfluh wie eine unregelmäßige Pyramidengruppe dasteht. Wo Davos liegt, kann man nur ahnen. Nur wenige Häuser, als Punkte angedeutet, sind für uns erkennbar.

Ein anderer Ort fesselt bald unsere Aufmerksamkeit: Arosa. Als Erkennungszeichen dient uns der am nördlichen Ortsrand gelegene, noch nicht zugefrorene See. Aber auch sonst ist Arosa nicht zu verwechseln mit seinen mondänen Hotels. Zeitweise verschwindet der Ort unter Nebelschleiern, als möchte jemand andeuten: Schaut euch um, sind nicht die Berge rundherum betrachtenswerter? – Dennoch, eine Aufgabe hat Arosa für uns zu erfüllen, eine Bordbucheintragung: Arosa, 12.45 Uhr, Höhe 4200 Meter, 14 Sack Ballast verbraucht, 14 Sack noch vorhanden.

14 Sack Ballast, das ist ja genau die Hälfte unseres Vorrats, den wir mitgenommen haben. Und wir haben Halbzeit. Können wir unsere bisherige Fahrt nach Südwesten fortsetzen – und nichts spricht dagegen –, so könnte nach weiteren zweieinhalb Stunden Norditalien und die Alpensüdseite erreicht sein. Auch der Zeitpunkt für eine Landung wäre dann gerade richtig.

Ein beruhigendes Gefühl. Das ist wie bei einer Bergbesteigung, wenn man schon den Gipfel vor

Eine gute Orientierung am Horizont: die Bernina Gruppe.

Über den Oberhalbsteiner Alpen. Und die ›Halbzeit Arosa‹ liegt bereits hinter uns.

sich hat. Im Westen ist nun der große Taleinschnitt des Vorderrheins zu erkennen, darüber, am Horizont, die Berner Alpen mit ihren Viertausendern. Im Südwesten folgen dann die Walliser Alpen, die sich wie Sägezähne über den Nebelschichten erheben. Bedeutend näher als die Viertausender der Berner und Walliser Alpen ist uns die Berninagruppe. Genau im Süden sind die idealen Kletterwände des Bergells nicht zu übersehen. Ein Bergsteiger wäre begeistert bei diesem Anblick der formenreichen, glatten Granitwände des Bergells. Und heute sieht es aus, als hätte der höchste Gipfel dieser Gruppe, der Piz Badile, einen Glorienschein umgelegt: Eine winzige Wolke verhüllt den oberen Teil dieser Pyramide. Das fällt besonders auf, denn die Nachbarn des Piz Badile sind ohne diesen ›Schmuck‹.

Über dem Blick in die Ferne hätten wir beinahe das Naheliegende übersehen. Unter uns schiebt sich ein Stück Kulturlandschaft vorbei, ein Stausee. Ein mächtiger See in der Form eines Belemniten, eines ›Donnerkeils‹, füllt das Valle di Lei auf. Auf der Karte stellen wir fest, daß dieser See ein grenzpolitisches Kuriosum ist: Während sich der gesamte See und auch noch der Abfluß auf italienischem Gebiet befindet, hat man – so scheint es – die Grenze so verändert, daß die Staumauer auf Schweizer Gebiet steht, die Grenze schlägt geradezu einen Haken. Östlich der Staumauer ist ein Steinbruch zu erkennen. Hier hat man wohl die Steine für die Mauerkrone gebrochen. Der See – einem Fjord gleich – könnte eine Schöpfung der Natur sein. Die Mauer jedoch, dieses gleichmäßig gerundete Segment, ist eigentlich das, was auffällt: das, was von Menschenhand geschaffen wurde.

An den Ufern des Sees hat sich der Neuschnee der vergangenen Tage selbständig gemacht und ist in kleinen Lawinen in das Wasser gestürzt. Das winzige Sträßchen am Westufer ist sicher nur im Sommer begeh- oder befahrbar. Kaum haben wir den See hinter uns gelassen, da entdecken wir an der parallel verlaufenden Splügenpaßstraße wieder ein Stück Kulturlandschaft, die Orte Pianazzo und Madesimo. Pianazzo ist bekannt für seinen eindrucksvollen Wasserfall, und Madesimo – meint Günther – ist im Winter eine Hochburg für Skifahrer. Und das mit der Hochburg, kann man sogar wörtlich nehmen, denn Madesimo liegt auf einer Terrasse fast 500 Meter über dem Talgrund. Ich stelle mir vor, wie dieser Ort wohl jetzt aussehen mag: große Sporthotels, Lift- und Seilbahnstationen, alles geschlossen, als sei hier die Pest ausgebrochen.

Schon seit geraumer Zeit bemerken wir im Süden eine Dunstschicht, die in den Tälern lagert und bis auf 1500 Meter heraufreicht. Diese für den Herbst typische Inversion zaubert herrliche Stimmungen in die Landschaft. Direkt neben uns, fast 1000 Meter unter dem Korb, zieht für heute der letzte Dreitausender vorbei, der Pizzo Stella. Ein Wölkchen am Gipfel läßt diese Steinpyramide wie ein Vulkan aussehen. Wir fahren über dem Valle S. Giacomo nach Südwesten, sind also schon in Italien; wir haben neben uns die natürliche Barriere, die das Gebirge zwischen der Schweiz und Italien darstellt. Verfolgt man diese Bergketten,

Über dem Tal der oberen Mera: die prächtigen Berge des Bergell.

stellt man fest, daß sie wie eine Treppe von 3000 Metern hier bis auf weniger als 1000 Meter bei Lugano abfallen.

Wenig später gleitet tief unten das italienische Städtchen Chiavenna vorbei. Vier Kilometer Abgrund trennen uns von ihm. Während wir über dem Valle S. Giacomo einen Fall hatten, den Günther mit einem Sack Ballast ausgeglichen hat, steigen wir im Moment noch leicht bis auf 4500

Günthers Blick geht in Fahrtrichtung, meiner zu den Bernina Alpen.

Meter. Damit haben wir unseren höchsten Punkt am Himmel erreicht.

Chiavenna ist ein wichtiger Verkehrsknotenpunkt. Da geht einmal nach Norden die Straße zum Splügenpaß, zum anderen eine Straße ins Val Bregaglia und Oberengadin. Nach Süden, dem Laufe der Mera folgend, zieht ein breiter Taleinschnitt dem Comer See entgegen. Immer noch ragen – im Osten jetzt – die faszinierenden Riesen des Bergells und der Berninagruppe über dem Dunst auf.

Unser Ballon ist sehr stabil. Hier denken wir das erste Mal ans Brotzeitmachen – wir haben in den vergangenen Stunden weder etwas gegessen noch getrunken. Vielleicht kommen daher meine leichten Kopfschmerzen? Sehr wahrscheinlich ist das meine Reaktion auf die große Höhe, an die ich nicht gewöhnt bin. Mir ist zwar weder schwindlig noch habe ich Atemnot, ich bin auch nicht unnatürlich euphorisch, was auf Höhenkrankheit deuten könnte. Auf jeden Fall tun uns die Köstlichkeiten aus dem Rucksack gut.

Je mehr wir uns Lugano nähern, desto mehr verändert sich die Landschaft. Der Neuschnee der vergangenen Tage ist nur in Gipfelregionen und an Nordhängen liegengeblieben, unter 1900 Metern hört er ganz auf. Dafür tritt das Braun hervor, das nur der Herbst auf Gras- und Weideflächen erzeugt. Vielleicht zwei-, dreihundert Meter tiefer verändert sich das Braun, das Grün wird dunkler. Bergwälder reichen hier bis zum Talgrund und laufen in der Ebene aus. Man erkennt deutlich, daß es Laubwald ist, an einigen Stellen mit Kiefern durchsetzt. In halber Höhe sind die Berge umsäumt von Nebelresten. Man weiß nun wirklich nicht, ist der Dunst unter uns das Überbleibsel des Nebels der vergangenen Nacht, oder ist es die typische Dunstschicht, die mit Vorliebe über dem Alpenvorland lagert?

Lagen in den vergangenen Stunden die Berge klar, scharfkantig und meist schneebedeckt unter uns, so sind die hier denen des Allgäus vergleichbar, lieblicher, oft grasbewachsen bis zum Gipfel. Sie werden umhüllt vom Nebel und Dunst des Herbstes. Man kann sich kaum entscheiden, was schöner ist: Hier die Voralpenlandschaft mit ihrem schräg und weich einfallenden Licht und den zarten Stimmungen, oder dort die Klarheit, die Schärfe der grau-weiß-blauen Hochgebirgswelt? Beides hat seine unvergleichlichen Reize.

Solch eine Alpenfahrt ist wie eine Oper. Die Ouvertüre sind die Vorbereitungen für die Fahrt und die gespannte Erwartung. Der Hauptteil ist dort das tragische oder heitere Geschehen, hier das kaum faßbare, gewaltige Erlebnis der Alpen.

Und das Finale? Aus der Sicht des Piloten mag es der Triumpf, die Freude über das Erreichte sein. Für mich ist es der Ausklang der Fahrt, der jetzt beginnt: Die Bergriesen verabschieden uns und geben uns weiter an die sanfte Landschaft der italienischen Voralpen. Die Schleier des Nebels unter uns – gleich dem Vorhang eines Theaters – werden uns den Schluß bringen.

Ich habe diese Alpenüberquerung mit dem Ballon mit einer Oper verglichen. Andere sehen das nüchterner. Sie sprechen von einer Drei-R-Fahrt: Rauf, Rüber, Runter.

Wie die Höhen des Tessin – wir schweben wieder über Schweizer Gebiet – Stufe für Stufe unter uns ins Alpenvorland abfallen, so lassen wir auch unsere Gaskugel sinken. In 3500 Meter Höhe geht die Fahrt weiter. Lugano rückt in unser Blickfeld. Es ist gut, daß der Dunst unter uns nicht alles offenlegt. Der Luganer See, der sich wie ein Fjord um die Berge schlängelt, wird eingefaßt von einer Kette menschlicher Behausungen, die mit ihren Abfällen den See zum Absterben verurteilen. Steil stürzen die herbstlichen Laubwaldflanken von allen Seiten in den See. Auf dem Hochplateau östlich des Monte Generoso liegen wie ausgestreut einige Bergdörfer.

Bald haben wir auch den Hausberg von Lugano, den Monte San Salvatore, hinter uns gelassen. Vor uns glänzen im Gegenlicht die drei Seen bei Varese. Ein wenig weiter, wirft der Lago Maggiore an seiner Südspitze seinen Goldglanz zu uns herauf. Drüben im westlichen Ausläufer des Sees deuten sich verschwommen die Borromäischen Inseln an. Viel besungen wegen ihrer Schönheit, schwimmen sie nun grau und unbedeutend im Wasser dieses Sees.

Am Horizont über der Isola Bella grüßt der Eispalast des Monte Rosa zu uns herüber. Wie ein winziges Türmchen läßt sich auch zeitweise das Matterhorn erkennen. Und links davon ragt unübersehbar das gewaltige, weiße ›Dach Europas‹ empor, der Mont Blanc.

Die Berge am Horizont verleiten zu Wunschträumen. Ein Traum wird es bleiben, die Fahrtlinie zu verlängern, um dem am Horizont sichtbaren Monte Viso einen Besuch abzustatten. Doch wir werden aus den Gedanken gerissen, als südlich von uns ein Jet aus dem Dunst aufsteigt und sich sein Donner im Westen verliert. Die Kontrollzone des Mailänder Flughafens ist verdächtig nahe. Oder sind wir gar schon in diesem Bereich? Bei Arona haben wir den See überquert und festgestellt, daß der Rauch einiger Feuer nach Norden

Vor mir die Berge des Tessins und damit der Alpensüdseite.

geweht wird. Deshalb beschließt Günther, noch einige Kilometer in dieser Höhe weiterzufahren und dann in der Nähe der Sesia schnell abzusteigen. Während uns dieser Gebirgsfluß schon von weitem anglitzert, deutet sich im Norden der Lago di Orta nur schemenhaft an. Ebenso schemenhaft gleitet die Stadt Orta auf ihrer Halbinsel vorbei.

Gelassenheit und Beschaulichkeit muß jetzt wieder der Konzentration weichen, jeder hat seine Aufgabe. Günther zieht einige Male Ventil, damit sich der Ballon dem Willen des Piloten beugt. Mit vier bis fünf Metern in der Sekunde fallen wir der Erde zu. Ich verschaffe mir einen Überblick über das voraussichtliche Landegebiet. Dabei suche ich mir markante Punkte in dieser Gegend heraus. Die Verfolger, die wir an der Alpensüdseite nicht mehr über Funk erreicht haben, müssen ja später Bescheid bekommen, wo wir gelandet sind. Und ich habe Glück bei meiner Suche: Hier, zwischen Borgomanero und Romagnano, wo wir absteigen, beschreibt eine Bahnlinie einen großen Bogen und verschwindet teilweise im Tunnel, was auf hügeliges Gelände hinweist. Im Gelände selber herrscht neben den Feldern Laubwald vor.

In weniger als hundert Meter Höhe über dem Boden hat Günther den Ballon abgefangen. Hier hat uns der Südwind erreicht, der uns flott über herbstlichen Laubwald treibt. Mehr als fünf Sack Ballast gestatten uns noch, in einer stabilen Tieffahrt geeignetes Landegebiet auszusuchen. Doch das liegt hier nicht einfach parat. Wir gehen noch näher an die Baumkronen heran. Wenige Meter über ihnen gleiten wir in flotter Fahrt nach Norden. Eichen, Pappeln, Birken, Akazien und Eßkastanien ziehen unter uns durch. Dazwischen wuchert meterhohes und nun gelbes Farnkraut, durch das sich immer wieder Pfade schlängeln. Überall raschelt es im trocknen Gras und Laub. Stimmen werden laut, von Kindern, Erwachsenen, Hunde bellen. Ab und zu sogar ein Schuß! Wie wir später erfahren, suchen die Leute hier im Wald nach Pilzen und Eßkastanien. Und manch einer macht Jagd mit seiner Flinte auf das wenige Tierische, was es hier noch gibt.

Ein Riesenhallo, als uns einige Kinder entdekken. Für einen Moment wird unsere Fahrt von einer Eßkastanie gebremst, von der wir einige reife Früchteigel mitnehmen. Weiter geht's lautlos über den Wald, in dem wir doch noch einen geeigneten Landeplatz erhoffen. Wenige hundert Meter weiter westlich gibt es solche freie Flächen, auf denen noch teilweise trockene Maisstengel stehen. Aber hier?

Bereits 20 Minuten hat diese Tieffahrt gedauert. Dann eine Straße, die den Wald quert. Am Waldrand stehen einige Carabinieri mit Gewehren. Wir rufen. Sofort besteigen sie ihren Fiat und fahren uns entgegen. Als sie unter uns sind, stellen sie ihr Fahrzeug ausgerechnet dort hin, wo wir das Schleppseil abwerfen wollen. Also weiter! Nicht weit von der Straße eine kleine Lichtung. Natürlich auch eine Stromleitung. Die einzige weit und breit! Als wir die überwunden haben, lasse ich das Schleppseil zu Boden torkeln. Es soll die Fahrt bremsen. Und die Carabinieri haben es jetzt gepackt und ziehen uns und den Ballon auf lombardischen Boden. Gut Land! Und erst recht, weil das Land Italien heißt.

Unser Ballon ist zu einer ›Pflaume‹ geworden. Er ist müde. Das Wasserstoffgas hat sich mit Luft vermischt und den größten Teil seiner Tragkraft verloren. In fünf Stunden hat uns unsere treue Gaskugel hierher gebracht. 250 Kilometer liegen hinter uns. Wir sind in der Nähe von Fontaneto, ein paar Kilometer südlich Borgomanero, gut gelandet. Es war eine richtige Geheimratslandung, eine ruhige Landung also. Viele Pilzsucher haben das irgendwie mitbekommen und stehen nun am Korb. Aufgeregte Debatten. Wir wollen die beiden Carabinieri bitten, Günther zu einem Telefon zu fahren. Ich fühle mich recht verlegen, da wir uns mühsam mit etwas Italienisch, etwas Englisch und mit Hilfe der Landkarte verständlich machen müssen. Mir fällt ein, daß ich im Rucksack noch ein ganzes Sortiment Ballonpostkarten habe. Ich verteile sie unter die begeisterten Leute, und ich muß sogar Autogramme geben. Als ich dann noch Luftballone für die Kinder hervorkrame, hab ich auch ihr Herz gewonnen. Mein Herz hat sich wieder aus der Hose an seinen Platz zurückbegeben. Die echt europäische Begegnung setzt sich fort.

Ein Oktobertag ist aber nicht allzulang. Die Sonne steht schon tief und beleuchtet die Baumwipfel. Seit mehr als einer halben Stunde ist Günther bereits unterwegs. Bald wird es Nacht werden, und die Leute werden weg sein. Also beschließe ich, den Ballon zu entleeren. Ich bitte die Italiener, mir zu helfen, vor allem, als die Hülle langsam zu Boden sinkt. Mit ihrer Hilfe baue ich das Ventil aus, damit das restliche Gas schneller entweichen kann. Ich kenne all diese Handgriffe, aber stets hat einer gesagt: Theo, mach dieses oder jenes. Heute muß ich selbst dafür sorgen. Als Günther zurückkommt, ist er froh, daß die Hülle schon entleert am Boden liegt. So gelingt es mit Hilfe der Einheimischen, daß bis zum Einbruch der Dunkelheit das Ballongerät verpackt ist.

Günther hat zu Hause angerufen und erfahren, daß die Verfolger bereits in Chiasso seien, wo sie auf unsere Landemeldung warten. Er berichtet

FREIBALLON-FAHRTBERICHT

Verein ABC Allgäu — Ballon D-ERGEE V — Fahrt-Nr.

Inhalt 1050 cbm — Füllung Wasserstoff — Datum 28.10.1978

Startplatz Sonthofen

Ballonmeister Jürgen Möller Nr. — Starter Jürgen Möller Nr.

Pilot Günther Math — Fahrt-Nr. 89

Mitfahrer 1 Theo Brucksch Nr. 16 — 4 Nr.

2 Nr. — 5 Nr.

3 Nr. — 6 Nr.

Zweck der Fahrt: Sportfahrt

Startzeit 1020 — Landezeit 1520 — Fahrtzeit 5 Std.

Luftlinie 253 km — Durchschnitts-Geschwindigkeit 52 km

Fahrtlinie 260 km — Höchstgeschwindigkeit 58 km

Höchsthöhe 4600 m NN — Ballast 28 verbraucht 24 Sack à 15 kg

Landeort Fontaneta Nw von Novara — Landeart Ventil

Zwischenlandung: 1. von Uhr bis Uhr Ort
2. von Uhr bis Uhr Ort
3. von Uhr bis Uhr Ort
4. von Uhr bis Uhr Ort

Bei Zwischenlandungen: mit Führerwechsel ist ab Zwischenlandung ein neues Formular zu verwenden und die gleiche Fahrt-Nummer mit a und b usw. einzusetzen. Besatzungsveränderungen nach Zwischenlandung sind auf der Rückseite detailliert aufzuführen. (1. Besatzung ... 2. Besatzung ... usw.)

Auszug aus dem Bordbuch:

Zeit	Höhe	Ballast	Ort	Bemerkungen
1020	740	28	Sonthofen	Start
1100	2400	24	Paßhöhe Riedbergpaß	
1130	3400	22	Innerbraz Arlbergstraße	
1210	3700	20	Tschagunz ~~Sulzfluh-Conters~~	
1245	4200	14	Arosa	
1335	4000	10	Chiavenna	
1420	3200	8	Lugano	
1450	2800	8	Angera Lago Maggiore	
1520	300	4	Fontanetto Nw Novara	Landung

Bemerkungen: Nach 20 Minuten Tieffahrt über unwegsames Gelände Geheimratslandung
Es war eine einmalig herrliche und abwechslungsreiche Fahrt. Schon 2 Std.
nach der Landung waren die Verfolger an Ort und Stelle

Glück ab zur nächsten Fahrt! — Unterschrift des Piloten: G. Math weiter, daß unter den Helfern hier auch der Bürgermeister des Ortes sei sowie ein junger Modellflugzeugbauer, der auch unsere Landung beobachtet habe. Dieser junge Mann sei bereit, uns später in den Ort zu fahren, wo wir auf die Verfolger warten könnten.

Das Ballongerät liegt bald aufladebereit am Waldrand, nahe einer Straße. Unser junger Freund ist erst mal in den Ort gefahren, um seine Flugzeuge abzuladen und uns dann mitnehmen zu können. Sein Freund ist bei uns. Wir drei sind die einzigen Menschen in der italienischen Waldeinsamkeit. Der junge Mann friert. Wir teilen unsere warmen Kleider auf, und so läßt es sich plaudernd, auf der verpackten Ballonhülle sitzend, gut aushalten. Über uns flammen die ersten Sterne des lombardischen Himmels auf. Es mag fast eine Stunde vergangen sein, als der Modellflieger mit seinem Fiat zurückkommt. Die holprige Straße führt dann bergauf, bergab durch ein großes Waldgebiet. Unendlich lange kommt mir die halbe Stunde vor, die wir bis in den Ort benötigen. Endlich sind wir an jenem Restaurant angelangt, in dem Günther telefoniert hat. Nach einigen Cappuccini und Salamibroten treffen dann wirklich Wolfgang und Wolfi ein. Wir sind alle froh, daß es so reibungslos geklappt hat.

Ein merkwürdiges Gefühl: Seit der Landung geschieht alles nur noch wie in Trance. Ich bin wohl dabei, arbeite mit, gebe Antwort, aber bin weit weg. So geht es mir auch noch, als wir nach der Bergung wieder im Ort sind: Fast wie nebenbei wird ein Hotel gefunden, später die Einladung in die Familie des Bürgermeisters wahrgenommen. Das Palaver dabei ist dann ebenso köstlich wie der vom Familienoberhaupt kredenzte Rotwein. Das sind herrliche Stunden, in denen man zwar auf der Erde weilt und doch in den Wolken schwebt. Jeder spricht eine andere Sprache, und jeder wird verstanden. Sicher gehört auch das zum Reiz solch einer Alpenfahrt: Erst die unfaßbaren Stunden am Himmel, und dann das himmlische Vergnügen der atemberaubenden Gastfreundschaft, die den Südländern angeboren scheint ...

IM HERBST NACH SÜDEN

Vielleicht soll der kalte Wind aus nördlichen Richtungen, der im Herbst gerne mal bläst, den Zugvögeln ihre lange Reise in wärmere Kontinente erleichtern. Würden die Vögel diese Reise bei Südwind, bei Gegenwind auch unternehmen? Wenn der Nordwind im Allgäu mal weht und nicht gerade kalten Regen oder schneeträchtige Wolken daherführt, heißt es bei uns Ballonfahrern: Es herrscht ›Nordlage‹, es geht über die Alpen.

Ein leuchtender Oktobertag beschert solch eine Nordlage. Blankgefegt ist der Himmel. Ernst und Alo teilen sich den Platz im Korb, sie haben sich auf diese Alpenfahrt gut vorbereitet. Beide sind Piloten, Alo fungiert als Co. Alos Frau Hiltrud und ich haben uns auf eine lange Mulifahrt eingestellt.

Gegen zehn Uhr entläßt die Füllmannschaft die Gaspflaume in den Nordorstwind. Der schlaffe Ballon steigt seiner Prallhöhe zu, die bei 4000 Metern liegen mag. Bald ist zu erkennen, daß der Ballon nach Südwesten dem Alpenhauptkamm entgegendriftet. Das ist für uns Verfolger das Signal loszufahren. Leider ist uns der gerade Weg nach Süden durch die hohe Alpenbarriere versperrt. Also geht es gen Westen zum Bodensee, wo wir uns dann für die Täler des jungen Rheins im Süden entscheiden werden.

Am ›Paradies‹, einer Aussichtskanzel an der Queralpenstraße, halten wir an, nicht der schönen Aussicht wegen, die man hier auf einen Teil des Westallgäus und des Bregenzer Waldes hat. Für uns Verfolger ist der erhöhte Standpunkt des ›Paradieses‹ von anderem Nutzen: Hier haben wir in den meisten Fällen mit den Ballonfahrern guten Funkkontakt.

So auch diesmal. Hiltrud erhält auf ihren Funkruf bald Antwort. Die Fahrt läßt sich gut an. Die beiden haben prachtvolle Sicht aus etwa 1000 Meter Überhöhung, Windgeschwindigkeit und Drift sind konstant. Für uns ist also weiterhin Eile geboten. Bald schnurrt der Muli wieder flott weiter, denn die Hauptreisezeit ist längst vorbei. So kommt es, daß Bregenz, Feldkirch, Vaduz und später Chur förmlich an uns vorbeifliegen.

Über den Bergen, die das Rheintal einsäumen, segeln wattegleiche Hochnebelreste und werfen abgestufte Herbstlichttöne in die das Tessin ahnende Landschaft. Wo sich das Tal verengt, lassen wir auf einem Parkplatz den Muli zur Ruhe kommen. Der Himmel wird nach unserer Kugel abgesucht, dann wollen wir in die Unendlichkeit einen Bündel Ultrakurzwellen loswerden, die mit Fragen und Antworten beladen werden. Doch bevor Hiltrud das Gerät bedient, entdecke ich die silberglänzende Kugel über den östlichen Talwänden. Wie ein Satellit zieht sie ihre Bahn. Sind die beiden Funkgeräte in Ordnung, müßte Hiltrud nun tadellosen Funkkontakt bekommen, denn UKW-Funk verlangt im Prinzip Sichtkontakt. Manchmal ist aber auch in den Tälern ein Gespräch möglich, wenn die Wellen von den Bergwänden reflektiert werden. Andererseits kann auch bei direkter Sicht ein Gespräch nicht zustandekommen, wenn die Ballonfrequenz – 122,25 MHz – von anderen Ballonmannschaften belagert wird. Diesmal ist es anders. Die dort oben müssen fast allein am Himmel sein. Als Hiltrud den Ballon ruft, erhält sie klare Antwort. Kaum eine Minute später wissen die Mulitreiber, was die Himmelfahrer vorhaben. Für uns heißt das nun: San Bernardino, Bellinzona, vielleicht Lugano.

Wir können zügig weiterfahren und das Spiel der Wolken über den – über 2000 Meter schon mit Schnee überzuckerten – Bergen und Felswänden genießen. Doch allzu sehr darf ich mich davon nicht fesseln lassen: Das grauschwarze Band der Straße, auf der wir den Muli zum San Bernardino treiben, verlangt meine ganze Aufmerksamkeit.

Bis Chur hat der jugendliche Rhein seine Wasser in einem breiten, kiesbeladenen Bett gen Norden geschickt. Weiter südlich tut sich eine ganze ›Kinderstube‹ junger Rheingewässer auf, zunächst Vorder- und Hinterrhein, dann die vielen anderen Zuflüsse von den Quellen und Schneefeldern der Rätischen bis hin zu den Adula Alpen, die adoptiert scheinen, andere Namen tragen.

Wir wenden uns dem Hinterrhein zu und benutzen jene vom Wasser geschaffenen Durchgänge: die Via Mala und die Roflaschlucht. Tobel, Tunnel und Tosen beeindrucken uns und zwingen den Muli zur Mehrleistung. Auch unsere Augen haben mehr zu leisten: mal blendendes Gegenlicht, das eine Sonnenbrille, mal Tunnelbeleuchtung, die Katzenaugen verlangt. Weiter oben, wo die Straße zum Splügenpaß abzweigt, haben wir den Winter mit den leuchtenden Lärchenwäldern und Berggipfeln mit dem Zuckerguß der jüngsten Schneestürme eingeholt. Um dieses Bild aufnehmen zu können, halten wir an.

Wir vermuten, daß sich unsere Himmelfahrer in der Nähe herumtreiben müssen, aber als Hiltrud ihren Funkspruch in die Schneewelt losläßt, da erhält sie eisiges Schweigen zurück. Das war allerdings zu erwarten, da hier schwindelerregende Felswände das Hochtal einsäumen. Also nichts wie weiter! Bald nimmt uns die etwa sieben Kilometer lange Röhre unter dem San Bernardino auf. Fernsehbeäugt, kunstlichtbestrahlt und temporeduziert heften wir uns an die Rücklichter des Vordermanns.

Der San Bernardino liegt hinter uns, vor uns tut sich die Südseite der Alpen auf; es liegt weniger Schnee und ist spürbar wärmer. Auch für den Muli wird es nun leichter: Auf dem Abstieg durchs Valle Mesolcina geht es bis Bellinzona immerhin 1400 Höhenmeter bergab. Dieses Tal, das immer noch zu Graubünden gehört, ist sehr reizvoll, zumal bei diesem Wetter. Außerdem macht mir heute sogar das Autofahren Spaß. Man könnte meinen, wir wären mit dem Muli allein unterwegs.

So genießen wir die südliche Landschaft mit den kleinen Bergdörfern. Grauverwitterte Hütten tragen Dächer mit Platten aus dem heimischen Granit. Der Granit hat die Eigenschaft, eine Art Patina aus Moosen und Flechten anzusetzen, die nun rot und ocker leuchten, wie die Felswände über den Dörfern. Alles, Häuser, Felsen, der Bergwald bis hinauf zum Neuschnee spielt mit in der graurot-braunen Farbsymphonie. Was dort oben die Lärchen können, das tun hier unten die Eßkastanien: Sie haben sich mit leuchtenden Gelbtönen herausgeputzt. Ihre reifen Früchteigel hängen aufgeplatz noch am Baum oder liegen wie zum Mitnehmen bereit am Boden. Doch wir haben nicht die Zeit, sie einzusammeln. Kurz vor der Autobahn wollen wir erst noch den Himmel befragen, was unsere Ballonfahrer machen. Unser Funkspruch wird auch gleich beantwortet. Der Ballon schwebt über den Bergen östlich unseres Tals. Wir erfahren, daß die Ballonfahrer irgendwo im Tal bei Bellinzona landen wollen. So fahren wir gleich nach Bellinzona, um uns und dem Muli dort eine Pause zu können. Ich glaub', wir haben sie nötig.

Als wir die Stadt erreichen, entdecken wir auch die winzige Kugel, die weit hinter uns liegt. Also lenken wir den Muli ins Zentrum, wo wir für ihn einen herrlichen Platz unter einer Zeder ausfindig machen. Bellinzona entpuppt sich mit seiner Mischung von Schweizerischem und Italienischem als sehr reizvoll. Wie oft ist man hier schon vorbeigerast? Eine guterhaltene Burganlage klettert über bunte Rebhänge hinauf, eine heimelige Piazza lädt zum Verweilen ein. Hier trinken wir unseren ersten Cappuccino, hier lauschen wir der Musik des italienischen Palavers. Man könnt's hier eine Weile aushalten. Doch der Ballon wird immer größer.

Wir verlegen unseren Rastplatz nach Süden, schon außerhalb von Giubiasco. Hier wollen wir abwarten, was die beiden Alpenüberquerer vorhaben. Wenig später gibt Ernst durch, daß sie immer noch die Absicht haben, im Talgrund zwischen Bellinzona und Locarno, vielleicht sogar in der Nähe des Flugplatzes, zu landen. Doch von hier aus beurteilt, erscheint uns das als Wunschdenken oder für ein Sehnen nach diesem idealen Landegebiet.

Viel zu weit östlich zieht nun der Ballon über ausgedehnte Bergwälder dem Monte Ceneri entgegen und verschwindet wenig später hinter den Sendeanlagen. Alo meldet sich diesmal. Uns schwant nichts Gutes. Er meint, wir sollten uns auf eine lange Nacht einrichten, denn das Landegebiet unter ihnen sei denkbar schlecht. Danach reißt der Funkkontakt ab. Das ist zu der Zeit, als wir auf dem Weg nach Lugano sind und die steile Rampe zum Monte Ceneri hinaufbrummen.

Tief steht die Sonne über der malerischen Landschaft um Lugano. Von den Ballonfahrern hören und sehen wir nichts. Als wir bereits den Tunnel unter dem Monte San Salvatore verlassen und über den Damm fahren, liegt Lugano in der Glut der untergehenden Sonne. Diesen Zauber unterbricht ein Funkspruch von Alo. Gott sei Dank! Sie seien noch nicht gelandet, und wir sollten an das Ostende des Sees nach Porlezza kommen. An der nächsten Autobahnausfahrt, bei Bissone, kehren wir um. Wieder fahren wir über den Damm, und wieder möchte man anhalten und aussteigen: Zu schön liegt die Landschaft in der Abendsonne. Aber uns bleibt keine Zeit für Romantik. Wir sind froh, daß wir nun endlich wissen, wohin wir unseren Muli zu treiben haben.

Als Lugano hinter uns liegt und wir auf der schmalen Uferstraße nach Gandria sind, scheint es, als hätte man den Himmel angezündet. Der See liegt da wie brennendes Öl. Aber es sind nur Augenblicke, daß eine Kehre oder Kurve den Blick nach Westen ermöglicht.

Bei Oria können wir ungehindert die Grenze passieren. Wenig später ist Porlezza erreicht und damit das Ende des Sees – aber auch das Ende des Tages. Während im Westen noch ein dunkles Glühen über dem See lodert, ist oben in den Bergen die Nacht eingekehrt. In diese Nacht schicken wir unseren Funkspruch, der auch sofort beantwortet wird. Doch er hört sich merkwürdig an. Ganz zerknittert teilt uns Alo mit, daß sie wohlbehalten gelandet seien, daß wir doch eigentlich die Notsignale hätten sehen müssen. Eine Art Bergwacht sei bei ihnen eingetroffen, wir sollten uns auf den Weg nach Dasio machen.

Erst einmal geben wir die Landemeldung nach München durch, genauer, wir beauftragen die Daheimgebliebenen damit. Wir haben zwar von ›oben‹ keinen Auftrag dafür erhalten, aber das kann sicher nicht schaden. Es dauert eine Weile, bis Hiltruds Italienischkenntnisse sich auszahlen. Mit getton einwechseln, telefonieren und nach dem Weg fragen vergeht die Zeit. Ein wenig erleichtert sind wir, als der Muli wieder schnurrt und in das Valsolda hinaufklettert.

Jetzt erst merken wir, wie nahe am Ufer des Sees die Berge hier ansteigen, an denen verstreut kleine Dörfer kleben. Uns wird klar, daß wir die Notsignale der Gelandeten gar nicht sehen konnten. Die Straße windet sich schmal und in unzähligen Serpentinen nach oben. Dörfer stehen auf terrassenartigem Gelände. Die Scheinwerfer beleuchten mal Weinstöcke, mal Palmen, mal Akazien. Dort, wo die Straße vermutlich am engsten ist und zur Rechten Fels senkrecht aufragt, kommt uns ein Bus entgegen. Nur wenige Zentimeter Zwischenraum bleiben. Bald sind wir wieder allein auf dieser Straße, ab und zu geht es an einem Dorf vorbei. Jedes Dorf hat seine Kirche, und jede Kirche ist angestrahlt.

»Wo bleibt ihr denn so lang?« reißt uns Alos gereizte Stimme aus dem Dösen. »Ihr müßtet doch längst schon den beleuchteten Kirchturm sehen!« »Welchen denn?« – »Na, den von Dasio!« Damit beendet Alo ungeduldig das Gespräch. Wir haben zwar schon manches ramponierte Ortsschild angetroffen, aber von Dasio stand da nichts. Also weiter hinaufgekurvt, wahrscheinlich bis ans Ende dieser Straße. Endlich, wir dachten, wir müßten bald auf einem Gipfel stehen, taucht das Ortsschild von Dasio auf. Und der beleuchtete Kirchturm. Das Ende der Straße ist zugleich Dorfplatz, Wendeplatz für den Bus und Parkplatz für die wenigen Autos die es hier gibt.

Wir Ballöner haben offensichtlich die Ruhe dieses kleinen Bergdorfes gestört. Ein Teil der Bewohner mag noch unterwegs sein zum gelandeten Ballon. Ein anderer Teil steht hier am Platz und ist neugierig, was sich noch alles ereignen wird. Ein kleines Ereignis ist es dann, daß wir mit dem Muli eintreffen. Wir sprechen mit einigen Einheimischen. Sie sind sehr freundlich, einige können etwas Deutsch.

Vielleicht eine Stunde später treffen die ersten Helfer ein, bald auch die beiden Piloten. Wir begrüßen uns erleichtert und herzlich, aber wir fragen nicht viel. Das wird in das nahe Gasthaus verlegt. Auch die Helfer und ein paar andere Bewohner begleiten diese Wallfahrt.

In gedämpfter Stimmung erreichen wir das Lokal. Kurz werden wir über die Landung und die Hilfsbereitschaft der Leute unterrichtet. Wir erfahren auch von einem recht diensteifrigen Carabiniere, der die Ballonfahrer und ihr Gerät am liebsten ganz auseinandernehmen möchte. Dieser Beamte scheint sich eine goldene Nase verdienen zu wollen. Ein junger Italiener spricht sehr gut deutsch und hilft als Dolmetscher.

Hiltrud und ich mischen sich in die Verhandlungen nicht ein. Sie können noch Stunden dauern. Während Alo dem Carabiniere seine Utensilien zeigt, zum Teil zerlegt oder gar auf der Terrasse praktisch vorführt, um klar zu machen, daß es sich hier um harmlose Signalhilfen und nicht um Rauschgift handelt, wird Ernst fast wie ein Spion behandelt. Er hat nämlich einiges Gerät dabei, das die Bundeswehr und die Bergwacht auch benutzt. Seine Signalpatronen sehen wirklich wie kleine Bomben aus. Und die kann er nun wirklich nicht auf der Terrasse vorführen.

Ein gutes Essen und ein ebenso guter Wein hat

Das Verfolgerfahrzeug unter Palmen, das kann nur eine Alpenüberquerung bedeuten.

uns wie die Italiener in Stimmung gebracht, Lieder werden gesungen. Der Padrone besorgt eine nur leidlich funktionierende Gitarre – dann ist Lili Marleen dran. Auch heute noch ist das Lied in Italien fast ein Schlager, weckt Sehnsüchte. – Während ich mit der Gitarre kämpfe und von der Laterne singe, kämpfen Ernst und Alo noch immer mit dem Carabiniere.

Gegen zehn Uhr wird zwischen den Piloten und dem Beamten ein Handel abgeschlossen. Man kommt überein, daß Alo mit uns Verfolgern nach Hause fährt und Ernst als ›Sicherheit‹ hierbleibt. Zuvor müssen wir alle – auch der Dolmetscher – mit zur Grenzstation nach Oria zum Protokoll. In der Zwischenzeit hat Ernst auch eine Mannschaft zusammengestellt, die mit ihm am nächsten Tag das Ballongerät bergen will. Wir nehmen freundlich Abschied vom Padrone und den Gästen. Unser Konvoi setzt sich nach Oria in Bewegung.

Es vergehen noch zwei weitere Stunden, bis die Protokolle geschrieben, bis unzählige Fragen verdolmetscht und beantwortet sind. Für uns Mulifahrer beginnt dann eine lange Nacht. Alo will schlafen, so gut es geht, damit er für den nächsten Tag wieder als Lehrer einsetzbar ist. Hiltrud sitzt neben mir und spricht mit mir, damit ich nicht am Steuer einschlafe.

Nach vier, fünf Stunden Schlaf zu Hause bin ich bereits gegen Mittag des folgenden Tages wieder auf der Fahrt gen Süden. Auch diesmal bin ich nicht allein. Zwei Bekannte von Ernst begleiten mich, einer löst mich zeitweise am Steuer ab. Die Dunkelheit hat bereits eingesetzt, als wir mit dem Muli in Dasio eintreffen. Weniger als 24 Stunden habe ich für die Fahrt hin und zurück und ein wenig Schlaf dazwischen benötigt. Aber jetzt bin ich aufgelöst, erledigt.

Auf dem Dorfplatz entdecken wir das Ballongerät. Also haben sie doch geschafft, es zu bergen. Zusammenlegen und verstauen werden wir es si-

Hoch oben im Valsolda, auf dem Dorfplatz, zeigen wir unseren italienischen Freunden wie ein Ballon zusammengelegt wird.

cher gemeinsam am nächsten Morgen. Wir wenden uns erst einmal dem Gasthaus zu, wo wir mit großem Hallo empfangen werden. Man könnte meinen, die Gesellschaft sei noch seit gestern abend beim Feiern. Und Ernst begrüßt mich in bester Laune. Er hat offensichtlich die Strapazen des Verhörs und die Bergung des Ballons gut überstanden. Cappuccino, Vino und ein gutes Essen bringen uns Mulifahrer bald in jene ansteckende südländische Stimmung. Irgendwer spielt auf einem Akkordeon. Meine Gitarre ist auch noch da. Und bald sind wir so eingestimmt, daß ein echt europäisches Wunschkonzert erfolgt. Die arme Lili Marleen muß an diesem Abend noch öfters herhalten. Nach Mitternacht überwältigt mich die Müdigkeit. Ich lege mich aufs Ohr, höre noch lang – wie im Unterbewußtsein – die fröhliche Ausgelassenheit der Südländer, und irgendwann hat mich die Nacht des Valsolda betäubt.

Es ist kurz vor sechs, als mich der Morgenbus wachhupt. Sein Signal ertönt an jeder unübersichtlichen Kurve, und es gibt kaum übersichtliche Kurven an dieser Bergstraße. Das hat an diesem Morgen sein Gutes. Ich schlüpfe – recht gut erholt – in meine Bergkleidung und möchte mir mal das Landegebiet anschauen. Erst für acht Uhr ist das Frühstück vorgesehen. Später soll dann der Ballon zusammengelegt werden.

In dem romantischen Örtchen gibt es nur eine Straße, alles andere sind Gassen und Gäßchen, mit Treppen und Treppchen. Jedes Haus, jede Hütte, sogar die Kirche zeigt Verfallserscheinungen. Schade! Ein gepflasterter Weg führt mich durch ehemalige Weinbergterrassen. Walnuß- und Eßkastanienbäume werfen schon ihre reifen Früchte ab. Auf den unbefestigten Wegstücken entdecke ich die Schleifspuren des provisorischen Schlittens, mit dem man gestern das Ballongerät geborgen hat. Ich folge diesen Spuren.

Eine Quelle rieselt über die schattige, von Farn

Auf der Suche nach den vermißten Sandsäcken.

umstandene Felswand. Weiter oben verlassen die Spuren des Schlittens den breiten Weg und folgen einem schmalen Steig. Winzige Weideflächen zwängen sich hier ins Gebüsch. Ein Wasserfall ist zu hören. Und dicht daneben der Platz, an dem der Ballon gelandet war.

Nach dem Bericht der Piloten muß der Ballon zuerst weiter oben aufgesetzt haben. Nachdem man alles Entbehrliche (leere Sandsäcke, Proviant und die Verpackungsplane) dort oben deponiert hatte, schoß der Ballon – in der Abenddämmerung – die Bergflanken hinunter, über Felsstufen, Tobel und die Seile einer Materialbahn. Die beiden Piloten ahnten nichts davon. Irgendwo kamen sie am Boden an, kippten mit dem Korb um und erkannten, daß es nur zwei Dinge zu tun galt: schnellstens das Gas entweichen zu lassen und den Korb an den Büschen festzubinden. Sie schossen einige Leuchtsignale ab, und als die ersten Leute der Bergrettung erschienen, mußten die erst einmal die kleinen Feuer an den Grashängen löschen, die durch die Leuchtkugeln entstanden waren. Das Ballongerät blieb über Nacht an Ort und Stelle, nur das Wichtigste nahmen die Piloten und Helfer aus dem Korb mit und stiegen zum nahen Ort Dasio ab.

Weiter oben entdecke ich einige Brandstellen, aber von den Sandsäcken, vom Proviant keine Spur. Je höher ich steige, desto begeisterter bin ich von den Ausblicken, die sich mir bieten. Über mir die Grate und Grasflanken der herbstbraunen Berge, die bis zu 1700 Meter hoch aufragen. Im

Osten liegen sie noch im Schatten, im Westen erstrahlen sie um so mehr in jenen Farbtönen, die nur der Herbst zu zaubern vermag. Weit unten im Tal, unter den Laubholzhängen mit den Orten Dasio, Puria, Castello und San Mamete, liegt – noch teilweise im Schatten – der mächtige Fjord des Luganer Sees. Man sieht's ihm nicht an, diesem See, daß er von den Menschen so gequält wird und sterbenskrank ist.

Man sollte hierbleiben, diese strahlenden Herbsttage ausnützen. Die verlorenen Sandsäcke mögen nur als Vorwand dienen, um hierbleiben zu können ... Ich steige wieder nach Dasio ab und genieße bald mit den anderen ein gutes Frühstück. Mit einigen Helfern legen wir den Ballon zusammen und verstauen ihn im Muli. Der Abschied von den Bewohnern ist ebenso herzlich wie langwierig, er zieht sich über Stunden hin. Wir versprechen wiederzukommen, schon wegen den Sandsäcken ...

Im folgenden Frühjahr, zu Pfingsten, als die Zugvögel aus dem Süden schon längst ins Allgäu zurückgekehrt sind, reisen wir noch einmal ins Valsolda. Wir werden wie Freunde empfangen. Geschenke werden überreicht, und Fotografien zeugen von fast historischem Ballongeschehen. Berge werden bestiegen, Alpenveilchen, Feuerlilien und Schlangen entdeckt, und es wird im Wasserfall gebadet. Doch die Sandsäcke bleiben verschollen. Sollte das ein Fingerzeig sein?

UNGEPLANTE DOLOMITENFAHRT

Samstagmorgen gegen sieben Uhr klingelt bei mir das Telefon und reißt mich aus dem Bett. Ernst will an diesem Februartag Ballon fahren. Ich schaue aus dem Fenster, es schneit leicht. »Das macht nichts«, meint Ernst, »ein Zwischenhoch ist im Anmarsch, und der Bodensee ist bereits wolkenlos«. Also nichts wie raus aus dem warmen Bett, hinaus ins kalte Abenteuer.

Ich bin diesmal Ballonmeister. Die kleine Mannschaft weiß, was sie zu tun hat. Es ist bereits halb neun, bis wir so richtig zum Anfangen kommen. Doch wir schaffen es bis kurz nach zehn, daß der Ballon gefüllt am Platz steht. Auch die beiden Gäste aus dem Westallgäu sind seit einiger Zeit bei uns. Das junge Ehepaar steht etwas hilflos herum, packt aber doch zeitweise zu. Nun ist es soweit, daß die beiden und Ute einsteigen können und darauf warten, daß es losgeht.

Das Wetter hat sich kaum gebessert. Zeitweise schniebelet es ganz leicht. Die Wolken liegen bei etwa 1700 Metern auf den Bergen auf. Auf ›meteorologisch‹ heißt das, es ist acht Achtel bewölkt. Im Alpenvorland scheint es etwas heller zu sein. Ernst jedenfalls ist guten Mutes. Schwer verläßt der Ballon den Startplatz. Recht flott drückt ihn der Wind nach Nordosten, dem Grünten entgegen.

Mit mir im Muli fahren Peter und Jens. Wir kurven über Hindelang den Jochpaß hinauf. Von Oberjoch geht's dann wieder hinunter nach Wertach zum Grüntensee. Bei Unterjoch sehen wir gerade noch die winzige Kugel über die Grenzberge bei Jungholz huschen. Es sieht sogar so aus, als würde sie in den Wolken verschwinden. Vor Nesselwang geraten wir in den berühmten Stau. Deshalb schlage ich vor, nicht die Strecke über Füssen, sondern über Seeg-Roßhaupten weiter nördlich zu fahren.

Bald entdecken wir unseren Wolkenkratzer wieder. Er dürfte nun über Füssen sein. Also nichts wie hinterher. Bei Roßhaupten, jenseits des Lechs, wählen wir die Nebenstrecke nach Buching. Auf einmal ist der Ballon vom Himmel verschwunden. Wenig später erfahren wir über Funk vom Piloten, daß er am Ortsrand von Buching gelandet sei. Kurz darauf sind auch wir an Ort und Stelle.

Annähernd zwei Stunden hat diese für die Mitfahrer sicher interessante, aber graue Winterfahrt gedauert. Nun ist der Pilot doch etwas unschlüssig, ob er die Fahrt überhaupt noch fortsetzen soll. Eine tiefliegende Wolkenschicht zieht nach Nordosten, die Wolken darüber scheinen nach Südosten zu driften. Am liebsten würde Ernst wohl den Ballon zusammenlegen lassen. Dann entschließt er sich aber doch, mit einem von uns Verfolgern die Fahrt noch ein Stück fortzusetzen. Und ich bin wieder mal an der Reihe.

Schnell ist mein Rucksack geholt. Warm bin ich auch angezogen, und Wärmendes ruht noch im Rucksack. Die Verfolger haben zu tun, den Ballon so schwer wie möglich herauszulassen, damit wir nicht zu hoch, nicht in die Berge kommen. Grammweise verstreut dann der Pilot den Ballast über die verschneiten Wiesen. Kaum merklich heben wir vom Boden ab. Wir schaffen es gerade noch, über die erste Fichtenreihe zu kommen, dann hat uns der Hangwind erfaßt. Der Wind ist zeitweise so stark, daß wir es in den Bäumen rauschen hören.

Ich kenne die Gegend gut, über die wir nun kommen. Bei schönerem Wetter bin ich mit Alo über die Landschaft des Pfaffenwinkels gegondelt. So reizvoll sie damals war, so eintönig wirkt sie heute. Selbst die Wieskirche, die abseits dort im Nordosten steht, strahlt kaum etwas von ihrer heiteren Schönheit aus. Der Schnee ist verweht, auch an die Stämme der Bäume geworfen. Wie tot zieht der Bergwald des Ammergebirges an uns vorbei. Doch zwanzig Sack Ballast und ein flotter Wind geben uns die Gewißheit, daß wir nicht in dieser scheinbar trostlosen Einöde landen müssen.

Unsere Fahrt geht immer noch unter den tiefliegenden Wolken dahin. Zeitweise sind die Konturen des Staffelsees zu erkennen. Bevor wir über das Tal der Ammer kommen, setzt uns ein Tobel mit kalten Scherwinden zu. Die Kälte holt uns herunter, der Wind wirbelt uns herum. Der Ballon wird einen Hang hinaufgeblasen, dessen Fichten bedenklich vor uns aufragen. Doch Ernst läßt es darauf ankommen und gibt keinen Ballast ab. Krachend saust der Korb in die Wipfel. Längst haben wir im Korb Deckung gesucht. Als wir wieder über den Korbrand schauen, fehlt einigen Fichten die Spitze: Die müssen tiefgefroren gewesen sein.

Gefährlich sind solche Baumberührungen deswegen, weil die Äste Löcher in die Hülle reißen können, sich Äste im Netz verhängen und es zerreißen oder Leinen und Gurte in den Ästen verheddern und Ventil oder Reißbahn aufgerissen werden können. Doch wir haben Glück. Als wir über dem Ammergauer Tal sind, hört auch das Pendeln des Korbes auf.

In diesem Tal könnten wir landen. Doch es scheint, als würde der Himmel aufreißen. Und wirklich, ganz plötzlich ist die Sonne da. Natürlich merkt das auch der Ballon: Das Gas erwärmt sich, und wir steigen unverhofft. Bald liegt das Tal hinter und der nächste Höhenzug unter uns. Der Blick auf den Höhenmesser zeigt, daß uns die Berge hier nicht gefährlich werden können.

In Fahrtrichtung scheint über einem Taleinschnitt die Bewölkung etwas abzunehmen. Die Sonne hat uns bereits auf 2000 Meter hinaufgezogen. In dieser Höhe dreht der Wind wirklich weiter nach Süden. Unter uns öffnet sich nun das breite Tal und das große Moorgebiet südlich von Murnau. Matt sind die Farben der Landschaft. Ein schwarzes Band, die Autobahn, zieht nach Süden, endet bei Eschenlohe. Metallisch glänzt die Loisach im Gegenlicht. Direkt unter uns gleitet der eigenartige Steinbruch durch, der mitten im Murnauer Moos liegt. Ich habe ihn kennengelernt, als Alo vor Jahren dort im Moor gelandet war und wir von dieser felsigen Erhebung aus die Gegend absuchten.

Heute suchen wir nach weiteren Wolkenlöchern. Ohlstadt liegt unter uns, und vor uns die wolkenverhangenen Ausläufer des Ester-Gebirges. Der Höhenmesser klettert weiter, der 3000-Meter-Marke zu. Ein prächtiges Wolkenmeer liegt über der Landschaft. Weder Berge noch Bauten ragen aus ihm. Dafür dringt Sirenengeheul durch den Nebel herauf. Bei der Gelegenheit wol-

Unter uns ein Nebelmeer und über uns eine dünne Wolkenschicht, die flott nach Süden zieht.

len wir voneinander wissen, wie spät es ist, doch keiner von uns beiden hat eine Uhr dabei. So verlegen wir mal die Sirenenprobe auf 13 Uhr …

Das Wolkenmeer bleibt geschlossen. Im Norden steht ein prächtiger Wolkenturm, den ich der Benediktenwand zurechnen würde. Aber interessanter für uns ist, daß hoch am Himmel ein dünnes Gewölk rasch nach Süden driftet. Anstatt in dieser Waschküche zu landen, könnten wir doch … Was nun folgt, geht sehr schnell. Der Pilot erkundigt sich über Funk beim Flughafen München-Riem über die Höhenwinde und über die Wettersituation an der Alpensüdseite. Was wir dann erfahren, ist ermutigend: In 4000 Meter Höhe Wind aus 320 Grad mit 30 Knoten, und die Alpensüdseite sei fast wolkenfrei. Man ist in München auch der Meinung, die Wetterverhältnisse erlaubten eine größere Alpenfahrt. Also! Auf nach Süden!

Während Ernst nun zwei, drei Sack Ballast über das Wolkenmeer verteilt, gebe ich unseren Verfolgern über Funk unseren Entschluß durch, über die Alpen zu fahren. Gleichzeitig erfrage ich auch die Uhrzeit. Durch den Nebel kommt die Antwort: »13.36 Uhr – und viel Glück!« Wir haben also dreieinhalb Stunden zur Verfügung, um noch vor Sonnenuntergang jenseits der Alpen landen zu können. Die Entfernung schätzen wir auf etwa 200 Kilometer. Während die Nadel des Höhenmessers der 4000-Meter-Marke zuklettert, beobachten wir weiter die dünne Wolkenschicht über uns, die immer noch schneller als wir nach Süden zieht.

Da unter uns alles zu ist, können wir den Verfolgern nicht unsere genaue Drift durchgeben. Wir empfehlen ihnen, über den Brenner nach Süden zu fahren. Die Sonne wird schwächer, das Schichtgewölk dichter. Auch für uns wird es kühler. Schließlich hatte München-Information auch gemeldet, daß es auf der Zugspitze −12°C hätte und daß es schneien würde. Ich bin warm eingepackt, und mir ist pudelwohl. Aber Ernst holt sich noch ein zweites Paar Strümpfe aus dem Rucksack. Auch den Ballon friert es. Ab und zu muß der Pilot Ballast abgeben, damit der Ballon auf Höhe bleibt.

Eine knappe halbe Stunde mag seit unserem Entschluß vergangen sein. Die zeitweise durchscheinende Sonne deutet uns an, wo ungefähr Süden sein muß. Unter uns ist immer noch der kalte Nebel, der eher nach Osten zu ziehen scheint. Manchmal sieht es so aus, als wären im Süden, am Horizont, einige Bergspitzen zu erkennen, aber es sind nur Wolken. Ganz langsam lüftet sich der Schleier des Nebelmeeres. Eine froststarrende Landschaft tut sich auf. Doch nirgends etwas Markantes, das uns andeuten könnte, wo wir uns befinden. Ein breites Tal wird sichtbar. Eine Straße, einige Häuser! Dann ein Gebirgsmassiv jenseits des Tales, das dem Karwendelgebirge bei Seefeld ähnelt, ein Teil eines Sees, der aber nicht nach Seefeld paßt. Nördlich des Sees haben sich einige Orte angesiedelt. Und als der See in seiner ganzen Größe sichtbar wird, erkennen wir ihn: den Achensee.

Nachdem sich nun auch das Inntal auftut und bald darauf auch das Zillertal, beginnt bei uns das große Rechnen. Wenn wir so weiterfahren, bei einer Drift nach Südosten, werden wir über Mayrhofen und die Zillertaler Alpen direkt in die Dolomiten kommen. Wir liegen gut in der Zeit und sind bis jetzt sehr gut vorangekommen. Das zeigt sich bald daran: Kaum ist der wie eine graue Stahlklinge wirkende Achensee an uns vorbeige-

Die Zillertaler Alpen scheinen eine Wetterscheide zu sein. Aber die Dolomiten lassen sich erahnen.

Hinter uns liegen die Südabstürze der Zillertaler Alpen.

zogen, überqueren wir bei Schwaz das breite Inntal.

Der Ballon ist weiterhin stabil. Nur kleine Ballastabgaben sind notwendig, um ihn auf 4000 Meter Höhe zu halten. Von Südost bis Südwest ist am Horizont zwischen den Wolkendecken unter und über uns ein Streifen blauen Himmels zu sehen. Der gesamte Dolomitenraum läßt sich dort erahnen. Der Kamm der Zillertaler Alpen scheint eine Wetterscheide zu sein. Doch dieser gewaltige Eisrücken sollte auch bitte den Vorhang zum nächsten Akt unserer Fahrt lüften.

Westlich des Zillertals kommen wir über weitflächiges, tiefverschneites Berggebiet. Vom Haupttal zweigt nun nach Osten das Seitental zum Gerlospaß ab. Hier liegt auch Zell am Ziller. Dieser Ort wirkt ebenso eisig wie wenig später Mayrhofen. Am westlichen Ortsrand von Mayrhofen ziehen wir den Nordflanken der Zillertaler Alpen entgegen. In einem der Hochtäler liegt der Stillupspeicher, ein Stausee, ebenso wie kalter Stahl wirkend wie vor einer halben Stunde der Achensee. Im Bereich des Großen Löfflers überfahren wir mit gut 500 Meter Überhöhung den Hauptkamm der Zillertaler Alpen, fast zu niedrig für diesen gewaltigen, eisgepanzerten Berg.

Der nächste Akt des großen Alpendramas hat begonnen. Noch wehen Wolkenfetzen über Grate und Rücken. Noch fällt der Ballon! Noch beleuchtet die Sonne nicht alle Südabstürze der Zillertaler Alpen. Aber gerade das macht das Bild dramatisch. Auch unserem Ballon fehlt die Sonne, die Wärme. Manchmal hat man den Eindruck, als wäre nur unser Korb in der Sonne, die Hülle nicht.

Die Kälte hat uns so heruntergeholt, daß wir fast in Gipfelhöhe mit der Rieserfernergruppe sind.

Während ich von dem Bild der Naturgewalten gefesselt bin, ist Ernst zwischen Hoffnung und Zweifel hin- und hergerissen. Zweifel könnten einem da schon kommen, denn die Sonne erwärmt viel zu langsam das Gas in der Hülle. Und der Ballon fällt weiter ins Ahrntal. Wenn jetzt der Fall des Ballons nicht nachläßt, kann das zum Abbruch dieser Alpenfahrt führen. Irgendwo im Tauferer- oder Pustertal müßten wir uns dann einen Landeplatz suchen. Wir könnten den Fall auch dadurch verhindern, daß wir Ballast abgeben, aber irgendwann würde uns dieser Ballast fehlen. Die Ballastabgabe hätte zudem noch einen Nachteil: Bei entsprechender Sonneneinstrahlung würde der Ballon dann nicht nur auf die ursprüngliche Höhe von 4000 Metern steigen, sondern entsprechend höher. So läßt der Pilot den Ballon weiterhin über die Südabstürze ins Ahrntal gleiten. Die Schnee-

Ein gewaltiger Dolomitenanfang: tausend Meter tiefe Seekofel Nordwand unter uns.

fahnen, der Schnee, der über die Grate geweht wird, weist uns weiterhin den Weg nach Süden. Endlich gelangen wir in die Sonne.

Die Abkühlung hat den Ballon so weit ins Ahrntal heruntergeholt, daß wir uns nun auf der Höhe der Gipfel der Rieserfernergruppe befinden, die im Osten vorüberziehen. Für den Fall, daß wir doch noch Ballast abgeben müssen, habe ich einige Sandsäcke hergerichtet. Der Sand war so gefroren, daß ich ihn erst mit einem kleinen Beil habe zertrümmern müssen. Doch der Ballast ist im Korb gut aufgehoben, denn gemächlich steigen wir. Endlich hat die Sonne ihre südländische Kraft eingesetzt und heizt das Gas in der Hülle langsam auf.

Das Ahrntal gibt uns an das Tauferer Tal weiter. Man weiß nun wirklich nicht, wo man zuerst hinschauen soll. Man sollte das ganze 360-Grad-Panorama mit einem Blick erfassen können.

Als wir östlich an Bruneck vorbeiziehen, haben wir wieder unsere ursprüngliche Höhe von 4000 Metern erreicht. Es hat sich also gelohnt, keinen Ballast abzugeben. Doch das kann man nur riskieren, wenn man vor sich so freies Gelände hat. Noch öfters werde ich den Blick zu den kleiner werdenden Schneeriesen der Zillertaler Alpen zurückwenden. Vor uns aber öffnet sich die phantastische Welt der Dolomiten. Die meisten – wichtigen – Massive kenne ich dem Namen nach sowie von Abbildungen her, aber aus dieser Höhe sehen die Berge doch etwas anders aus. Es wäre zu schade um die Zeit, sich jetzt in eine Landkarte zu vertiefen. Vorerst genügt es mir, daß ich im Südosten die Drei Zinnen und im Südwesten die Geislerspitzen wiedererkenne.

Nachdem wir nun den Aussichtsberg von Bruneck, den Kronplatz, passiert haben, ragt vor uns die fast 1000 Meter hohe Nordwand des Seekofels auf. Senkrecht stürzt sie in den Pragser Wildsee ab. Eisig und im tiefen Schatten liegt diese Wand da. Ebenso eisig und schattig wirkt der See. Ihn sieht man nur als weißverschneite, ebene Fläche, die in der Nordhälfte von Fichten begrenzt wird.

Einer dieser markanten, hohen roten Berge ist die Hohe Gaisl, auch Croda Rossa genannt. Aber was nützt dem Berg seine Schönheit, wenn sich hinter ihm die Drei Zinnen ins Bild drängen. Diese drei Berge sind ein Begriff, eine Legende, für den Ballonfahrer auch eine Orientierungshilfe. Unter uns bietet sich in der Nähe ebenso Interessantes an. Der Seekofel verabschiedet sich von Süden gesehen recht harmlos. Sein Gipfel geht über in ein riesiges Plateau. An einer Seite liegt ein mächtiger Bergsturz, dessen riesige Blöcke nicht mal vom Schnee verdeckt werden können.

Während wir über das weiträumige Plateau der Sennes-Alpe ziehen, muß ich den Film wechseln. Als die Kamera wieder geladen ist, da liegt die Sennes-Alpe schon hinter und das canyonartige Rautal im Westen neben uns. Ein interessantes Tal. Senkrechte, rote Wände fassen es ein, die auf der Nordseite den Abschluß des Plateaus der Sennes-Alpe bilden.

Und so geht das Schauspiel weiter. Was sagen schon die Namen der Grate, Spitzen und Wände? Um uns tut sich ein ganzes ›Burgenland‹ aus Türmen, Mauern und Zinnen auf. Und die Drei Zinnen begleiten uns weiterhin im Osten.

Schon längst ist uns klar, daß Cortina auf unserem ›Höhenweg‹ liegt. Drüben, im Osten, verabschieden sich langsam die Drei Zinnen; im Gewirr der anderen Gipfel sind sie kaum noch zu unterscheiden, wären da nicht ihre drei langen Schatten auf einer Hochebene. Auch im Osten, aber viel näher, baut der prächtige Monte Cristallo seine Burg auf. Westlich von uns und ebenso greifbar nahe haben die Tofanen ihre markanten Gipfel und Grate in die Dolomitenwelt gestellt. Wir entdecken das erste Zeichen von Leben seit mehr als einer Stunde, als unter uns eine Seilbahnkabine in ihr Felsennest auf der Tofana di Mezzo schwebt. Von hier oben sieht es tatsächlich so aus, als schwebte diese Gondel frei in der Luft, denn Seile sind kaum zu erkennen.

Was macht die Seilbahn dort oben in ihrem Felsennest? Was machen die Leute, die dort hinauffahren, auf einem Berg, der nur von abweisenden Graten und Wänden umgeben ist? Nun, die Bahn kommt von Cortina und endet kurz unter dem Gipfel. Mancher wird sich dort hinauftransportieren lassen, der kein Bergsteiger ist, nur um mal annähernd jenen Blick zu haben, den wir – mehr als tausend Meter darüber – haben. Und ich kann mir gut vorstellen, was die Leute an solch einem Tag, oder gar einem Tag mit schönem Sonnenuntergang, empfinden. Da mag der Monte Cristallo und seine Nachbarschaft zu dem werden, was der Name dieses Berges andeutet: zu rotem Kristall.

Ein Stadion im Tal kündet Cortina an. Dahinter breitet sich der Ort sehr weitläufig in der Talebene und an den Berghängen aus. Ein tief eingegrabener Bach zerteilt den Ort. Als größere Gebäude sind das Eisstadion, die Kirche und einige Hotels auszumachen. Die Häuser sind nur Punkte. Vom Ort selbst ziehen Straßen als filigrane schwarze Fäden zu den bewohnten Hängen hinauf. Nach Westen führt wohl die bekannteste zum Falzarego-Paß.

Nur wenige Minuten dauert diese Ortsbesichtigung, dann sind wieder die natürlichen Wunder an der Reihe. Im Nordosten stehen nun die Südwände des Monte Cristallo und des markanten Piz Popena in schönem Licht. In ebensolchem Licht, aber durch die Schatten noch plastischer, leuchten die Wände und Pfeiler der Tofana di Rozes. Ich kenne die meisten dieser Berge und Wände aus Büchern, aber es fällt nicht schwer, sie wiederzuerkennen. Und es sind nicht nur die großen, die auffallen und beeindrucken. Auch die kleinen sind

Über der Tofana di Mezzo: plötzlich verschwindet eine Seilbahnkabine in ihrem Felsennest.

es, wie die winzigen fünf Türme, die Cinque Torri, die wie hingeworfen an der Straße zum Falzarego-Paß liegen. Diese Felsbrocken sind ein beliebter natürlicher Klettergarten mit sehr anspruchsvollen Wänden.

Ein herrlicher Zackengrat liegt nun unter uns, die Spitzen um die Croda da Lago, die Felszinnen über dem See. Die südlichste dieser Zinnen mag wohl die Becco di Mezzodi sein, der Mittagszeiger, über dem zu Mittag von Cortina aus gesehen die Sonne steht. Jetzt weist der Schatten dieser Spitze nach Nordosten, es ist also schönster Nachmittag. Es ist überhaupt so, als sei bei uns gerade Halbzeit. Nehmen wir an, unsere Reise geht irgendwo bei Venedig zu Ende, dann wäre bei Cortina gerade die Hälfte der Strecke Alpennordseite – Venedig zurückgelegt. Hinter uns liegen knappe zwei Stunden Alpenfahrt, und vor uns haben wir etwa

Und nochmal tausend Meter tiefe Wandfluchten, am Monte Pelmo.

zwei Stunden bis zum Sonnenuntergang. Da unsere Fahrt in mehr als 4000 Meter Höhe dahingeht und noch immer unverändert flott ist, können wir mit Recht hoffen, unser Ziel, die Alpensüdseite, zu erreichen.

Ernst hat meistens seinen Blick nach Süden gewendet, dorthin, wo endlich die Alpen aufhören mögen. Mich interessiert der Blick nach Süden weniger. Da die Sonne nun im Südwesten steht, zeigen uns die meisten Berge in Fahrtrichtung ihre Schattenseite. Dagegen liegen die Berge hinter uns im schönsten Nachmittagslicht. Das mag vielleicht der Grund sein, daß mich der Felspalast der Civetta im Westen weniger beeindruckt als die prächtig besonnten Massive der Sorapis und des Antelao im Osten. Eine Mittelstellung nimmt nun jener Berg ein, auf den wir direkt zudriften; der Monte Pelmo.

Der Monte Pelmo von Südosten gesehen.

Vor uns baut sich eine monumentale, mehr als 3000 Meter hohe Felsenburg mit annähernd 1000 Meter hohen Wänden auf. Wieder ist es nicht einfach die Höhe des Berges, die mich beeindruckt, sondern die schwindelerregende Tiefe seiner Wände. Und was für Wände dieser Berg hat. Während die Gesteinsschichten in den beschatteten Wänden wirken, als wären Tausende Eisplatten übereinandergelegt, wirken sie an den Sonnenseiten wie Stapel von Blattgold.

Solche Eindrücke überwältigen mich fast, meine Freude am Erlebnis dieser Fahrt ist nicht zu beschreiben. Vierzigmal hatte ich bereits das Vergnügen einer Ballonfahrt und es scheint, als würde es heute meine zweite Alpenüberquerung werden. War die erste geplant, so ist diese ein Zufall. Zufall ist es aber nicht, daß wir gut ausgerüstet sind. Wir sind ausgerüstet wie einst, als wir zu Fuß in die Berge zogen. Und die Brotzeit ruht noch unangetastet im Rucksack. Wie ich Ernst kenne, hat er wohl – wie ich – die Uhr vergessen, nicht aber seinen Proviant. Sogar die richtigen Landkarten haben wir dabei. Anstatt des Eispickels ist ein Beil an Bord, das uns schon wertvolle Dienste geleistet hat, als ich den gefrorenen Ballastsand zertrümmert habe. In einer Korbecke befindet sich auch eine kleine Flasche Sauerstoff, aber die haben wir heute noch nicht gebraucht.

Der Monte Pelmo bleibt hinter uns zurück. Aus meinem Innern allerdings wird er, wie die ganze Dolomitenfahrt, nicht zu entfernen sein. So gewaltig er aus der Nähe ausgesehen hat, so harmonisch wirkt er aus der Ferne in der Arena der Dolomiten. Es ist zwar nicht der höchste Berg, den wir getroffen haben, aber sicher der Höhepunkt dieser Fahrt.

Bevor wir über das Tal der Piave kommen, passieren wir das vielfältige Gipfel- und Zackengebirge des Cadore, das sich nach Nordosten jenseits des Tals der Boite mit der Antelao- und Marmarolegruppe fortsetzt. Die Piave gilt als östliche Begrenzung, drüben geht es mit den Karnischen Alpen weiter. Größere Spuren menschlichen Tuns liegen nun unter uns: die Stadt Belluno im Tal der Piave. Die weiten Berghänge bis weit hinunter zum Talgrund sind schneebedeckt. Grau nimmt sich die Stadt aus, kaum farbenfreudiger wirkt der zum Teil zugefrorene Lago di S. Croce. Mehr beeindruckt mich der Blick ins weite obere Piavetal, zu den kleiner werdenden Dolomiten, zu dem prächtig-thronenden Monte Cavallo im Osten oder zu dem vor uns liegenden letzten Bergrücken der Venezianer Alpen mit dem kühnen S.-Ubaldo-Paß, der 1917 von österreichischen Pionieren angelegt wurde.

Schnell verliert sich das Weiß der Berge hinter uns, grau breitet sich die venezianische Tiefebene aus. Gerade noch ist hier die beginnende Autobahn (A 27) in einem der Vorberge verschwunden, wenig später windet sie sich als graues Band nach Süden, der unteren Piave entgegen. Auch wir folgen diesem Band, es ist die beste Orientierungshilfe in dieser eintönig-graubraunen Landschaft. Bald hat auch die Autobahn den breiten Kiesmäander der Piave überquert. In fast 4500 Meter Höhe folgen wir der A 27 zum Ziel Venedig.

Irgendwer dort unten scheint uns Rauchzeichen zu geben. Wir haben schon lange nach Rauchfahnen Ausschau gehalten, denn an ihnen kann man am einfachsten erkennen, wohin der Wind am Boden weht. Beruhigend ist, daß der Rauch nach Westen geweht wird. Sollten wir wirklich bei Venedig die Adria erreichen, so wird uns dieser Wind dem Land wieder näher bringen. Hoffentlich weiß das dann der Wind auch …

Bei Treviso schlängelt sich ein kleines Flüßchen, der Sile, der Adria entgegen. Die Küste ist nur undeutlich auszumachen. Später erkennen wir – ebenso nur angedeutet – die Inselstadt Venedig. Davor, am Ufer, liegt Mestre, unverkennbar eine Industriestadt. Ebenso nahe am Ufer, am Stadtrand, der Flughafen. Wir hätten ihn noch gar nicht bemerkt, würde nicht gerade ein Jet zum Start rollen. Wenig später verweht sein Donnern im Osten – zu unserer Erleichterung. Es wird also Zeit, daß wir absteigen.

Ernst hat vor, mit Gas und Ballast zu geizen und den Ballon langsam fallen zu lassen. Uns sind zwar noch acht Sack verblieben, aber man weiß ja nie, was uns dort unten erwartet. Im Moment liegt das Autobahnkreuz der A 27 und der A 4 vor uns, westlich davon eine Mautstelle. Ein bereits einsetzender Fall und einige vorsichtige Ventilzüge bringen uns mit zwei Metern in der Sekunde der Erde näher. Es scheint, als würden wir fast senkrecht absteigen. Die Sonne steht tief im Westen. Das Gebiet unter uns sieht ganz gut für eine Landung aus: überwiegend Felder, kleine Plantagen, kleine Vorortsiedlungen und einige Industrieanlagen. Später entdecken wir auch einige mausgraue Antennen- und Hochspannungsmasten. Aber sie werden uns nicht gefährlich. Doch direkt unter uns kommt uns eine Plantage entgegen, deren Pfähle wie Zahnstocher wirken. Der Pilot kann mit dem verbliebenen Sand den Ballon so abfangen, daß wir nicht mehr sinken. Gemächlich, so wie es sich für den Abendwind gehört, werden wir nach Westen getragen. Hinter der Plantage landen wir ebenso gemächlich in einem Acker.

Kinder rufen. Wir rufen zurück, aber sie zögern. Haben sie Angst? Zögernd und vorsichtig stapfen die ersten Buben über den Acker und erreichen uns. Jetzt wissen wir, weshalb die Kinder zögern: Der Acker ist aufgeweicht und lehmig. Überall verlaufen mehr oder weniger tiefe Gräben. Aber das hindert die Kinder dann doch nicht, daß sie uns freudestrahlend umringen. Ernst zieht noch einmal an der Ventilleine. Dann springe ich aus dem Korb und versinke sofort bis an die Knöchel im Lehm. Vorsichtig trage ich mit Hilfe der Buben und einiger Erwachsener den Ballon aus dem Akker. Ein Graben muß noch überwunden werden, ebenso eine Reihe junger Pappeln. Dann haben wir einen Bolzplatz erreicht, auf dem trockenes Laub raschelt, als sei es Herbst.

Auf unsere Frage nach der Zeit deuten uns die Italiener an, daß es jetzt 16.45 Uhr ist. Tief steht die Sonne über der so milden Landschaft. Eine knappe halbe Stunde wird sie wohl noch scheinen. Es beginnt ein Mordspalaver unter den vielen Kindern und den Erwachsenen, aber auch mit uns. Wir erzählen – wie auf Esperanto – daß wir von Monaco (München) über Cortina bis Venezia mit dem Pallone gekommen seien. Alle staunen darüber – wir auch! Ernst findet jemanden, der ihn in den Ort fährt zum Telefonieren. Ich finde genügend Helfer – vor allem Kinder – den Ballon zu entleeren. Immer wieder bricht südländisches Temperament durch, immer wieder rufe ich eines der wenigen italienischen Wörter, die ich kann: »Piano, piano!« Alles lacht. Auch ich muß lachen, obwohl mir der Ballon ein bißchen leid tut. Es wäre wohl das beste – bei so vielen Kindern –, man würde den Ballon schnellstens durch die Reißbahn entleeren.

Als Ernst wieder da ist und mithilft, bin ich erleichtert, denn immer wieder sind die Kinder auf der Gasblase. Einmal hängt eins von ihnen im Netz, bald einer von uns. Bevor die Hülle verpackt wird, bekommen die Kinder vom Piloten Ballonkarten und Autogramme. Es ist fast Nacht, und die Kinder müssen heim. Mit den wenigen verbliebenen Erwachsenen verpacken wir die Hülle und ordnen das Netz. Doch es bleibt nicht aus, daß eine ganze Menge trockenes Laub im Netz hängen bleibt. Die Zuhausegebliebenen werden sich beim nächsten Ballonfüllen sehr wundern ...

Als alles Ballongerät am und im Korb verstaut ist, sind auch wir allein. Eine Flasche schweren Rotweins, die uns vorhin eine junge Frau gebracht hat, erinnert daran, daß wir in Italien sind. Und das begießen wir. Ernst berichtet, daß die Verfolger auch schon zu Hause angerufen haben und in Brixen sind. Also haben wir viel Zeit, um das Wunder dieser Fahrt zu überdenken und das Land zu genießen, in dem wir gelandet sind. Und beides kommt uns wirklich wie ein Wunder vor.

Es mag gegen 19 Uhr sein. Wir nehmen die wichtigsten Sachen und das Funkgerät im Rucksack mit und marschieren in den Ort. In dem Lokal, wo Ernst telefoniert hat, wollen wir die Zeit verbringen, bis die Verfolger da sind. Wir sind bisher ohne Uhr gut ausgekommen, und in dieser Stimmung sollte nun die Zeit wirklich keine Rolle mehr spielen. Sind es dann zwanzig Minuten oder gar dreißig, die wir gehen müssen, bis das Ristorante erreicht ist?

Das Ristorante wirkt dann wie tausend andere in Italien auch: nüchtern und kühl, aber mit Gästen, die den Kontakt suchen. Nach den ersten Cappuccini ist bereits allen Anwesenden bekannt, daß wir von Monaco über Cortina nach Venezia mit dem Pallone gekommen sind. Ein Italiener, der sich zu uns an den Tisch setzt, kann einige Brocken Deutsch. Ihm berichten wir, daß wir mit dem Funkgerät, das auf dem Tisch steht, auf Kontakt mit unserer Rückholmannschaft warten. Doch als der Italiener erfährt, daß die Verfolger in Brixen losgefahren sind, beginnt wieder ein Palaver im Lokal. Das Resultat: Man ist der Meinung, daß man mit einem Kombifahrzeug von Brixen bis hierher gut drei Stunden unterwegs sein wird. Das scheint uns auch so.

Eine Runde Rotwein hin und eine her bringt zwei Deutsche und einen Italiener am Tisch einander bedeutend näher. Nun haben wir auch Zeit, uns über die Mitfahrer von heute morgen Gedanken zu machen. Die beiden sind ja noch gar nicht getauft. So beschließen wir, das hier vor den Toren von Venedig mit einer Nottaufe nachzuholen. Zwei Taufnamen müssen für diesen Zweck auch noch erfunden werden. Darüber vergeht die Zeit ... Es ist einiges nach 21 Uhr, als wir durch einige verzerrte Worte aus dem Funkgerät aufgeschreckt werden. Ernst springt auf und eilt mit dem Gerät auf die Straße, wo er sich besseren Empfang verspricht. Das ganze Lokal ist unruhig geworden. Die Leute sind gespannt, was kommen wird. Am aufgeregtesten ist unser Tischnachbar, der ebenfalls nach draußen geeilt ist. Es vergeht kaum eine Viertelstunde, der Funkkontakt ist längst besser geworden, da trifft der Muli ein. Freudig ist die Begrüßung, herzlich die Glückwünsche, die wir über uns ergehen lassen müssen. Dann bestellen wir das längst fällige Essen. Ute und die noch zu taufende Mitfahrerin bleiben im Lokal und warten darauf, bis wir ›Mannsbilder‹ das Ballongerät geholt haben.

Im Schein der beiden Muliaugen geht das Verladen des Ballongerätes so schnell, daß wir in kaum einer halben Stunde wieder zurück sind. Sofort wird das Essen serviert. Ebenso hervorragend wie die Spaghetti schmeckt uns dann auch der Wein. Und da alle von uns für den nächsten Tag nichts vorhaben, beschließen wir, über Nacht hierzubleiben.

Unser italienischer Tischnachbar sorgt für ein gutes Hotel. Dann wird auch die Ballonfahrertaufe nachgeholt. Aus dem Muli eine Handvoll Sand, vom Padrone eine Flasche Spumante: Dann müssen sich die Täuflinge auf eine Fußmatte mitten ins Lokal knien. Sand und Alkohol werden über das Haupt der beiden verteilt, und die Ansprache des Piloten ist heute besonders feierlich, fast wie eine Zauberformel. Die Taufnamen beziehen sich natürlich, wie es sich für die Umstände gehört, auf Venedig. Und die Italiener staunen …

Es wird Zeit, daß wir unser Hotel aufsuchen. Freundlich verabschieden wir uns vom Padrone und den anderen Italienern. Im Hotel öffnen wir zur Ehre des Tages die letzte Flasche Sekt. Der nächste Tag – ein schöner Februarsonntag – sieht uns natürlich in Venedig. Die meisten von uns – so auch ich – sind zum ersten Mal in der Lagunenstadt. Ein Boot trägt uns nach San Marco hinüber. Im warmen, gedämpften Licht liegt die Stadt, denn der Himmel ist eher milchig als strahlend blau. Auf dem Markusplatz steht der unvermeidliche Fotograf, den die unvermeidlichen Tauben umschwirren. Durch enge Gassen, über brüchig aussehende Brücken, an Kanälen entlang – jetzt im Winter ist das Wasser recht sauber – führt uns ein Spaziergang durch die ›sterbende Stadt‹. Tatsächlich macht Venedig heute einen verlassenen Eindruck; kaum sieht man einen Menschen, man

Gestern das Abenteuer der Dolomitenfahrt, heute das abenteuerliche Venedig.

Wie bei einer Zielfahrt, aber der Landungssteg ist zu schmal und nur für Boote gedacht.

kommt sich vor wie in einem riesigen Museum vergehender Pracht.

Unsere wenigen Lire sparen wir für die Autobahngebühr, auch wenn es hier köstliche Sachen zu essen gibt. Gegen Mittag dann verlassen wir das Traumziel der Alpen-Ballonfahrer, der Muli rollt gen Norden, der Autostrada entgegen. Jetzt wird erst mal ordentlich Brotzeit gemacht, denn unser karges Frühstück hatte nur aus Cappuccino bestanden. Erstaunlich, was wir noch alles im Muli und in unseren Rucksäcken finden …

Eine einzigartige, unwiederholbare Ballonfahrt liegt hinter mir. Was dieses großartige Erlebnis noch großartiger macht, war, daß wir sie völlig ungeplant unternahmen. Als wir die Wetterinformation aus München hatten, galt es einfach die günstige Gelegenheit zu nutzen. ›Zeitlos‹ war die Fahrt verlaufen, weder Ernst noch ich hatten eine Uhr dabei, und selbst der Barograph streikte. Dennoch waren wir richtig ausgerüstet; wir hatten genug Ballast, die richtigen Landkarten, waren mit unserer Kleidung auf alpin-winterliche Temperaturen eingestellt. Und unser Proviant hätte wohl für Tage gereicht. Aber das Wichtigste war: Wir hatten einen ›frischen‹ Ballon über uns, dessen Wasserstoff noch nicht verbraucht, nicht mit Luft vermischt war. Soll das alles Zufall gewesen sein?

MIT HEISSLUFT UNTERWEGS

Es war in dem Jahr, als St. Wolfgang tausend Jahre alt wurde, und gerade Allerheiligen. Das Wetter hatte sich so richtig der Zeit des Herbstes und des Nachdenkens angepaßt. Zwei Tage weilten wir bereits am See. Außer einem kleinen Hupfer hatte das Wetter keine Starts mehr zugelassen. Dabei sollte doch eine Ballonpost mit an den Himmel. Die Allgäuer und Salzburger Ballonfahrer waren mit ihrem Heißluftgerät aus diesem Grund hierhergereist.

An jenem Allerheiligentag aber schickte die Sonne einige Strahlen über den Wolfgangsee, und auch unsere Stimmung hellte sich auf. In den Bergen rund um den See lagen in verschiedenen Höhen Nebel und Wolken; man wollte das Risiko nicht eingehen, mit dem Ballon dort hineinzugeraten. Also kam man auf die Idee, die beiden Ballone mit zwei Fischerbooten auf den See hinauszufahren. Wir waren alle von dieser Idee begeistert, obwohl offen blieb, ob sie aus einer Wein- oder

Bierlaune oder aus ganz nüchternen Überlegungen entstanden war. Doch die Idee war gut.

Als die beiden Ballone mit ihren übergroßen Gondeln – den Fischerbooten – auf den See zogen, war es fast wie eine Prozession. Das langsam leiserwerdende Fauchen der Brenner klang manchmal wie die Böller, anläßlich eines Festes oder einer Prozession. Die beiden Ballone hingen über dem See wie Trauben aus reifen Herbstfrüchten. Und endlich war es soweit, daß sich eine dieser Beeren kaum merklich von ihrer Gondel löste. Frei in ihrem Element schwebend, wehte ein leichter Hauch die Heißluftblase an das östliche Ufer nach Strobl. Der andere Ballon, der Salzburger, wurde per Boot an das nordöstliche Ufer dirigiert. Und vom Ufer aus wirkte es nicht so, als würde er entführt, sondern als wehte eine angenehme Brise dieses übergroße Segel eben ans Ufer.

So kam es, daß der Salzburger Ballon trockenen Korbes und mit ebenso trockener Post noch im Gemeindegebiet von St. Wolfgang ›an Land ging‹. Der Allgäuer Ballon jedoch wäre beinahe baden gegangen. Michael, der Pilot, hatte wohl etwas ausprobieren wollen – aber der Bootssteg bei Strobl war dann doch etwas zu schmal. Michael bekam nasse Füße, doch die Ballonpost blieb trocken und ohne ›Wasserzeichen‹.

Etwas mehr als ein Jahrzehnt später bin ich wieder im Salzkammergut, am Wolfgangsee. Es ist tiefster Winter, der See dampft. Diesmal sind wir in St. Gilgen. Hier wollen sich 13 Mannschaften aus Österreich, Deutschland, England, Amerika und Ungarn mit ihren Heißluftballonen zu einem der härtesten Wettkämpfe treffen.

Es ist mir nicht unrecht – schließlich möchte ich auch ein wenig Urlaub machen –, daß das Wetter nicht jeden Tag einen Start zuläßt. Es ist sogar so, daß erst am dritten Tag der erste Ballonstart durchgeführt werden kann. Eine der kältesten Nächte dieses Winters ist vergangen. Das Thermometer soll noch einiges unter minus 20 Grad gefallen sein. Wir sind zwar alle bestens für die Kälte gerüstet, nur den Fahrzeugen der Ballöner geht es nicht so gut. Alle Autos haben natürlich Winterreifen und die meisten auch Ketten im Gepäck, aber einige wollen einfach nicht anspringen. So heißt es noch vor dem Frühstück, mit dem Kabel sich gegenseitig Starthilfe zu geben. Als das getan ist und der ›Pajero‹ wie eine Katze schnurrt, ziehen wir noch die Schneeketten auf, denn der Startplatz liegt hoch über dem Ort und ist nur über vereiste Straßen anzufahren.

Auch das Ballongerät ist für die anstehenden Extremfahrten vorbereitet worden. So wurde bei einem Teil der Propangasflaschen, die im Korb verstaut werden und den Hauptbrenner – nicht die Pilotflamme, das heißt die Zündflamme – versorgen, durch einen Stickstoffanteil der Druck auf 10 bar erhöht. Damit der Brenner genügend leistet, muß der Druck in der Gasflasche immer ausreichend hoch sein, und das ist bei extremer Kälte nicht gewährleistet. Dem hilft man eben dadurch ab, daß man den Druck mit Stickstoff erhöht.

Da bei diesem Wettbewerb Fahrten bis in 6000 Meter Höhe erlaubt sind, so muß natürlich auch Sauerstoff in Flaschen für die Besatzung mitgeführt werden. Ebenso ist ein Transponder vorgeschrieben, eine Art Radarantwortgerät. Der Fluglotse kann dann auf seinem Schirm das unbekannte Flugobjekt genau identifizieren und entsprechend berücksichtigen. Einige Piloten verwenden ein Peilgerät, aber das bleibt jedem selbst überlassen. Manche haben auch noch ein Transistorradio an Bord, nicht etwa zum Musik hören, sondern als Empfänger für die Störstrahlung von Hochspannungsleitungen, wenn der Ballon bei Nebel landen muß.

Unser Pajero krabbelt zum Startplatz. Ich bin gespannt, wie's dort oben aussieht. Es hat den Anschein, als käme heute noch die Sonne durch die Nebelschichten. Schließlich will unsere Mannschaft nicht nur einen guten Platz im Wettbewerb, sondern auch einige schöne Fotos mit nach Hause bringen.

Fahrt über den Wolfgangsee – mit Booten und Ballonen.

Uns empfängt ein gut gewalzter Schneeplatz unterhalb eines Skiliftes. Wir sind eine der ersten Mannschaften, die ihren – zugeteilten – Platz erreicht. Und von jetzt an geht alles nach Vorschrift: Das Fahrzeug muß vorschriftsmäßig abgestellt werden, sonst ... Der Ballon darf erst gefüllt werden, wenn ... Wenn zu früh gestartet wird oder zu spät, dann ...

Ich sage mir, wenn die Sonne so weitermacht, dann ... Unsere Mannschaft ist gut eingespielt und kommt auch ohne mich aus. So suche ich mir einen geeigneten Platz, von wo ich die nun lebendig und farbig werdende Szenerie auf den Film bannen kann.

Da dampft der See, als würde er kochen. Der Schafberg darüber leuchtet im Neuschnee. Lockeres Gewölk zieht über ihn weg, Nebel streifen seine seeseitigen Flanken. Die Sonne wirft Schattenspiele über den Berg, über die Landschaft. Nicht direktes Gegenlicht, sondern Seitenlicht trifft die Ballone. Und es klingt fast pathetisch: Es hört sich an wie Donnerhall, wenn ein Dutzend Heißluftballone ihre Hüllen füllen, wenn Farben quellen, wenn Kommandos erschallen.

Haben sich die Heißluftblasen aufgerichtet, läßt auch das Tosen der Brenner nach. Überlegt werden die Körbe bepackt. Mancher wird auf die Uhr schauen. Zwischen 9 und 9.30 Uhr werden sich die

St. Gilgen: erster Start zu einer Extremwettfahrt, die bis an die Landesgrenze gehen soll.

farbenprächtigen Birnen loslösen. Und als es soweit ist, da hört man von hier oben nichts; wie von Geisterhand gehoben, entschwebt ein Ballon nach dem anderen. Zwanzig Minuten vergehen dabei. Die ersten Ballone ziehen nach Westen, wie in eine Warteschleife. Und je höher sie steigen, je mehr werden sie nach Osten versetzt und driften dem Schafberg entgegen.

Unser weiß-blauer Ballon startet im Mittelfeld. Er treibt ebenfalls erst nach Westen und schließt sich wenig später den immer kleiner werdenden Farbpunkten an. Er geht auf die Reise ins Unbekannte.

Auch für mich, für uns Verfolger wird es Zeit, das Fahrzeug zu satteln, um nach Osten zu reiten. Als wir die steilen Straßen von St. Gilgen hinter uns haben, werden zuerst die Ketten von den Reifen gestreift. Die Salzkammergut-Bundesstraße ist

Kleine Verschnaufpause beim Verfolgen im winterlichen Gmunden am Traunsee.

fast schnee- und eisfrei. Über Strobl und Bad Ischl kommen wir bei Ebensee an die Südspitze des Traunsees. Genau über uns ziehen einige der bunten Kugeln, auch unsere weiß-blaue ist dabei.

Wilde Stimmungen haben sich über dieser Gegend aufgebaut. Hoffentlich schauen die Ballonfahrer nicht nur in ihre Karte oder auf die Instrumente, denn unter ihnen liegt – weiß Gott – Schöneres. Aber dazu braucht man etwas Zeit und die Freude am Schönen. Man stelle sich vor: unter sich eine Landschaft mit verschneiten Bergen und dampfenden Seen, darüber ein ganzes Meer von Nebel, das nun den Traunsee einzuhüllen beginnt.

Wir lassen uns durch diesen Nebel nicht aufhalten. Wir ziehen unsere Landkarte zu Rate, verlängern die Linie des bisherigen Fahrtverlaufs der Ballone und kommen zu dem Schluß, daß sie irgendwo westlich von Wien die Autobahn kreuzen müßten. Also weiter! In Gmunden versorgen wir uns erst mit einer Wegzehrung, aber Michael hat nicht gut eingekauft: Als wir bereits auf der Autobahn sind und den Fruchtsaft probieren, stellen wir enttäuscht fest, daß es pappsüßer Sirup ist. Nichts für unseren Geschmack!

Bei einer kurzen Rast auf einem Parkplatz bei Amstetten entdecken wir hoch über uns einen winzigen Ballon. Der wird bald die Autobahn kreuzen und nach Nordosten driften. Es ist überhaupt eigenartig: Während alle Ballone in östliche Richtung driften, weht hier unten bei uns ein schneidender, eisiger Wind aus Osten. Überall haben sich Schneeverwehungen gebildet. Die Ebenen sind blankgefegt. So stellt man sich Sibirien oder die Pußta vor.

Für langes Verweilen haben wir keine Zeit

mehr, denn wir erfahren, daß einige Ballone bereits südlich von St. Pölten sind. Also weiter mit unserem Pajero. Als die Ausläufer des Wienerwaldes auftauchen, da wird es diesiger, nebliger, auch die Verwehungen und die Eisglätte nehmen zu. Das zwingt uns zu vorsichtiger Fahrweise. Trotzdem müssen wir uns dranhalten, denn über Funk haben wir erfahren, daß unser Ballon noch westlich von Wien landen will.

Unsere beiden Ballonfahrer fragen uns nach der Sicht hier unten, und ob der Hochnebel auf den Bergen aufliegen würde. Unsere Antworten sind für sie sicher nicht beruhigend, denn die Sicht ist schlecht und die meisten Berge sind in Nebel gehüllt. Nach längerer Funkstille erfahren wir, daß der Ballon zwischen Alland und Altenmarkt gut gelandet ist. Da wir etwas voreilig waren und bereits östlich von Heiligenkreuz sind, müssen wir wenden und hasten auf der total vereisten Straße – so gut es eben geht – zurück. An einer Kreuzung steht bereits Erwin, der Copilot, und weist uns ein. Wenig später sind wir am gelandeten Ballon, der auf einer blankgefegten Wiese liegt.

Ernst freut sich, daß wir schon da sind, aber er ist enttäuscht. Er hat nämlich über Funk erfahren, daß einige Ballone – trotz des Nebels über dem Wienerwald und dem Wiener Becken – weiter nach Osten gefahren sind. Wir Verfolger sind dagegen froh, daß wir unseren Ballon wieder ›eingefangen‹ haben.

Bereits am Abend steht fest, daß unsere Mannschaft in der Wertung im Mittelfeld liegt. Ein halbes Dutzend Ballone hat es an diesem Tag geschafft, über Wien hinauszufahren bis an die Grenze zur Tschechoslowakei. Ein Ballon, vielleicht der, den wir bei Amstetten an der Autobahn gesehen haben, soll sogar die Grenze überfahren haben. Aber das bleibt umstritten. Die einen sagen, der Ballon sei bereits ›drüben‹ gewesen, und es seien Hubschrauber zu hören gewesen. Beim Abstieg aber hätte der ›Böhmische Wind‹, der Ostwind, den Ballon wieder herübergeweht. Die Mannschaft jedoch behauptet, die Grenze nicht verletzt zu haben, was bei der Wertung auch einige Strafpunkte gekostet hätte. Die Verfolger dieses Ballons mit der Observerin (Sportzeugin) konnten nichts Definitives sagen, da es zur Zeit der Landung zu dunstig war.

Diese Fahrten zeigen, daß auch bei extremen Temperaturen und Wetterbedingungen, bei schwieriger Landschaft und mit einem Korb voll Gasflaschen (8 bis 10 Stück) manches zu machen ist. An diesem Tag wurden bis zu 270 Kilometer zurückgelegt, wobei die meisten Ballone bis zu sechs Stunden in der Luft waren.

Am nächsten Tag: anderes Wetter, andere Windrichtung. Für mich gibt es nichts zu fotografieren. Als die Ballone zwischen 9 und 9.30 starten, verschwinden sie bald im Dunst des Tales und des Nebels in der Höhe. Sie ziehen diesmal gen Nordwesten. Am Boden herrscht ein noch stärkerer, eisigerer Ostwind als gestern. In der Höhe soll es sogar Plusgrade haben. Ein verrücktes Wetter.

Einige Ballonfahrer nützten diesmal ihre höchstzulässige Höhe aus und fahren im Bereich von 6000 Metern. Dadurch besteht weniger die Gefahr, dem Grenzbereich Deutschland – Tschechoslowakei nördlich von Passau zu nahe zu kommen. Aber einige Ballone – auch unserer – haben Probleme, diese Höhe zu erreichen. Die Wärme in der Höhe würde dazu zwingen, den Ballon zu überheizen. Einige Piloten tun das an diesem Tag, ja sie überschreiten sogar die zulässige Höhe. Sie handeln sich damit zwar Strafpunkte ein, erreichen aber eine größere Weite und damit wieder einen besseren Punktestand. Am Abend, beim Rapport, wird sich herausstellen, daß die Höhenkurve in manchem verblombten Barographen über die 6000-Meter-Marke geklettert ist.

Als unser Ballon gegen Mittag im Bereich östlich von Braunau am Inn landen will, herrscht am Boden starker Ostwind: Wir haben mit unserem Fahrzeug oft Schwierigkeiten, den Schneeverwehungen auf der Straße auszuweichen oder sie mit

Der zweite Tag: ein anderes Wetter, eine andere Windrichtung, eine andere Landung.

Schwung zu durchfahren. Und da soll ein Ballon landen …

Wir informieren unseren Piloten, der diesmal allein im Korb steht, daß ihn kalter Ostwind mit Geschwindigkeiten von mehr als 50 Kilometern in der Stunde empfangen wird. Eisiges Schweigen im Funkgerät. Wir sehen dann weder einen landenden oder gelandeten Ballon noch hören wir im Funkgerät etwas vom Piloten. Es vergeht mehr als eine Stunde, in der wir den vermutlichen Landebereich absuchen. Endlich, endlich kommt wieder Antwort aus dem Funkgerät. Wir müssen erkennen, daß wir wirklich zu spät gekommen sind. Polizei und Feuerwehr sind bereits angerückt. Die Hülle des Ballons hängt in einer Eiche.

Wir entdecken auch die etwa 80 Meter lange Schleifspur des Korbes, die vor einem Feldrain, in dem eben die junge Eiche steht, endet. Wäre diese Eiche nicht gewesen, wer weiß, um wie viel länger die Schleifspur noch gewesen wäre! Verhängnisvoll war sicher auch die Kunststoffolie mit der Reklame für den Sponsor der Veranstaltung, die am Korb hing. Durch sie wurde der Ballonkorb zum gut gewachsten Schlitten.

Nun aber hängt die Hülle des weiß-blauen Ballons in der Eiche. Und o Wunder! Es sind nur wenige Löcher in der Hülle. Aber das ändert sich noch, bis der Ballon von der Feuerwehr aus dem Baum geholt ist. Und es ist auch ein Wunder, daß bei dieser harten und flotten Landung dem Piloten nichts passiert ist.

Für den nächsten Tag ist kein Start vorgesehen. Vielleicht soll am Freitag, bei besserem Wetter, ein weiterer Wettbewerb stattfinden. So kommt es, daß unser Ballon für einen Tag und eine Nacht nach Wels gebracht wird, wo er von einem Schneider für Fallschirme und Ballone überprüft und geflickt werden soll. Und pünktlich am Freitagmorgen ist der reparierte Ballon wieder einsatzbereit. Doch das Wetter ist dagegen, es verhindert an diesem Tag einen Start.

Noch an diesem Abend findet die Siegerehrung statt. Unsere Mannschaft aus dem Allgäu liegt im Mittelfeld, an siebenter Stelle. Hat es sich gelohnt, an diesem harten Wettbewerb teilzunehmen? Ist eine Woche Urlaub und ein lädierter Ballon nicht ein zu hoher Preis für zwei Ballonfahrten? Man hat zumindest einmal extreme Heißluftfahrten kennengelernt. Doch es gibt Piloten, denen das noch nicht extrem, nicht alpin genug ist. Mir leuchtet dieser Ehrgeiz nicht recht ein. Was hat Ernst, der Pilot unserer Mannschaft, von diesen beiden Fahrten gehabt? Vielleicht waren gerade diese beiden Fahrten für ihn sehr lehrreich, eine Art Generalprobe für ein Ereignis kaum zwei Monate später.

Ein Wintertag wie aus einem Bilderbuch liegt über dem Allgäu. Ich habe – hoch über Oberstdorf – einen Aussichtspunkt erklommen, von dem ich einen herrlichen Panoramablick über das oberste Oberallgäu habe. Die Sonne meint es gut, man friert nicht. Doch ich bin nicht hier oben, wie so viele an diesem Tag am Nebelhorn oder Fellhorn, um mich ultraviolett braunrösten zu lassen, sondern um auf einen Ballon zu warten.

Kurz nach zehn Uhr ist Ernst mit seinem Copiloten und dem Heißluftballon in Sonthofen gestartet. Der Pilot hat vor, die vom Wetteramt vorhergesagte und dann auch vorgefundene Windströmung nach Süden zu erreichen und mit ihr über die Alpen zu schwimmen. Doch nach der vorhergesagten Windgeschwindigkeit von mehr als 60 Kilometern in der Stunde müßte der Ballon längst hier bei Oberstdorf sein. Statt dessen entdecke ich die winzige Kugel, gemächlich steigend, bei Fischen. Als der Ballon endlich bei Oberstdorf ist, ist es fast Mittag, für die kaum 20 Kilometer sind also mehr als 90 Minuten vergangen. Und die Alpenrückseite ist mehr als 200 Kilometer entfernt, die Tage im noch jungen März sind kurz.

Im Bereich des Fellhorns und mit vielleicht tausend Meter Überhöhung entschwindet der Ballon meiner Sicht. Allerdings war festzustellen, daß er in den vergangenen 20 Minuten an Geschwindigkeit zugelegt hat.

Während sich die Verfolger mit ihrem Fahrzeug über die Berge quälen und die Ballonfahrer sich Sorgen über diese Fahrt machen, gehe ich anderen Verpflichtungen nach. Aber in meinen Gedanken bin ich mit am Himmel. Gegen Abend erfahre ich am Telefon, daß der Ballon sein Ziel – die Alpensüdseite – gut erreicht hat. Der Ballon ist in einer flotten Süd- bis Südostdrift in annähernd 6000 Meter Höhe und bei minus 13 Grad gut vorangekommen. Als der Pilot südlich von Verona landete, lagen 240 Kilometer und vier Stunden Fahrzeit hinter ihm. Daß der Ballon nach der Landung einen Weingarten gestreift hat und einige Spanndrähte zu singen begannen und alsbald rissen, war sicher keine Anspielung auf die Nerven des Piloten, denn die hatten sich, nachdem die letzten hohen Hürden überwunden waren, bestimmt entspannt. Immerhin war es eine Pionierleistung, die Ernst hier vollbracht hat.

Mit dem Ballon im feuchten Element

›GUT LAND‹ IM BODENSEE

Der Ballon treibt von Osten her auf Lindau zu. Vor dem Ortsrand will der Pilot eine Landung versuchen. Wir Verfolger beeilen uns, den wahrscheinlichen Landeplatz zu erreichen, was bei dem lebhaften Straßenverkehr gar nicht einfach ist. Wenig später sind wir am Ballon, der sacht auf einer Wiese aufsetzt. Nicht einmal das Schleppseil hat der Pilot für diese Landung heruntergelassen. Das wäre allerdings auch nicht ratsam gewesen, denn gerade noch sind die Ballonfahrer über eine Ansammlung recht neuer Häuschen gekommen.

Der Wind bläst noch immer von Osten, also wird der Ballon bei der Weiterfahrt auf den See hinausgetrieben werden. Benno, der bis jetzt Pilot gewesen ist, läßt Michael ans ›Steuer‹, und ich fahre mit. Beide hebt uns der Ballon in den nicht gerade fotogenen Himmel.

Stetig steigt der Ballon. Die Prallhöhe wird diesmal bei mehr als 3000 Metern liegen. Im See, der allmählich zur Modellandschaft wird, hat die Insel Lindau idyllisch ihre Türmchen und Dächer aufgebaut. Ein Schiff, nicht weniger winzig, durchfurcht das Wasser und zieht auf dem bleigrau daliegenden See einen Schweif wie aus Gold hinter sich her. Er strahlt in den See hinaus und verliert sich in der Ferne. Darüber schwirrt eine Libelle oder ist es ein Sportflugzeug?

Ich bin doch erleichtert, als ich sehe, daß der Ballon beim weiteren Steigen wieder über das Festland kommt. Über die wie ein hingeworfenes Kartenspiel ausgebreitet liegenden Felder ziehen langsam Wolkenschleier, auf die die Sonne die Regenbogenfarben einer Aureole zaubert. Wolken bauen im Süden ihre Burgen auf, wenden uns drohend ihre Schattenseiten zu. Je höher wir kommen, desto mehr wirkt sich die klarer werdende Sonne auf den Ballon aus. Trotz der angenehmen Wärme hier oben vollführen winzige Eiskristalle wahre Schleiertänze.

Die Geräusche am Boden sind hier oben verstummt. Es wäre eine himmlische Stille um uns, wäre da nicht von Zeit zu Zeit das dumpfe Grollen der Jets zu hören. Das erinnert Michael daran, daß wir uns nicht allzu weit von der Kontrollzone des Flughafens Zürich-Kloten befinden. Also ans Ventil; adiö, du wärmende Sonne, hinab ins kalte Grau zu den Menschen.

Nur ungern beugt sich der Ballon dem Willen des Piloten. Einige Ventilzüge sind notwendig, um die unter uns segelnden Wolken zu erreichen. Auf die kühlere Luft reagiert dann der Ballon schneller. Als der Blick wieder klarer wird, erkennen wir östlich von uns die Halbinsel Wasserburg. 200 Meter über Grund ist die Gaskugel abgefangen. Uns bleiben gerade noch fünf Sack Ballast. Michael muß sich rasch entscheiden: Sofort landen oder die Fahrt übers Wasser fortsetzen. Der Pilot entscheidet sich für das Wasser. Ich hätte es auch getan. Die Villen und wenig später der Schilfgürtel westlich von Wasserburg liegen bald hinter, unter uns wieder der Bodensee. Scheinbar endlos dehnt sich die glänzende Fläche.

Das Wasser des Bodensees kommt uns immer näher.

Von Osten nähert sich in schnellem Tempo ein Polizeiboot. Ob die wohl meinen, wir seien in Not? Wir geben keine Zeichen, die das bestätigen würden. Im Gegenteil, wir sind voller Hoffnung. Da sind einmal die fünf Sack Sand, zwar kein großes Vermögen (die werden meistens schon allein für die Landung benötigt), doch der Bodensee weist ja keine Hindernisse auf. Hochspannungsleitungen, Bäume und Häuser werden uns kaum gefährlich werden können. So vertrauen wir auf die fünf Sack Ballast … Zum anderen kreuzen in Fahrtrichtung, vor dem Schweizer Ufer, Segelboote, die uns sicher zu Hilfe kommen werden.

Eine frische Brise aus Nord treibt uns übers Wasser. Nur schwach scheint die Sonne auf unsere Gaskugel – eher -pflaume –. Trotzdem läßt es sich nicht verhindern, daß wir Meter für Meter den Fluten näherkommen. Als etwa die Hälfte des Sees hinter uns liegt, haben wir kaum noch hundert Meter Luft zwischen Korb und Wasser. Wir sind den Segelbooten beträchtlich nähergekommen, die sich vor der Altrheinmündung tummeln. Nähergekommen ist uns aber auch ein Motorboot, das uns zu verfolgen scheint. Hoffentlich …

Unser ›Rettungsboot‹.

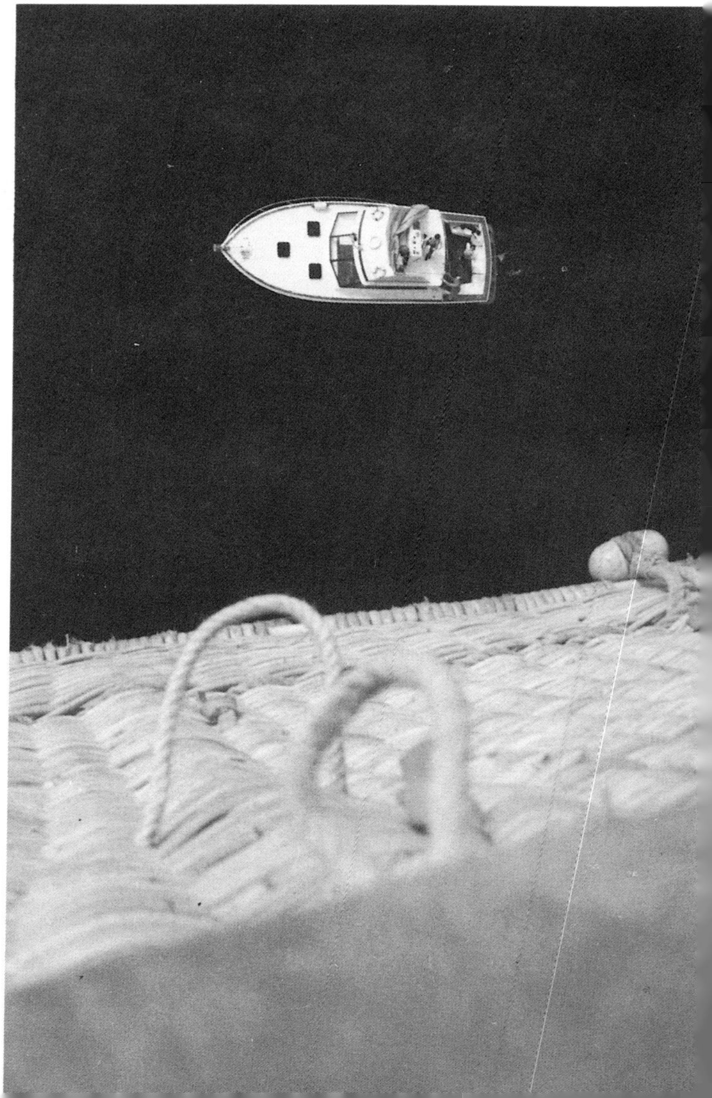

Ballonfahrer sind auf Seefahrer gestoßen.

Michael füllt nun den Sand des vorletzten Ballastsackes in den Schüttsack. Die Jacht fährt weiterhin fast unter uns. Wir geben den Bootsleuten Zeichen, als wären wir taubstumm. Hören können sie uns sicher nicht, so lange der Motor des Bootes läuft. »Wirf das Halteseil runter!« empfiehlt der Pilot. Minuten später pendelt das etwa 20 Meter lange Seil knapp über dem Wasser. Als die Bootsbesatzung die Leine zu fassen bekommt, sind wir froh, aber wir sehen uns gründlich mißverstanden. Die Leute hätten uns beim Landen behilflich sein sollen, denn der Ballon macht keine Fahrt mehr, und das Wasser kommt uns immer näher. Die dort unten meinen wohl, man müßte uns vor dem Verdursten retten. Einer der Männer knüpft nämlich eine Flasche Sekt an das Halteseil, und auch die klatscht noch wenig später ins Wasser und verschwindet in den unergründlichen Tiefen des Sees. Minuten darauf ›legen‹ wir neben der Jacht im Wasser ›an‹. Die Besatzung kapiert nun endlich, was los ist, und ist einverstanden, uns aufzunehmen und uns ans Ufer zu transportieren. Ohne große Mühe wird der Ballon auf das Heck des Bootes gehoben und verzurrt, und weiter geht die Fahrt, diesmal mit Motor.

Jetzt erst ist Zeit für einen herzlichen Empfang. Ballonfahrer sind auf Seefahrer gestoßen. Für die sind wir tatsächlich vom Himmel gekommen. Und wir sind einmal nicht ›gelandet‹, sondern wir haben gewassert. Zwei Männer und eine Frau bewirten uns verschwenderisch. Weniger wohl ist es den beiden Hunden auf dem Boot, der kleinere zittert

Ergee
D-ERGEE V

◀ *Eine Wasserlandung im Winter: bloß gut, daß das Ufer nicht mehr weit ist.*

erbärmlich. Für die bleibt es unerklärlich, was aus der Luft zu ihnen auf die Jacht gekommen ist.

Der Kapitän mit seinem ›Segelboot‹ nimmt nun Kurs auf Rorschach. Segelboote begleiten uns. Die Geschwindigkeit unseres Bootes bestimmt der gefesselte Ballon, der vom Fahrtwind nach hinten gedrückt wird. Natürlich geht es recht langsam voran, und wir haben mehr als eine Stunde Zeit, um ausgiebig zu plaudern. Wir genießen natürlich auch die Köstlichkeiten, die ein Jachtkühlschrank zu bieten hat. In der Zwischenzeit haben auch die Verfolger von unserer glücklichen ›Landung‹ erfahren, sie sind nun auf dem Landweg nach Rorschach unterwegs.

Viel zu schnell vergeht die Zeit, bis wir in den Hafen einlaufen. Heute haben die Menschen etwas zu bestaunen: Da kommt doch glatt eine Jacht mit einem ganz kuriosen Segel daher. Oder ist es gar ein Ballon mit einem Boot als Gondel? Wir müssen unseren Kapitän bewundern, wie er sein ›Segelboot‹ in den Hafen manövriert. Dabei hätte doch das riesige ›Segel‹ beim geringsten Wind gemacht, was es nur wollte. Ich weiß nicht, was gewesen wäre, wäre stärkerer Wind aufgekommen; ein neuerlicher Start wäre kaum zu machen gewesen. Aber so findet diese ungewöhnliche Fahrt ein glückliches Ende.

TURBULENZEN ÜBER DEM HALLWILER SEE

Wir sind in die Schweiz nach Weggis gereist, nicht, weil man hier weder Strümpf' noch Schuh' braucht, sondern, weil wir Ballon fahren wollen. Eigentlich möchten wir einigen Menschen, die sonst mit Computern umgehen, die Romantik des Ballonfahrens vermitteln. Aber der Schnürlregen, den wir an einem der letzten Maitage hier am Vierwaldstätter See erleben, die endlos grauen Wolkenmassen lassen romantische Gefühle nicht so recht aufkommen.

Am nächsten Morgen aber liegt die Landschaft um den Vierwaldstätter See frisch gebadet und abgetrocknet da. Wolken verhüllen die Berge darüber. Einige Sonnenstrahlen beleuchten die Gegend zu Füßen des Pilatus auf der Westseite des Sees. Und dann ist er für Momente in seiner ganzen Pracht zu sehen, der Pilatus. Frisch verschneit bis weit an den See herunter präsentiert er sich uns, oder besser mir. Als ich dem Ernst, der noch im Bett liegt, zurufe: »Der Pilatus ist da!« murmelt er nur, »wer ist denn das?« Lange währt dieses Schauspiel nicht, das fast so dramatisch ist wie das von Schiller, dessen Handlung er an diesen See verlegt hat.

Es scheint also nicht hoffnungslos zu sein, daß wir Ballon fahren können. Hier am See ist die Landschaft zwar prächtig, aber es gibt viel Wasser und kaum geeignetes Landegebiet. So ziehen wir an einen anderen See um, an den Hallwiler See. Dieser See, nördlich von Luzern, ist eingebettet in ein weites Tal und von sanften, zum Teil bewaldeten Hügeln umgeben. An einem der Hügel, westlich des Sees, liegt der Troller Hof. Dort ist ausreichend großes Startgelände für drei Ballone vorhanden. Also werden unsere drei Allradfahrzeuge mit Anhängern und ein Kleinbus mit den nüchternen Computerleuten, uns romantischen Ballönern und dem Ballongerät beladen. Und los geht's! Wir ziehen aus, um den Leuten die Romantik beizubringen ...

Am Troller Hof stellen wir fest, daß zwar das Gelände überall sehr aufgeweicht ist, daß aber der Himmel Löcher hat, durch die es blau schimmert. So beginnen wir am Nachmittag, die drei Heißluftballone aufzurüsten. Ich habe mich für die kommenden Stunden aufs Verfolgen eingestellt und bin beinahe sprachlos, daß ich mit in den Korb soll. Joachim, der Pilot, will es so. Ich bin nicht dagegen, bin aber der Meinung, es wird schon für etwas gut sein. Oder ist es gar eine Art Vorsehung? Nach etwa 20 Minuten ist der ›Fliegende Teppich‹ – so lautet das Kennzeichen dieses Ballons – startbereit. Joachim und zwei Computerleute – ein schmaler Langer und ein Kleiner mit Schnauzbart – stehen neben mir im Korb.

Wir starten als zweiter von drei Ballonen und ziehen gemächlich dem Hallwiler See entgegen. Zuerst beginnt das übliche Suchen, das Schnüffeln der Piloten nach der richtigen Höhe mit dem geeigneten Wind. Aber der ist kaum vorhanden. So kommt es, daß wir nach einiger Zeit über den Fluten des Sees sind, der etwa neun Kilometer lang und maximal zwei Kilometer breit sein mag. Die beiden anderen Ballone, der ›Haigerlocher‹ und der ›Badcap‹, steigen sehr hoch und machen kaum Fahrt. Es rührt sich zwar auch dort oben nicht viel, aber diese Ballone haben den Vorteil, über dem Festland zu sein.

Wir haben nun – vielleicht 50 oder 60 Meter über dem Wasser – flotte Fahrt, die uns an die Nordspitze des Sees bringen könnte. Mit etwas Sorge sehen wir jedoch gerade in dieser Gegend: Nordöstlich des Sees haben sich dunkle Wolken – ein Gewitter verkündend – zusammengeballt. Später rumpelt es einige Male. Aus diesem Grund geht der Pilot erst tiefer, dann höher, um eine geeignete Drift ans Ufer zu bekommen. Aber das gelingt nicht. Als wir zwei Drittel des Sees in seiner Länge hinter uns haben und der Ballon in knapp 200 Meter Höhe dann doch ans Ostufer driftet, können wir nur hoffen, dieses noch vor der schwarzen Wand zu erreichen, die uns immer näher kommt. Die Autos auf der Straße am Westufer haben bereits ihre Scheinwerfer an.

Keiner spricht mehr ein Wort. Jeder hofft aufs rettende Ufer. Ich denke mir: Nur nicht baden gehen im eiskalten Wasser. Weniger als 200 Meter trennen uns noch vom östlichen Ufer bei Meisterschwanden. Aber es ist wie ein Alptraum: Auf dem See verlaufen die Wellen nicht mehr parallel, sondern im Kreis, wie ein Strudel ... Ich teile Joachim meine Beobachtung mit. Der ahnt wohl, was kommt, und tut das einzig Richtige: Er heizt den Ballon so stark auf, daß wir kräftig steigen. Das Ufer entfernt sich immer mehr, wir werden wieder auf den See hinausgetrieben. Direkt über dem See hat uns der Wirbel erfaßt.

Regen beginnt auf die Hülle zu prasseln. Das ist ein ungewohntes und daher unheimliches Geräusch. Ich befehle den beiden Mitfahrern: »Helm auf und festhalten!« Erst gemächlich, dann immer schneller reißt uns der Wirbel nach oben. Während der Pilot mit dem Gerät, dem Brenner zu tun hat, befasse ich mich mit den Mitfahrern. Ich drücke sie in den Korb hinunter, denn der hat jetzt eine solche Schräglage, daß man zeitweise nur noch Wasser, viel zu viel Wasser sieht. Hoffentlich bekommt keiner das Übergewicht und wird aus dem Korb geschleudert! Das Karussell kommt jetzt so richtig in Schwung. Ströme warmen Wassers stürzen von der Hülle herab zu uns in den Korb. Hoffentlich löschen sie den Brenner nicht aus! Um das Funkgerät kümmere ich mich auch. Die Ledertasche, die es abdecken soll, reicht nicht aus. Also falte ich die große Landkarte so, daß sie das Wasser vom Gerät abhalten kann. Die Karte kann uns nun auch nicht mehr auf den richtigen Weg bringen. Schnell tauchen wir in die Wolken ein. Der Zeiger des Variometers hängt am oberen Anschlag ...

Endlich hat die Kreiselbewegung aufgehört, der Regen wohl auch, denn es prasselt nicht mehr auf die Hülle. Oder sind die Ohren beim schnellen Steigen zugefallen und nehmen keine Geräusche mehr auf? Eine merkwürdige Ruhe ist eingekehrt. Nebel wie in einer Waschküche umgibt uns. Kann so der Himmel aussehen? Doch wir sind noch in dieser Welt, wir leben noch. Die Erde ruft uns bereits: Die Verfolger fragen über Funk an, wie es uns geht. Für sie muß unsere Himmelfahrt ja fürchterlich ausgesehen haben. Ich beruhige sie und sage ihnen, daß sie noch abwarten sollen. Endlich fällt der Ballon wieder. Jeder spürt es am

Der gleiche See, die gleiche Landschaft, aber ein besseres Wetter als am Vortag.

eigenen Körper; alle sind klitschnaß, und der Luftzug des Fallens läßt uns frieren. Das warme Wasser der Hülle hat das bis jetzt verhindert. Unser kleiner Computerling, der mit dem Schnauzbart, friert wie ein Schneider, er ist nur sehr leicht angezogen. Der größere ist tapferer und ahnt wohl, daß wir noch keine Schwäche zeigen dürfen. Als wir aus den Wolken fallen und die Ufer wieder zu sehen sind, setzt auch der Regen wieder stärker ein. Nun scheint es aber, als hätten wir unsere Prüfung bestanden. Wir werden schnurstracks dem Ufer entgegengetragen; es müßte wieder Meisterschwanden sein, dem wir zudriften. Das teile ich den Verfolgern mit. Es ist überhaupt ein Wunder, daß unser Funkgerät noch arbeitet.

Das Ufer ist bald erreicht. Danach eine Hochspannungsleitung, eine Straße, einige Reihen neu gebauter Häuschen; dazwischen nur schmale Gär-

▲ *Bei dieser Kälte Ballonfahren? Die Ballöner lieben solche Tage.*

◄ *Beinahe ein Gemälde: ›Öschlesee mit Ballon‹.*

ten und Wiesen. Wir sind so tief, daß wir den Leuten in die Fenster schauen können. Wir winken ihnen zu, damit sie sehen, daß wir noch am Leben sind, schließlich müssen sie doch unser Drama überm See beobachtet haben. Unter uns steigt das Gelände an, wird freier. Ein Feld mit Gerste! Und rein in die Gerste! Der triefende Ballon setzt auf, der Korb kippt um, steht wieder auf. Einer nach dem anderen steigt aus. Gemeinsam wird der Ballon aus der Gerste in eine benachbarte Wiese getragen. Hier kommt der ›Fliegende Teppich‹ zur Ruhe.

Auf der am Boden liegenden Hülle bilden sich sofort kleine Pfützen. Wir versuchen von der Hülle zu raffen, was noch zu raffen ist. Doch bald müssen wir aufgeben, der Stoff ist zu schwer. Wenig später setzt feiner Hagel ein.

Eine junge Frau erscheint und lädt uns in ihr nahes Haus zum Kaffee ein. Von ihr erfahren wir, daß wir nicht am Ostufer bei Fahrwangen, sondern am Westufer bei Birrwil gelandet sind. Das geben wir an die Verfolger weiter, die sicher gemerkt haben, daß unsere Ortsangaben falsch sind. Uns geht es aber erst einmal darum, daß unsere beiden Mitfahrer etwas Warmes bekommen. So empfehlen wir den beiden Computerleuten, die Einladung der jungen Frau anzunehmen.

Die drei Verfolgerfahrzeuge treffen eins nach dem anderen bei uns ein. Gemeinsam versuchen wir, die triefende Hülle mit dem Ventilator aufzublasen und dann mit dem Handbrenner zu trocknen. Es hat aufgehört zu regnen, und das muß ausgenutzt werden. Später muß sogar der große Brenner mithelfen, die Hülle zu trocknen, denn schon kündet sich der nächste Schauer an. Es gelingt uns tatsächlich, den zwar feuchten, aber doch transportablen Ballon zu verpacken und in den Anhänger zu verstauen.

Während die anderen Mannschaften zum Troller Hof zurückkehren, besuchen Joachim und ich unsere Gastgeberin und die beiden Mitfahrer. Die beiden sind schon wieder guter Dinge. Herzliche Gastfeundschaft, trockene Kleidung und eine nicht geringe Menge ›Kaffee fertig‹ (mehr Alkohol als Kaffee) haben Wunder gewirkt. Uns, den Joachim und mich, wärmt dann ein normaler, aber nicht weniger köstlicher Kaffee auf. Wir Ballöner müssen jetzt doch feststellen, daß es uns noch nicht gelungen ist, den Computerleuten einen Eindruck von der Romantik des Ballonfahrens zu vermitteln, zumindest nicht von der Art, die wir eigentlich im Sinn hatten. Statt dessen konnten sie ein kleines Drama erleben, ein echtes, kein erfundenes wie das von Schiller.

◀ *Ein schönerer Tag, eine schönere Wolke als gestern.*

▲ *Farben des Sommers.*

Ein Spätsommermorgen im Oberallgäu. ▶

PAULANE

Besinnlich-Beschauliches

ÜBERM WOLKENMEER

Über dem Allgäu liegt ein Morgen, den ich als Bergsteiger schon früher begonnen hätte. Als wir gegen Mittag unseren Ballon startbereit haben, hängt über uns noch immer eine Hochnebeldecke. An den Rändern dieses Wolkenteppichs schimmert es blau durch. Es muß also obheiter sein, wie man im Allgäu sagt.

Wäre ich heute nicht bei den Ballonfahrern, würde ich nicht den Leuten helfen, die diesmal ›in die Luft gehen‹, hätte ich längst meinen Rucksack auf dem Buckel und wäre unterwegs. Längst stände ich über der Nebeldecke. Hat man das kalte, feuchte Grau unter sich gelassen, empfängt einen strahlendes Sonnenlicht und wohlige Wärme. Je höher man steigt, desto gleichförmiger wird das Nebelmeer, das wie ein Federbett in den Tälern liegt.

Auch wir geben die Hoffnung nicht auf, daß sich der Nebel auflöst. Aber da es bald Mittag ist, kommen uns dann doch langsam Zweifel. Um so mehr beneide ich die heutigen Mitfahrer. Als der Ballon ›abgewogen‹ ist, haben neben Alfred und einem Gast mehr als 30 Sandsäcke Platz genommen. Das scheint dem Piloten doch etwas zu viel Sand und zu wenig Mensch im Korb zu sein. »Also! Theo rein! Und fünf Sack raus!« Mit 26 Sack Ballast hebt der nicht ganz pralle Ballon vom Boden ab. Und zwar mit mir …

Ich platze fast vor Glück. Zügig streben wir der Hochnebeldecke zu, die wir bei 1700 Metern erreichen. Dann ist alles wie einst in Omas Waschküche, nur nicht so warm. Die Geräte zeigen an, daß der Ballon weiter steigt. Aber wohin wir fahren, das kann kein Gerät anzeigen. Also die Köpfe

Nebelmeer über dem Voralpenland.

Geöffnetes Nebelmeer über dem Ostallgäu.

über den Korbrand und Augen und Ohren auf, ob da nicht irgendwas auf uns zukommt. Die Augen nützen uns vorerst nicht viel. Und auch die Geräusche werden weniger, das Rauschen der Bergbäche wird immer schwächer. Wäre es Sommer, so hätte uns sicher das Geläut der Kuhglocken begleitet; jetzt aber, im Oktober, ist die Natur still geworden.

Ich weiß nicht, wie viele Minuten vergangen sind. In dieser Waschküche geht das Gefühl für Höhe und Zeit verloren. Aber irgendwann wird uns der Nebel wieder ausspucken. Die ersten Anzeichen sind bereits wahrzunehmen: Es wird wärmer, die noch verschleierte, kreisrunde Scheibe der Sonne wird sichtbar, als würde ein weißglühender Diskus über uns verharren. Endlich ist das

◀ *Solche Tage sind kurz. Bald wird der Ballon seinen Schatten eingeholt haben.*

▲ *Ein Wettfahrtballon – von 50 – ist noch übriggeblieben und fährt in den Sonnenuntergang.*

Reich der Dämmerung und des Nebels überwunden.

Es ist nun, als wäre man dem Bade entstiegen. Die flauen Farben des Tals sind vom Nebel unter uns ausgelöscht. Geläutert und in strahlender Brillanz gibt es hier nur zwei Farben: Weiß und Blau – wenn man von der Hülle über uns absieht. Diese beiden Farben sind in solcher Fülle und in so feinen Abstufungen vorhanden, daß es kaum langweilig wird. Es ist wie bei einer guten Schwarzweißfotografie, die mehr Stimmung zeigt als manches Farbbild. Der ganze Südhorizont wird begrenzt von den weißblauen Zacken der nördlichen Kalkalpen. Aus der unübersehbaren Zahl von Gipfeln sticht im Südosten die Zugspitze und im Südwesten der Säntis heraus.

Wir schwimmen über einem Meer von Nebel. Es scheint zu brodeln. Da die Welt unter uns zugedeckt ist, achtet man eher auf ›Überirdisches‹. Eine Art Heiligenschein fährt zeitweise um den Ballonschatten unter uns mit. Und in der Mitte der Aureole, des vollständig geschlossenen ›Regenbogens‹, ist unser eigener Schatten zu entdecken. Dieses Phänomen, das die Ballonfahrer als ›Aureole‹ bezeichnen (andere sagen ›Gloriole‹), kennt sicher mancher Bergsteiger, der schon mal auf einem Berggrat gestanden ist, wenn die Sonne seinen Schatten auf eine Nebelschicht geworfen hat. Diese Erscheinung ist auch als ›Brockengespenst‹ bekannt. Auch im Gebirge ist man Mittelpunkt des Regenbogens, aber eben nur eines Bogens und nicht von einem Heiligenschein umgeben wie hier in unserer Aureole.

Die Orientierung ist diesmal nicht ganz einfach. Selbst Säntis und Zugspitze können nicht viel helfen. Was mehr nützt, sind Löcher in der Nebeldecke unter uns. In solch einem Loch entdecken wir Tannheim. Daß es auch dieser Tiroler Ort ist, beweist das kurze Aufblitzen des Vilsalpsees, der nur wenige Kilometer südlich von Tannheim liegt. Später ist es dann Reutte im Lechtal, das zu einer Bordbucheintragung Gelegenheit gibt. Mehr als eine Stunde ist seit unserem Start vergangen, und wir sind noch immer am Staunen. Die Struktur des Wolkenmeeres scheint sich auch nach den großen Flußtälern zu richten. Dunkle Rinnen und Furchen in der Nebeldecke verlieren sich irgendwo im Norden. Es hat den Anschein, als wäre der Nebel über den Tälern besonders dünn und durchscheinend. Eben noch war es so über dem Lechtal, bald ist es nicht anders über dem Loisachtal.

Ein Motorsegler ist aus dem Grau dort unten ebenso ausgebrochen wie wir. Bedächtig und leise schnurrend – wie eine Katze – kommt er auf uns zu. Kapriziös schwirrt der Vogel um unseren Ballon. Was ist wohl schöner: dort in der Pilotenkanzel sitzen oder hier im Ballon stehen? Dabei erwacht der Fotograf in mir: Es wäre ganz toll, könnte man für einige Aufnahmen vom Ballon überm Nebelmeer einfach mal umsteigen. Ich kann den langen Flirt des Piloten mit unserem Ballon gut verstehen. Man stelle sich unsere bunte, jetzt pralle Ballonkugel über einem Wolkenmeer vor, und im Süden dahinter das Wettersteingebirge mit der Zugspitze. Und über all dem das tiefblaue Gewölbe des Himmels. Ich ergötze mich an den graziösen Manövern des Motorseglers, während es dem Alfred etwas zu viel wird. Alfred denkt an die Sicherheit, ich an die Eindrücke. Doch dann verläßt uns der schlanke gelbe Vogel, als hätte er Alfreds Bedenken gespürt. Es wird Zeit für ihn, bevor sein Schlupfloch über dem Loisachtal wieder zu ist.

Wir können noch länger oben bleiben, denn wir brauchen zum Absteigen kein Schlupfloch. Wir können, wenn es sein muß, überall landen. Wenigstens im Prinzip. Wie es diesmal aussehen wird – davon später. Alfred hat noch unseren Mitfahrer zu taufen. Dazu holt er die Flasche Sekt aus der Korbtasche, spricht feierlich über die Tradition der Ballonfahrer, über die Rechte und Pflichten des Täuflings und über den Sand, der den Ballonfahrern so viel bedeutet. Auch der Rest der Prozedur verläuft wie gewöhnlich, und dann begießen wir die Premiere mit Sekt. Erst jetzt wird mir klar, weshalb Alfred mit dem Sekt bei der Taufe so sparsam umgegangen ist: es ist Krimsekt.

Die Versuchsanstalt Krün an der jungen Isar ist in einem Wolkenloch zu erkennen und verhilft zur Orientierung. In Fahrtrichtung türmen sich prächtige Quellwolken mit scharfen Rändern auf. Was geht wohl in ihnen vor? Ihre Formen und Gestalten sind nicht einfach zu beschreiben. Man empfindet keine Angst vor ihnen, man fühlt sich wie in ein Märchen versetzt. Doch solche Wolkenmärchen sind schon manchmal in ein Drama ausgeartet, vor allem, wenn es Gewitterwolken waren. Unvorstellbare Gewalten toben in diesen Wolkentürmen. Wehe dem Segelflugzeug, das in ihren Sog gerät! Es ist vorgekommen, daß nur noch Einzelteile zu finden waren.

Alfred versucht erst gar nicht, über die Wolkentürme vor uns zu gelangen, dazu wäre ein Ballastopfer von einem oder zwei Sack notwendig. Da uns nur noch acht Sack verblieben sind, wird es Zeit, diese Märchenwelt zu verlassen. Mehrere Ventilzüge sind notwendig, bis der Ballon zu fallen beginnt. Immer gewaltiger wirken die Wolkenschlösser im scharfen Sonnenlicht. Dann spüren wir die Kühle der feuchten Nebelschicht, in die wir geraten. Wieder Großmutters Waschküche ... Es wird kälter, das beschleunigt den Fall. Wieder stieren unsere drei Augenpaare in der Nebelsuppe herum. Es vergehen kaum zehn Minuten, da tauchen die ersten verschwommenen Konturen auf, werden schärfer und lassen sich deuten: ein riesiges Waldgebiet, dem wir entgegenfallen. Linksseitig kommen einige Tobel vom Berg, rechts – weit vorn – ein trockenes Flußbett. Es sieht so aus, als würden wir dem Flußbett näher kommen. Hoffentlich, denkt wohl jeder von uns. Hier in diesem mächtigen Waldgebiet unter uns zu landen wäre ja schrecklich ...

Unsere Hoffnungen werden nicht erfüllt. Je tiefer wir kommen, um so mehr treibt es uns vom Flußbett weg, hin zu den Tobeln der Berge. Noch ist unter uns ausgedehnter Mischwald. Unser Ballast geht zur Neige! Auch das noch! Ich ahne, was kommen wird. Ich sehe mir deshalb, so gut es geht, die Landschaft unter uns an. Der Tobel, der uns näherkommt, führt anscheinend kein Wasser, er kommt von links und verliert sich vor uns im Wald, mündet vielleicht in das erwähnte Bachbett. Wir richten die Verpackungsplane des Ballons her, um sie noch abwerfen zu können. Aber zu spät! Krachend fährt unser Korb in eine mächtige Buche. Ihre Äste halten uns sofort gefangen. Wir sind auf dem Baum gelandet wie ein großer Vogel.

Es ist still um uns. Nur von weit her hört man Bachrauschen. Wir rufen in den Wald hinein. Alfred holt seine Trillerpfeife aus dem Overall und schmettert damit gellende Töne über den stillen Wald. Aber der Wald antwortet nicht, er ist wie ausgestorben. Ich steige aus dem Korb und versuche an den dicken Ästen der Buche entlang zum Stamm hinunterzuklettern. Aber der Stamm dieses Waldriesen ist zu hoch, hat kaum Äste. Also wieder hinauf in den Korb. Gemeinsam versuchen wir loszukommen. Mit einiger Mühe gelingt uns das auch. Der Korb rutscht abwärts, bleibt im Geäst einer kleineren Buche hängen. Jetzt kann ich den Boden erreichen.

Nun antwortet auch der Wald, als käme das Echo endlich zurück. Jemand ruft und sucht nach uns. Es dauert eine Weile, dann stehen zwei Burschen neben mir, glücklich, uns gefunden zu haben. Sie erklären, daß es kaum möglich ist, mit dem Ballongerät den Weg zu erreichen, den sie hätten benutzen können. Ja, man müßte sogar zuerst noch den Hang hinauf. Also kundschafte ich erst mal die Gegend aus; ich erinnere mich an den Tobel, der hier in der Nähe verlaufen müßte. Durch lockeren Baumbestand gelange ich abwärts, und nach ein-, zweihundert Metern erreiche ich tatsächlich den Bacheinschnitt, der kaum Wasser führt. Er ist so breit, daß er für den Abtransport des Ballons geeignet sein müßte. Da sind zwar einige Felsstufen und Gumpen mit Wasser zu

◀ *Ob ich diesmal mitfahren kann, weil's über meinen Heimatort geht?*

▲ *So sieht's aus, wenn andere über ›meinen‹ Ort fahren.*

▼ *Juchhe! ›mein‹ Ort – Oberstdorf – liegt mir zu Füßen.*

überwinden oder umgehen, aber das dürfte kein Problem sein. Ich berichte dann von dieser Möglichkeit, und wir entschließen uns für diesen Weg.

Die beiden Burschen helfen mir, den hochgelassenen Ballon am Halteseil an den Bäumen vorbeizubringen. Es bereitet uns doch einige Mühe. Immer wieder müssen Baumriesen umgangen werden. Nach etwa 20 Minuten haben wir den Tobel erreicht. Erleichtert stellen wir fest, daß unsere Expedition gut vorankommt. Die glitschigen Felsschwellen und die Wasserlöcher können gut überwunden werden.

Bisher hat einer von uns am Boden auch das schwere Schlepptau umhängen gehabt, um den Ballon zu entlasten. Nun kommt das Tau in den Korb zurück, dafür steigt der Gast aus und hilft uns tragen. Der Tobel wird langsam breiter, geht über in ein Bachbett.

So vergeht mehr als eine Stunde. Manchmal denke ich, es müßten plötzlich Indianer auftauchen, denn hier in dieser Wildnis könnte Karl May sein Phantasiereich angesiedelt haben. Aber es erscheinen keine Indianer, sondern zwei Männer kommen uns im Bachbett entgegen. Jäger, denen man den Ärger schon von weitem ansieht. Sie schimpfen, wir hätten das Wild verscheucht. Indianer wären mir lieber gewesen ... Aber wir erfahren von den Jägern, daß bachabwärts, kaum hundert Meter von hier, ein breiter Waldweg beginnt. Also weiter, bringen wir das hinter uns.

Endlich ist der Weg erreicht. Wir sind froh und erleichtert, aber zu einer größeren Rast fehlt uns die Zeit, denn es dämmert bereits. Plötzlich kommt ein Polizeiwagen, ein VW-Käfer, angerast. Der völlig verschwitzte Polizist wäre uns fast um den Hals gefallen. Man habe gemeldet, ein Ballon sei über dem großen Wald von Vorderriß abgestürzt. Er sei seitdem alle nur möglichen Waldwege abgefahren. Nachdem er sich wieder beruhigt hat, setzen wir unseren Transport fort. Der Polizist schlägt sogar vor, den Ballon an seinen Käfer zu binden. Aber das lehnen wir dann doch ab. Die paar hundert Meter bis zur Talstraße werden wir schon auf herkömmliche Weise schaffen.

Als wir dann nahe der jungen Isar den Ballon entleeren und zusammenlegen, haben auch der Polizist und die beiden Burschen ihre Freude daran. Und wir Ballonfahrer wundern uns, wie es selbst in diesem einsam-großen Waldgebiet gar nicht einsam genug sein kann, daß es keine hilfsbereiten Menschen gibt. Hilfsbereite Menschen sind noch nicht ausgestorben, auch nicht untergegangen wie einst das Dorf von Fall in den Fluten des Sylvensteinspeichers.

BUMMELFAHRT ÜBERN KURORT

Für mich ist es jahrelang ein langersehnter Wunsch geblieben, einmal mit dem Ballon über meinen Heimatort zu kommen. Hier lebe und arbeite ich, man sollte mal Gelegenheit haben, ›seinen‹ Ort von oben kennenzulernen. In gewisser Weise ist mir das zwar möglich, wenn ich einen bestimmten Berg besteige. Aber der Ort ist dann doch zu weit weg und Einzelheiten sind kaum zu erkennen. Anders müßte es sein, in entsprechender Höhe darüber zu ›bummeln‹, Bekanntes zu sehen und Unbekanntes zu entdecken. Freude darüber habe ich bei vielen Mitfahrern erlebt, wenn die Fahrt über ihren Wohnort ging. Da konnte der Ort für mich noch so gleichförmig wirken, den Leuten, die dort zu Hause waren, wurde der ›Ortsbummel‹ nicht langweilig. Ich stelle mir vor, so könnte es auch mir gehen. Was der Wind mir bisher verweigert hat, das könnte diesmal wahr werden.

Ein milder Frühsommertag liegt über dem Oberallgäu und über meiner Wahlheimatgemeinde Oberstdorf. Auf den Bergen sollte man heute sein, an den idyllischen Bergseen, bei der erwachenden Bergblüte, an den Firnfeldern. Doch ich bin beim Ballon, ihm habe ich meine Freizeit verschrieben. Und bei solch einem Bilderbuchwetter muß der Ballon ganz einfach an den Himmel.

Anläßlich eines Jubiläums wollen wir im Bereich der Ortsmitte einen Heißluftballonstart durchführen. Wir haben uns für den Kurpark als Startplatz entschieden. Das ist zwar mit einigen Genehmigungen des Luftamtes und des Grundstückbesitzers verbunden, aber die haben wir bekommen. Ich habe für diesmal eine vorsichtige Zusage erhalten, daß ich mit in den Korb kann, aber bevor ich nicht in der Luft bin, glaube ich nicht daran.

In gewohnter Weise, nur diesmal von den Kurgästen bestaunt, rüsten wir den Ballon auf. Alles geht ohne Hektik, da uns auch der Wind wohlgesonnen ist. Ich sage ja immer, unser Kurpark ist kein Park, sondern ein Kurgarten: Eine der Rasenflächen ist gerade so groß, daß der ausgelegte Ballon hineinpaßt. Nach einer halben Stunde steht der weißblaue Ballon unter weißblauem Himmel im saftig grünen Rasen. Die Kurgäste staunen. Auch wir müssen staunen, wie groß doch der 3000-m^3-Ballon in dieser Anlage wirkt.

In der Menge haben wir auch den Kurdirektor entdeckt. Wir rufen ihm zu, daß er mitfahren könne, aber das wird von ihm nicht ernst genommen. Wir bieten ihm nochmal eine Mitfahrt an, bis er es endlich glaubt. Aber so geht's nun auch wieder nicht: Als Kurdirektor eines Bergorts in den Korb einzusteigen, mit Krawatte und Sonntagsschuhen. Schließlich gehört die alpine Beratungsstelle auch zur Kurverwaltung. Und da man nie wissen kann, wo der Ballon landen wird, bei so vielen Bergen, die den Ort umgeben, da muß sich halt auch der Kurdirektor fügen. Bis Schuhe und Pullover geholt sind, bleibt der Ballon – zur Freude der Kurgäste – weitere zehn Minuten stehen. Dann steigt er ein und – o Wunder – auch ich. Drei Mann in einem Korb, der dritte ist Ernst, der Pilot.

Als der Korb abhebt, da scheint es, als wären wir für Minuten zu früh gestartet. Im Musikpavillon bereiten sich zwar die Musiker für das Kurkonzert vor, aber das beginnt erst um halb elf, also in zehn Minuten. Ohne ein Ständchen gespielt zu bekommen, ziehen wir sang- und klanglos der Kirche entgegen. Das hätten wir auch anders haben können, so wie damals, als sie uns Gärtnern einen Marsch gespielt haben. Damals – es war gerade Pflanzzeit und das Wetter so günstig, daß wir trotz des Kurkonzertes unsere Arbeit fortsetzten und die Blumenbeete bepflanzten. Von den Gästen beobachtet und von der Musik berieselt, ging unsere Arbeit gut voran. Aber es ging mir alles zu steif zu: Die einen spielten, andere horchten, wir pflanzten; da mußte ein Gag her! Und aus diesem Grund hatte ich den Kapellmeister gebeten, für mich den Marsch ›Alte Kameraden‹ zu spielen. Etwa zur Halbzeit des Konzertes sagte der Kapellmeister den bekannten Marsch an und erwähnte, daß es ein Wunsch von den Gärtnern sei, und wir doch – Gärtner wie Musiker – alte Kameraden seien. Das gefiel den Gästen.

Wir pflanzten nun im Marschrhythmus Blumen ins Beet. Ich wählte mir die entsprechende Sorte so aus, daß ich, sobald der Marsch zu Ende ist, dem Dirigenten eine Blume überreichen konnte. Die Kurgäste ahnten davon nichts. Endlich ging das lange Musikstück mit seinen Wiederholungen in die letzten Takte. Ich packte Begonie, Männertreu oder Fuchsie, schwang mich damit auf die Brüstung des Pavillons und überreichte die Blume dem Kapellmeister. Die Gäste waren begeistert und applaudierten lange. Danach war auch die Stimmung der Gäste gelöster.

Ein leichter Südwind weht uns der Kirche entgegen. Mir fällt ein, daß wir dort drüben im Bereich der Kirchturmuhr vor Jahren schon Nachtwache gehalten haben. Damals wurde der Kirchturm eingerüstet und renoviert. Das hatte zur Folge, daß irgendwer einen Zeiger von der Uhr gebrauchen konnte. Und dieser Zeiger kam niemals mehr zum Vorschein. Die Uhr bekam einen neuen Zeiger. Damit der aber nicht wieder abhanden kommen konnte, hatten sich Leute von den verschiedenen Vereinen der Pfarrei bereit erklärt, Nachtwache zu halten. Ja, und einige Stunden davon habe ich dort auch verbracht. Damals hatte ich fast denselben Blick, den wir heute vom Ballon aus haben, nur, daß es Nacht und man auf dem Boden war.

Unser Ballon steigt gemächlich höher. Höher schlägt auch mein Herz. Zu Füßen liegen uns die Rathäuser, der Marktplatz. Unser großer Schatten, vor allem unser Fauchen, läßt jeden Fußgänger dort unten aufschauen. Und seit einigen Jahren gibt es dort unten und in einigen angrenzenden Bereichen nur Fußgänger. Ich habe dort an einigen Details und an der Grüngestaltung mitgewirkt. Nun kann ich das, was ich im Plan mitentworfen habe, bequem von oben betrachten. Es ist für mich etwas enttäuschend zu sehen, daß die Kugelbäume nur ein spärliches Grün abgeben. Ich hätte ja gern mit noch mehr Kugelbäumen oder gar mit größeren den Asphalt-, Pflaster- und Gebäudebereich aufgelockert. Aber was sagte doch ein Gemeinderatsmitglied: »Wir haben genug Bäume im Wald.« Und jene Bäumchen, die jetzt vorhanden sind, haben einen allzu schweren Stand. Jedes von ihnen hat seine eigene Geschichte. Als wir sie damals einbrachten, gab es Anwohner, die wollten die Bäumchen in die Luft sprengen, andere sie absägen. Wieder andere rissen sie aus. Bei der Bestimmung des Standortes haben wir oft um Zentimeter kämpfen müssen. Manche Baumscheibe, die bereits eingebaut war, mußte um Zentimeter oder um Meter versetzt werden. Was das an Zeit und Geld gekostet hat …

Der große Schatten unseres Ballons kriecht auch über das seltsame Loch im Marktplatz. Sechs Meter ist es im Durchmesser! Dort sollte eigentlich der Brunnen hinkommen. Die Anschlüsse wurden bereits verlegt, aber der Brunnen wurde zum Politikum. Die eine Gruppe war für Kunst, die nicht zu teuer kommen dürfe. Die anderen, die Schwarzen – wie man in Bayern sagt – wollten einen Brunnen aus rotem Gestein, wie er an wenigen Stellen unserer Berge vorkommt. Andere waren für Holz. Vorschläge gab es viele, aber es fehlte an der Entscheidung und erst recht am Geld. In der Zwischenzeit haben wir das umstrittene Loch – ohne Beschluß – zugefüllt und mit dem Pflaster eben gemacht. Jedes Frühjahr bauen wir einen Kranz Bachsteine ein und füllen den Kreisinhalt mit Mist und Humus auf. Im Sommer gedeihen dort prächtige Blumen. Eine besorgte Hotelierin hatte eines Tages Bedenken, daß der Mist-Humus-Berg bei längeren Regenfällen vor ihrer Tür landen könnte. Doch diese Bedenken konnten zerstreut werden. Heute ist die Mehrheit der Einwohner der Meinung, die Blumen seien schöner, vor allem billiger als ein Brunnen. Und dieser Brunnenersatz hat den Vorteil, daß im Winter davon nichts mehr vorhanden ist. Der Platz kann dann für den anfallenden Schnee oder für Veranstaltungen (Siegerehrungen von Sportveranstaltungen) genutzt werden.

Und noch etwas liegt dort unten recht auffällig vor der Kirchentreppe herum: die drei großen Findlinge. Sie sollen vor allem dann eine Einheit bilden, wenn zur Weihnachtszeit der Christbaum dort aufgestellt wird. Aus der Sicht der Platzgestaltung und des Fotografen habe ich damals diesen Platz für die Steine mit ausgewählt. Eines Tages sprach mich ein Einheimischer darauf an, wofür die Steine vor der Kirchentreppe gut sein sollen, da habe ich ihm geantwortet: »Das sind Scheidsteine. Wenn nach dem Kirchenbesuch die Leute nach Hause drängen, werden sie hier geschieden: Die einen müssen in den unteren Markt, die anderen in den oberen.«

Solche und andere Erinnerungen kommen einem, wenn man Zeit hat und der Ballon über den Ort bummelt, in dem man arbeitet und zu Hause ist. Man kennt sich aus, zumal wenn man über den Dingen steht. Immer noch sind wir im Bereich des Marktplatzes, der Kirche, wenn auch höher. Nun ist auch die Kurkapelle zu hören. Hoffentlich spielen sie nicht unsertwegen falsch? Langsam verwehen ihre Klänge, werden lauter und wieder leiser. Unser Ballon vollführt Kapriolen. Und das ist gut so, auf diese Weise lernen wir unseren Ort kennen.

Ganz langsam werden wir nach Osten gehaucht, also in den oberen Markt. Hier kenne ich mich noch besser aus, ich gehöre zu den Obermärktlern (wenn man das als Zugereister von sich überhaupt sagen darf). Trotz meiner Ortskenntnis muß ich mich doch wundern, daß es dort unten immer wieder Oasen der Ruhe gibt. Das sind Häuserviertel, in denen natürliche Gärten mit Bäumen und Sträuchern und manchmal einem Tümpel zu finden sind. Aber außen herum braust der Verkehr. Und es ist ein großes Problem für die Bürger von Oberstdorf, den Verkehr im Ortsbereich in den Griff zu bekommen oder ihn gar an den Ortsrand zu verbannen. Der Ort muß nämlich sonst um seinen guten Ruf als Luftkurort bangen.

Aber nicht nur für den Ort Oberstdorf bringt der Autoverkehr Probleme: Das ganze obere Illertal ist davon betroffen. Den Orten in ihm, so wie dem Tal selbst, fehlt die Durchlüftung. Von drei Seiten ist das Tal von Bergen umgeben, die im Westen behindern die Hauptwindrichtung. Da das Tal nur nach Norden geöffnet ist, so kann der Südwind, der Föhn, für kräftigen Windaustausch sorgen. Und sollte wirklich Wind über die Berge im Westen wehen, dann sagt man bei uns, im Flachland muß Sturm sein. So angenehm also für die Bewohner und Gäste der fehlende Wind ist, so unangenehm kann sich das für die gute Luft auswirken.

Einen anderen Nachteil hat der fehlende Wind für den gärtnerischen Bereich, für die Pflanzen. Da mögen die Bäume und Sträucher in windigen Gegenden robuster, widerstandsfähiger als bei uns aufwachsen. Schneebruch an den Bäumen ist bei uns keine Seltenheit. Aber auch die Blütenpflanzen leiden unter dem fehlenden Wind. Am Beispiel der Geranien kann aufgezeigt werden, daß es bei uns zwecklos ist, diese Pflanzen außerhalb von schützenden Dächern anzupflanzen. Niederschläge, die hier nicht häufiger fallen müssen als anderswo, befeuchten die Blütenköpfe; die Blüten können zwar durch die Sonne, weniger durch den Wind abtrocknen, denn der fehlt meist. Je dichter der Blütenkopf, desto schneller wird er faulen, wenn er der Witterung ausgesetzt ist.

Ich nehme jedes Jahr bei der Bewertungskommission des Blumenschmuckwettbewerbes teil, und ich entdecke bei unserer Bummelfahrt manche Häuser ja ganze Straßenzüge, die darin vorbildlich sind. Mancher blumengeschmückte Balkon leuchtet zu uns herauf. Einzelne Häuser entdecke ich von hier oben, die wir bisher bei der Bewertung übersehen haben. Sollte ich vielleicht dem Bürgermeister vorschlagen, die Ortsbegehung für die Blumenprämierung das nächste Mal vom Ballon aus durchzuführen?

Während weiter im Osten hinter der Maximilianstraße ›meine Werkstatt‹ sichtbar wird, ist davor ein großer Garten nicht zu übersehen. Der gehört dem Adalbert. Bis in sein hohes Alter hat ihn die größte Trompete der Blasmusik in Stimmung gehalten, hat ihn sein Garten über manchen Schicksalsschlag hinweggeholfen. Ob wohl an seinem Haus an der Nordwestseite die leuchtendrote Kletterrose wieder blüht?

In Fahrtrichtung kommt uns die Rechbergstraße entgegen. Blumengeschmückt jedes Haus, putzig, aber uralt das vom Kaspar. Lange Jahre der Schinderei als Hüttenwirt auf dem über 2000 Meter hoch gelegenen Waltenberger Haus haben den Bergführer alt werden lassen, ehrwürdig alt, beinahe wie sein Haus. Und Sefie, seine Frau, wenn sie noch könnte, wie sie möchte: Sie würde aus ihrem Häuschen eine Puppenstube machen, voller Blumen. Sie aber ist an den Rollstuhl gebunden.

Ein Stück weiter östlich davon zieht der Schatten unseres Ballons über Heinis Haus und Grund: Blumen am Balkon, ein Bauerngarten an der Straße, Obstbäume in der Buind, uralte Nebengebäude. Sympathie, wenn nicht gar Freundschaft verbindet mich mit Heini und seiner Frau. Als langjährige Wirtsleute von der ebenfalls über 2000 Meter hoch gelegenen Rappenseehütte – dort, wo die Allgäuer Alpen zur Idylle werden – sind sie wohl mit daran beteiligt, daß meine Frau und ich unsere Hochzeit nicht in der Pfarrkirche, sondern dort oben bei einer Bergmesse am Kreuz des Rappensees feiern durften.

Es gäbe noch vieles Schöne und manches Unschöne bei unserer Bummelfahrt über den östlichen Ort zu entdecken. Aber wie so oft, so wird auch diesmal meist im Korb geschwiegen, zumal der Brenner die Gespräche immer wieder unterbrechen würde. Der Kurdirektor ist auch recht schweigsam, er will die Fahrt ebenso wie ich genießen. Ich möchte manchmal seine Gedanken nicht lesen. Er sitzt wohl ein wenig zwischen den Stühlen: Die Kurverwaltung wirbt mit dem Begriff ›Dorf‹ (Skidorf, Feriendorf, Bergdorf ...), dabei ist doch gerade bei dieser Fahrt nicht zu übersehen, daß der Ort verstädtert. Da mag der Begriff ›Marktgemeinde‹ besser, weniger untertrieben sein.

Ach ja, dort drüben, am Ortsrand im Süden, dort liegen ja auch die Wiesen, die der Kirche gehören und wo sich erst neulich eine ernste Begebenheit zugetragen hat. In jenen Wiesen, die ein Bauer gepachtet hat, wollte vor wenigen Tagen Ernst mit dem Ballon landen. Doch dem Piloten schien es ratsam, wieder durchzustarten, denn der erzürnte Pächter schrie: »Verschwindet! Landet im Oybele!« Peinlich war diese Szene für uns, die wir von Oberstdorf waren. Es hatten nämlich viele Leute die Landung und den Wiederstart beobachtet. Gäste waren es, die Zeuge wurden, wie ein Ballon in dem niedrigen Gras einer Viehweide (ohne Rindviecher!) landen wollte. Aber, mancher Allgäuer hat halt ›an sture Grind‹ (einen sturen Kopf). Vielleicht hatte jener Bauer wenig Sympathie für den Piloten übrig, der zwar Bauer heißt, aber keiner ist. Es kann aber auch sein, daß der Bauer entdeckt haben mußte, daß im Korb zwei Einheimische standen, die nicht wie er vom oberen Markt, sondern vom Mittelmarkt stammen. Ich für meinen Teil hätte ja den beiden Mittelmärktlern eine gewisse Tracht Prügel gegönnt, sind sie doch auf nicht ganz lobenswerte Weise zu dieser Ballonfahrt gekommen: Ein Gastwirt hatte zu einem Jubiläum eingeladen und eine Verlosung von zwei Ballonfahrten angekündigt. Merkwürdig war es dann, daß ausgerechnet die besten Spezl und Nachbarn des Wirts das große Glück hatten, diese Fahrt zu gewinnen. Lammfromm schauten die beiden – nach der Schelte des Bauern – über den Korbrand, so, als könnten sie kein Wässerchen trüben ...

Ich will die Kirche im Dorf lassen, wie es hier so treffend heißt. Und wirklich befindet sich die Pfarrkirche noch mitten im Ort (Dorf?). Ja, sie ist sogar das höchste Bauwerk des Ortes. Und das ist schön so. Größere Dachflächen als die der Kirche kommen zwar jetzt auf uns zu – wie die des Eisstadions –, aber dennoch sind diese Zweckbauten aus jüngster Zeit gefälliger als jene, die in den fünfziger oder sechziger Jahren entstanden sind.

Da wir nun über die Trettach bummeln, gibt es Beschaulicheres als große Dachflächen oder die hohen Seilbahnstützen der Nebelhornbahn zu bewundern: Das Trettachwehr bringt Leben in den Bach. Sein Rauschen dringt zu uns herauf. Daneben das alte Sägewerk mit einem großen Holzplatz. Der Harzgeruch des Holzes weht zu uns herauf. Angenehmer ist dieser Geruch schon als der eines großen Parkplatzes.

»Im Oybele, da könnt ihr landen!« hatte damals der erzürnte Bauer geschrien. Und folgsam wie ein guter Pilot ist, richtet sich Ernst danach. Das Oybele, jene große Viehweide, die von der Bauerngemeinschaft der Rechtler genutzt wird, liegt vor uns. Hier landen auch zeitweise die Drachen- und Hängegleiterflieger, die sich vom Nebelhorn fallen lassen. Heute sind wir im ›Landeanflug‹ auf das Oybele. Es ist gut, daß jetzt keine Kühe auf der Weide sind, sonst bekämen wir wieder Schelte. So aber können wir hier, ohne ein schlechtes Gewissen haben zu müssen, landen.

Als der Ballonkorb aufsetzt, ist unser Kurortbummel beendet. Etwas mehr als eine Stunde lang haben wir das genossen. Zu Fuß hätte man diese Strecke – von der Ortsmitte bis zum Ortsrand – bequem in zwanzig Minuten geschafft. Aber gerade das war das Schöne daran, daß uns der Wind Zeit gelassen hat; und so sollte es bei einem Ortsbummel immmer sein. Trotz dieser Beschaulichkeit wird der Kurdirektor unruhig. Er verabschiedet sich herzlich und dankbar von uns. Er will zu Fuß zurückgehen, obwohl ihn unser Verfolgerfahrzeug schneller zurückgebracht hätte. Aber vielleicht möchte er feststellen, was wohl schöner ist: eine Bummelfahrt über den Ort in dem man Kurdirektor ist und die mehr als eine Stunde gedauert hat, oder die gleiche Strecke zu Fuß, in weniger als zwanzig Minuten ...

Für mich war diese Fahrt wieder ein Stück erfüllte Sehnsucht. Und dennoch gibt es Anlaß – vielleicht nicht nur für mich – mit berechtigten Sorgen über den Ort nachzudenken, denn nicht alles ist gut und schön, was wir da zu sehen bekamen ...

GEHEILT VOM HÖHENKOLLER?

Es liegt in meiner Natur, die Dinge von oben zu betrachten – das hat aber mit hochnäsig nichts zu tun. Das hat auch nicht erst angefangen, seit ich zu den Ballonfahrern stieß. Überblick bekommt man von erhöhtem Standpunkt aus. Einst waren es die mächtigen Parkbäume des Fürsten Pückler zu Muskau, die mir Überblick verschafften; später die Höhen der Mittelgebirge. Es folgten die Fernsehtürme einiger Städte Europas und die Wolkenkratzer Manhattans oder Chicagos, von denen ich versuchte, einen Überblick über die Städte und Stadtlandschaften zu bekommen. Natürlich boten auch die vielen von mir bestiegenen Gipfel einen begrenzten Blick über die prächtige Alpenwelt, über Tal und Dörfer.

Nicht weniger faszinierend war für mich – nach dem Kampf um den Fensterplatz – die Landkartenlandschaft aus einem Verkehrsflugzeug zu betrachten. Aber diese Eindrücke spielten sich hinter Scheiben ab, zogen vorbei wie die Bilder eines Films. Ohne Fenster und auch nicht druckausgeglichen erlebte ich beinahe hundert Ballonfahrten: Eindrücke über dem Flachland und den Alpen.

Nun müßte eigentlich mein Höhenkoller geheilt sein, nach all den erhabenen Ausblicken. Aber da ist noch immer der Wunsch in mir wach, hin und wieder sein Luftfahrzeug, den Ballon von oben – während der Fahrt – zu erleben. Das kann von einem Sportflugzeug aus sein – wie in dem Bericht ›Flirt mit dem Ballon‹. Noch schöner ist es, von einem zweiten Ballon aus jene Gaskugel oder Heißluftbirne zu betrachten, in der man sonst ab und zu selbst steht. Selbst Berge habe ich bestiegen, um einen ungewöhnlichen Blick vom Ballon zu erhaschen, aber der Wind blies die bunte Kugel fort von mir, sie wurde zum Stecknadelkopf.

Ein knappes Hundert Ballonfahrten haben mich zwar wählerisch gemacht, aber was ist es, daß man den Drang hat, den Kirchturm seiner Heimatgemeinde zu besteigen, um nur mal ›seinen‹ Ballon von oben sehen zu können? Mehr als drei Jahrzehnte lebe ich in dieser Gemeinde, arbeite im Bereich des Kirchturms, aber noch nie habe ich ihn bestiegen, diesen etwa 70 Meter hohen Turm. Wollen Sie's mit mir tun, lieber Leser? Dann vergessen Sie die Angst, legen Sie sich bitte alte Kleidung an und 'ne Mütze ...

Es ist Sonntag, ein Tag nach Mariä Himmelfahrt (15. August). Adolf, ein etwa gleichaltriger Spezl von mir und Loretto-Mesner, ist heute mein ›Bergführer‹ und kennt sich im Turm gut aus. Nebenbei erwähnt: Der Turm gehört der politischen Gemeinde, während das Kirchenschiff der katholischen Gemeinde gehört. Aber was stören mich die komplizierten Besitzverhältnisse.

Um in den Turm zu gelangen, müssen wir durch den Haupteingang der Kirche. In unserem alten ›Häs‹ fallen wir heute kaum auf, denn am Marktplatz wogt und grölt viel Volk, um das Dorffest zu feiern. Ein großer Schlüssel öffnet uns die Turmtür. Dann sind wir unter uns. Eine Treppe führt zur Glockenstube hinauf. Etwas unterhalb kommen wir an dem geheimnisvollen Gehäuse des Uhrwerks vorbei, gebrechliches Gestänge führt von hier zu Zeiger und Zifferblätter. Unheimlich dann die Glockenstube: Man weiß ja nie, wenn's los geht. Adolf zeigt mir das kleine Bohrloch in der großen Glocke. Das hat ein Schmied im Dritten Reich anbringen müssen, um die Bohrspäne untersuchen zu lassen. Von dem ›Befund‹ dieser Späne hing es ab, ob die Glocken eingeschmolzen werden mußten. Doch der Schmied war einer der Furchtlosen: Er mischte in die edlen Bohrspäne weniger edle, und die Glocken konnten hängen bleiben. Nicht nur die Glocken überlebten, auch der Schmied – wenigstens eine ganze Weile noch.

Mutig geht's auch bei uns weiter. Die nächste Etappe ist die ehemalige Türmerstube. Je zwei fensterähnliche Gucklöcher im Geviert gestatten einen Überblick über den Ort. Aus zwei Himmelsrichtungen unter uns dringt der Trubel des Volksfestes zu uns herauf, auch ab und zu ein Schwaden Bier- und Bratwurstgeruch. Schöner ist der Blick nach Süden, wo am Horizont der Hauptkamm der Allgäuer Alpen, die Wiesen davor, der südliche Ortsteil, der Kurgarten unter uns prächtig besonnt sind. Ja, und hier unter uns wollen die Ballöner ihre beiden Ballone aufrüsten.

»Wir könnten hier bleiben«, meint Adolf, »oder hinaufsteigen?« Ich bin für hinauf (Höhenkoller?). Über eine abenteuerliche Leiter geraten wir ins Gebälk. Von hier führt ein senkrechter Steigbaum bis hinauf in die Turmspitze. An diesem Steigbaum sind auf einer Seite nur Sprossen im Abstand von etwa einem halben Meter angebracht. Es ist nun gar nicht so einfach, mit der Taschenlampe in der Hand die Sprossen zu erklettern. Einige wackeln! Dazu diese Hitze, diese stehende Luft. Wäre Adolf nicht über mir, käme vielleicht Angst auf. Doch die Schweißperlen auf der Stirn kommen sicher von der Hitze. Oder? Nach zwei, drei Dutzend Sprossen ist das Ende erreicht. Mit einigen Handgriffen hat Adolf die kleine Tür geöffnet. Endlich dringt Licht und Luft in die Turmspitze. Als ich die Öffnung erreiche, bin ich fasziniert: Das ist ja beinahe wie beim Ballonfahren, wenn auch nur mit einem 180-Grad-Panorama. Und noch etwas erinnert an einen Ballon: der geringe Platz zum Stehen. Er ist gerade ausreichend für zwei magere Personen – und so mager sind wir auch wieder nicht. Dennoch, ein Ballonkorb wäre mir jetzt lieber, denn die beiden Bretter, auf denen wir stehen, sollte man nicht verfehlen.

Hier, sechs, acht Meter unter Kreuz und Kuppel tut uns die Luft wirklich gut, wären da nicht ab und zu die Bratwurst- und Bierdünste. Und wir haben Zeit, viel Zeit, und auch das tut gut. Es vergehen sogar mehr als zwei Stunden, bis sich endlich die Ballonfahrer sehen lassen. Die Kirchengemeinde wird zur Abendmesse gerufen. Das Geläut der Glocken läßt die Turmspitze erbeben, scheinbar schwanken. Verzerrt dröhnen die Töne zu uns herauf.

Die Ballöner grüßen zu uns herauf, wir grüßen zurück. Schließlich haben sie von mir erfahren, was ich für eine ›Expedition‹ vorhabe. Wenig später knattert leise der Lüfter, füllt die Hülle, lockt die Neugierigen. Der Handbrenner leuchtet auf, die Luft in der Hülle drängt nach oben. Die Hülle, die beinahe das kleine Rasenstück im Kurgarten ausgefüllt hat – ich sag's ja immer, wir haben keinen Kurpark, sondern einen Kurgarten –, richtet sich auf. Der Ballon wirkt wie eine große weißblaue Blume, die von der späten Sonne besonders duftige Warmtöne erhält.

Während die üblichen Vorbereitungen für den Start getroffen werden, bestaunen wir nicht nur das Schauspiel mit dem Ballon, sondern auch das mit dem Sonnenlicht, das nicht mehr lange duftige Farben über die Landschaft schütten wird.

Gerade noch erhaschen die letzten Sonnenstrahlen den startenden Ballon. Und so gemächlich wie die Sonne sinkt, so steigt der Ballon dem warmen Licht entgegen. Ein Abendhauch weht ihn zu uns, als gelte es, uns zu begrüßen. Und Grüße gehen hin und her. Es ist, als wäre die Turmspitze nun eine Magnetnadel, die den Ballon anzieht. Er steigt wenige Meter über die Spitze, verharrt dort, als müsse er mit Kreuz und Kugel flirten oder gar konkurrieren. Diese Annäherung dauert so lange, bis ich den Film gewechselt und einige Bilder verschossen habe. Die Sonne verläßt Kugel und Kreuz und mit ihr auch der Ballon, der sich auch unseren Blicken entzieht.

Währenddessen wurde auch der zweite Ballon aufgerüstet und gefüllt. Aber der Ort liegt bereits im Schatten der Berge. Kühl wirkt die Farbe des Ballons, kühl auch seine Begegnung in respektvollem Abstand zu uns. Er gerät nicht über die Turmspitze, sondern hat es eilig, zieht forsch nach Westen, als müßte er die Sonne noch einholen.

Wir schließen die Turmluke als sei der Film zu Ende. Der Steigbaum bringt uns Sprosse für Sprosse – auch wenn einige wackeln – näher dem festen Boden. In der Kirche wird immer noch die Abendmesse gefeiert. Wir drücken uns wie arme Sünder durch die Menge. In unserer Aufmachung hält man uns vielleicht für Sünder. Ich frage mich, ob unser beider Seelen von dem dreistündigen Kirchturmbesuch vielleicht doch mehr gehabt haben als mancher von dem einstündigen Kirchenbesuch.

Drei Monate später nach diesem denkwürdigen Kirchturmbesuch – der Herbst hat schon längst im Oberallgäu Einzug gehalten – habe ich wieder mal Gelegenheit, in den Korb einzusteigen. Der Ballon ist an diesem Morgen am südlichen Ortsrand von Altstädten gelandet und nimmt mich auf. So schön auch die vergangene Fahrt gewesen sein mag, jetzt erst kommt Leben in die Landschaft. Die Sonne beleuchtet gerade erst die Kirchturmspitze und das westlicher gelegene Illertal mit der Hörnerkette.

Kaum hundert Meter entfernt von uns ist der pinkfarbene Ballon gelandet. Ernst hat nun vor, mit einem Pilotenanwärter eine Ausbildungsfahrt zu machen. Wir, Erwin, seine Frau Erika und ich, wollen ›lustwandeln‹. Wir starten voraus, steigen gleich höher und sind im Nu in der wärmenden Sonne. Nicht nur wir, sondern auch unser Ballon, hat nun einen Stehplatz am Himmel erhalten, oder warten wir auf den Pinkfarbenen? So ist es. Tief bummelt er dann über den Ort Altstädten, beinahe unter uns. Auch ihn trifft bald die Sonne, während die meisten Häuser noch immer im Schatten liegen. Das gibt prächtige Ausblicke für uns und ungewohnte Aufnahmen.

Während beide Ballons gemächlich nach Norden driften, begleiten uns lange Schatten, bunte Laub- und Lärchenbäume und bereifte Viehweiden. Schade wäre es um solch einen Tag, müßte man ihn mit Wettfahrten verbringen. Man hätte dann vielleicht Ballontrauben um sich, einzelne bunte Beeren unter anderen über sich. Der Pilot hätte dann mehr zu beachten, als sich Betrachtungen – wie an diesem Tag – hinzugeben. Sein Co müßte die Karte studieren, Landschaft und Drift der einzelnen Ballone beobachten. Je mehr Ehrgeiz, desto weniger Erlebnis. Schon aus diesem Grund halte ich Wettfahrten für flüchtige, buntschillernde Ereignisse, die kommen und gehen. Tiefgründiger, erlebnisreicher ist solch eine ›Lustfahrt‹ wie an diesem Bilderbuch-Herbsttag.

Katz' und Maus spielt nun unser weißblauer Ballon mit dem pinkfarbenen, oder ist es umgekehrt? Man weiß manchmal wirklich nicht: steigen wir? Oder fällt der andere Ballon? Das Variometer könnte darüber Auskunft geben, aber das interessiert nur den Piloten. Und ich bin davon überzeugt, daß Erwin immer darauf bedacht ist, für mich und meinen Fotoapparat den Pinkfarbenen in die Landschaft zu komponieren.

Sonthofen wird von uns an seiner Westseite passiert, wo wir bald den anderen Ballon als pinkfarbene ›Seerose‹ über dem Wasser eines Baggersees entdecken. Als er eine Viehweide erreicht, übt der Pilotenanwärter eine seiner notwendigen Landungen. Wir ziehen weiter, kommen zwischen Blaichach und Rauhenzell über die Iller und landen ebenfalls, aber an der Schnellstraßenausfahrt.

Wegen einer im Bau befindlichen Illerbrücke müssen die Verfolger einen großen Umweg fahren bis sie uns erreichen. Als sie bei uns eintreffen, ist auch Ernst mit seinem Ballon in unserer Nähe. Wieder übt sein Co eine Landung. Erika verläßt nun den Korb und ihre beiden Buben dürfen dafür mitfahren.

Wieder dann das Katz- und Mausspiel beider Ballone. Über dem Ausläufer des Rottachberges, jener Nagelfluhrippe, läßt Ernst und sein Co den Ballon ins Tal der Iller fallen. Wir pirschen hinterher. Der Vorsprung hat genügt, daß wir bald über eine pinkfarbene, gelandete Rosette kommen, die in den Illerauen steht. Wieder wird dort unten ein Pilotenanwärter ausgewechselt – weiter geht die Fahrt. Die Iller wird von uns abermals überquert. Im Dickicht des Ufers jagen einige Rehe davon. Meine ›Lustreise‹ geht zu Ende, wir landen. Ich steige aus und ein Verfolger ein. Die Fahrt dauert aber nicht mehr lange, weil Böen in die Fahrt Unruhe bringen.

Ich bin zwar schon einige Male über diesen Teil des Illertales gekommen, das aber meistens mit dem Gasballon. So ruhig diese Gasballonfahrten waren, voller Eindrücke, so abwechslungsreich und doch ungewohnt war diese Heißlüfterfahrt an diesem Tag für mich. Ich glaube, bei einer Gasballonfahrt vergißt man zeitweise – durch die Stille –, daß man seinen Aussichtsplatz der Gaskugel über sich verdankt. Beim Heißluftballon erinnert die Technik, der Brenner, kontinuierlich daran, und ein Blick in die Öffnung läßt den Riesenschirm erkennen, der uns trägt.

Es mögen die Augen des Fotografen sein, die solch eine Fahrt in Begleitung eines zweiten Ballons als besonders reizvoll erscheinen lassen. Oder ist es die ständige Unruhe des Menschen, Ungewohntes zu suchen, zu sehen, Abenteuer zu erleben? Vielleicht ist es auch nur ein ganz simples Bedürfnis von mir, dieses Buch vielfältig zu gestalten, Vorträge aus ungewohnter Perspektive zu zeigen? Ich kann die Fragen nicht beantworten. Mit einem weiteren Beispiel möchte ich aufzeigen, daß ein außergewöhnliches Erlebnis mit ungewohnter Perspektive kaum etwas mit Höhenkoller, eher mit dem Abenteuer des Ungewohnten zu tun hat.

Ein halbes Jahr nach unserer Kirchturmbesteigung zieht uns die Kirche wieder in ihren Bann, zum Kirchturm hin. Aber es ist dann weniger die Kirche, die zwar auch zu einigen Aufnahmen verleitet, es ist der zweite Ballon, der uns zeitweise begleitet.

Angefangen hat alles an jenem Februartag als hätte man ihn aus einem Wintermärchen entnommen. Beinahe etwas spät – für den Fotografen – treffen wir an dem ausgesuchten Startplatz ein, denn die Sonne schwenkt schon nach Süden. Dennoch kommt es uns vor als sei Heiliger Abend, oder wir müßten mitwirken in einer Weihnachtspostkarte. Weil das Wetter so schön ist, haben wir auch vor, einige Winteraufnahmen mit beiden Ballonen zu machen, aber daß wir solch ein Postkartenmotiv antreffen würden: dickverschneite Tannen, verzuckerte Berge und eine verträumte winzige Kapelle am Waldrand.

Als die Brenner der beiden Ballone die Rehe der nahen Wildfütterung in die Flucht schlagen, bin ich wieder am Komponieren. Aber hier entsteht dann keine Wintersymphonie in Tönen für das Ohr, sondern eine für das Auge. Doch auch Molltöne werden angeschlagen: Wir haben ungeduldige Passagiere dabei, die wollen an den Himmel. Wer will das nicht?

Auch ich möchte an solch einem Tag an den Allgäuer Himmel. Und das Wintermärchen wird tatsächlich wahr, als Erwin mich fragt, ob ich bei ihm mitfahren möchte. Wenig später hebt uns der Ballon in den Himmel des schönsten Tages in diesem Winter. Der andere Ballon steht noch immer im Schnee, wirkt wie jene blaue Blume der Sehnsucht ... Und gerade das ist es, was zufriedener, nachdenklicher macht: Losgelöstsein von der Erde und zu wissen – angesichts eines anderen Ballons –, daß man keine Flügel hat, aber ein prächtiges Fahrzeug benutzt, um damit in den Himmel entführt zu werden.

Bedächtig löst sich nun der weißblaue Ballon vom Schnee und bringt vorsichtige Bewegung in dieses Winterbild. Das erkennt man eigentlich nur daran, daß der obere Teil des Ballons – einer blauen Rosette gleich – zunehmend größer wird. Erwin hat so große Freude daran, mal höher, mal tiefer an dem Ballon zu bleiben, daß mir das Beispiel vom Komponisten wieder einfällt: Er komponiert den Ballon in die Landschaft ...

Und was sich im Süden für eine Landschaft auftut. Es ist heute der erste ›richtige‹ Tag in diesem Winter, der sich zu überbieten scheint: tiefverschneite Wälder und Weiden, prächtig verzuckerte Berge, an denen Nebelreste segeln, und ein Himmel, der zu unseren Ballonen paßt: weiß und blau. Es sind die Farben des Winters: kühl, wohltuend und voller Tiefe.

Von der Nähe betrachtet trägt der andere Ballon als Dekor neben der Aufschrift des Sponsors noch das Bildnis eines Adlers. Für mich ist diese Fahrt wie es der Flug eines Adlers auch sein mag: umgeben von Wolken, von Bergen, losgelöst von der Erde und dennoch auf der Suche nach Beute. Meine Beute ist die Fotoausbeute, in der ich den weißblauen Ballon in dieser prächtigen Landschaft mal hinter, mal unter uns wiederzufinden hoffe.

In 1200 Meter Höhe driften wir gemächlich nach Norden, dem Ortsrand von Oberstdorf zu. Ernst, der den anderen Ballon führt, hat es vorgezogen, tief zu bleiben. Er zieht dem westlichen Ortsrand zu. Später, als wir über dem Ort sind, läßt Erwin den Ballon fallen, wir erhalten ebenfalls Drift nach Westen. Und der Pilot hat es scheinbar wieder auf die Kirche abgesehen. Kaum 50 Meter nördlich der Kirchturmspitze können wir beide nun, Kreuz und Kugel, golden im Gegenlicht glitzern sehen.

Ich denke zurück an meinen Ausguck wenige Meter unter Kreuz und Kugel, als hier unter uns am Marktplatz das Dorffest wogte. Erwin wird sich an seinen Flirt mit der Kirchturmspitze erinnern. Damals hatte ich den so ungewohnten Blick auf den Ballon, in dessen Korb ich nun stehe. Und diesmal hatte ich den so seltenen Blick auf einen Ballon herab, der zusammen mit der prächtigen Landschaft für mich ein Wintermärchen darstellte.

Nach dieser Fahrt, vielleicht schon morgen, werde ich denken: es war einmal ... Aber denke keiner, all das ersann ich in einem Anflug von Höhenkoller. Passender ist: Solche Fahrten sind ebenfalls unvergeßliches Abenteuer und beste Medizin gegen Höhenkoller ...

LAMPION AM VOLLMONDHIMMEL

Aus verschiedenen Gründen ist es den Ballonfahrern tagsüber nicht gelungen, ihren Heißluftballon über die herbstliche Bilderbuchlandschaft zu hängen. So nimmt man sich die Nacht dafür her, eine Föhnnacht, in der ein klarer Mond nicht mehr voller werden kann.

Man könnte meinen, in der Nacht sei ein Ballon wirklich frei und könnte starten wie, wann und wo er wolle. Aber das täuscht. Es ist sogar so, daß ein Pilot aus Augsburg hat anreisen müssen, der die Nachtfahrtberechtigung hat. Ernst, unser Pilot, hat bereits eine Nachtfahrt hinter sich; aber für die Nachtfahrtberechtigung ist eine zweite Fahrt notwendig. So sind in dieser Nacht zwei Piloten unterwegs, um eine Ausbildungsfahrt zu absolvieren.

Aber nicht nur diese Nachtfahrtberechtigung ist für eine Fahrt notwendig. Der Ballon muß vom

Der Gasballon wird für eine Nachtfahrt vorbereitet.

Korb aus beleuchtet werden, weiterhin ist eine Blinkeinrichtung vorgeschrieben sowie ein Flugplan, den der Pilot dem zuständigen Flughafen mitteilen muß.

Unser nächtlicher Startplatz liegt südlich von Oberstdorf. Wir wollen so südlich wie möglich starten, damit der Südwind den Ballon nicht zu

Der Heißluftballon wird dann erst zu einem Lampion, wenn der Brenner einsetzt.

weit in das Alpenvorland trägt, denn über ihm lagert beständiger Nebel. Über unser Vorhaben ist auch die Polizei unterrichtet, damit die weiß, daß unser Ballon kein Ufo ist.

Noch vor vier Uhr morgens ist der Korb hergerichtet, und die Brennerprobe wird durchgeführt. Wenig später bringt der Ventilator Leben in die Hülle. Die Geräusche des Brenners und des Ventilators lassen sogar uns erschrecken. Ihr Echo kommt unerwartet stark aus dem Bergwald zurück. Die Flamme des Brenners ist so grell, daß wir befürchten, die Bewohner des nahen Ortes und vor allem die Tiere des Waldes könnten gestört werden. Sogar ›Dachs‹ schlägt an, unser heißluftgewohnter Schäferhund, und weckt damit einige seiner Artgenossen in der Umgebung.

Bis der Ballon seine volle Gestalt erreicht hat, gibt es für die kleine Mannschaft alle Hände voll zu tun. Die vorgeschriebene Nachtfahrtbeleuchtung im Korb und außerhalb wird montiert. Immer wenn der Pilot den Flammenstrahl des Brenners in die Hülle schickt, um den Ballon nicht abkühlen zu lassen, steht er tatsächlich da wie ein Lampion: leuchtend, fast glühend.

Der Ballon erhebt sich in die Vollmondnacht. Verfolger wie Ballonfahrer können nun, jeder von seinem Ort, die im Mondlicht gleißenden Neuschneegipfel bewundern. Sie können den Föhnhimmel mit seinem wilden Wolkenspiel betrachten, und über all dem den vollen Mond, der Wolken und Landschaft weicher erscheinen läßt. Die Ballonfahrer am Himmel werden auch von den tausend Lichtern am Boden fasziniert sein. Diese Bilder werden um so eindrücklicher, je weiter der Ballon über das Illertal nach Norden kommt und je mehr sich der Mond über der Hörnerkette im Westen neigt. Manchmal wird für uns Verfolger aus der Begegnung des Mondes mit dem Ballon eine kurze Mondfinsternis.

Mehr als zwei Stunden dauert diese Fahrt. Und als der Ballon den Himmel verläßt, ist auch die Mondscheibe hinter dem Hauchenberg versunken.

Wie ein Lampion am Nachthimmel: Nachtfahrt mit dem Heißluftballon.

Ein anderes, helleres und wärmeres Licht kündigt sich im Osten an. Schleierartige Föhnwolken leuchten in zartem Rosa auf.

Auf dem Spaziergang am Nachmittag mit meiner Frau sprechen mich immer wieder Leute an: Weißt du, was heute morgen los war? Ward ihr das? Es war wunderbar anzusehen! Das einzige, was gestört hat, war das Geräusch, aber wäre das nicht gewesen, hätte man diese Himmelserscheinung verschlafen.

Kleine und große Fragen übers Ballonfahren

Einsam und noch so menschenleer mag einer landenden Ballonbesatzung die Gegend vorkommen, aber von irgendwoher kommen immer Kinder, kommen Erwachsene an den Korb geeilt. Gerade die Kinder entdecken und erreichen als erste den landenden Ballon. Und welchen Spaß macht es den Landenden, von Kindern empfangen zu werden! Über Wiesen und Feldwege sind sie dem Ballon hinterhergeradelt, um bei der Landung dabeizusein. Manchmal ist so ein kleiner Mensch vor Erschöpfung einer Ohnmacht nahe, überglücklich, sein Ziel – den gelandeten Ballon erreicht zu haben.

Während der Ballonmeister die Leinen ordnet, beobachtet ihn staunend und fragend die Jugend.

Fragende Kinderaugen hängen an den Himmelfahrern, es gibt ein richtiges Frage- und Antwortspiel, das die Ballöner seit je kennen und – wenn es die Zeit erlaubt – mitspielen. Aber was soll man antworten, wenn ein Bub beim Zusammenlegen des Ballons fragt: »Wird der Ballon auch noch gebügelt?« Er konnte sich wohl kaum vorstellen, daß ein so großer Ballon in ein so kleines Verfolgerauto passen könnte. Oder als der Ballon an einer Wallfahrtskirche landete und ein altes Weible fragte: »Hätte man die Ballonlandung nicht auf Plakaten bekanntgeben können? Da wäre nämlich mein Mann zur Wallfahrt mitgekommen.«

Das sind ausgefallene, oft komische Fragen. Aber auch andere, ›vernünftige‹, werden immer wieder gestellt. Ein paar davon möchte ich jetzt, zum Schluß der Berichte meiner Ballonabenteuer, dem Leser beantworten.

FLIEGT ODER FÄHRT EIN BALLON?

Nur in Deutschland heißt es, daß ein Ballon ›fährt‹. In anderen europäischen Ländern, wie in Österreich, Frankreich und der Schweiz, wird ›geflogen‹. Es ist einfach eine Sache der Tradition. So, wie man im deutschen Sprachgebrauch von der Schiffahrt sprach, so bürgerte es sich ein, daß der

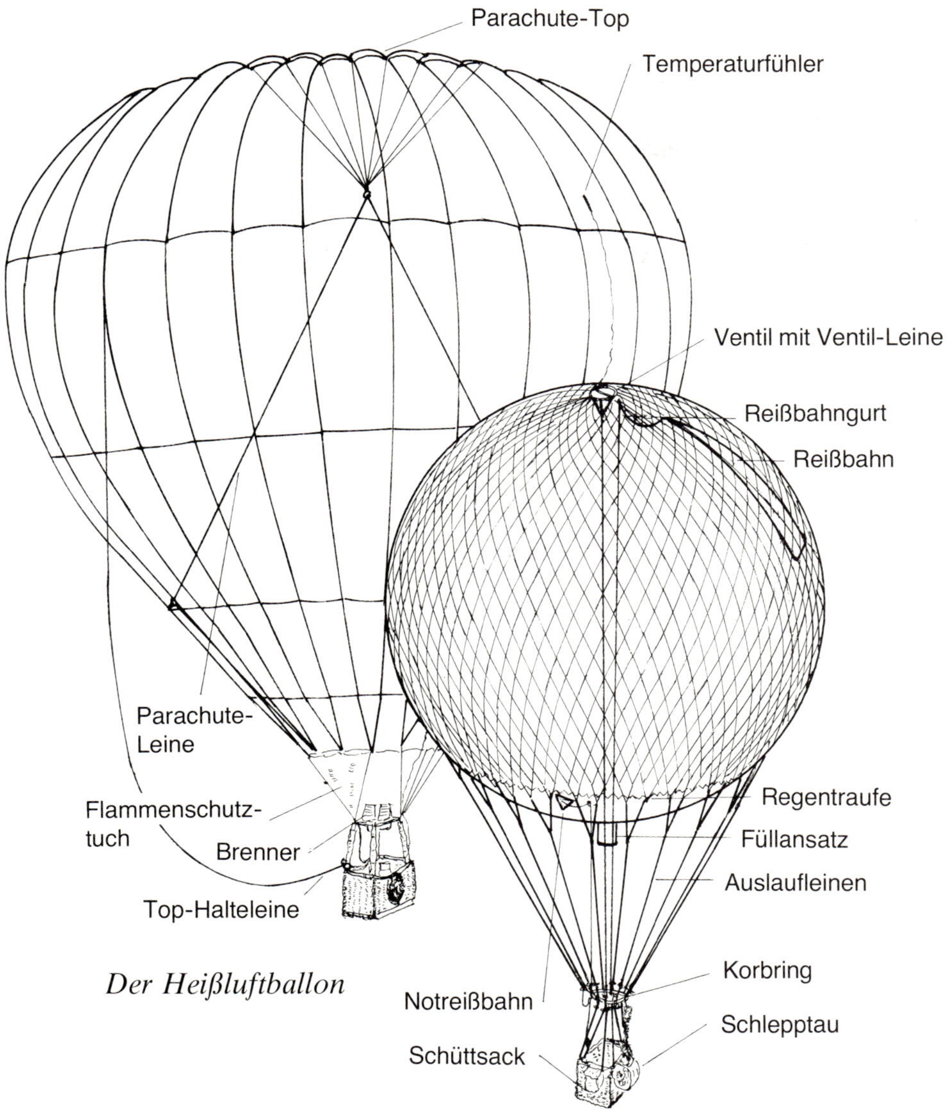

Der Heißluftballon

Der Gasballon

Ballon zur Luftfahrt gehöre, ein Luftschiff sei. Man nannte die Ballonkapitäne – nicht nur in Deutschland! – Aeronauten, also Luftschiffer, die mit ihrer boots- oder schiffsähnlichen Gondel am Ballon durch die Luft fuhren. Später kamen andere hinzu, die den Begriff vom ›Fahren‹ pflegten: die Luftschiffer der Zeppeline. Die deutschen Zeppeline waren bereits zur Jahrhundertwende zu einem weltweiten Begriff geworden. Nur Helium oder Wasserstoff hält Luftschiffe in der Luft. Alle Fluggeräte, die leichter als Luft sind, ›fahren‹ also, im Unterschied zu den Flugzeugen, die schwerer als Luft sind und ›fliegen‹.

Aber im allgemeinen ist das für den Ballonfahrer kein Problem. Im Luftverkehrswesen wird der Sprechverkehr weitgehend in Englisch durchgeführt. Auch der Ballonpilot hat sich danach zu richten und muß sich – vor allem im Ausland – an die internationalen Gepflogenheiten halten. In diesem Sprechverkehr ›fliegt‹ ein Ballon, auch auf Beamtendeutsch hat er zu ›fliegen‹.

So kommt es immer wieder mal vor, daß deutsche Ballonpiloten – sprachlich – in die Klemme kommen. Es kann sein, daß ein Pilot sich über Funk beim Flughafen meldet. Vielleicht wird er kurz und bündig von seiner ›Fahrt‹ Mitteilung machen. Der Controller im Tower wird das akzeptieren, vielleicht wird er dem Piloten weiterhin eine gute ›Fahrt‹ wünschen – sicher sogar, wenn es ein Deutscher ist. Aber es können noch andere Leute Probleme damit bekommen: die Passagiere, die Mitfahrer, die das erste Mal im Korb gestanden sind. Wenn sie nach der Ballonfahrertaufe von ihrem ›Ballonflug‹ schwärmen oder wieder mal ›mitfliegen‹ möchten, dann freuen wir Ballöner uns schon auf die Extrarunden an geistigen Getränken, die beim Landefest fällig werden. Auch das ist Tradition – wenn auch nur eine deutsche …

WIE FREI IST DER FREIBALLON?

Fesselballone wurden hauptsächlich in Kriegszeiten eingesetzt. Mit verankerten Ballonen, auch als Sperrballone bezeichnet, wurden teilweise ganze Orte und Landstriche ›abgesperrt‹, um angreifende Tiefflieger abzuwehren. Fesselstarts – oder besser Fesselaufstiege – werden auch heute noch gemacht. Der Ballon wird an einem langen, verankerten Seil so weit hochgelassen, wie es eben das Seil erlaubt oder wie es ratsam erscheint. Das gibt den ›Passagieren‹ Gelegenheit, ungefähr das Gefühl einer ›richtigen‹ Ballonfahrt zu erleben. Fesseln legt man dem Freiballon auch hin und wieder an, wenn er bei einer Veranstaltung für Werbezwecke aufgestellt wird.

Aber geben wir das Kommando: »Leinen los!« Ab sofort ist der Ballon dem Wind überlassen und damit ein Freiballon. Der Pilot registriert beim Steigen des Ballons die Windrichtung in den verschiedenen Höhen, vielleicht vermerkt er sie im Bordbuch. Nur durch Steigen und Sinken, genauer durch die verschiedenen Windströmungen in den jeweiligen Luftschichten läßt sich der Ballon beeinflussen, nicht eigentlich steuern. Der Pilot hat auf diese Weise eine gewisse Möglichkeit, Hindernissen auszuweichen und das Landegebiet zu bestimmen.

Hindernisse in der Luft? Nun, ein Ballon kann hoch oder tief fahren. In niedrigen Höhen können Kamine, Türme, große Gebäude, Sendemasten, Hochspannungsleitungen und viele derartige Hindernisse für den Ballon darstellen. Sie zu umgehen – um nicht vor ihnen landen zu müssen –, wird der Pilot den Ballon fallen oder steigen lassen.

Zu diesen sichtbaren Hindernissen, die einem Ballon gefährlich werden können, zählen auch Gewitterwolken. Kann einem Gewitter nicht großräumig ausgewichen werden, so muß der Ballon beizeiten landen. Es gibt aber noch andere – nicht sichtbare – Hindernisse für einen Ballon – vor allem für den Piloten, die Regeln des Luftrechts und der Luftüberwachung.

Da ist einmal der zivile Bereich der Luftüberwachung mit seinen Kontrollzonen. Zum anderen die militärische Überwachung mit ähnlichen Kontrollbereichen und Gefahrengebieten, vor allem Tiefflugzonen. Vieles davon ist am Wochenende nicht ›aktiv‹, gilt also nur an Werktagen. Da sich diese Bereiche immer wieder ändern, werden jährlich spezielle Luftfahrerkarten herausgegeben, die alle Kontrollzonen, Beschränkungsbereiche und Gefahrengebiete enthalten. Nach diesen speziellen Landkarten hat sich der Pilot zu richten. Den Umgang mit ihnen hat er bei seiner Ausbildung gelernt, ebenso den mit dem Luftrecht und der Flugüberwachung.

Für den Ballon sind all diese Auflagen, Bestimmungen und Beschränkungen – die sicher notwendig sind – Hindernisse, die ihn stark einschränken. Dennoch ist vieles möglich. Oft liegt es am Piloten und seinem korrekten Umgang mit den Regeln des Luftverkehrs, daß für diese oder jene Kontrollzone eine Freigabe erteilt wird.

In Kontrollzonen mit schwierigen Bereichen – vor allem mit starkem Luftverkehr – kann ein im Ballonkorb mitgeführter Transponder, ein Sekundär-Radarantwortgerät, eine Freigabe bewirken. Am Transponder ist auch ein elektrischer Höhenmesser angeschlossen. Der Mann am Radarschirm der jeweiligen Leitzentrale kann damit den Ballon orten und seine Höhe feststellen. Ohne dieses Gerät bleibt ein Ballon auf dem Radarschirm unsichtbar.

Da lobe ich mir den Alpenraum; der ist zwar mit genügend natürlichen Hindernissen gespickt, aber im Luftraum darüber ist der Ballon relativ frei. In den meisten Teilen der Alpen wird ein Ballon in Höhen vorstoßen können, die über dem Flachland nicht erreicht werden dürfen. Dennoch ist bei Alpenfahrten der Kontakt mit einem Flughafen, mit der Flugsicherung zu empfehlen oder gar unerläßlich.

Es gibt noch einige Vorschriften, die zwar die Freiheit des Ballons einschränken, aber ebenfalls der Sicherheit dienen: die Sichtflugregeln. Ein Ballon darf erst in der Zeit des Sonnenaufganges starten und muß bei Sonnenuntergang landen. Auch bestimmte Abstände zu den Wolken sind einzuhalten. Will man nachts fahren, muß der Ballon mit einer Nachtfahrtbeleuchtung ausgerüstet werden, und der Pilot benötigt eine entsprechende Berechtigung. Hat der Pilot zu Beginn seiner Fahrt – bei voraussichtlichen Fahrten ins Ausland – einen Flugplan abgegeben, so erhält die Flugsicherung auch eine Landemeldung, damit alles seine Ordnung hat.

So wird der Freiballon durch Naturgesetze beeinflußt, die ihn fallen oder steigen lassen. Er wird vom Piloten beeinflußt, der ihn in der richtigen Höhe zu halten versucht, wo der Wind die gewünschte Drift verspricht. Der Ballon ist den Regeln des Luftrechts und der Flugsicherung unterworfen, die ein Pilot kennen und einhalten muß. Wären diese Vorschriften und Bestimmungen nicht, was für ein Durcheinander gäbe es am Himmel. Gerade diese Regeln sind es also, die dem Freiballon einen gewissen Freiraum einräumen.

WESHALB STEIGT EIN BALLON?

Nach dem Prinzip ›leichter als Luft‹ erhält ein Ballon Auftrieb, wenn er mit dem geeigneten Gas gefüllt wird. Der Mathematiker und Philosoph Archimedes hat das Prinzip entdeckt: Der Auftrieb entspricht dem Gewicht der verdrängten Flüssigkeit oder Gasmenge abzüglich dem Gewicht des verdrängenden Körpers.

Als Gase, die leichter als Luft sind, kommen Leuchtgas (Steinkohlengas), Helium und Wasserstoff in Betracht. Die Zeit des Leuchtgases ist in den siebziger Jahren zu Ende gegangen. Das Erdgas, das das Leuchtgas abgelöst hat, ist zwar überall vorhanden, aber so schwer – wenn auch leichter als Luft –, daß es nur wenig Auftrieb und damit Tragkraft erzeugt. Helium ist zwar nicht brennbar und wäre deshalb das ideale Gas, aber es ist unerschwinglich und in Deutschland kaum zu bekommen. Es bleibt für den Gasballon nur noch der Wasserstoff übrig.

Luft hat bei 0°C und auf die Höhe des Meeresspiegels (NN) bezogen ein Gewicht von etwa 1,3 kg pro m^3. Wasserstoff hat bei gleicher Temperatur und in gleicher Höhe (NN) ein Gewicht von etwa 0,09 kg pro m^3. 1 m^3 Wasserstoff hat damit ungefähr 1,2 kg Tragkraft. Wie hoch die Tragkraft wirklich ist, hängt von der Temperatur, vom Luftdruck und der Feuchtigkeit ab. Es spielt also eine Rolle, wie kalt oder wie warm es ist, wie stark die Sonneneinstrahlung ist, wie hoch der Startplatz liegt und wie hoch maximal gefahren werden soll, wie der Luftdruck sich entwickelt.

Man sieht, viele Faktoren sind zu berücksichtigen, wenn man berechnen will, mit wieviel Personen und wieviel Sack Ballast (à 15 kg) ein Ballon starten kann, der dem Wind in einer bestimmten Höhe überlassen werden soll. Man sieht daran aber auch, daß sich nicht nur in der Natur, in der Atmosphäre physikalische Vorgänge abspielen, sondern auch in der Hülle des Gasballons. Deswegen ist der Füllansatz des Gasballons, der sich am unteren Pol der Blase befindet, immer offen. Am Ende einer Ballonfahrt, die einen Tag oder länger dauern kann, hat sich der Wasserstoff so stark mit Sauerstoff vermischt, daß Knallgas entstanden ist. Deshalb ist die Endlandung die gefährlichste Phase der ganzen Fahrt.

Ein Heißluftballon wird zwar auch mit Gas, dem Propangas, ›betrieben‹. Dieses Gas ist schwerer als Luft; damit kann direkt kein Auftrieb erzeugt werden. Propangas, das einen hohen Heizwert hat (11000 kcal/kg), wird für das Brennersystem verwendet, das über dem Korb unter der Hüllenöffnung angebracht ist.

Beim Heißluftballon ist dasselbe Prinzip wirksam wie beim Gasballon, nur nützt man die Tatsache aus, daß Gase bei verschiedenen Temperaturen verschiedenes Gewicht haben. Wesentlich ist also die Temperaturdifferenz von Außenluft und Luft im Ballon. Für ausreichend hohe Tragkraft muß im Ballon eine Betriebstemperatur von 80 bis 110°C erzeugt werden. Höhere Temperaturen sind möglich, aber nicht zu empfehlen, da dann das Kunststoffgewebe der Hülle zu schnell altert. Beim Heißluftballon wird bei normaler Betriebstemperatur die Tragkraft nur etwa 0,35 kg pro m^3 betragen. Aus diesem Grund ist ein Heißluftballon etwa dreimal so groß wie ein Gasballon mit gleicher Tragkraft.

Bei niedrigen Außentemperaturen wird – gleichbleibende Betriebstemperatur vorausgesetzt – eine höhere Tragkraft erreicht als bei hohen Außentemperaturen. Aus diesem Grund meiden die Heißluftballonfahrer die sommerlichen heißen Mittagsstunden. Ein anderer wichtiger Grund dafür ist, daß in der Mittagszeit meist eine ausgeprägte Thermik vorhanden ist, und die bringt in jede Ballonfahrt Unruhe. Die Heißluftballonfahrer erzeugen ihre Thermik selbst und zwar in der Hülle.

Und wie geht's abwärts?

Beim Gasballon wird ein ›Fall‹ einsetzen, er wird sinken, wenn sich das Gas in der Hülle abkühlt. Dasselbe passiert beim Heißluftballon, wenn nicht mehr geheizt wird. Dennoch wird man einen Landevorgang dadurch beschleunigen, daß man durch das Ventil am oberen Pol des Gasballons Gas entweichen läßt und damit die Tragkraft verringert. Beim Heißluftballon kann ebenfalls am oberen Pol, am Top, ein sogenannter Parachute geöffnet werden, der ähnlich funktioniert wie das Ventil am Gasballon. Dadurch tritt ein Teil der heißen Luft aus, kältere strömt von unten, von der Hüllenöffnung nach. Durch dieses dosierte Entweichenlassen von Gas oder heißer Luft kann erreicht werden, daß der Ballon mehr oder weniger weich landet. Verübeln kann das aber der Wind, denn der spielt nicht immer mit.

WAS IST IM BALLONKORB ALLES DRIN?

Der Ballonkorb ist für den Piloten und seine Mitfahrer für eine gewisse Zeit Aussichtsplatz und Aufenthaltsraum. Einst war dieser Aussichtsraum als Gondel, als Boot ausgebildet. Man war der Meinung, damit Wasserlandungen besser überstehen zu können. In jüngster Zeit werden vereinzelt auch ›Körbe‹ verwendet, die gar keine sind, mit einem festen Gewebe bespannte Gestelle aus Leichtmetall. Mit ihnen versucht man Gewicht zu sparen, vor allem bei Wettfahrten. Doch der liebe, gute Weidenkorb ist heute noch so beliebt wie eh und je.

Es wird immer wieder die Frage gestellt, was eigentlich im Ballonkorb alles mitgeführt wird. Da ist einmal wichtig, ob mit Gas oder Heißluft gefahren wird; zum anderen, was man mit dem Ballon vorhat: Soll er Passagiere befördern, und das im Flachland oder in den Bergen? Soll sich der Ballon auf einer Wettfahrt bewähren? Soll er vielleicht sogar eine Hochalpenfahrt, eine Alpenüberquerung unternehmen.

Die Grundausstattung eines Ballonkorbes ist eigentlich sehr einfach. Beim Gasballon hängt außen am Korb die Schürze, die das 50 mm starke und etwa 30–40 Meter lange Schlepptau aufnimmt. In dieser Schürze liegt meist auch ein Halteseil. Schlepptau und Halteseil sind mit einem Ende am Korbring befestigt. An einer Schmalseite des Korbes hängt der Schüttsack, der etwa 30 kg Ballastsand aufnehmen kann. Mit einer Schaufel – ähnlich einer Mehlschaufel – die mit einer Schnur gesichert ist, kann der Pilot dann schäufelchenweise Ballast abgeben. Manchmal ist auch ein Teil der Ballastsäcke außen angebracht, um im Korb mehr Platz zu haben. Außerhalb oder innerhalb des Korbes wird auch die Plane verstaut, in der nach der Landung die Hülle verpackt wird. Übrigens sind alle Planen, Seile, Taue, das Netz und die Hülle vor allem deswegen aus Naturfasern hergestellt, um eine statische Aufladung zu vermeiden.

Im Korb werden weitere Ballastsäcke Platz finden müssen. Einige Instrumente gehören zur Ausstattung: ein Funkgerät, ein Barograph (Höhenschreiber), ein Höhenmesser und ein Variometer, das das Fallen oder Steigen des Ballons anzeigt. Ein Transponder (Sekundär-Radarantwortgerät) kann ein nützliches Gerät sein, vor allem, wenn es in die Nähe von Flughäfen gehen sollte. Bei Nachtfahrten ist eine besondere Ausrüstung mitzuführen: Ballonbeleuchtung, Blinkleuchten, Leselampe und vielleicht auch ein Suchscheinwerfer, und natürlich die Batterie dazu.

Weiterhin nimmt der Korb die Ventiltasche und die Korbabdeckplane auf. In den Korbtaschen ist ein großes scharfes Messer oder Beil ebenso vorhanden wie ein Verbandskasten. Bei Fahrten in größeren Höhen nimmt man Sauerstoff in Flaschen mit entsprechenden Masken mit. Fallschirme werden im Ballonkorb nicht zu finden sein. Im Notfall kann der Gasballon selbst wie ein Fallschirm funktionieren.

In die Pilotentasche kommt verschiedenes: Landkarten, Luftfahrerkarten, ein Kompaß, ein Fernglas. Die verschiedenen Funkfrequenzen sind in einem Fliegerkalender aufgeführt. Für einen Notfall braucht man geeignetes Signalgerät (Trillerpfeife oder ähnliches, Leuchtkugeln). Dann ist an die Ballonpapiere zu denken und an die persönlichen Papiere. Das Bordbuch muß stets griffbereit sein und ist öfters für Eintragungen zu verwenden.

Da Gasballonfahrten meist länger dauern, nehmen Pilot und Mitfahrer im Rucksack oder in der Tasche Eß- und Trinkbares mit, auch zusätzliche Kleidung. Selbstverständlich muß geeignetes ›Taufwasser‹ an Bord sein, wenn Passagiere dabei sind, die das erste Mal im Korb stehen. So, jetzt ist aber genug im Korb, sonst hebt der Ballon nicht ab, oder zu wenig Ballast kann mitgenommen werden, oder einer muß wieder aussteigen. Alles schon dagewesen!

Der Korb des Heißluftballons ähnelt dem des Gasballons, meist ist er jedoch robuster gebaut und etwas eigenwilliger in der Form. Ballast braucht der Heißluftballon nicht. Am Korb kann ein Schleppseil hängen, eine Schleppseilschürze wird nicht verwendet. Da das Seil dünner ist als das Schlepptau beim Gasballon und auch aus Kunstfasern besteht, ist es leichter und wird deshalb in Schlaufen in eine Halterung gehängt, die sich schnell öffnen läßt. Viele Piloten halten das Schleppseil am Heißluftballon für überflüssig und bevorzugen ein Halteseil, das im Korb wenig Platz wegnimmt.

Den meisten Platz im Korb des Heißluftballons

nehmen die drei, vier oder noch mehr Propangasflaschen ein, die in den Ecken verzurrt werden. Außer den 30–35 kg schweren Flaschen wird auch ein kleiner Feuerlöscher mitgeführt. Die anderen Geräte (Funkgerät und andere) entsprechen denen beim Gasballon. Ein Gerät besonderer Art wird speziell beim Heißluftballon verwendet: ein elektrisches Thermometer, das über ein Kabel mit einem Temperaturfühler im oberen Teil des Ballons verbunden ist.

Oft ist es sinnvoll, auch den Packsack im Korb mitzunehmen, in dem nach der Landung die Ballonhülle verstaut wird. Sturzhelme sollten im Heißluftballon dabeisein, da sich am Ballon doch einige Teile aus Metall befinden und man sich bei einer harten Landung empfindlich wehtun kann. Durch die größere Angriffsfläche, die er dem Wind bietet, sind beim Heißluftballon härtere Landungen möglich als beim Gasballon.

Die Heißluftballöner können sich meist auf kürzere Fahrten (ein bis zwei Stunden) einrichten als die Gasballonfahrer. Daher kann Eß- und Trinkbares entfallen. Auch das ›Taufwasser‹ kann ein Pilot vergessen, denn meist hat er bei seiner Fahrt gar nicht die Zeit, sich von den Geräten abzuwenden, um seine Mitfahrer zu taufen. Wohl oder übel wird die Taufe dann nach der Landung am Boden durchgeführt.

Der Inhalt der Pilotentasche entspricht dem eines Gasballonfahrers. Einen Gegenstand sollte ein Heißluftballonpilot aber nie vergessen, den ein Gasballonpilot tunlichst am Boden läßt: ein Feuerzeug. Denn wenn der Brenner erlischt und nicht mehr angezündet werden kann, geht's nur noch nach unten. Und das kann unangenehm werden …

WIE TEUER IST DER BALLONSPORT?

Im allgemeinen kostet ein Gasballon einer bestimmten Größe annähernd gleich viel wie ein Heißluftballon mit der selben Tragkraft. Ein Ballon mittlerer Größe, das heißt ein 1000 m^3 fassender Wasserstoffballon oder ein 3000 m^3 großer Heißluftballon, die 3–4 Personen befördern können, kostet etwa 50000 Mark. Während beim einen das Dekor den Preis beeinflußt, so spielt beim Wasserstoffballon eine Rolle, ob er aus einfachem oder doppeltem (doubliertem) Stoff hergestellt ist.

Doch mit der Anschaffung ist es nicht getan. Ein Ballon ist praktisch ›wertlos‹, wenn er nicht mit Geräten (Funkgerät, Höhenmesser, Höhenschreiber, Variometer usw.), der Heißluftballon, wenn er nicht mit Gasflaschen bestückt wird. Ein Verfolgerfahrzeug, ein Rückholfahrzeug ist ebenso notwendig wie einige ›hochprozentige‹ Versicherungen.

Demnach müßte eine Gasballonfahrt annähernd gleich viel kosten wie die mit einem Heißluftballon. Doch die Zahl der Gasballone in Deutschland stagniert, der Heißluftballon erlebt einen enormen Aufschwung. Der Grund? Der Gasballon ist im Unterhalt bedeutend teurer als der Heißluftballon.

Man bedenke, ein Wasserstoffballon durchschnittlicher Größe braucht für eine Füllung etwa 1000 m^3 Wasserstoff. Das Gas kann in Deutschland nur von einigen Chemiewerken bezogen werden. Einige Startplätze haben in ihrer Nähe ein Chemiewerk und werden über eine Rohrleitung versorgt, andere haben diesen ›Luxus‹ nicht. Hier muß für jede Füllung mit einem speziellen Lastwagen Wasserstoff geholt werden. Mehr als hundert Gasflaschen sind auf einem solchen Lkw montiert. Und ihr Inhalt reicht gerade aus, einen 1000-m^3-Ballon zu füllen.

Noch mehr Aufwand wird bei Großveranstaltungen betrieben. Dann rücken große Sattelzüge an, deren Gastanks wie Raketen aussehen. Der Inhalt eines dieser Fahrzeuge reicht für die Füllung von zwei bis drei Gasballonen.

Extrem ist der Aufwand dann bei der Internationalen Hochalpinen Ballonsportwoche in Mürren. Dort, im Berner Oberland, müssen die Gascontainer mehrmals umgeladen werden, damit sie mit der Standseilbahn und Zahnradbahn transportiert werden können. Ein Gabelstapler holt die Container vom Bahnhof ab und transportiert sie zum mehrere hundert Meter entfernt liegenden Startplatz. So ist es nicht verwunderlich, daß ein Platz bei einer Hochalpenfahrt mehrere tausend Franken kostet. In diesem Preis ist allerdings der Hotelaufenthalt eingeschlossen, da Ballonfahrer manchmal tagelang auf geeignetes Wetter warten müssen.

Bedeutend preisgünstiger sind Gasballonfahrten von deutschen Startplätzen aus. So wird dort ein Platz im Korb des Gasballons – je nach Aufwand – zwischen 500 und 600 Mark liegen. Demgegenüber sind die Kosten für den Betrieb des Heißluftballons noch deutlich niedriger. Das Propangas, das für den Brenner benötigt wird, ist fast in jedem Ort zu haben. Auch der Wasserstoff für den Gasballon war einst äußerst preisgünstig, fast ein Abfallprodukt. Heute wird er in vielen Bereichen der Industrie verwendet, und das treibt den Preis in die Höhe. Der Heißluftballon kann also problemlos mit Propangas versorgt werden, das dazu noch kostengünstig ist. Der Heizwert des Gases ist sehr hoch (11000 kcal/kg), so daß für eine einstündige Ballonfahrt kaum mehr als 50 kg Flüssiggas verbraucht werden. Ein Platz im Korb des Heißluftballons kostet daher kaum mehr als 300 bis 350 Mark.

Man kann es aber auch anders haben. In Österreich wird eine Heißluftballonfahrt mit anschließender Wanderung für 8000 Schilling angeboten. Bombastischer wird es in unserem westlichen Nachbarland Frankreich: Eine amerikanische Firma organisiert im Burgund dreitägige Ballonflüge, die mit Picknick im Schloßgarten annähernd 3000 Dollar kosten. Oder in sieben Tagen mit dem Heißluftballon durch die Champagne, selbstverständlich stilecht mit luxuriöser Unterbringung und exzellenter Küche. Dieses Vergnügen wird für 11000 Dollar angeboten …

WIE ALT WIRD EIN BALLON?

Die Lebensdauer eines Ballons hängt von seiner Behandlung, seiner Pflege ab. Das gilt für beide Ballontypen. Doch hat der Gasballon generell eine höhere Lebenserwartung als der Heißluftballon, es sei denn, ein unreparabler Schaden oder Feuer zerstörte den Ballon vorzeitig.

Der Gasballon, der aus einer Hülle aus gummiertem Baumwollgewebe besteht, das einfach oder doppelt (doubliert) sein kann, wird von einem Netz aus Leinenfasern umschlossen. An diesem Netz hängt an den unteren Leinen – den Auslaufleinen – der Korbring, und daran der Korb.

Eine Gasballonhülle aus doppeltem Gewebe kann annähernd 20 Jahre alt werden. Einfache Hüllen werden schneller verbraucht sein. Dabei schadet ein Riß der Hülle weniger als die Feuchtigkeit, die manchmal mit eingepackt wird. Es ist aber nicht so, daß Hülle und Netz generell keine Nässe vertragen, wichtig ist, daß sie nach der Landung schnellstens wieder gelüftet und getrocknet werden. Der Ballon kann nämlich bis zu seiner nächsten Fahrt – was vom Wetter abhängt – für Tage oder gar für Wochen verpackt bleiben. Ist er bis dahin nicht getrocknet worden, entstehen Stockflecken, Gewebe und Tauwerk werden angegriffen.

Das Netz des Gasballons wird das Alter der Ballonhülle kaum erreichen, zwei- oder gar dreimal wird es in dieser Zeit ausgewechselt werden müssen. Dieses empfindliche Teil verschleißt schnell.

Der Korb ist sicher das Robusteste am Ballon und überdauert meist die Lebenszeit des Ballons, vorausgesetzt, nicht allzu viele harte Landungen haben ihn mürbe gemacht.

Jeder Ballon muß alle zwölf Monate von einem anerkannten Prüfer untersucht werden. Die Kontrolle des Korbes gehört ebenso dazu wie die der Seile und der übrigen Teile. Ebenso werden Reißfestigkeitsprüfungen von Netz und Hülle über die Funktionstüchtigkeit des Ballons entscheiden.

Nicht anders ist es mit der Lebenserwartung eines Heißluftballons. Einzelne Ballone können annähernd zehn Jahre alt werden, aber das ist so ziemlich die Grenze. Der kunststoffbeschichteten Nylonhülle des Heißluftballons schadet die Feuchtigkeit weniger als die Hitze und die Sonne mit ihrer UV-Strahlung. Auch ist ein Heißluftballon gegenüber mechanischer Beanspruchung bedeutend empfindlicher als ein Gasballon.

Was beim Gasballon das Wasser ist, das zu Schäden führen kann, ist beim Heißluftballon vor allem die Hitze, die der Hülle schadet. Ein Heißluftballon einer bestimmten Größe ist für eine bestimmte Tragkraft ausgelegt. Ein Ballon ist nicht dann überladen, wenn keiner mehr in den Korb paßt, sondern wenn die Temperatur beim Start und bei der Fahrt, im oberen Teil der Hülle 110 °C überschreitet. Um das zu kontrollieren, ist dort ein Temperaturfühler angebracht, der über ein Kabel mit einem Anzeigegerät im Korb in Verbindung steht. Damit hat der Pilot ein Mittel, den Ballon schonend zu fahren.

Es liegt also in der Verantwortung des Piloten, den Ballon überhitzt (überladen) zu fahren oder schonend, was einen Platz weniger im Korb bedeuten kann. Da das Temperaturgefälle von der Außen- zur Innenluft im Winter am größten ist, ist auch die Tragkraft in dieser Zeit bedeutend größer als im Sommer.

Ein Heißluftballon ist etwa dreimal so groß wie ein Gasballon gleicher Tragkraft. Heißluftballonhüllen sind wesentlich leichter als die gummierten Baumwollgewebehüllen der Gasballone. Beides, das geringe Gewicht und die große Fläche vor allem bewirken, daß der Wind allzu oft ein leichtes Spiel mit dem Ballon hat. Entsprechend groß sind im Durchschnitt die Schäden am Heißluftballon.

Dennoch ist es wie beim Gasballon: Nicht die Risse – die sind reparabel – verringern die Lebenserwartung, sondern häufiges Überhitzen. Wie die Hülle des Gasballons, so wird deshalb die Reißfestigkeit der Hülle einmal im Jahr überprüft.

Der Korb eines Heißluftballons ist stärkeren Belastungen ausgesetzt als der des Gasballons. Die Zahl der Landungen ist beim Heißluftballon größer, weil die Fahrten meist kürzer sind und häufiger noch einmal gestartet wird. Durch die größere Hülle und die dadurch größere Angriffsfläche für den Wind sind die Landungen auch oft schneller und härter, was dem Korb zusetzt. Das wird der Grund dafür sein, daß die Körbe der Heißluftballone robuster gebaut sind.

Beim Heißluftballon sind also weniger die ›Lebensjahre‹ wichtig, sondern die Gesamtfahrstunden. Dem Gasballon setzen wiederum nicht so sehr die Stunden zu, die er am Himmel verbringt, sondern sein absolutes Alter und die Pflege, die man ihm (nicht) angedeihen läßt.

WIE WIRD MAN BALLONPILOT?

Man könnte meinen, der Luftfahrerschein für Ballonführer wäre die Vorstufe zum Schein für Sportflugzeuge, Hubschrauber, Jets und Jumbos. Doch dem ist nicht so, wenn's auch manches Gemeinsame gibt. Aber es gibt Ballonpiloten, die haben erst die Ausbildung bei der Lufthansa gemacht, sind Jets und Jumbos geflogen und haben sich später entschlossen, für ihre Freizeitgestaltung den Luftfahrerschein für Freiballone zu erwerben.

Doch werden wir etwas amtlich und schauen uns den Auszug aus der Verordnung für Luftfahrtpersonal an.

§ 46

1) Fachliche Voraussetzungen für den Erwerb der Erlaubnis für Freiballonführer sind

1. die theoretische Ausbildung,
2. die Fahrausbildung,
3. die Berechtigung zur Ausübung des Sprechfunkdienstes,
4. die erfolgreiche Teilnahme an einer Unterweisung in Sofortmaßnahmen am Unfallort.

2) Die theoretische Ausbildung umfaßt mindestens 60 Unterrichtsstunden innerhalb der letzten drei Jahre vor Ablegung der Prüfung nach § 47. Sie erstreckt sich auf die Sachgebiete

1. Luftrecht, Luftverkehrs- und Flugsicherungsvorschriften,
2. Navigation
3. Meteorologie,
4. Technik,
5. Verhalten in besonderen Fällen und bei Unfällen.

3) Die Fahrausbildung umfaßt bei Verwendung von Gasballonen mindestens 10 Ausbildungsfahrten innerhalb der letzten drei Jahre vor Ablegung der Prüfung nach § 47 mit einer durchschnittlichen Dauer von je zwei Stunden. Die Fahrausbildung umfaßt bei Verwendung von Heißluftballonen mindestens 20 Stunden Fahrzeit mit mindestens je 50 Starts und Landungen innerhalb der letzten drei Jahre vor Ablegung der Prüfung nach § 47.

4) In den Ausbildungsfahrten nach Absatz 3 müssen enthalten sein

1. fünf Stunden Fahrzeit bei Temperaturen über 20 ° Celsius, gemessen in Bodennähe,
2. fünf Stunden Fahrzeit bei Temperaturen unter 0 ° Celsius, gemessen in Bodennähe.

Vorschriften aber auch Lehrreiches gäbe es da noch vieles, vor allem, wenn man ins Detail gehen würde. So ist selbst das Pilotenhandbuch, das man vor allem für die Ausbildung verwendet, zu einem umfangreichen Wälzer angewachsen.

Die Ausbildung der Pilotenanwärter erfolgt in einer von der Luftfahrtbehörde zugelassenen Luftfahrtschule und in Vereinen, deren Piloten die Ausbildungsberechtigung besitzen. Das Sprechfunkzeugnis (die Berechtigung zur Ausübung des Sprechfunkdienstes) ist eine weitere Hürde, die auf dem steinigen Weg zum Pilotenschein genommen werden muß. Entsprechende Ausbildung bieten auch Segel- und Motorflugsportvereine an. Auch körperlich muß ein Pilotenanwärter oder eine Pilotenanwärterin auf der Höhe sein, damit er/sie die Untersuchungen für die Fliegertauglichkeit besteht.

Kaum einer, der einen Freiballon am Himmel sieht, wird an all diese Vorschriften, all dieses notwendige Wissen denken. Aber der Freiballon ist nicht allein am Himmel. Und damit der Freiballon auch weiterhin dort oben seinen Platz behaupten kann, ist es notwendig, daß der Pilot sein Wissen, seine Erfahrung erweitert und die Vorschriften einhält. Denn nur ein geübter Pilot ist ein guter Pilot und trägt zur Sicherheit am Himmel bei.

IST DAS FOTOGRAFIEREN AUS DEM BALLON ERLAUBT?

Unsere Erde wird ständig von Aufklärungssatelliten umkreist, die Aufnahmen von ungeahntem Auflösungsvermögen liefern. Und dennoch ist es grundsätzlich nicht erlaubt, aus Luftfahrzeugen über der Bundesrepublik Deutschland und einigen anderen Ländern Luftbildaufnahmen anzufertigen, es sei denn, man hat die »Genehmigung zur Herstellung von Luftbildaufnahmen«. Dieses Genehmigungsverfahren wird in den jeweiligen Bundesländern verschieden gehandhabt. Ganz wohl ist den Beamten der Luftämter dabei sicher nicht, denn das Verfahren scheint doch überholt zu sein.

Man hat also mit Genehmigung dieser Behörde seine Luftaufnahmen hergestellt. Danach müßten diese Aufnahmen unter Verschluß gehalten werden – oder die Bilder werden numeriert und die darauf zu sehenden Orte bestimmt. Dann geht's damit zum zuständigen Luftamt, wo man eine ›Freigabe‹ erbittet. Das Luftamt gibt dem Bild oder der Serie eine Freigabenummer. Nun erst ist das Luftbild so frei wie der Freiballon.

Die in diesem Buch verwendeten Luftaufnahmen sind von der Regierung von Oberbayern und vom Regierungspräsidenten in Gießen unter folgenden Nummern freigegeben worden: GS 300/9584/83, GS 300/9800/84, GS 300/9878/84, GS 300/200/86, Nr. 226/86.

Die ›letzte Schaufel Sand‹ des Verfassers

Dies ist ein etwas abgeändertes Zitat von Alfred Eckert, entnommen aus ›Der Freiballon‹. Diese Zeitschrift, die von Alfred Eckert herausgegeben wird, war mir stets – und auch zu diesem Buch – ein ebenso treuer Begleiter wie Ulrich Hohmanns ›Der Freiballon-Aktuell‹. Natürlich war das Pilotenhandbuch immer wieder mal zum Nachschlagen wichtig. Alle drei Schriften werden vom Deutschen Freiballon Sportverband e.V. herausgegeben und bieten dem interessierten Leser viel Wissenswertes. Für mein Wissen daraus danke ich dem Verband, vor allem aber den Redakteuren.

Die letzte Schaufel Sand (was nie vorkommen sollte).

Haus der Geschichte
der Bundesrepublik Deutschland (Hrsg.)

Annäherungen – Zbliżenia
Deutsche und Polen 1945 - 1995

Haus der Geschichte
der Bundesrepublik Deutschland (Hrsg.)

Annäherungen – Zbliżenia
Deutsche und Polen 1945 - 1995

Droste Verlag Düsseldorf

Annäherungen
Deutsche und Polen 1945-1995
Begleitbuch zur Ausstellung
im Haus der Geschichte
der Bundesrepublik Deutschland, Bonn
7. März bis 5. Mai 1996.

Herausgeber:
Stiftung Haus der Geschichte
der Bundesrepublik Deutschland, Bonn

Redaktion:
Eva Rommerskirchen M.A.

Redaktionsassistenz:
Thomas Rieger

Bildredaktion:
Dr. Uwe Keßler

Verlags-Lektorat:
Dr. Iris Seemann

Ausstellungsfotos:
Haus der Geschichte
Michael Jensch, Axel Thünker

Übersetzungen:
Friedrich Giese,
Waleria Radziejowska-Hahn

Die Deutsche Bibliothek – CIP Einheitsaufnahme

Deutsche und Polen 1945-1995: Annäherungen/
Haus der Geschichte der Bundesrepublik Deutschland (Hrsg.).- Düsseldorf: Droste, 1996.
ISBN 3-7700-1057-4

NE: Haus der Geschichte der Bundesrepublik
Deutschland <Bonn>

Verlag:
Droste Verlag GmbH

Gestaltung:
M&W, Mönchengladbach
Günter Schnitker, Stefan Kirschgens

Einbandgestaltung :
Helmut Schwanen
(Foto links: Warschauer Aufstand 1944,
aus: Film-Dokumentation NDR
im Dt. Fernsehen/ARD
Foto rechts: Dt.-poln. Jugendaustausch
1993 v. Paul Glaser, Berlin)

Gesamtherstellung:
Druckhaus Cramer, Greven

Printed in Germany

ISBN 3-7700-1057-4

Inhalt

Annäherungen – Zbliżenia

Vorwort zum Begleitbuch der Ausstellung

Hermann Schäfer

„Annäherungen – Deutsche und Polen 1945 bis 1995" bildet den Auftakt der Ausstellungsreihe „Deutschland und seine Nachbarn" im Haus der Geschichte, eine Abfolge von Wechselausstellungen zu den politischen, wirtschaftlichen, gesellschaftlichen und kulturellen Beziehungen zwischen Deutschland und seinen Nachbarländern. Keine andere Nation in Europa hat mehr unmittelbare Anrainerstaaten als Deutschland. Für kaum einen anderen Staat sind freundschaftliche Beziehungen zu seinen Nachbarn so wichtig wie für die Bundesrepublik Deutschland.

Das Thema ist von großer Aktualität und Bedeutung. Europa befindet sich seit Ende der achtziger Jahre in einer Phase weitreichender Umwälzungen und dramatischer Entwicklungen. Mit den friedlichen Revolutionen im Osten Europas und dem Ende des Ost-West-Konflikts begann eine neue Epoche der internationalen Beziehungen. Deutschland rückte aus seiner Randlage in Europa heraus. Die Beziehungen Deutschlands zu seinen Nachbarn, insbesondere im Osten, gewannen eine neue Qualität.

Dies gilt auch für die Beziehungen zu Polen, Deutschlands größtem östlichen Nachbarn, mit dem die Bundesrepublik Deutschland die längste gemeinsame Grenze verbindet. Nicht nur der deutsche Schriftsteller Erich Loest – auch geprägt durch seine Erfahrungen in beiden Teilen Deutschlands – sieht in Polen den wichtigsten, weil auch schwierigsten Nachbarn der Bundesrepublik.

Kein Verhältnis zwischen zwei Nachbarstaaten ist durch historische Begebenheiten ähnlich belastet. Nicht nur die fürchterlichen Erfahrungen des 20. Jahrhunderts, sondern auch die polnischen Teilungen im 18. Jahrhundert, an denen Preußen neben Österreich und Rußland maßgeblich beteiligt war, haben sich tief in das kollektive Gedächtnis der Polen eingegraben. Nach 1795 verschwand Polen völlig von der Landkarte. Der polnische Staat, zuvor eine Großmacht, hatte aufgehört zu existieren. Trotz Aufteilung und oftmals blutiger Unterdrückung blieb der Wille der Polen ungebrochen, wieder als souveräne Nation in den Kreis der europäischen Mächte aufgenommen zu werden. Eindrucksvoller Beleg für das Unabhängigkeitsstreben war auch das polnische Nationalmuseum, das im 19. Jahrhundert im schweizerischen Rapperswil seine Zufluchtsstätte gefunden hatte.

Das moderne Polen entstand aus den Trümmern des Ersten Weltkrieges. Die Wiederentstehung des Landes war eine der zentralen Bestimmungen der Versailler Friedensordnung. Der von den alliierten Siegermächten um das bolschewistische Rußland gelegte Staatengürtel hatte sich jedoch schon von Beginn an mit einer doppelten Frontstellung abzufinden. Die neuentstandenen Staaten wurden vom revolutionären Sowjetrußland einerseits und dem Deutschland der Weimarer Republik andererseits umklammert, das hinsichtlich der nach dem Ersten Weltkrieg verlorengegangenen Ostgebiete betont revisionistisch auftrat.

Diese Erfahrung mit der ersten deutschen Republik, in der sich ein anti-polnischer Konsens quer durch alle Parteien und gesellschaftlichen Gruppierungen zog, wirft – wenn auch mit unterschiedlichen Ausgangspositionen und internationalen Rahmenbedingungen – ein Schlaglicht auf die Beziehungen Polens zur Bundesrepublik nach dem Zweiten Weltkrieg.

Zwischen diesen historischen Einschnitten stand der Tiefpunkt des deutsch-polnischen Verhältnisses schlechthin: der Überfall der deutschen Truppen auf Polen im Herbst 1939 und die Zeit der nationalsozialistischen Besetzung bis in den Januar 1945. Die menschenverachtende Rassenideologie Hitlers, welche die Völker des Ostens als Untermenschen abqualifizierte, wurde mit todbringender Radikalität umgesetzt. Die Angehörigen der führenden Schichten Polens wurden konsequent verfolgt und ermordet. Jeder vierte polnische katholische Priester, jeder vierte polnische Wissenschaftler und jeder fünfte polnische Lehrer fiel den Verbrechen der Nationalsozialisten zum Opfer. Millionen Polen wurden aus ihren Häusern zwangsumgesiedelt, ebensoviele mußten Zwangsarbeit leisten. Die Hauptstadt Warschau wurde nach dem erfolglosen Aufstand des Jahres 1944 fast völlig zerstört.

Die Zukunft der beiden Völker wurde zusätzlich durch die Vertreibung der Deutschen aus den ehemaligen Reichsgebieten belastet. Millionen verloren ihre angestammte Heimat östlich von Oder und Neiße. Hunderttausende kamen dabei ums Leben. Die Siegermächte stellten die ehemals deutschen Gebiete unter polnische Verwaltung.

Haß und Feindschaft zwischen Deutschen und Polen ließen sich nicht schnell überwinden. Die Bereitschaft, wieder aufeinander zuzugehen und der Wille zur Versöhnung gehören nicht immer zu den Selbstverständlichkeiten im Umgang zwischen den Völkern. Sie erfordert Mut und Weitsicht auf beiden Seiten.

Zwischen den Staaten, die jeweils Mitglieder antagonistischer Bündnisse waren, existierten Jahrzehnte lang keine diplomatischen Beziehungen. Die Bundesrepublik verweigerte die Aufnahme von Beziehungen mit Staaten, die – wie Polen – völkerrechtliche Beziehungen mit der DDR unterhielten. Sie lehnte auch die Anerkennung der Oder-Neiße-Linie ab, für Polen Voraussetzung für die Aufnahme diplomatischer Beziehungen. Es gab allerdings auch in dieser Phase zahlreiche polnische und deutsche Initiativen, die inoffizielle Kontakte aufbauten und wirtschaftliche, kulturelle und gesellschaftliche Wege zur Annäherung zwischen Deutschen und Polen beschritten.

Das deutsch-polnische Verhältnis wurde über vierzig Jahre zudem wesentlich durch die Existenz zweier deutscher Teilstaaten geprägt. Der nominell propagierte Antifaschismus und die auf sowjetischen Druck früh erfolgte Anerkennung der Oder-Neiße-Linie als „Friedensgrenze" ließen die DDR als ein „anderes, besseres Deutschland" erscheinen, das den polnischen „Volksgenossen" in Solidarität zur Seite stand. Daß die Führung der DDR kurz vor Verhängung des Kriegsrechts in Polen 1981 zu den schärfsten Befürwortern eines Einmarsches der Truppen des „Warschauer Paktes" gehörte, wurde erst durch die deutsche Einheit und die damit verbundene Öffnung aller Archive in der ehemaligen DDR offenbar. Auch die allzu reichlich dokumentierten rassistischen Ausfälle eines Großteils der ostdeutschen Nomenklatura gegen ihre polnischen Nachbarn sind deutlicher Beleg für das Fortbestehen von Stereotypen über alle ideologischen Gräben hinweg.

Das Verhältnis Polens zur Bundesrepublik wurde neben allen wechselseitigen Schuldzuweisungen in erster Linie durch die Blockzugehörigkeit beider Staaten bestimmt. Erst als die Konfrontation zwischen den Supermächten in Europa nachließ, ergaben sich Anknüpfungspunkte für gemeinsame Initiativen. Grundlegend für die Verbesserung war die faktische Anerkennung der polnischen Westgrenze durch die sozialliberale Koalition unter Willy Brandt. Dennoch blieb die Entwicklung des deutsch-polnischen Verhältnisses immer auch geprägt von den Erfahrungen des Kalten Krieges. Erst die Auflösung des sowjetischen Satellitengürtels und letztlich auch der UdSSR selbst, der zu nicht geringem Anteil durch den Widerstand der Solidarność katalysiert worden war, eröffnete die Möglichkeiten zu einer Normalisierung der bilateralen Beziehungen.

Die Solidarität in weiten Kreisen der Bundesrepublik Deutschland mit der unabhängigen Gewerkschaftsbewegung Solidarność und ihrem Kampf gegen die kommunistische Diktatur sowie die westdeutschen Hilfsaktionen für die notleidende polnische Bevölkerung führten in den Augen vieler Polen Anfang der achtziger Jahren zu einem neuen Bild von den Deutschen.

Die Ereignisse des Jahres 1989/90 – die Wahl der ersten nichtkommunistischen Regierung Polens nach dem Zweiten Weltkrieg im Juni 1989, der Fall der Mauer in Deutschland und die deutsche Wiedervereinigung – bildeten die Grundlage für völlig neue Beziehungen zwischen Polen und Deutschen. Viele Möglichkeiten für eine Annäherung beider Völker in einem vereinten Europa stehen offen. Heute sind die Mitgliedschaft in EU und NATO Ziele der polnischen Außenpolitik. Nach einer Übergangsphase orientiert sich Polen immer stärker an den Vorbildern der sozialen Marktwirtschaft. Bonn ist aus der Sicht Warschaus der wichtigste Fürsprecher polnischer Interessen in Europa.

Dennoch trennt Deutsche und Polen noch immer eine Kluft aus Unkenntnis, Desinteresse, auch manchmal gegenseitiger Abneigung. Umfragen bringen erschreckende Ergebnisse zu Tage: Die Mehrheit der Polen sieht im vereinigten Deutschland eine potentielle Gefahr für den Frieden. Deutsche Jugendliche offenbaren großes Unwissen. In Anlehnung an ein Wort eines britischen Romanciers des 19. Jahrhunderts blicken viele Deutsche auf Polen „wie auf einen Nachbarn, der uns nicht vorgestellt wurde."

Die Ausstellung „Annäherungen" will informieren, Vorurteile und Mißverständnisse abbauen und das Interesse am jeweiligen Nachbarn fördern. Sie möchte ein Beitrag zur Annäherung, Verständigung und Aussöhnung zwischen Deutschen und Polen leisten. Daher wird die Ausstellung nach der Präsentation in Bonn auch im Unabhängigkeitsmuseum in Warschau zu sehen sein. Mein herzlicher Dank gilt dem Direktor des Unabhängigkeitsmuseums, Herrn Dr. Andrzej Stawarz, der diese Zusammenarbeit und damit auch die Annäherung unserer Museen ermöglichte.

Zur Aufarbeitung der gemeinsamen Geschichte von Deutschen und Polen will auch dieses Buch zur Ausstellung beitragen. Polnischen und deutschen Autoren danke ich für ihre Bereitschaft, zentrale Aspekte der deutsch-polnischen Beziehungen zu beleuchten und damit einen fundierten Überblick zu ermöglichen. Mein besonderer Dank gilt Herrn Dr. Dieter Bingen und Herrn Prof. Dr. Hans-Henning Hahn, die in Zusammenarbeit mit Herrn Dr. Andreas Lawaty und Herrn Jürgen Vietig das Basiskonzept für diese Ausstellung erarbeiteten. Für zahlreiche Anregungen zu diesem Konzept danke ich den Herren Prof. Dr. Władzimierz Borodziej, Adam Krzemiński, Prof. Dr. Hubert Orłowski, Prof. Dr. Klaus Zernack, Prof. Dr. Klaus Ziemer.

Mein herzlicher Dank gilt auch den Mitgliedern des Wissenschaftlichen Beirates der Stiftung Haus der Geschichte der Bundesrepublik Deutschland, die unsere Arbeit intensiv begleiten und zahlreiche wertvolle Hinweise und Anregungen gaben. Namentlich danke ich dem Präsidenten des Bundesarchivs, Herrn Prof. Dr. Friedrich Kahlenberg, der auf Bitte des Beirates dieses Ausstellungsprojekt betreute.

Ohne die Unterstützung durch zahlreiche polnische und deutsche Leihgeber, die aussagekräftige Exponate zur Verfügung stellten, wäre diese Ausstellung nicht möglich gewesen. Ihnen danke ich besonders herzlich.

Möge die Ausstellung in Bonn und Warschau zur Annäherung, zum besseren Verständnis zwischen Polen und Deutschen beitragen, dann hätte sie ihr wichtigstes Ziel erreicht.

Annäherungen – Zbliżenia

Słowo wstępne do książki towarzyszącej wystawie

Hermann Schäfer

Wystawa „Zbliżenia - Niemcy i Polacy w latach 1945 - 1995“ jest początkiem serii zatytułowanej „Niemcy i ich sąsiedzi“ w Domu Historii Republiki Federalnej Niemiec, szeregu kolejno zmieniających się ekspozycji, dotyczących politycznych, gospodarczych, społecznych i kulturalnych stosunków pomiędzy Niemcami i ich sąsiadami. Nie ma narodu w Europie, który by posiadał więcej państw ościennych niż Niemcy. Dla niemalże żadnego innego państwa przyjacielskie stosunki z sąsiadami nie są tak ważne jak dla Republiki Federalnej Niemiec.

Jest to temat bardzo ważny i aktualny. Od końca lat osiemdziesiątych Europa znajduje się w fazie dalekosiężnych przewrotów i dramatycznego rozwoju. Wraz z pokojowymi rewolucjami na wschodzie Europy i z zakończeniem konfliktu Wschód - Zachód rozpoczęła się nowa epoka stosunków międzynarodowych. Niemcy wyszły ze swego marginalnego położenia w Europie. Stosunki Niemców z ich sąsiadami, szczególnie na Wschodzie, uzyskały nową jakość.

Dotyczy to również stosunków z Polską, największym wschodnim niemieckim sąsiadem, z którym Republikę Federalną Niemiec łączy najdłuższa granica. Nie tylko niemiecki pisarz Erich Loest – ukształtowany również poprzez doświadczenia w obu częściach Niemiec - widzi w Polsce najważniejszego, bowiem także najtrudniejszego, sąsiada Republiki Federalnej.

Żadne inne stosunki między dwoma państwami ościennymi nie są w podobny sposób obciążone historycznymi faktami. Nie tylko straszliwe doświadczenia XX wieku, ale także rozbiory Polski w wieku XVIII, w których Prusy obok Rosji i Austrii w decydującym stopniu brały udział, wryły się głęboko w zbiorową pamięć Polaków. Po 1795 r. Polska znikła całkowicie z mapy geograficznej. Państwo polskie, poprzednio wielkie mocarstwo, przestało istnieć. Pomimo podziału i często krwawego ucisku wola Polaków do przyjęcia ich ponownie w krąg europejskich mocarstw jako suwerennego narodu pozostała niezłomną. Znamiennym symbolem dążeń niepodległościowych było również Polskie Muzeum Narodowe, które w XIX w. znalazło schronienie w szwajcarskim Rapperswil.

Nowoczesna Polska powstała z ruin pierwszej wojny światowej. Odzyskanie przez nią niepodległości było jednym z centralnych zarządzeń Wersalskiego Układu Pokojowego. Założony wokół bolszewickiej Rosji przez sprzymierzone zwycięskie mocarstwa pierścień państw musiał od samego początku pogodzić się z pozycją podwójnego frontu. Nowopowstałe państwa zostały otoczone z jednej strony przez rewolucyjną Rosję Radziecką, a z drugiej przez Niemiecką Republikę Weimarską, która wyraźnie podkreślała swe rewizjonistyczne nastawienie do utraconych po pierwszej wojnie światowej wschodnich obszarów.

Doświadczenie poczynione przez Polskę z pierwszą niemiecką republiką, w której jednomyślnie antypolskie nastroje przewijały się przez wszystkie partie i ugrupowania polityczne, rzuca światło na stosunki Polski z Republiką Federalną po drugiej wojnie światowej, chociaż pozycje wyjściowe oraz ramy stosunków międzynarodowych znacznie się od siebie różniły.

Pomiędzy owymi historycznymi oznakowaniami leży ten jednoznacznie najgorszy stan w stosunkach niemiecko-polskich: inwazja wojsk niemieckich na Polskę jesienią 1939 r. i okres nazistowskiej okupacji aż po styczeń 1945 r. Gardząca człowiekiem rasistowska ideologia Hitlera, degradująca wschodnie narody do podludzi, realizowana była ze śmiertelną radykalnością. Członków polskich sfer wiodących konsekwentnie prześladowano i mordowano. Co czwarty polski ksiądz katolicki, co czwarty polski naukowiec i co piąty polski nauczyciel padli ofiarami narodowosocjalistycznych zbrodni. Miliony Polaków zostały gwałtem wysiedlone ze swoich domów, tyle samo wykonywało roboty przymusowe. Stolica kraju Warszawa została po stłumieniu powstania w 1944 r. całkowicie zniszczona.

Przyszłość obu narodów została dodatkowo obciążona poprzez wypędzenie Niemców z byłych terenów Rzeszy. Miliony utraciły swą prastarą ojczyznę na wschód od Odry i Nysy. Setki tysięcy straciły przy tym życie. Zwycięskie mocarstwa podporządkowały byłe niemieckie obszary polskiej administracji. Panujące między Niemcami i Polakami nienawiść i wrogość nie dały się szybko przezwyciężyć. Gotowość ponownego wyjścia sobie naprzeciw i chęć pojednania nie należą do spraw oczywistych w stosunkach między narodami. Gesty te wymagają odwagi i tolerancji po obu stronach.

Między państwami, które były członkami antagonistycznych paktów, nie istniały przez dziesięciolecia żadne dyplomatyczne stosunki. Republika Federalna odmawiała nawiązania stosunków z państwami, które - jak to miało miejsce w przypadku Polski - utrzymywały stosunki z NRD na zasadach prawa międzynarodowego. Odrzucała ona również uznanie granicy na Odrze i Nysie, co z kolei dla Polski stanowiło warunek nawiązania stosunków dyplomatycznych. Oczywiście i w tej fazie istniały rozliczne polskie i niemieckie inicjatywy, które nawiązywały nieoficjalne kontakty i wchodziły na drogę gospodarczego, kulturalnego i społecznego zbliżenia między Niemcami i Polakami.

Na niemiecko-polskie stosunki przez ponad czterdzieści lat miał ponadto istotny wpływ fakt istnienia dwóch niemieckich państw. Nominalnie propagowana ideologia antyfaszystowska oraz wczesne uznanie pod presją radziecką linii granicznej na Odrze i Nysie jako tzw. „Granicy Pokoju" pozwoliły NRD występować jako „inne, lepsze Niemcy", solidarnie wspierające polskich „towarzyszy". Że zaś kierownictwo NRD na krótko przed wprowadzeniem stanu wojennego w Polsce w 1981 r. należało do najgorętszych zwolenników wkroczenia wojsk „Układu Warszawskiego", stało się jasne dopiero dzięki niemieckiemu zjednoczeniu i związanemu z nim otwarciu wszystkich archiwów byłego NRD. Również obficie udokumentowane rasistowskie zniewagi większości wschodnioniemieckiej nomenklatury wobec jej wschodnich sąsiadów są wyraźnym dowodem na żywotność stereotypów ponad wszelkimi ideologicznymi przepaściami.

Stosunek Polski do Republiki Federalnej, obok wszelkich obustronnych obwinień, był przede wszystkim określany przez przynależność obu państw do różnych bloków politycznych. Dopiero gdy osłabła konfrontacja supermocarstw w Europie, zaczęły pojawiać się punkty zaczepienia dla wspólnych inicjatyw. Podstawą dla polepszenia stosunków było faktyczne uznanie polskiej granicy zachodniej przez socjalno-liberalną koalicję pod rządami Willy Brandta. Jednakże rozwój stosunków niemiecko-polskich ciągle jeszcze był determinowany przez doświadczenia zimnowojenne. Dopiero rozpadnięcie się pierścienia radzieckich państw satelitarnych, a w końcu i samego ZSRR, którego katalizatorem w niemałym stopniu stał się opór „Solidarności", otworzyło możliwości dla normalizacji bilateralnych stosunków.

Panująca w szerokich kręgach Republiki Federalnej Niemiec solidarność z niezależnym ruchem związkowym „Solidarność" i z jego walką przeciw komunistycznej dyktaturze, jak również zachodnioniemieckie akcje pomocy dla cierpiącego niedostatek polskiego społeczeństwa doprowadziły na początku lat osiemdziesiątych do powstania nowego obrazu Niemców w oczach wielu Polaków.

Wydarzenia lat 1989/1990 – wybór pierwszego po drugiej wojnie światowej polskiego rządu niekomunistycznego w czerwcu 1989, upadek muru w Niemczech i niemieckie zjednoczenie – stworzyły podstawę dla zupełnie nowych stosunków między Polską a Niemcami. W zjednoczonej Europie stanęły otworem dla obu narodów liczne możliwości zbliżenia. Członkostwo w Unii Europejskiej i w NATO – to dzisiejsze cele polskiej polityki zagranicznej. Po przejściu przez fazę wstępną Polska coraz wyraźniej skłania się ku wzorcom społecznej gospodarki rynkowej. Warszawa widzi w Bonn najważniejszego orędownika polskich interesów w Europie.

I mimo wszystko ciągle jeszcze Niemcy i Polskę dzieli przepaść niewiedzy, braku zainteresowania, a czasem i obustronnej antypatii. Ankiety dają przerażające wyniki: większość Polaków uważa zjednoczone Niemcy za potencjalne zagrożenie dla pokoju. Niemiecka młodzież wykazuje dużą niewiedzę. Opierając się na słowach brytyjskiego powieściopisarza z XIX w. można powiedzieć, że wielu Niemców patrzy na Polskę „jak na sąsiada, który nam nie został przedstawiony".

Wystawa „Zbliżenia" pragnie informować, zlikwidować uprzedzenia i nieporozumienia oraz wesprzeć w każdym z obu graniczących ze sobą krajów zainteresowanie dla sąsiada. Chciałaby ona mieć swój wkład w dzieło zbliżenia, porozumienia i pojednania między Niemcami i Polakami. Dlatego też po prezentacji w Bonn będzie można obejrzeć ją również w Muzeum Niepodległości w Warszawie. Pragnę tu serdecznie podziękować dyrektorowi Muzeum Niepodległości, panu dr. Andrzejowi Stawarzowi, za umożliwienie nam współpracy i tym samym przybliżenie do siebie naszych muzeów.

Również ten przewodnik po wystawie chce przyczynić się do pracy nad wspólną historią Niemców i Polaków. Polskim i niemieckim autorom dziękuję za ich gotowość naświetlenia centralnych aspektów stosunków niemiecko-polskich i umożliwienie dzięki temu stworzenia ich gruntownego przeglądu. Szczególne podziękowania pragnę złożyć panu dr. Dieterowi Bingenowi oraz panu prof. dr. Hansowi-Henningowi Hahnowi, którzy we współpracy z panem dr. Andreasem Lawatym i panem Jürgenem Vietigem opracowali podstawową koncepcję tej wystawy. Za liczne dodatkowe uwagi do tejże koncepcji dziękuję panom: prof. dr. Włodzimierzowi Borodziejowi, Adamowi Krzemińskiemu, prof. dr. Hubertowi Orłowskiemu, prof. dr. Klausowi Zernackowi i prof. dr. Klausowi Ziemerowi.

Serdecznie dziękuję także członkom Rady Naukowej Fundacji Dom Historii Republiki Federalnej Niemiec, którzy intensywnie towarzyszą naszej pracy i dostarczyli nam licznych cennych wskazówek i inspiracji. Osobne podziękowania pragnę złożyć dyrektorowi Archiwum Federalnego, panu prof. dr. Friedrichowi Kahlenbergowi, za to, że na prośbę Rady Naukowej prowadził opiekę nad projektem tej wystawy.

Bez wsparcia ze strony licznych polskich i niemieckich instytucji i osób prywatnych, które wypożyczyły nam cenne eksponaty, wystawa ta nie byłaby możliwa. Składam im szczególne podziękowania.

Oby wystawa w Bonn i w Warszawie przyczyniła się do zbliżenia Polaków i Niemców oraz do lepszego wzajemnego zrozumienia. Osiągnęłaby ona wtedy swój najważniejszy cel.

Abgrenzung – Grenzüberschreitung – Partnerschaft

Ziel, Konzept und Realisierung der Ausstellung

Ulrich Op de Hipt

„Es gab nach 1945 kaum einen Polen, der nicht eine persönliche Rechnung zu begleichen hatte – und wenn es nur eine Ohrfeige war, die er von einem deutschen Besatzer erhalten hatte." Die Feststellung des polnischen Historikers und späteren Außenministers, Professor Wladyslaw Bartoszewski belegt eindrucksvoll, daß jede Auseinandersetzung mit dem deutsch-polnischen Verhältnis in der Nachkriegszeit die schwere Hypothek der nationalsozialistischen Polen-Politik 1939 bis 1945 berücksichtigen muß. Die Ausstellung im Haus der Geschichte beschreibt den schwierigen Weg der Annäherung zwischen Polen und Deutschen im Schatten der Katastrophe.

Der Weg zur Partnerschaft ist über eine weite Strecke zweigeteilt: Deutschland war geteilt und somit auch die Beziehungen Polens zu zwei höchst unterschiedlichen deutschen Staaten – einerseits die Bundesrepublik Deutschland, andererseits die DDR. Die Zugehörigkeit zu gegensätzlichen Systemen und Bündnissen hat unterschiedliche Erfahrungen der West- und Ost-Deutschen mit Polen und umgekehrt geprägt. Meinungsumfragen belegen, wie nachhaltig diese Erfahrungen bis in die Gegenwart wirken.

Die Wege und Räume der Ausstellung sind vielgestaltig: Sie thematisieren nicht nur die politischen, sondern auch die wirtschaftlichen, kulturellen und gesellschaftlichen Beziehungen. Sie zeigen Unterschiede und Gegensätze, deuten auf Besonderheiten und Ähnlichkeiten. Den roten Faden des Ausstellungsrundganges bildet die Politikgeschichte; sie prägt die deutsch-polnischen Beziehungen der Nachkriegszeit in besonderer Weise. Sie bestimmt auch Zäsuren und Zeitabschnitte der Ausstellung, die in sieben „Zeit-Räume" untergliedert ist. Dies hilft dem Besucher, Zusammenhänge zu überschauen und zugleich einzelne Zeitabschnitte aus verschiedenen Perspektiven zu betrachten. Jeder „Zeit-Raum" versucht vor allem, die Anfänge von Entwicklungen, neue Ideen, Initiativen und Beiträge zur Lösung deutsch-polnischer Probleme herauszuarbeiten.

Den Anfang bildet die Zeit des Nationalsozialismus. Hier werden vor allem die Schrecken der deutschen Besatzungsherrschaft herausgestellt, insbesondere die planvolle Entrechtung, Vertreibung und Dezimierung der polnischen Nation und Bevölkerung, auch die beispiellose Vernichtungspolitik gegenüber den Juden. In ursächlichem – und damit in der Ausstellung räumlichem – Zusammenhang mit dieser Ausstellungseinheit werden Flucht, Vertreibung, Zwangsumsiedlung von Millionen Deutschen aus dem Osten sowie die Westverschiebung Polens thematisiert.

In der Phase des Kalten Krieges bilden die machtpolitisch-ideologischen Gegensätze zwischen Ost und West die Rahmenbedingungen und bestimmen das Verhältnis zwischen Ost-Berlin und Warschau einerseits sowie Bonn und Warschau andererseits. Während die Bundesrepublik keine diplomatischen Beziehungen mit Polen unterhält, schafft die DDR durch die Anerkennung der Oder-Neiße-Grenze 1950 die Voraussetzung auch für kulturelle und gesellschaftliche Begegnungen, die allerdings staatlich gesteuert werden. Die verordnete Freundschaft stößt jedoch auf Grenzen, da NS-Zeit und Vertreibung noch nicht vergessen sind. Zudem leben auch alte Vorurteile auf beiden Seiten der Oder-Neiße-Grenze weiter.

Entstalinisierung und Liberalisierung in Polen, der „Polnische Oktober" 1956, führten zu ersten Versuchen einer politischen Annäherung zwischen Politikern aus der Bundesrepublik und aus Polen, die jedoch scheitern. Mit Literatur, Theater, Musik, Film und Kunst werden erstmals die Grenzen überwunden. Sie ermöglichen Polen und Deutschen eine Annäherung in der Welt der Bilder, Töne und Sprache. Die DDR schirmt sich jedoch gegen die neue Freiheit in Polen ab und verfolgt mit der polnischen Reformbewegung sympathisierende Intellektuelle im eigenen Land.

Die Entspannungspolitik leitet einen neuen „Zeit-Raum" der Nachkriegsbeziehungen zwischen Bundesrepublik und Polen ein: erste Schritte zu einer Normalisierung des Verhältnisses zwischen Bonn und Warschau. Der Kniefall Willy Brandts vor dem Warschauer Ghetto-Denkmal wird zum klassischen Symbol der Versöhnung zwischen Deutschen und Polen. Zunehmende Begegnungen zwischen Westdeutschen und Polen, beispielsweise im Rahmen von Städtepartnerschaften, sind eine Folge des Entspannungsprozesses, auch die wirtschaftlichen Beziehungen gewinnen an Bedeutung.

Der Kampf der Solidarność für die Freiheit, die Wende in Polen 1989 und die deutsche Vereinigung schaffen die Voraussetzung für eine partnerschaftliche Zusammenarbeit zwischen Deutschland und Polen in Gegenwart und Zukunft. Aktuelle Projekte und Perspektiven stehen im Zentrum des abschließenden „Zeit-Raumes".

Hans-Dieter Schaal aus Attenweiler, bekannt durch zahlreiche ebenso eindrucksvolle wie schwierige Projekte, entwirft als Gestalter dieser Ausstellung eine „Beziehungs-Landschaft" und setzt so das Ungleichzeitige gleichzeitig ins Bild: Abgrenzung, Grenzüberschreitung und Partnerschaft zwischen Deutschland und Polen in verschiedenen Perioden des 20. Jahrhunderts.

Ein Kreis bestimmt den Grundriß der Ausstellung. Er ist Symbol für Kommunikation und Harmonie zugleich. Linien durchziehen den Kreis, zerteilen ihn: Es entsteht das Modell einer abstrahierten Beziehungslandschaft. Wände und Vitrinen brechen die Harmonie des Kreises, indem sie trennen und eine Mauern- beziehungsweise Grenzlandschaft bilden. Im Zentrum der Ausstellung greifen Exponate dieses Motiv auf: Grenzpfähle und Dokumente focussieren Abgrenzung und Grenzüberschreitung.

Trotz der Barrieren bleibt die Ausstellungslandschaft überschaubar. Die den Kreis trennenden Ausstellungswände und Vitrinen durchbrechen die im Inneren des Kreises liegenden Wände und schaffen Sichtbezüge zwischen den einzelnen Themen. Sie ermöglichen dem Besucher von vielen Stellen – Epochen und Themen –, die Ausstellung ganzheitlich zu überblicken und damit die Vielfalt der Beziehungen und Themen zueinander zu entdecken.

Unheilvolle Logik
Bilder der deutsch-polnischen Nachbarschaft

Adam Krzemiński

Schaut man sich heute Deutschland und Polen auf einer Europakarte an, so sind die Territorien beider Länder vergleichbare Größen und bilden zusammen mit Frankreich einen stabilen Sockel in der Mitte Europas. Doch der Schein auf der Landkarte trügt: In Wirklichkeit ist dieser Sockel immer noch unbeständig, obwohl stets das „Weimarer Dreieck", so genannt nach einem Dreier-Treffen der Außenminister Frankreichs, Deutschlands und Polens in Weimar 1993, beschworen wird und man mit Vorliebe die guten deutsch-französischen Beziehungen als Modell für eine ähnlich gute deutsch-polnische Nachbarschaft bezeichnet. Auch wenn heute immer wieder Analogien im französisch-deutsch-polnischen Dreieck gesucht werden, hat sich in der deutsch-polnischen Nachbarschaft eine eigene, über lange Zeit unheilvolle Logik entwickelt, die sich erst jetzt zum Besseren wendet.

Während Frankreich im Westen immer eine feste Größe darstellte – auch als „Erbfeind" –, blendeten die meisten Deutschen den Nachbarn Polen über lange Zeit fast völlig in ihrem Bewußtsein aus. Und dabei sind doch gerade Deutsche und Polen seit Jahrhunderten recht „intime" Nachbarn. Man könnte sogar sagen, daß die deutsch-polnische Grenze – trotz des jahrzehntelangen Gerangels um ihre Anerkennung durch die Deutschen – weniger eine Linie ist als eine Fläche. Noch im 19. Jahrhundert kamen deutsche Siedler in Scharen in das russisch besetzte Ostpolen jenseits des Bug in die heutige Ukraine, deren Kultur sie mitprägten. In der gleichen Zeit zogen auch hunderttausende Polen aus dem preußisch besetzten Westpolen in den westfälischen „Kohlenpott". Spuren ihrer Sprache und Bräuche lassen sich dort bis heute ausmachen.

Zugleich bildete die Grenzfrage zwischen Deutschland und Polen über weite Strecken des 20. Jahrhunderts einen der brisantesten Konfliktstoffe in Europa. Sie beschäftigte die Herrscher in Moskau ebenso wie amerikanische Präsidenten oder französische und britische Staatsmänner, ganz abgesehen von den unmittelbar betroffenen Millionen Deutscher und Polen. Keine andere Grenze in Europa hat solche Emotionen entfesselt – ausgenommen vielleicht die deutsch-deutsche vor 1989 – und wohl keine andere hat jahrzehntelang derartig negative Vorurteile über den jeweiligen Nachbarn geprägt.

Jahrhundertealte Symbiose

Wenn man allerdings weiter in der Geschichte zurückblickt, kann man durchaus sagen, daß Deutsche und Polen jahrhundertelang in einer gut funktionierenden „inneren Nachbarschaft" lebten, trotz aller Spannungen in den Grenzfragen, da das polnische Bürgertum im Mittelalter weitgehend deutscher – und jüdischer – Herkunft war. Andererseits, und dies will sich kaum jemand in Deutschland vergegenwärtigen, hörte man noch im 18. Jahrhundert in Niederschlesien und sogar in Breslau hier und da die polnische Sprache. Doch trotz dieser jahrhundertealten Symbiose setzte sich im 20. Jahrhundert das Bild einer deutsch-polnischen Erbfeindschaft im Bewußtsein der Polen fest.

Dieses Geschichtsbild hat noch die polnische Nachkriegspropaganda lange Zeit erfolgreich aufrecht gehalten. So kolportierte sie beispielsweise 1960 zum 550. Jahrestag des polnisch-litauischen Sieges über den Deutschen Orden bei Tannenberg überall authentische Fotos von Konrad Adenauer im weißen Mantel des Deutschen Ritterordens. Und es zeigte Wirkung: An das Bild des Bundeskanzlers als Symbolfigur des westdeutschen Revisionismus und Revanchismus erinnert sich wohl jeder, der heute über fünfzig ist. Auch andere Bilder sitzen fest in den Köpfen dieser Generation: die Leichenberge in Auschwitz, die Ruinen Warschaus, vereinzelte Fetzen aus Dokumentar- und Spielfilmen, in denen Männer in Wehrmachts- und SS-Uniformen mit den bellenden Befehlen „Los, raus" oder „Hände hoch" auftraten und die mit den Rhythmen deutscher Marschlieder, vor allem dem unausweichlichen „Heili, heilo" untermalt waren. Volksdeutsche in Knickerbockern und mit Jägerhut, kehlig Polnisch sprechend, spielten die Rollen der Hitler-Anhänger und der eifrigen Dolmetscher der Schergen.

Antideutsche Mythen

Die Kriegsgeneration vermittelte dieses Bild der Deutschen ihren Nachgeborenen und übertrug dadurch eigene Erfahrungen auf ihre Kinder. Bis zu den Teilungen Polens Ende des 18. Jahrhunderts hatten antideutsche Ressentiments keine große Rolle gespielt: Der Adel wählte zwar nie einen Habsburger oder Hohenzollern auf den polnischen Thron, wohl aber die Wettiner – und das sogar zweimal. Erst im 19. Jahrhundert begann die polnische Literatur, die Grundmuster der deutsch-polnischen „Erbfeindschaft" zu liefern. In den großen polnischen Romanen der Jahrhundertwende traten alle diese Klischees auf, die nicht nur Preußen, sondern oftmals die Deutschen schlechthin zu einem gefährlichen, brutalen und tückischen Nachbarn machten. Die antideutschen Mythen waren beileibe keine Hirngespinste, sondern eine Reaktion auf die rigorose Germanisierungspolitik im preußischen Teilungsgebiet Polens, auf die Landesverweisung polnischer Bauern oder auf das polizeiliche Verbot im Jahre 1901, auch nur den Religionsunterricht in polnischer Sprache zu erteilen. Längst vergessen war damals die deutsch-polnische „Interessengemeinschaft" des Vormärz, die Hoffnung, gemeinsam für Demokratie und nationale Befreiung in Mitteleuropa zu kämpfen. Die Sympathie für die Deutschen des Vormärz war verweht, Furcht vor dem effizienteren, fortschrittlicheren westlichen Nachbarn und Abneigung gegenüber dem aggressiven und als plump empfundenen Wilhelminischen Reich prägten das polnische Deutschlandbild. Zugleich waren gerade die Schriftsteller, die der antideutsch eingestellten Nationaldemokratie nahestanden, von der industriellen Leistungsfähigkeit der Deutschen fasziniert. Sie bewunderten auch verstohlen den deutschen Autoritarismus, so etwa der eher national gesinnte Satiriker und Dramatiker Adolf Nowaczyński in seinem in Polen bis heute oft gespielten, aber in Deutschland leider unbekannten Theaterstück „Der Große Friedrich". Es ist ein effektvolles literarisches Denkmal, das dem Inspirator der Teilungen Polens gesetzt wurde – geschrieben mit ohnmächtiger Wut, Bitterkeit und Neid. Die Zukunft Polens spiele sich im Wettlauf mit den Deutschen ab, lautete eine Maxime dieser Jahre.

Auch nach dem Zweiten Weltkrieg fehlte es in Polen nicht an ähnlichen Überlegungen. Während viele, und nicht nur die Propaganda, noch vom „Recht auf Rache" sprachen, bekräftigte Edmund Osmańczyk 1946 in seinem anfangs viel kritisierten Essay „Angelegenheiten der Polen" die These, daß Polens Entwicklung maßgeblich von einem friedlichen Wettbewerb mit den Deutschen bestimmt werde. Die Polen müßten sich diesem Nachbarn stellen und ebenso effizient und fortschrittlich sein wie die Deutschen. Osmańczyks Buch war prophetisch, paßte aber nicht in das stalinistische Geschichtsbild, demzufolge nicht die Deutschen, sondern die Sowjets ein Vorbild für Polen sein sollten.

Unpassierbare „Freundschaftsbrücken"

Die Gründung der DDR und die Stalinisierung Ostmitteleuropas spalteten auch das offizielle Deutschlandbild. In der offiziellen Sprachregelung waren die Westdeutschen Revanchisten, die DDR-Deutschen Antifaschisten. Diese Unterscheidung relativierte auch die antideutschen Affekte, zumindest auf offizieller Ebene.

Trotz vereinzelter Bemühungen von Schriftstellern und Propagandisten gelang es in den fünfziger Jahren nicht, der polnischen Gesellschaft die Idee einer deutsch-polnischen Freundschaft unter dem Banner des Kommunismus einzuimpfen. Die „Oder-Neiße-Friedengrenze" war geschlossen, die „Freundschaftsbrücken" in Görlitz oder Frankfurt/Oder waren unpassierbar. Die deutsch-polnisch-sowjetischen „Duelle" zwischen Rennfahrern kanalisierten jahrzehntelang die nationalen Emotionen, und die Sieger – Gustav Schur in der DDR oder Stanisław Królak in Polen – wurden zu Nationalhelden. Die ersten Fernsehbilder vom jeweiligen Nachbarland zeigten die Straßen und Etappenziele der sogenannten Friedensfahrt.
Die Friedensfahrt konnte aber nicht darüber hinwegtäuschen, daß die „VR Polen" und die DDR nicht imstande waren, eine organische Nachbarschaft aufzubauen. Sie gehörten demselben Lager an, entwickelten sich seit 1956 jedoch auseinander. Während mit dem „Polnischen Oktober" eine weitgehende Liberalisierung in Polen einsetzte, schottete Walter Ulbricht die DDR in einer stalinistischen Wehrburg ab. Ebensowenig wie zwischen den 1953 in Berlin streikenden Bauarbeitern und den Posener Fabrikarbeitern, die drei Jahre später auf die Straße gingen, Berührungspunkte bestanden, konnten sich DDR-Kommunisten mit ihren polnischen Kollegen verständigen. Für die Deutschen in der DDR waren die Polen zu nachsichtig gegenüber dem Klassenfeind im Westen, zu nachgiebig gegenüber der Kirche, zu nachlässig bei der Kollektivierung der Landwirtschaft, kurz, gar keine richtigen Kommunisten. Für die Polen wiederum waren die DDR-Deutschen noch in den siebziger Jahren stalinistisch doktrinär und bedingungslos moskauhörig: ein „rotes Preußen", zwar unangenehm, aber notwendig als Puffer zwischen den „westdeutschen Revanchisten" und der Oder-Neiße-Grenze.

Kein psychologischer Durchbruch

Nach dem Mauerbau 1961 wandten sich viele DDR-Deutsche notgedrungen ihren östlichen und südlichen Nachbarn zu. Vor allem den Tschechen, Ungarn und Bulgaren, aber eben auch den Polen. Polen bedeutete ein „mögliches Anderssein", meinte Hermann Kant. Die Grenze wurde durchlässiger, bis unter Edward Gierek und Erich Honecker sogar der Paßzwang aufgehoben wurde und zigtausende Ostberliner, Leipziger und Dresdener Urlauber Masuren, die Hohe Tatra und die polnischen Ostseestrände überschwemmten – zigtausende Polen hingegen die „Konsum"-Kaufhäuser der ganzen DDR.

Das hatte zweierlei Folgen. Einerseits kam es in der DDR zu einer heute bereits völlig vergessenen „Polenwelle": Die DDR-Intellektuellen entdeckten Polen für sich, dort durften sie Jazz hören, amerikanische Western sehen und in den öffentlichen Presseklubs die „Frankfurter Allgemeine Zeitung" lesen. Sie waren fasziniert von einer „organischen" Gesellschaft, deren Filme selbstironisch und deren Medien westlich angehaucht waren, deren jüngere Geschichte bewegt und deren Gegenwart lebendig war. So wurde der „Nachbar Polen" in zahlreichen Romanen, Erzählungen und Gedichten auch beschrieben.

Andererseits konnten die DDR-Deutschen an diesem polnischen Nachbarn auch ihr Selbstbewußtsein stärken: Die Polen sind arm, bei uns in der DDR ist es besser, lautete einer der gängigen Sprüche. Und als sich die sozialistische Wirtschaft der Kaufwut der Polen nicht gewachsen zeigte, kam „aus der Bevölkerung" der bei der Regierung gern gesehene Hinweis, man müsse ihnen endlich die Hamsterkäufe verbieten. Die Folge waren Bilder, die vielen Polen über fünfzig noch heute vor Augen stehen. Breitbeinige DDR-Grenzer in Breeches und mit deutschen Schäferhunden warfen polnische Käufer von den Zügen auf die Bahnsteige der Grenzstationen – wie auf eine Rampe.

Ziel dieser „Maßnahmen" war wohl nicht nur, die polnischen Käufer abzuschrecken und gekaufte Waren zu beschlagnahmen, sondern auch der DDR-Bevölkerung zu zeigen, daß sie besser lebte und etwas Besseres sei als die Nachbarn im Osten. Dieser Beweiszwang war für die SED-Regierenden um so notwendiger, als die Polen seit den siebziger Jahren scharenweise durch die DDR westwärts reisten und in vielen DDR-Bürgern Neid erweckten. Gezielt griff die DDR-Propaganda auf antipolnische Vorurteile zurück, als sich Ende der siebziger Jahre in Polen die antikommunistische Opposition und 1980 die Massenbewegung der Solidarność formierte. Viele Klischees wurden bemüht: Die Polen seien anarchistisch und faul, sie streikten, statt zu arbeiten, und müßten mit starker Hand geführt werden. Und diese Propaganda kam bei vielen Deutschen ebenso an wie bei vielen Polen die offizielle polnische Propaganda, die Spaltung Deutschlands liege im polnischen Interesse.

Einen psychologischen Durchbruch zu erreichen, ist den Deutschen aus der DDR und den Polen nicht gelungen. Selbst wenn über die „Freundschaftsgrenze" hinweg Tausende deutsch-polnischer Ehen geschlossen wurden und Ende der achtziger Jahre auch Hunderttausende Jugendliche Ferien im Nachbarland verbrachten. Der „sozialistischen Freundschaft" zwischen der DDR und der Volksrepublik Polen lag kein moralisches Grundmuster – wie etwa dem deutsch-französischen Jugendwerk – zugrunde. Daher überlebten das Jahr 1989 nur die Freundschaften, die sich am Rande der offiziellen Beziehungen oder sogar gegen sie entwickelt hatten.

Kaum bekannt ist, daß die kleinen Dissidenten-Gruppen innnerhalb der DDR oft Kontakte in Polen suchten und daß unter den prominenten Bürgerrechtlern der achtziger Jahre nicht wenige Polnisch sprachen. Ein Verdienst der polnischen Bürgerrechtsbewegung wiederum ist es, daß sie bereits in den siebziger Jahren die Faustregel der polnischen Staatsräson revidierte und nicht länger in der Spaltung, sondern in der Vereinigung Deutschlands eine Chance für Polen erblickte.

Aussöhnung schien irreal

Die entscheidende deutsch-polnische Auseinandersetzung – im Bösen wie im Guten – spielte sich nach dem Krieg allerdings im Spannungsbogen Polen-Bundesrepublik ab. Gerade weil die Menschen in beiden Ländern durch den Eisernen Vorhang und die DDR voneinander getrennt waren, fiel es ihnen leichter als etwa Westdeutschen und Franzosen oder DDR-Deutschen und Polen, Klischees und Vorurteile auszuleben. Bis Ende der fünfziger Jahre war das Polenbild in der Bundesrepublik überwiegend von der Ablehnung der Oder-Neiße-Grenze geprägt. Schilderungen der Greuel der Vertreibung verdrängten sehr schnell jegliche Berichte über die Greuel der deutschen Besatzungspolitik in Polen.

Man mag heute auf schöne Formulierungen deutscher Politiker hinweisen, in denen sie bereits in den fünfziger Jahren wie etwa Adenauer der deutsch-polnischen Versöhnung eine vergleichbare Bedeutung wie der deutsch-französischen beimaßen, doch der Vergleich hinkt. Die Westdeutschen brauchten Frankreich, um aus der moralischen Isolation herauszutreten und im Westen wieder „salonfähig" zu werden. Die Aussöhnung mit Polen hingegen war durch die Spaltung Europas irreal und lange Zeit belastet durch die Weigerung, die Grenzverschiebung zu akzeptieren. Im Wahlkampf 1949 warb die CDU mit einem Plakat, auf dem in einem roten Herzen Deutschland in den Grenzen von 1937 dargestellt wurde, eingerahmt durch den Spruch, „das ganze Deutschland soll es sein – zum ungeteilten Vaterland durch die CDU". Allerdings traten auch Sozialdemokraten damals ähnlich auf.

Das westdeutsche Polenbild war lange Zeit in sich widersprüchlich und verschwommen. In den deutschen Köpfen besetzten die Polen weder die Rolle absoluter Opfer des Krieges, die – verständlicherweise – den Juden vorbehalten war, noch die seiner absoluten Sieger, die allein den Russen und Amerikanern zukam. Zugleich erschienen sie als „Nutznießer" dieses Krieges, weil die ostdeutschen Provinzen Schlesien, Pommern und der südliche Teil Ostpreußens an sie und nicht etwa an die durch ihren Sieg dazu eher „legitimierten" Russen gefallen war. Wie und auf welchem Wege es zu diesen Gebietsverschiebungen gekommen war, wurde im allgemeinen durch die bequeme Formel, kein Unrecht rechtfertige ein darauf folgendes, zugedeckt. Anders als nach 1918 gab es hingegen wenigstens verbale Auseinandersetzungen um einen deutsch-polnischen Ausgleich, wenn auch keine Vision und keinen moralischen Imperativ. Polen befand sich im Machtbereich Stalins, und damit schien das ganze deutsch-polnische Problem auf unbestimmte Zeit vertagt worden zu sein.

Sympathie für polnischen Widerstand

Das Bild änderte sich erstmals im Sommer und Herbst 1956. Der Arbeiteraufstand in Posen und Gomułkas trotziges Standhalten gegen den Druck Chruschtschows „revitalisierten" alte Rollenzuweisungen des 19. Jahrhunderts, nämlich die des aufständischen, rebellischen Polen. Die ersten Fürsprecher einer westdeutsch-polnischen Annäherung, Journalisten und Politiker, machten kein Hehl daraus, daß sie damals Polen als ein Land für sich entdeckten, das einer Übermacht Widerstand leistete und eine neue deutsche Ostpolitik möglich machte.

Die ersten westdeutschen Zeitungsreportagen und Fernsehfilme aus Polen zeigten ein Land, daß sich langsam von der Katastrophe des Zweiten Weltkrieges erholte und eine selbständige Rolle im Rahmen des Ostblocks zu spielen versuchte. Nach diesen Reportagen aus Polen kam es auch im Kulturbetrieb zu einer „Polenwelle". Offizielle Beziehungen gab es noch nicht, doch die polnische Lyrik – von Karl Dedecius kongenial übertragen –, die polnische Filmschule mit Andrzej Wajda oder Andrzej Munk, das polnische Theater mit Sławomir Mrożek und die polnische Musik mit Krzysztof Penderecki vermittelten ein neues Polenbild. Hinzu kamen auch polnische Sportler, angefangen mit dem „Wunderteam" der Leichtathleten der fünfziger und sechziger Jahre und ausgeglichenen deutsch-polnischen Duellen, die die Sportstadien füllten, über die polnische Fußballmannschaft, die während der Weltmeisterschaft 1974 in Deutschland herzlich aufgenommen wurde, bis hin zu den vielen Polen, die inzwischen gerne als deutsche

Meister und nicht selten gleich auch als „Deutsche" angesehen werden: Fechter, Leichtathleten oder Boxer...

Grundsteine des Dialogs

Auch in Polen spielte in den sechziger und siebziger Jahren die westdeutsche Literatur bei der Überwindung historisch verankerter Vorurteile eine wesentliche, wenn auch durch die Zensurpolitik beschränkte und gestörte Rolle. Westdeutsche Autoren zeigten ein anderes Deutschlandbild als es die Propaganda in Polen lancierte. Und sie brachten zum Teil auch eine neue Sicht der deutsch-polnischen „Erfahrungsgemeinschaft" der letzten Jahrzehnte mit. Es ist das historische Verdienst von Autoren wie Günter Grass, Siegfried Lenz und später auch Horst Bienek, die aus dem früheren Ostdeutschland stammten, daß sie die nun in ihrer alten Heimat lebenden Polen mit der deutschen Vergangenheit jener Landstriche vertraut gemacht haben. Allerdings konnte die Entdeckung und Pflege der deutschen kulturellen Spuren in Niederschlesien, Pommern oder Masuren erst in den achtziger Jahren, und insbesondere nach 1989, öffentlich thematisiert und von vielen lokalen Gruppen zum Programm erhoben werden.

Die Grundsteine des deutsch-polnischen Dialoges waren bereits in den sechziger Jahren gelegt worden, doch in den siebziger Jahren öffneten sich die Grenzen für Hunderttausende junger Polen, die nun auch die Bundesrepublik für sich entdeckten. Häufig waren sie überrascht über die freundliche Aufnahme in Deutschland. In Polen wiederum verdrängte allmählich die deutsche Kultur gerade in oppositionellen und halboppositionellen Kreisen die französische. Mit Faszination stellten viele Intellektuelle fest, daß die so autoritätsgläubig gescholtenen Deutschen durchaus zum Widerstand gegen die Staatsgewalt fähig waren. Junge Dichter schrieben Gedichte auf Rudi Dutschke und Ulrike Meinhof und verstanden sich selbst als eine „APO" im eigenen Lande, auf der Grundlage von Victor Klemperers Standardwerk zur Sprache des Dritten Reiches „Lingua Tertii Imperii" diskutierten Studenten über eine Sprachkritik des Totalitarismus, und anhand des „Falles Heidegger" analysierten sie polnische „Sündenfälle" der Intellektuellen, die sich einst dem Stalinismus verschrieben hatten.

Die Entstehung der offenen Opposition in Polen nach der Streikwelle 1976 und schließlich der Aufbruch der Solidarność im Herbst 1980 verstärkte in Deutschland einerseits das Bild des edelmütigen Freiheitshelden, andererseits das des polnischen Störenfriedes des Entspannungsprozesses. Aus polnischer Perspektive hatte dies zwei Folgen. Die großangelegte private Polenhilfe in der Bundesrepublik, die zum Teil auch in der DDR einen Widerhall fand, zeigte den Polen ein neues Bild der Deutschen: einfühlsame und hilfsbereite Begleiter des polnischen Kampfes.

Daß manches davon möglicherweise ein schlechtes Gewissen derer zudeckte, denen die Entspannungspolitik auch um den Preis einer Niederwerfung des polnischen Aufbruchs lieb und teuer gewesen war, führte in Polen zu einem zweigeteilten Bild der deutschen politischen Szene. Auf der einen Seite die Sozialdemokraten, die angeblich nicht viel vom Widerstand der Solidarność hielten, auf der anderen die Christdemokraten, die auf Distanz zum „offiziellen Polen" gingen und die Solidarność umwarben, sich aber in der Polenpolitik auf die Frage der deutschen Minderheit und die Pflege deutscher Kriegsgräber konzentrierten. Auch wenn beide Stereotype oberflächlich und falsch waren, wirkten sie selbst nach dem Umbruch in Ostmitteleuropa noch fort. Ungeachtet ihres früheren Widerstandes gegen Willy Brandts neue Ostpolitik und ihres Zickzack-Kurses in der Grenzfrage im Jahr 1990 galt die CDU nach dem Zusammenbruch des Kommunismus und dem Zerfall des Ostblocks als eine Partei, die die deutsch-polnische Interessengemeinschaft forcierte, während viele Polen die SPD als eine Partei ansahen, die den politischen Zugang zum unmittelbaren Nachbarn im Osten verloren hatte und eine Politik verfolgte, die in erster Linie die Interessen der deutschen Arbeitnehmer im Blick hatte und nicht etwa eine Vertiefung und Erweiterung der Europäischen Union.

Umkehrung der negativen Bilder

Auch in Deutschland hat sich nach 1989 das Polenbild gespalten. Der polnische Beitrag zur Überwindung der Spaltung Europas und der Öffnung der Berliner Mauer wurde sehr rasch verdrängt. Vor allem Michail Gorbatschow und vielleicht noch Guyla Horn wurden gefeiert, der eine, weil er in die Vereinigung Deutschlands einwilligte, der andere, weil er den DDR-Deutschen die ungarische Grenze zum Westen hin öffnete. Die Polen dagegen fielen nach 1989 recht schnell in die alte Rolle einer unberechenbaren Bedrohung für das vereinte Deutschland. Vor der Einführung der Visafreiheit für die Polen 1991 befürchteten die deutschen Medien einen „Ansturm der Barbaren" und sahen mit dem „Polenmarkt" voller Entsetzen östliches Chaos in ihrem Land einziehen. Von nun an wurden Polen vorwiegend mit Autodieben, Zigarettenschmugglern und Schwarzarbeitern assoziiert und nicht länger mit den einstigen „Freiheitshelden". Die Polen seien zwar großartig, wenn Ausnahmesituationen herrschten, hieß es, verstünden es aber nicht, die Normalität zu bewältigen. Sie hätten auch nicht den Mut aufgebracht, nach 1989 eine radikale Loslösung vom Kommunismus durchzusetzen, hätten keine funktionierende Demokratie errichtet und lehnten es vor allem ab, ihre eigenen Untaten während und nach dem Krieg zuzugeben, sie lebten von ihrem Freiheitsmythos, anstatt eine moderne Bürgergesellschaft aufzubauen.

So schwankt die deutsch-polnische Stimmungslage seit zweihundert Jahren wellenartig zwischen zwei Extremen. Nach einer „Polenbegeisterung" wie im Gefolge der gescheiterten polnischen Aufstände entdeckten die deutschen Demokraten immer wieder eine nationale Saite wie einst Richard Wagner, der nach 1848 die Klänge seiner „Polonia" vergaß und in den germanischen Mythen zu schwelgen begann. So scheint es auch heute wieder zu sein. Deutsche und Polen hatten in den letzten Jahrzehnten tatsächlich wenig Gelegenheit oder auch Neigung, realistische Bilder voneinander zu entwickeln. Die von den Alliierten in Teheran, Jalta und Potsdam gezogene Grenze zwischen den beiden Völkern und die Spaltung Europas schufen ein völlig neues Nebeneinander der tausendjährigen Nachbarn. Bis heute sind diese Kriegsfolgen nicht ganz verkraftet. Trotz der von den Politikern abgeschlossenen Verträge und der forcierten „Interessengemeinschaft" ist es immer noch ein langer Weg zu einem selbstverständlichen, verträglichen Miteinander. Daß Polen heute auf der deutschen Sympathieskala ganz unten rangiert, birgt die Gefahr der Gleichgültigkeit oder sogar Abwendung in sich.

Die Tatsache allerdings, daß hingegen in Polen die Deutschen auf dem „Thermometer der Sympathie" jährlich um zwei, drei Punkte nach oben klettern, kann ein Indiz dafür sein, daß in der nächsten Zukunft die Normalität zwischen Deutschen und Polen in der Tat eher von polnischer Seite her aufgebaut wird. Die Voraussetzung allerdings wäre eine erfolgreiche Umkehrung der negativen deutschen Bilder und Vorurteile gegenüber Polen durch faktische und stabile Erfolge. Erst wenn der in Deutschland übliche Begriff der „polnischen Wirtschaft" nicht mehr für Unordnung und Indolenz, sondern für Flexibilität und Dynamik stehen wird, kann es wirklich zu einem Ausgleich zwischen diesen beiden schwierigen Nachbarn kommen.

Belastungen durch die Vergangenheit

Beginn des Zweiten Weltkriegs: Das deutsche Kriegsschiff „Schleswig-Holstein" beschießt den polnischen Stützpunkt auf der Danziger Westerplatte.

Początek drugiej wojny światowej: niemiecki okręt wojenny „Schleswig-Holstein" ostrzeliwuje polski punkt oporu na gdańskim Westerplatte.

„Teufelswerk"

Die nationalsozialistische Besatzungspolitik in Polen

Czesław Madajczyk

Die deutsche Wehrmacht eröffnete am 1. September 1939 ihren Angriff auf Polen und nahm rasch dessen Territorium ein. Aufgrund des deutsch-sowjetischen Abkommens vom 28. August des gleichen Jahres beteiligte sich die Sowjetunion an diesem Überfall. Der westliche Teil des Landes – er umfaßte in etwa die Hälfte des polnischen Staatsgebietes und zwei Drittel der insgesamt 36 Millionen Einwohner zählenden Bevölkerung – wurde unter deutsche, der östliche unter sowjetische Besatzung gestellt. Dieser Status blieb erhalten bis zum Juni 1941, als Deutschland auch die Sowjetunion angriff. Im Laufe des deutschen Vormarsches im Osten geriet das gesamte Vorkriegsterritorium Polens unter die Kontrolle der deutschen Besatzungsmacht. Polen wurde zum ersten Land, das durch Kampfhandlungen des Dritten Reiches erobert wurde. Diese Eroberung interpretierten die deutschen Machthaber als definitiv und bezeichneten sie mit dem völkerrechtlichen Begriff der Debellation – Polen sollte für immer von der Landkarte verschwinden. Sie ignorierten die Tatsache, daß es außerhalb des Landes, in Angers und London, eine rechtmäßige polnische Regierung gab. Erst die Offensiven der Roten Armee ab Spätherbst 1943 führten zu einem schrittweisen Rückzug der deutschen Wehrmacht aus Polen, der im März 1945 enden sollte.

Das vom Dritten Reich besetzte Territorium Polens wurde aufgeteilt. Die eingegliederten Ostgebiete, die ein Drittel der Bevölkerung umfaßten, wurden annektiert, der mittlere Teil des Landes bildete mit mehr als zwölf Millionen Einwohnern das Generalgouvernement. Ein nordöstlicher Teil mit 1,5 Millionen Einwohnern bildete den Bezirk Białystok, während die polnischen Ostgebiete in den Reichskommissariaten Ukraine und Ostland aufgingen, die in den besetzten Gebieten der Sowjetunion errichtet wurden. Im gesamten Besatzungsgebiet wurden alle legalen Formen politischer Betätigung von Polen zerschlagen. Die Besatzungsmacht beabsichtigte in keiner Weise, auf politischer Ebene mit den Polen zusammenzuarbeiten, sondern beschränkte sich auf die Zusammenarbeit mit denen, die bereit waren,

Innerhalb weniger Tage überrollt die deutsche Kriegsmaschinerie Polen. Mehr als fünf Jahre muß das Land unter dem Terror der nationalsozialistischen Besatzer leiden.

W przeciągu paru dni niemiecka maszyneria wojenna opanowuje Polskę. Ponad pięć lat kraj będzie musiał znosić terror nazistowskich okupantów.

der Polizei und der Gestapo als Agenten zu dienen, also ihr Vaterland zu verraten. Die Entdeckung des Massengrabes von Katyń im Frühjahr 1943 mit den Leichen von mehr als viertausend polnischen Offizieren, die nach dem Einmarsch der sowjetischen Truppen in Ostpolen ermordet worden waren, bot den deutschen Behörden den willkommenen Anlaß zu sondieren, ob die polnische Bevölkerung bereit war, sich dem Kampf gegen die Rote Armee anzuschließen. Sie stießen jedoch auf Ablehnung, denn allzu gut erinnerten sich die Polen der Grausamkeiten und zahlreichen Opfer der nationalsozialistischen Besatzer, um an ihre Bereitschaft, die bisherigen Pläne zur Zerstörung ihres Landes aufzugeben, glauben zu können. Außerdem hatte inzwischen die tiefe Überzeugung Platz gegriffen, daß die Deutschen den Krieg verlieren würden und sich nur deshalb in den unterworfenen Ländern um Unterstützung bemühten.

An der Spitze der Gaue Wartheland und Oberschlesien, die ab 1941 in dem eingegliederten polnischen Territorium gebildet wurden, und der daran grenznahen deutschen Gaue Danzig-Westpreußen, Ostpreußen und Niederschlesien, die jetzt um eroberte Gebiete erweitert waren, standen Gauleiter beziehungsweise Oberpräsidenten, darunter zwei führende Danziger Nazis – Arthur Greiser und Albert Forster. Zum Generalgouverneur ernannte Hitler Hans Frank, der dem Reichskabinett angehörte und eine prominente Figur unter den Juristen des Dritten Reiches war. Anläßlich der Ernennung teilte Hitler ihm ohne Umschweife mit, er habe im Generalgouvernement eine ausgesprochen zerstörerische Aufgabe zu erfüllen: Die Rede war von „Teufelswerk". Mitte 1940 zeichnete sich die Tendenz ab, daß das Generalgouvernement zum Gegenstand der Germanisierung gemacht werden sollte. Während der Reichsführer der SS, Heinrich Himmler, bereits mitten im Krieg damit beginnen wollte, betrachtete Frank es als vorrangige Aufgabe, zunächst im Hinterland der Ostfront für Ruhe und Ordnung zu sorgen. Auffällige Merkmale der hier praktizierten Besatzungspolitik waren eine mangelnde Koordination, eine Überschneidung

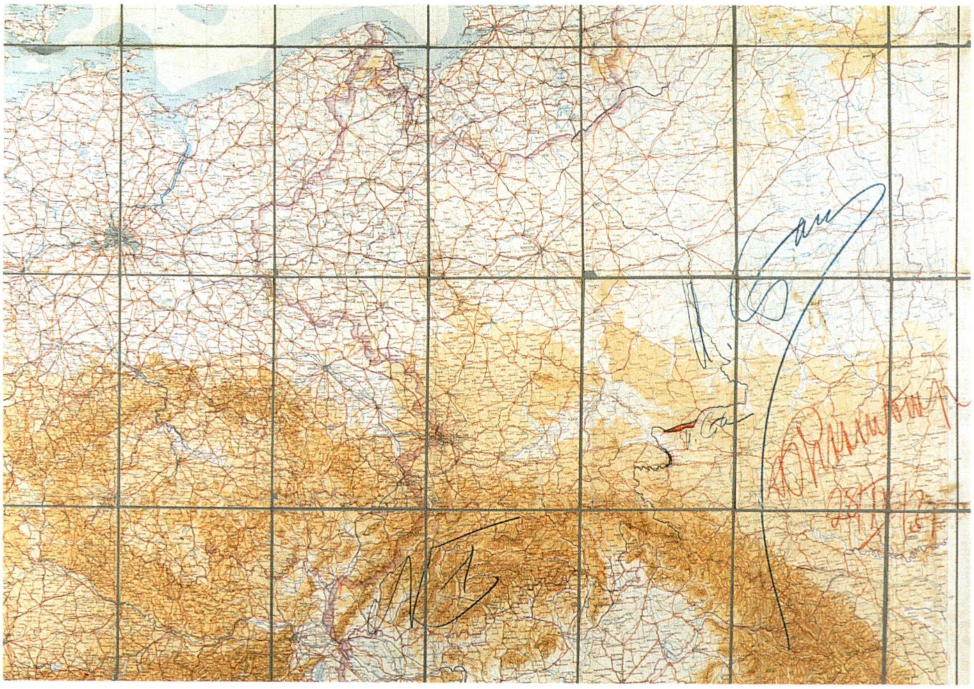

Beute zweier Diktaturen: Die Unterschriften von Stalin und dem deutschen Außenminister Ribbentrop besiegeln die Aufteilung Polens.

Trofeum dwóch dyktatur: podpisy Stalina i niemieckiego ministra spraw zagranicznych Ribbentropa przypieczętowują podział Polski.

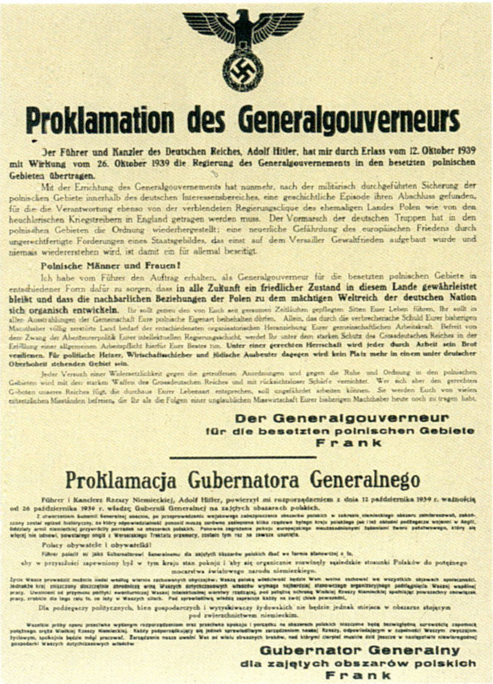

Proklamation des Generalgouverneurs

Der Führer und Kanzler des Deutschen Reiches, Adolf Hitler, hat mir durch Erlass vom 12. Oktober 1939 mit Wirkung vom 26. Oktober 1939 die Regierung des Generalgouvernements in den besetzten polnischen Gebieten übertragen.

Mit der Errichtung des Generalgouvernements hat nunmehr, nach der militärisch durchgeführten Sicherung der polnischen Gebiete innerhalb des deutschen Interessensbereiches, eine geschichtliche Episode ihren Abschluss gefunden, für die die Verantwortung ebenso von der verblendeten Regierungsclique des ehemaligen Landes Polen wie von den heuchlerischen Kriegstreibern in England getragen werden muss. Der Vormarsch der deutschen Truppen hat in den polnischen Gebieten die Ordnung wiederhergestellt; eine neuerliche Gefährdung des europäischen Friedens durch ungerechtfertigte Forderungen eines Staatsgebildes, das einst auf dem Versailler Gewaltfrieden aufgebaut wurde und niemals wiedererstehen wird, ist damit ein für allemal beseitigt.

Polnische Männer und Frauen!

Ich habe vom Führer den Auftrag erhalten, als Generalgouverneur für die besetzten polnischen Gebiete in entschiedener Form dafür zu sorgen, dass **in alle Zukunft ein friedlicher Zustand in diesem Lande gewährleistet bleibt und dass die nachbarlichen Beziehungen der Polen zu dem mächtigen Weltreich der deutschen Nation sich organisch entwickeln.** Ihr sollt getreu den von Euch seit geraumen Zeitläuften gepflegten Sitten Euer Leben führen. Ihr sollt in allen Ausstrahlungen der Gemeinschaft Eure polnische Eigenart beibehalten dürfen. Allein, das durch die verbrecherische Schuld Eurer bisherigen Machthaber völlig zerstörte Land bedarf der entschiedensten organisatorischen Heranziehung Eurer gemeinschaftlichen Arbeitskraft. Befreit von dem Zwang der Abenteurerpolitik Eurer intellektuellen Regierungsschicht, werdet Ihr unter dem starken Schutz des Grossdeutschen Reiches in der Erfüllung einer allgemeinen Arbeitspflicht hierfür Euer Bestes tun. **Unter einer gerechten Herrschaft wird jeder durch Arbeit sein Brot verdienen. Für politische Hetzer, Wirtschaftsschieber und jüdische Ausbeuter dagegen wird kein Platz mehr in einem unter deutscher Oberhoheit stehenden Gebiet sein.**

Jeder Versuch einer Widersetzlichkeit gegen die getroffenen Anordnungen und gegen die Ruhe und Ordnung in den polnischen Gebieten wird mit den starken Waffen des Grossdeutschen Reiches und mit rücksichtsloser Schärfe vernichtet. Wer sich aber den gerechten Geboten unseres Reiches fügt, die durchaus Eurer Lebensart entsprechen, soll ungefährdet arbeiten können. Sie werden Euch von vielen entsetzlichen Misständen befreien, die Ihr als die Folgen einer unglaublichen Misswirtschaft Eurer bisherigen Machthaber heute noch zu tragen habt.

Der Generalgouverneur
für die besetzten polnischen Gebiete
Frank

Proklamacja Gubernatora Generalnego

Führer i Kanclerz Rzeszy Niemieckiej, Adolf Hitler, powierzył mi rozporządzeniem z dnia 12 października 1939 r. ważnością od 26 października 1939 r. władzę Guberni Generalnej na zajętych obszarach polskich.

[illegible]

Polacy obywatele i obywatelki!

[illegible]

aby w przyszłości zapewniony był w tym kraju stan pokoju i aby się organicznie rozwinęły sąsiedzkie stosunki Polaków do potężnego mocarstwa światowego narodu niemieckiego.

[illegible]

Dla podżegaczy politycznych, hien gospodarczych i wyzyskiwaczy żydowskich nie będzie jednak miejsca w obszarze stojącym pod zwierzchnictwem niemieckim.

[illegible]

Gubernator Generalny
dla zajętych obszarów polskich
Frank

Öffentliche Bekanntmachung: Zweisprachige Anschläge verkünden den Polen die Politik der nationalsozialistischen Besatzer.

Oficjalne obwieszczenie: dwujęzyczne ogłoszenia zapowiadają Polakom politykę nazistowskiego okupanta.

der Kompetenzen der einzelnen Ämter und Institutionen sowie Kollisionen zwischen den Kompetenzen der Besatzungsbehörden vor Ort und jenen der Berliner Behörden, eine große Handlungsautonomie von SS und Polizei und deren starker Einfluß auf die Gestaltung der Besatzungspolitik.

In der Durchführung der Besatzungspolitik folgten die Chefs der Besatzungsbehörden den Weisungen aus Berlin, insbesondere Himmlers, der in einer Doppelrolle auftrat: als Reichsführer der SS und der Polizei sowie als Reichskommissar für die Festigung des deutschen Volkstums. Diese Rolle wurde mehr oder weniger durch eigene Initiativen ergänzt, die im Wartheland sogar den Völkermord an den Juden umfaßten. Das Personal für die Besatzungsverwaltung wurde im Altreich vorbereitet, wobei die Beamten im Hinblick auf die Aufgaben ausgewählt wurden, die sie im besetzten Polen erwarteten. Trotzdem erwiesen sich nicht alle als „Polenfresser" oder Antisemiten. Hier und da zeigten Deutsche eine humanitäre Einstellung gegenüber der Bevölkerung der besetzten Gebiete, die ungeachtet ihrer Motivation erwähnt zu werden verdient.

Die Politik des Dritten Reiches im besetzten Polen war, so sehr der Rassismus eine generelle Grundlage bildete, uneinheitlich, und sie mußte sich nolens volens den Bedürfnissen und Notwendigkeiten des Krieges anpassen, der sich zum totalen Krieg auswuchs. Die dabei vorherrschenden Ziele waren die rücksichtslose Knechtung der unterworfenen Bevölkerung und die so rasch wie möglich einzuleitende Umgestaltung des besetzten polnischen Territoriums in einen Vorhof des deutschen „Lebensraums im Osten", der sich gemäß Himmlers „Generalplan Ost" innerhalb von zwanzig bis fünfundzwanzig Jahren nach Kriegsende bis zur Krim und nach Leningrad erstrecken sollte.

Die Polen sollten im Alltag wie „Untermenschen" behandelt und von den Deutschen als der „Herrenrasse" durch unterschiedliche Verbote und Vorschriften isoliert werden. Am empfindlichsten bekamen diese Bestimmungen die Polen in den „eingegliederten Ostgebieten" von seiten der rasch wachsenden deutschen Bevölkerung zu spüren, die im allgemeinen eine herrische

Zentraler Gedanke der nationalsozialistischen Außenpolitik: Die Forderung nach „Lebensraum" für das deutsche Volk im Osten.

Główna myśl nazistowskiej polityki zagranicznej: żądanie „przestrzeni życiowej" na Wschodzie dla niemieckiego narodu.

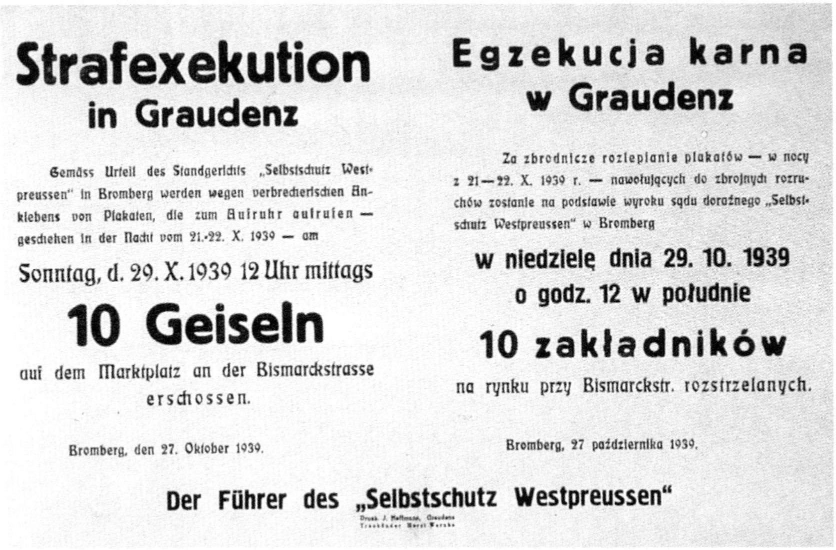

Strafexekution
in Graudenz

Gemäss Urteil des Standgerichts „Selbstschutz Westpreussen" in Bromberg werden wegen verbrecherischen Anklebens von Plakaten, die zum Aufruhr aufrufen — geschehen in der Nacht vom 21.-22. X. 1939 — am

Sonntag, d. 29. X. 1939 12 Uhr mittags

10 Geiseln

auf dem Marktplatz an der Bismarckstrasse erschossen.

Bromberg, den 27. Oktober 1939.

Egzekucja karna
w Graudenz

Za zbrodnicze rozlepianie plakatów — w nocy z 21—22. X. 1939 r. — nawołujących do zbrojnych rozruchów zostanie na podstawie wyroku sądu doraźnego „Selbstschutz Westpreussen" w Bromberg

w niedzielę dnia 29. 10. 1939
o godz. 12 w południe

10 zakładników

na rynku przy Bismarckstr. rozstrzelanych.

Bromberg, 27 października 1939.

Der Führer des „Selbstschutz Westpreussen"

Öffentliche Strafexekution: Die nationalsozialistischen Besatzer reagieren mit drastischen Strafen auf jede Form des Widerstandes.

Publiczna egzekucja karna: nazistowscy okupanci reagują na każdą formę ruchu oporu drastycznymi karami.

und chauvinistische Haltung an den Tag legte. Da man aber den Freiheitsdrang und die irredentistischen Bestrebungen der Polen aus der Zeit der Teilungen kannte und auch den tollkühnen Mut nicht vergessen hatte, mit dem sie sich 1939 der deutschen Übermacht zu erwehren versucht hatten, wurde befohlen, alle Keime polnischen Widerstandes rücksichtslos zu ersticken und auch vor Grausamkeiten nicht zurückzuschrecken.

Kollektive Haftung

Besonders im Generalgouvernement wurden diese Anordnungen brutal umgesetzt. Hier wurden nicht nur offene Gegner, sondern auch potentielle Feinde und Anführer des Polentums mit größerer Härte vernichtet; hier übte man blindlings Vergeltung an den Bewohnern von Gebieten, die als Basis des Partisanenkampfes galten, und an Personenkreisen, die als Stützen der konspirativen Tätigkeit angesehen wurden – man praktizierte also das Prinzip der kollektiven Haftung. Das grundlegende Instrument der Besatzungspolitik war der Terror gegenüber den Gegnern, der häufig präventiv, ohne Ermittlung eines Verschuldens, angewandt wurde. Nicht einmal Polen, die sich loyal verhielten, konnten sicher sein, den Krieg zu überleben, da sie in Kollektivhaftung genommen werden konnten. So kam es dazu, daß man die Bedingungen, die insbesondere im Generalgouvernement herrschten, als ein „Leben als ob" bezeichnete. Einem Polen konnte man jederzeit alles nehmen – Leben, Habe, Wohnung – und ihn seiner persönlichen Würde berauben.

Das Vorspiel der Bekämpfung von potentiellen Feinden und Anführern des Polentums bildeten Aktionen unter den Decknamen „Politische Flurbereinigung", auch als „Intelligenzaktion" bezeichnet, die in der Phase der Besetzung des polnischen Territoriums durchgeführt wurden, sowie „Außerordentliche Befriedungsaktion", die in enger Abstimmung mit Generalgouverneur Frank im Frühling 1940 durchgeführt wurden, als die deutsche Offensive im Westen begann. Im Rahmen der ersteren Aktion kamen über vierzigtausend Polen um, die letztere kostete einigen tausend das Leben. Während der gesamten Aktionen zur Liquidierung der Führungsschicht im besetzten Polen kamen bis zum Herbst 1940 insgesamt über zweiundfünfzigtausend Personen um.

Von geradezu symbolhafter Bedeutung war die „Sonderaktion Krakau". Als sich am 6. November 1939 auf eine Aufforderung der Gestapo hin die Mitarbeiter der Jagiellonen-Universität in die Hochschule begaben, in der Hoffnung, daß diese rasch wiedereröffnet würde, verhaftete man 183, darunter 155 Wissenschaftler, und zudem weitere fünfzehn Professoren der Bergbauakademie. Im Konzentrationslager Sachsenhausen, wohin man sie schaffte, starben fünfzehn namhafte Gelehrte, darunter der ehemalige Präsident der Polnischen Akademie der Wissenschaften, Kazimierz Kostanecki. Es war gewissermaßen eine Fortsetzung der „Sonderaktion Krakau", als unmittelbar nach dem Einmarsch der Wehrmacht in Lemberg fünfundzwanzig polnische Gelehrte, hervorragende Fachleute aus den Bereichen der Medizin und der technischen Wissenschaften, von der SS ermordet wurden. Unter den Opfern war auch der Mathematiker Kazimierz Bartel, der mehrmalige Premierminister der polnischen Republik.

Eskalation des Terrors

Eine spezielle Art des Vorgehens gegen Polen erlaubten den Gerichten im Generalgouvernement die Verordnung über den Aufbau der Rechtspflege vom Herbst 1939 sowie die Verordnung zur Bekämpfung von Angriffen gegen den deutschen Aufbau vom Herbst 1943 und in den eingegliederten Ostgebieten die Verordnung über die Rechtspflege gegen Polen und Juden von Ende 1941, die ein Sonderstrafrecht für Polen und Juden einführte. Außer den Juden wurden zwei Millionen polnische Bürger in Isolierungslager der verschiedensten Art deportiert; durch die Gefängnisse gingen einige hunderttausend. Über die Inhaftierung im Lande hinaus, die auch die Konzentrationslager Auschwitz und Majdanek umfaßte, deportierten die Besatzungsbehörden über zweihunderttausend Polen und etwa fünfzehntausend Juden in Konzentrationslager in Deutschland und Österreich. Der Terror eskalierte im Herbst 1943, als standrechtliche Hinrichtungen in Warschau zur Alltäglichkeit wurden.

Der letzte Stoß wurde Polen in Warschau versetzt, der Hauptstadt, die im Laufe des Krieges in eine Stadt von vollkommen untergeordneter Bedeutung verwandelt werden sollte. Einen willkommenen Anlaß dazu bot Himmler der Aufstand, der am 1. August 1944 ausbrach, bedauerlicherweise ohne hinreichende Erkundung der Erfolgsaussichten, speziell der Frontsituation. Er wurde ebenso niedergeschlagen wie der Aufstand im Warschauer Ghetto

Heimlich fotografiert: Im besetzten Polen gehören Hinrichtungen und Geiselerschießungen zum Instrument des Terrors gegenüber der Bevölkerung.

Zdjęcie zrobione z ukrycia: egzekucje i rozstrzeliwania zakładników w okupowanej Polsce stanowią jeden z instrumentów terroru wobec ludności.

Form der kollektiven Bestrafung: Die Zurschaustellung der Hingerichteten sollte die Bevölkerung abschrecken.

Jedna z form zbiorowej kary: wystawianie na pokaz straconych miało służyć zastraszaniu ludności.

fünfzehn Monate zuvor. Außer den rund achtzehntausend gefallenen Aufständischen, die zwei Monate lang kämpften, um das Schicksal der Nation zu wenden, kamen einhundert- bis hundertfünfzigtausend Zivilisten ums Leben, teilweise ermordet von der SS und den in ihrem Sold stehenden Freiwilligenverbänden aus dem Osten. Daß die Hauptstadt in einen Trümmerhaufen verwandelt wurde, war eine Folge sowohl der Kampfhandlungen als auch einer mehrwöchigen bewußten Zerstörungsaktion nach der Kapitulation der Aufstandsführung.

Neben der Ausrottung aus politischen oder parapolitischen Gründen praktizierte man die Euthanasie, der zwölftausend Polen zum Opfer fielen. Desgleichen wurden Maßnahmen ergriffen, um den natürlichen Zuwachs der polnischen Bevölkerung zu senken. Die durch die Nazibesatzung verursachten Verluste in der Bevölkerung, die unmittelbar nach dem Krieg von polnischen Behörden mit sechs Millionen beziffert wurden, sind nach heutiger Erkenntnis niedriger einzuschätzen, dennoch kamen zwischen 4,5 und fünf Millionen Menschen ums Leben.

Ausbeutung für das Reich

In den eingegliederten Ostgebieten und im Generalgouvernement wurde eine unterschiedliche Wirtschaftspolitik verfolgt. Im eingegliederten Territorium war man konsequent bestrebt, es in wirtschaftlicher Hinsicht so schnell wie möglich in das Reich zu integrieren, alle dort vorhandenen Pro-

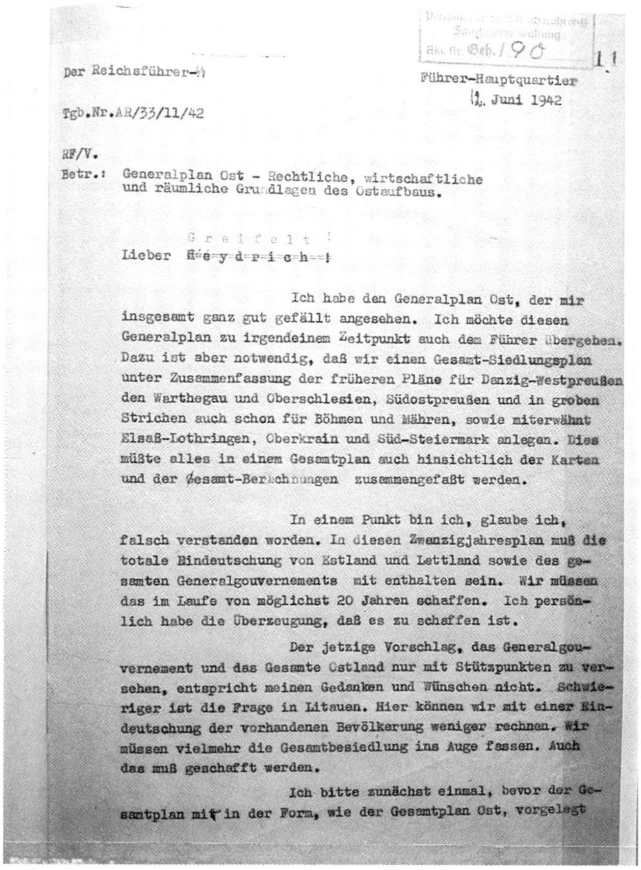

Der Reichsführer-SS

Führer-Hauptquartier
12. Juni 1942

Tgb.Nr.AR/33/11/42

RF/V.

Betr.: Generalplan Ost – Rechtliche, wirtschaftliche und räumliche Grundlagen des Ostaufbaus.

G r e i f e l t !

Lieber ~~H e y d r i c h !~~

Ich habe den Generalplan Ost, der mir insgesamt ganz gut gefällt angesehen. Ich möchte diesen Generalplan zu irgendeinem Zeitpunkt auch dem Führer übergeben. Dazu ist aber notwendig, daß wir einen Gesamt-Siedlungsplan unter Zusammenfassung der früheren Pläne für Danzig-Westpreußen den Warthegau und Oberschlesien, Südostpreußen und in groben Strichen auch schon für Böhmen und Mähren, sowie miterwähnt Elsaß-Lothringen, Oberkrain und Süd-Steiermark anlegen. Dies müßte alles in einem Gesamtplan auch hinsichtlich der Karten und der Gesamt-Berechnungen zusammengefaßt werden.

In einem Punkt bin ich, glaube ich, falsch verstanden worden. In diesen Zwanzigjahresplan muß die totale Eindeutschung von Estland und Lettland sowie des gesamten Generalgouvernements mit enthalten sein. Wir müssen das im Laufe von möglichst 20 Jahren schaffen. Ich persönlich habe die Überzeugung, daß es zu schaffen ist.

Der jetzige Vorschlag, das Generalgouvernement und das Gesamte Ostland nur mit Stützpunkten zu versehen, entspricht meinen Gedanken und Wünschen nicht. Schwieriger ist die Frage in Litauen. Hier können wir mit einer Eindeutschung der vorhandenen Bevölkerung weniger rechnen. Wir müssen vielmehr die Gesamtbesiedlung ins Auge fassen. Auch das muß geschafft werden.

Ich bitte zunächst einmal, bevor der Gesamtplan mit in der Form, wie der Gesamtplan Ost, vorgelegt

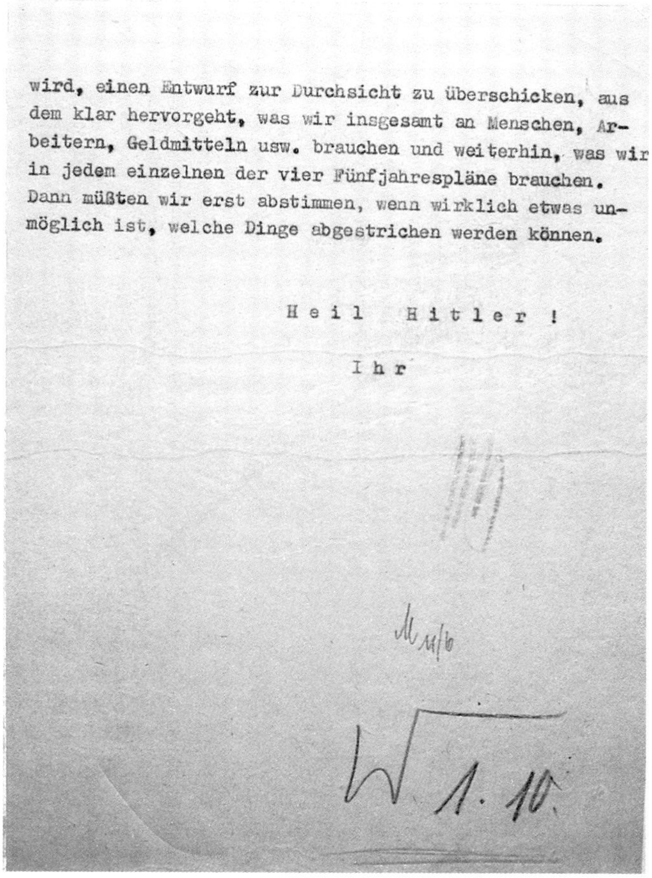

wird, einen Entwurf zur Durchsicht zu überschicken, aus dem klar hervorgeht, was wir insgesamt an Menschen, Arbeitern, Geldmitteln usw. brauchen und weiterhin, was wir in jedem einzelnen der vier Fünfjahrespläne brauchen. Dann müßten wir erst abstimmen, wenn wirklich etwas unmöglich ist, welche Dinge abgestrichen werden können.

H e i l H i t l e r !

I h r

duktionsanlagen, Rohstoffe und Arbeitskräfte für die militärischen Bedürfnisse zu nutzen, polnische Bürger rasch zu enteignen sowie die landwirtschaftliche und industrielle Produktion zu steigern.

Im Generalgouvernement änderte sich dagegen mehrfach die wirtschaftspolitische Konzeption. Anfangs folgte man monatelang Hitlers Weisung, dieses Gebiet in einen Trümmerhaufen zu verwandeln, es also zu „entindustrialisieren" und zum Lieferanten von Nahrungsmitteln, Rohstoffen und Arbeitskräften herabzustufen. Doch bereits Ende 1939 begann man, die Demontage von Fabriken zu beenden und nutzte statt dessen in wachsendem Maße das vorhandene Potential für die kriegswirtschaftlichen Bedürfnisse Deutschlands. Nach der Niederlage Frankreichs herrschte in der Naziführung Einigkeit darüber, das gesamte Industriepotential zur Vorbereitung des Angriffs auf die Sowjetunion zu nutzen. Außerdem sollte die Besatzungsverwaltung des Generalgouvernements möglichst viele billige Arbeitskräfte für die Arbeit im Reich liefern.

„Ethnische Säuberung"

Der im Reich eingegliederte Teil Polens sollte von Anfang an deutschen „Lebensraum" schaffen, indem eine modellhafte „ethnische Säuberung" durchgeführt wurde. Diesem Zweck dienten die Vertreibung bestimmter Gruppen von Polen aus den eingegliederten Ostgebieten in das Generalgouvernement, die Verschleppung anderer zur Zwangsarbeit ins Reich, das Bemühen um Eindämmung des natürlichen Zuwachses der polnischen Bevölkerung sowie die Deportation und Ermordung von Juden und Zigeunern. Insgesamt wurden hauptsächlich in den Jahren 1939 bis 1941 rund 900.000 Personen aus den eingegliederten Ostgebieten vertrieben. Zudem betrieb man die Enteignung und Ver-

„Generalplan Ost": Nationalsozialistisches Programm zur Neugestaltung Osteuropas unter deutscher Herrschaft.

„Plan Generalny Wschód": narodowosocjalistyczny program nowego ukształtowania Europy Wschodniej pod niemieckim panowaniem.

drängung der polnischen Bevölkerung, besonders nachdem es durch den Krieg gegen die Sowjetunion schwieriger geworden war, mit den Vertreibungen ins Generalgouvernement fortzufahren, das anfangs als Reservat für die polnische Bevölkerung vorgesehen war. Diese Maßnahmen betrafen einige hunderttausend Personen. Für die vertriebenen und verdrängten Polen kamen Deutsche aus dem Altreich; im September 1944 hielten sich in den eingegliederten Ostgebieten über 500.000 aus dem Reich stammende Zivilpersonen auf, und zudem wurden aus Osteuropa repatriierte Volksdeutsche angesiedelt, insgesamt rund 630.000 Personen.

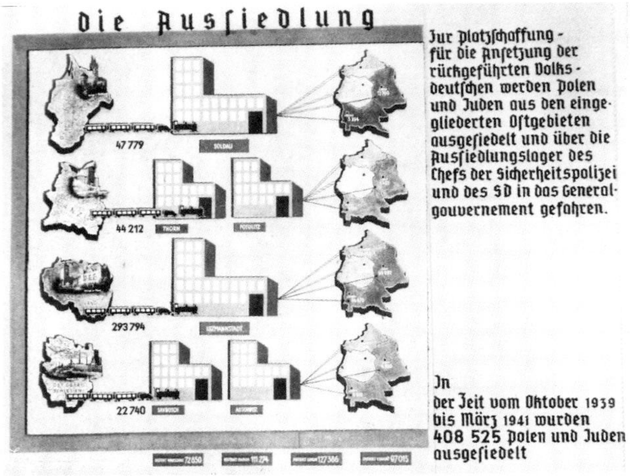

„Aussiedlung" der Polen: Die von Deutschland 1939 annektierten Gebiete sollen „ethnisch gesäubert" werden.

„Wysiedlanie" Polaków: zaanektowane przez Niemcy w 1939 r. obszary mają być „etnicznie oczyszczone".

Um die Jahreswende 1942/43 kam es zur nächsten Vertreibung, die rund hunderttausend Landbewohner des Gebiets um Zamość betraf, einer im Osten des Generalgouvernements gelegenen Region, auf die Berlin bis dahin keine territorialen Ansprüche erhoben hatte, die aber im „Generalplan Ost" als Basis germanischer Besiedlung ausersehen war. Die SS betrachtete diese Aussiedlung von Polen als eine Art Sonderlaboratorium, in dem sie die Reaktionen der Menschen testen wollte, die künftig aus den von diesem Plan erfaßten Gebieten vertrieben werden sollten. Zu den Maßnahmen, die auf die Vernichtung der nationalen Substanz zielten, gehörte die Schwächung des polnischen Elements durch die Nationalitätenpolitik. Man wollte einige, als nicht-polnisch geltende regionale Volksgruppen, Kaschuben, Masuren, Goralen und Lemken, die Urbevölkerung der vor dem Krieg an Deutschland, speziell an Pommern und Oberschlesien angrenzenden polnischen Gebiete, „rassisch wertvolle" Menschen sowie die polnisch assimilierten Teile der jüdischen und ukrainischen Bevölkerung vom Polentum separieren.

Vertreibung: Viele Polen müssen ihre Heimat verlassen. Die Nationalsozialisten schicken planmäßig deutsche Siedler in das besetzte Land.

Wypędzenie: wielu Polaków musi opuścić swoją ojczyznę. Narodowi socjaliści systematycznie przysyłają niemieckich osiedleńców do okupowanego kraju.

Deutsche Volksliste

Größte Bedeutung maß man der Germanisierung zu. Die Einwohner der eingegliederten Ostgebiete wurden gedrängt, die Eintragung in eine von vier Gruppen der Deutschen Volksliste zu beantragen, die mit einer sowohl rassischen als auch politischen Überprüfung verknüpft wurde. Ihren Höhepunkt erreichte diese Germanisierungsaktion im Frühling und Sommer des Jahres 1942, als das Dritte Reich und die Achsenmächte ihre größten militärischen Triumphe feierten und deutlich wurde, daß die Pläne zur Ostkolonisation in Ermangelung einer hinreichenden Zahl germanischer Siedler kaum zu realisieren sein würden.

Als Reichskommissar für die Festigung des deutschen Volkstums wollte Himmler strenge rassische Maßstäbe anlegen. Seinen Erwartungen entsprach allein Arthur Greiser, der Statthalter und Gauleiter des Warthelandes, der sich dessen bewußt war, daß die Großpolen – die Bewohner der historischen Landschaft Großpolen mit Posen, Gnesen und Kalsisch – sich im gesamten vormaligen preußischen Teilungsgebiet als Hüter des Polentums erwiesen hatten; er betrachtete sie als unversöhnliche Feinde, die einer Eindeutschung nicht würdig seien. Forster dagegen, Gauleiter von Danzig-Westpreußen, und Fritz Bracht, Oberpräsident von Oberschlesien, welche die gegenüber Hitler übernommene Verpflichtung zur Eindeutschung der von ihnen geleiteten Bezirke so schnell wie möglich zu erfüllen wünschten, betrieben eine massenhafte Eintragung in die Deutsche Volksliste, wobei sie über die polnische Abstammung vieler Antragsteller hinwegsahen und die festgelegten rassischen Kriterien außer acht ließen.

So kam es, daß 2,3 Millionen Bewohner der eingegliederten Ostgebiete von der Germanisierung erfaßt wurden. Darunter war eine halbe Million Menschen, die sich vor dem Krieg als Deutsche betrachtet hatten und in die Gruppe I eingestuft wurden. Weitere 200.000, die damals das Deutschtum unterstützt hatten, wurden in die Gruppe II eingestuft. Sie erhielten die deutsche Staats- und Reichsangehörigkeit. Die zahlenmäßig größte Gruppe III, welche Personen umfaßte, die nur teilweise deutscher Abstammung und bereits weitgehend polonisiert waren, sowie viele Polen, die keine deutschen Vorfahren hatten und sich vor der Perspektive ängstigten, nach dem Krieg von den Nationalsozialisten als „Untermenschen" behandelt zu werden, erhielten lediglich die Staatsangehörigkeit. Die wenigen Angehörigen der Gruppe IV, die sogenannten „Renegaten", erhielten eine widerrufliche Staatsangehörigkeit. Ihre Regermanisierung sollte innerhalb der Vorkriegsgrenzen des Reiches erfolgen. Himmler betrachtete die derart massenhaften Eintragungen in die Deutsche Volksliste als eine unverantwortliche Regelung und kündigte an, daß man die Angehörigen der Gruppen III und IV nach dem Krieg unter streng rassischen Gesichtspunkten überprüfen werde.

Bezeichnend ist, daß 90 Prozent der „angeblichen Deutschen" in der Endphase des Krieges in ihren Heimatorten blieben und trotz des Drängens der Nazibehörden eine Evakuierung ablehnten. Später erwartete sie jedoch ein schweres Los. Sie stießen auf Mißtrauen und erfuhren häufig Repressio-

Nationalsozialistische Parolen: Die Propaganda feiert den Wiedergewinn der durch den Versailler Vertrag 1919 „verlorenen" Gebiete.

Narodowosocjalistyczne hasła: propaganda świętuje odzyskanie „straconych" w 1919 r. w wyniku Traktatu Wersalskiego obszarów.

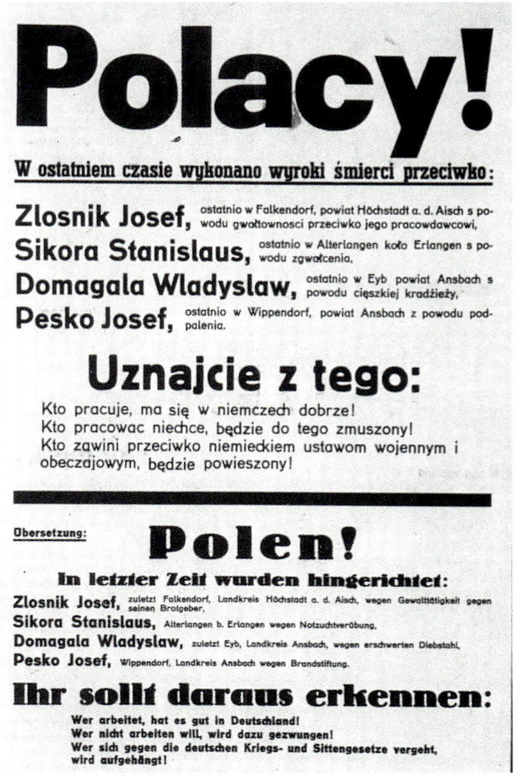

Versklavung: Die nationalsozialistische Ideologie bezeichnet Polen als „slawische Untermenschen". Als Zwangsarbeiter werden sie in das Reich verschleppt.

Niewola: narodowosocjalistyczna ideologia określa Polaków jako „słowiańskich podludzi". Jako robotnicy przymusowi są oni wywożeni do Rzeszy.

Ausgewählt zur Zwangsarbeit: Jüdische Männer aus dem Warschauer Ghetto auf dem Weg in die Arbeitslager.

Wybrani do pracy przymusowej: Żydzi z warszawskiego getta w drodze do obozu pracy.

nen und Racheakte ihrer Landsleute, da man ihnen Verrat am Polentum vorwarf. Die Deutsche Volksliste barg, wie sich zeigen sollte, langwierige Konsequenzen.

„Germanisierung" des Generalgouvernements

Mitte 1943 betrug die Zahl der im Generalgouvernement angesiedelten deutschen Zivilpersonen 240.000. Bald begann man hier, im Generalgouvernement, nach „verlorenem deutschen Blut", nach Deutschstämmigen zu forschen. Diese Suche wurde Ende 1943 wegen der geringfügigen Ergebnisse und mit Rücksicht auf Greisers Proteste gegen die Nichtbeachtung der festgelegten rassisch-politischen Kriterien eingestellt. Im gesamten Besatzungsgebiet betrieb man zudem eine Germanisierung ausgesuchter polnischer Kinder mit deutscher Abstammung und nordischen Rassenmerkmalen, deren Schlußetappe sich im Reich beziehungsweise im angeschlossenen Österreich abspielte. Nur in wenigen Fällen gelang es, sie nach Kriegsende aufzuspüren und zurückzuholen.

Der von den Besatzern als rein polnisch betrachtete Rest der Bevölkerung wurde auf allen Gebieten diskriminiert; man machte keinen Versuch, ihn durch Privilegierung einzelner Gruppen von innen zu spalten. Im Wartheland wurde ein „Verband der Leistungspolen" geschaffen, in den man quasi von Amts wegen aufgenommen wurde. Denjenigen, die sich durch hohe Arbeitsproduktivität hervortaten, wurden gewisse Rechte zugesichert, die ihnen eine materielle Gleichstellung mit den Deutschen vortäuschten. Auf der Liste des Verbandes der Leistungspolen befanden sich maximal zwei Prozent der polnischen Bevölkerung, und es gab einzelne, die es ablehnten, in diesen Kreis aufgenommen zu werden. Aus Himmlers Projekt, im Generalgouvernement eine Gruppe von „privilegierten Schutzangehörigen" zu bilden, wurde dagegen nichts.

Die umfangreichste aller von den Besatzungsbehörden durchgeführten Bevölkerungsverschiebungen bestand in der Deportation zum Arbeitseinsatz im Reich und den von ihm beherrschten Ländern. Es waren einige Zehntausend, die freiwillig eine Arbeit annahmen; die Zahl derer, die zwangsweise aus dem Gebiet Polens innerhalb seiner Vorkriegsgrenzen zur Arbeit deportiert wurden, überstieg 2,8 Millionen. Davon waren 14 Prozent Ukrainer. Außerdem wurden 300.000 polnische Kriegsgefangene entweder überredet oder gezwungen, den Status eines Zivilarbeiters anzunehmen.

„Endlösung der Judenfrage"

Wenn die brutalen Repressionen und Ausrottungsmaßnahmen zuerst und in breitestem Ausmaß die als Anstifterin von Unabhängigkeitsbestrebungen geltende polnische Intelligenz trafen, so ging man noch rücksichtsloser gegen Juden und Polen jüdischer Abstammung vor, die in den Augen der Deutschen ein mythologisierter Feind und ein rassisch absolut unerwünschtes Element waren. Von Beginn der Besatzung an stellten sie die am stärksten diskriminierte nationale Gruppe. Zunächst plante man, für sie ein Reservat auf dem Territorium des Generalgouvernements zu schaffen, ging davon aber wieder ab. Unterdessen wurden sie aus den eingegliederten Ostgebieten ins Generalgouvernement vertrieben; in Pommern blieb kein einziger Jude zurück.

Die Vernichtung der in Polen lebenden Juden erstreckte sich über die gesamte Besatzungszeit. Bis Ende 1939 starben über siebentausend von ihnen von den Händen der Nazis. In den beiden folgenden Jahren wurde die in den Ghettos zusammengetriebene und in ihnen isolierte jüdische Bevölkerung durch Arbeit und Hunger dezimiert, doch blieb es nicht bei dieser Ausrottungsmethode. Bei zahlreichen Massenexekutionen kamen mehrere zehntausend

Juden um, vor allem aus dem Wartheland, dem Bezirk Białystok und dem Distrikt Galizien. Dann ging man dazu über, den Plan ihrer endgültigen Vernichtung, die „Endlösung der Judenfrage” zu realisieren, mit der im Lager Chełm am Ner begonnen wurde. Im Herbst 1944 gab es nur noch einige kleinere jüdische Arbeitslager, die sich einzig aufgrund des Arbeitskräftemangels bis zu diesem Zeitpunkt gehalten hatten. Außerdem befanden sich wenigstens mehrere zehntausend polnische Juden in Konzentrationslagern im Reich sowie in Auschwitz, weitere Zehntausende hielten sich mit polnischer Hilfe versteckt. Man schätzt, daß knapp hunderttausend, gut drei Prozent, der Vernichtung entgangen sind. In geringerem Maße traf dieses Schicksal die Zigeuner. Von den etwa achtzigtausend Zigeunern, die vor dem Krieg in Polen lebten, kamen über fünfzigtausend um. Insgesamt fielen im besetzten Polen fast drei Millionen Juden und Zigeuner dem völkermörderischen Treiben der Besatzungsmacht zum Opfer.

Die Politik der Besatzungsmacht intensivierte die bereits vorhandenen Nationalitätenkonflikte. Sie verschärfte die Feindseligkeit zwischen den Polen und den Ukrainern, die besser behandelt wurden. Sie wirkte sich vermutlich auch darin aus, daß viele Polen die Tragödie der Juden achselzuckend zur Kenntnis nahmen oder ihnen jedenfalls nicht zu Hilfe eilten; allerdings drohte jedem Helfer und bisweilen auch seiner Familie von seiten der Besatzungsmacht die Todesstrafe.

Verfolgung der Kirche

Polen war ein Land mit christlicher Tradition. Wollte man die polnische Nation zerstören, so mußte man die Rolle der römisch-katholischen Kirche beseitigen oder vermindern und das religiöse Leben schwächen. Im Generalgouvernement wurde die Kirche von der Besatzungsmacht toleriert, in den eingegliederten Ostgebieten wurde sie mit unterschiedlicher Intensität verfolgt. Bereits im letzten Quartal des Jahres 1939 wurden in den eingegliederten Ostgebieten 250 bis 300 Geistliche von den Deutschen erschossen. Über tausend wurden von dort in Konzentrationslager und Gefängnisse deportiert, wo nur zweihundert überlebten. Mehrere hundert wurden ins Generalgouvernement ausgesiedelt. Im Wartheland blieben von den Geistlichen der Vorkriegszeit knapp drei Prozent übrig, in Schlesien erreichten die Verluste ein Viertel. Anstelle derer, die man entfernte, kamen 120 Priester aus dem „Altreich”, die überwiegend eine gute Erinnerung hinterlassen haben. Forster, der in Oberschlesien die günstigste Situation vorfand, betrieb die Germanisierung der Kirche besonders intensiv und radikal. Doch den stärksten Verfolgungen war die römisch-katholische Kirche im Wartheland ausgesetzt, wo die Besatzungsbehörden versuchten, ein öffentliches religiöses Leben der Polen gänzlich zu unterbinden. Hier wurde auch die katholische Kirche nach Nationalitäten getrennt. Eine ähnlich schwierige Situation durchlebte die Kirche in den Gebieten, die nach Ostpreußen eingegliedert wurden. Im Generalgouvernement beschränkte Frank sich dagegen auf eine Oberaufsicht und verschiedene Beschränkungen. Insgesamt kamen in den Kriegsjahren über dreitausend polnische römisch-katholische Geistliche um, darunter sechs Bischöfe, fast zweitausend Priester und Diözesankleriker, über 1100 Mönche und Nonnen. Zudem erlitt die Kirche erhebliche materielle Schäden.

Die Besatzungsbehörden betrachteten die polnische Kultur als primitiv und unschöpferisch. Bisher, so die ideologisch geprägte Meinung, habe sie nichts Wertvolles zur Weltkultur beigetragen. Als „Untermenschen” hatten die Polen angeblich keine geistigen Bedürfnisse, demnach seien auch Institutionen zur Befriedigung solcher Bedürfnisse überflüssig. Eine dynamische Entwicklung des Kulturlebens im besetzten Polen wiesen einzig die Deut-

*Systematischer Völkermord:
An der Rampe der Bahnstation
in Auschwitz treffen die
jüdischen Deportierten in
vollgepferchten Güterzügen ein.*

*Planowe ludobójstwo:
deportowani Żydzi przybywają
w zatłoczonych wagonach
towarowych na rampę stacji w
Oświęcimiu.*

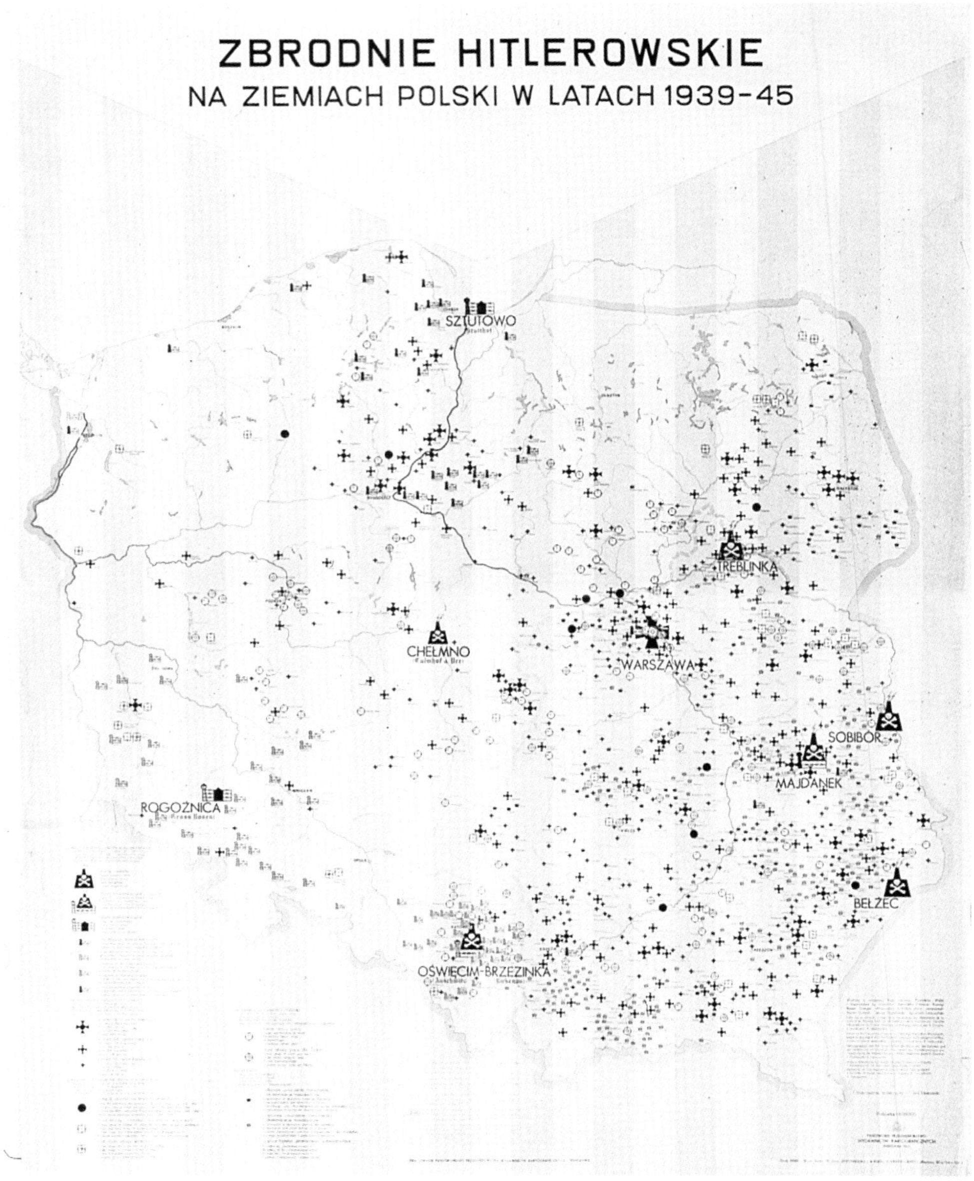

Karte des Grauens: Eine Übersicht der nationalsozialistischen Lagereinrichtungen in Polen macht das Ausmaß der Verbrechen deutlich.

Stronica grozy: przegląd narodowosocjalistycznych urządzeń obozowych w Polsce unaocznia rozmiar zbrodni.

schen auf, deren kulturelle Aktivität jedoch vornehmlich ein Instrument der Germanisierung im besetzten Territorium sei und der politischen und ideologischen Indoktrination der dort lebenden Deutschen diente.

In den eingegliederten Ostgebieten wurde das kulturelle Leben der Polen vollständig zerstört. Die Teilnahme an deutschen Veranstaltungen war den Polen bei strenger Strafe untersagt. Die polnische Presse wurde mit Ausnahme einiger kirchlicher Zeitschriften zerschlagen, der Polnische Rundfunk und die Filmproduktion wurden von den Deutschen übernommen. In Oberschlesien und Pommern wurde verfolgt, wer sich der polnischen Sprache bediente, polnische Denkmäler wurden zerstört. Im Generalgouvernement wurden lediglich die wichtigsten kulturellen Einrichtungen aufgelöst.

Eine ähnliche Linie wie in der Kulturpolitik verfolgten die Besatzungsbehörden in der Bildungspolitik. Ihr Ziel war es, die Polen auf möglichst niedrigstem geistigen Niveau zu halten. Die Unterrichtung der Kinder und Jugendlichen in polnischer Sprache wurde radikal eingeschränkt oder ganz eingestellt. In den eingegliederten Ostgebieten wurde das gesamte polnische Schulwesen, von den Vorschulen bis zu den Hochschulen, liquidiert. Es war generell verboten, polnische Kinder in ihrer Muttersprache zu unterrichten; die Kinder unterlagen ab dem zwölften Lebensjahr dem Arbeitszwang. Lediglich im Generalgouvernement ließ man vollständige Grundschulen und berufsbildende Mittelschulen mit polnischer Unterrichtssprache zu.

Eine besonders brutale Behandlung erfuhren die polnische Wissenschaft und das polnische Hochschulwesen. In den eingegliederten Ostgebieten wurden polnische wissenschaftliche Einrichtungen umgehend zerstört, im Generalgouvernement, wo man etwas langsamer vorging, verloren sie weitgehend ihren Besitz. Während des Krieges fielen insgesamt 310 Wissenschaftler aus dem besetzten Polen der direkten Ausrottungspolitik zum Opfer; 163 wurden bei Exekutionen ermordet, 147 verloren ihr Leben in Konzentrationslagern und Gefängnissen. 114 weitere Wissenschaftler starben infolge anderer Repressionen. Anstelle der liquidierten polnischen Wissenschaft und des zerschlagenen polnischen Hochschulwesens wurden die Reichsuniversität Posen und das Institut für Deutsche Ostarbeit in Krakau gegründet.

Das Vorgehen der deutschen Behörden im besetzten Polen diente, um es generell zu charakterisieren, der Zerstörung, der Knechtung und dem Völkermord. Es war in keiner Weise ihr Ziel, die Unterstützung oder Loyalität der Besetzten zu gewinnen. Die Vollstrecker der nationalsozialistischen Politik hatten die Aufgabe, jegliche Reste polnischer Staatlichkeit zu liquidieren und die polnische Nation als Gemeinschaft zu vernichten. Daß es dazu nicht kam, kann einzig darauf zurückgeführt werden, daß Hitler den Krieg verlor.

Erste Phase der Zerstörung Warschaus: Luftangriffe und Artilleriefeuer der deutschen Wehrmacht sollen die Bevölkerung zur Aufgabe der belagerten Stadt zwingen.

Pierwsza faza burzenia Warszawy: naloty powietrzne i ogień artyleryjski niemieckiego wermachtu mają zmusić ludność do poddania oblężonego miasta.

Leidensweg einer Stadt

Zerstörung und Wiederaufbau Warschaus als polnische Metropole

Veit Didczuneit

Durch die polnischen Teilungen im 18. Jahrhundert verlor das Königreich Polen seine Unabhängigkeit. Das Land wurde zwischen den Großmächten Rußland, Preußen und Österreich aufgeteilt. Für die Stadt Warschau, die 1596 Hauptstadt des polnischen Staates geworden war, begann damit ein qualvoller Leidensweg von Krieg und Gewalt. Keine andere Hauptstadt des modernen Europas teilt mit Warschau ein derartiges Schicksal. Je mehr die verschiedenen Besatzer versuchten, die Stadt nach ihrer Vorstellung zu verändern, sie sogar zu zerstören, desto bedeutender wurde sie für die Polen als Symbol nationaler Selbstbehauptung. Den Höhepunkt der Grausamkeit und Zerstörung mußte Warschau in der Zeit der deutschen Besatzung von 1939 bis 1945 erleben. Die deutschen Eroberer setzten alles daran, die Stadt als Metropole restlos zu vernichten. Für das polnische Volk hingegen wurde Warschau zum Sinnbild des Widerstandes gegen Hitlerdeutschland und zum Ausdruck des Überlebenskampfes der Nation.

Schon unmittelbar nach der Befreiung des Landes Anfang 1945 trafen die Polen die Entscheidung, Warschau als polnische Hauptstadt umfassend und schnell wiederaufzubauen. Die Überlebenskraft des polnischen Volkes sollte vor aller Welt sichtbar dokumentiert werden. Warschau wurde nach einem langjährigen Aufbauprozeß zur größten in ihrem historischen Kern originalgetreu wiederaufgebauten Stadt der Welt.

Die Objekte der Ausstellung belegen die Ursachen, Methoden und den Umfang der Zerstörung Warschaus von 1939 bis 1945 und zeigen damit an einem konkreten Beispiel die Brutalität der NS-Herrschaft. Für die anschließende Zeit bis Anfang der fünfziger Jahre wurden Zeugnisse des Wiederaufbaus der polnischen Hauptstadt ausgewählt, die veranschaulichen, daß die Polen die deutschen Verbrechen auch gegenüber der „antifaschistischen" DDR noch nicht vergessen hatten.

Überfall auf Polen

In der nationalsozialistischen Weltanschauung nahm die Forderung nach Eroberung von „Lebensraum im Osten" eine zentrale Stelle ein. Die 1918 am Ende des Ersten Weltkrieges wiederbegründete polnische Republik stellte für Hitler ein Hindernis bei der Umsetzung seiner Ziele dar. Mit der Unterzeichnung des Geheimen Zusatzprotokolls zum deutsch-sowjetischen Nichtangriffspakt vom 23. August 1939 gelang es ihm jedoch, im Osten freie Hand für die rasche Zerschlagung des polnischen Staatswesens zu bekommen. Dieses Protokoll und die bei Abschluß des deutsch-sowjetischen Freundschaftsvertrages einen Monat später von Stalin und dem deutschen Außenminister Ribbentrop signierte Landkarte stellen deutlich unter Beweis, wie Deutschland und die Sowjetunion in klassischer Großmacht-Manier vorangegangener Jahrhunderte Polen unter sich aufteilten.

In seiner Weisung Nr. 1 für die Kriegführung zum „Fall Weiß" vom 31. August 1939 legte Hitler den Angriff auf Polen auf den 1.

Lüge:
Die nationalsozialistische Propaganda stellt den deutschen Überfall auf Polen als Akt der Notwehr dar.

Kłamstwo:
narodowosocjalistyczna propaganda przedstawia niemiecką napaść na Polskę jako akt samoobrony.

Mittagsblatt

Illustrierte Z… für Politik·Sp…

…VON SHANGHAI BIS ST. PAULI

10 Pfg. auswärts 15 Pfg.

Nr. 145 1. Jahrgang — Hamburg, Freitag, 1. September 1939

Mittagsblatt bringt heute:
Mit der Kamera durch Hamburg:
Von Krise keine Spur

Die Welt zum deutschen Angebot

Polnische Angriffe auf Oberschlesien abgewehrt

Molotow: Friede mit Deutschland

Treuekundgebung für den Führer

Drahtmeldung für das „Mittagsblatt"

Berlin, 1. Sept. — Das großzügige Angebot des Führers an Polen zur Erhaltung und Festigung des Friedens (Wortlaut siehe Seite 4) und die praktische Ablehnung durch die polnische Regierung wurden um 21 Uhr durch eine Sondermeldung und in den Abendnachrichten um 22 Uhr bekanntgegeben. Sofort danach belebten sich die Straßen der Reichshauptstadt, und zahlreiche Berliner ließen es sich nicht nehmen, noch zu später Nachtstunde nach dem Wilhelmplatz zu ziehen, um in dieser Stunde des Ernstes dem Führer ihre Treue zu bekunden. Durch die Lautsprecher am Platz wurde die Bevölkerung über die politische Lage unterrichtet, und die weit über dem Platz hallenden Nachrichten lockten immer mehr Berliner an. Besonders gegenüber dem Einfahrttor zur Neuen Reichskanzlei drängte sich die Bevölkerung, um von hier aus die An- und Abfahrten der Politiker zu beobachten.

Ueberfall auf Sender Gleiwitz

Die polnischen Eindringlinge von der Polizei überwältigt — Ein Toter

Breslau, 1. September. — Etwa um 20 Uhr wurde gestern der Sender Gleiwitz durch einen polnischen Ueberfall besetzt. Die Polen drangen mit Gewalt in den Senderaum ein. Es gelang ihnen, einen polnischen Aufruf in polnischer und zum Teil in deutscher Sprache zu verlesen. Sie wurden aber schon nach wenigen Minuten von der Polizei überwältigt, die von Gleiwitzer Rundfunkhörern alarmiert worden war. Die Polizei mußte von der Waffe Gebrauch machen, wobei es auf Seiten der Eindringlinge einen Toten gegeben hat.

Zu diesem unerhörten heimtückischen Ueberfall polnischer Aufständischer erfahren wir vom Polizeipräsidium in Gleiwitz die ersten Ergebnisse der sofort aufgenommenen Ermittlungen. Danach ist eine Gruppe von polnischen Insurgenten kurz nach 20 Uhr in das Gebäude des Senders Gleiwitz eingedrungen. Zu dieser Zeit befand sich in dem Hause nur die übliche kleine Nachtwache, zumal da der Sender Gleiwitz gestern abend kein eigenes Sendeprogramm mehr durchführte, sondern die Sendungen des Reichssenders Breslau übernahm. Die polnischen Aufständischen müssen eine ausgezeichnete Ortskenntnis des gesamten Sendegebäudes gehabt haben. Sie schlugen die Wache nieder und stürmten sofort in den Senderaum. Auch das hier anwesende geringe Sendepersonal wurde mit Stahlruten und Totschlägern zu Boden geschlagen. Dann schalteten sie den Sender Breslau aus und lasen über ein mitgebrachtes Handmikrophon über den Sender Gleiwitz einen vorbereiteten Aufruf in polnischer und zum Teil auch deutscher Sprache vor. Die polnischen Insurgenten meldeten sich am Mikrophon als der „polnische Sender Gleiwitz" und sprachen im Namen des „polnischen Freiwilligenkorps oberschlesischer Aufständischer". Sie erklärten, daß sich Stadt und Sender Gleiwitz in polnischen Händen befänden. Sie schlossen gemeinste Schmähreden auf Deutschland an und sprachen von einem polnischen Breslau und einem polnischen Danzig. Der Aufruf war gezeichnet von dem Kommandanten des polnischen Freiwilligenkorps.

Die völlig überraschten Rundfunkhörer in Gleiwitz alarmierten sofort die Gleiwitzer Polizei. Diese war nach wenigen Augenblicken zur Stelle, riegelte das Gebäude ab, drang in den Senderaum ein und schaltete den Sender ab. Die Aufständischen eröffneten auf die Polizei das Feuer. Nach kurzer Gegenwehr gelang es der Polizei, alle Aufständischen gefangenzunehmen, wobei ein polnischer Insurgent getötet wurde.

Bei den verhafteten polnischen Aufständischen wurde ein Manuskript des bereits zum Teil in polnischer und deutscher Sprache verlesenen Aufrufes gefunden. Vor dem Gebäude wurde ein polnischer Insurgent, der als Posten dort zurückgelassen worden war, festgenommen. Die Vernehmungen dauern an.

Ratifiziert!

Berlin, 1. September. — Nach der Rede des russischen Außenkommissars Molotow (siehe Seite 2) hat der Oberste Sowjet den deutsch-russischen Nichtangriffs- und Konsultationspakt gestern abend ratifiziert.

Zur gleichen Zeit wurde in Berlin die Ratifikation dieses Vertrages durch die deutsche Reichsregierung vorgenommen.

Britische Lügen enthüllt

Gewaltiger Eindruck des deutschen Planes – Das englische Volk bisher getäuscht

Von unserem Korrespondenten

H.W. **Kopenhagen, 1. September.** — Die Veröffentlichung des deutschen Planes für die Lösung des polnischen Problems hat in London unbeschreibliches Aufsehen erregt und zweifellos einen um so stärkeren Eindruck hervorgerufen, als die Oeffentlichkeit der „demokratischen" Länder systematisch im dunkeln gehalten und in falscher Richtung über die deutschen Forderungen orientiert wurde. Die Bekanntgabe des Planes zeigte der Welt, daß die deutsche Marschlinie absolut festliegt, und daß sie bei größter Mäßigung in den erhobenen Forderungen mit der ganzen unbeugsamen Entschlossenheit unserer Staatsführung und unseres Volkes verfochten werden wird.

Diese Aufklärung bedeutet ein schlagendes Dementi gegenüber den Versuchen der gegnerischen Propaganda, Deutschlands Ziele zu verfälschen, Machenschaften, die sich in den letzten Tagen und Stunden auf das deutlichste in ihren Motiven und Absichten abzeichnen. Sprachen doch englische Blätter vom Range der „Times" von einer deutschen Absicht, ein ähnliches „Diktat" aufzurichten, wie es Versailles für Deutschland gebracht habe, sucht doch vollends die polnische Propaganda jede sachliche Erörterung der deutschen Forderungen von vornherein zu durchkreuzen.

Das Zusammentreffen der Bekanntgabe des deutschen Planes mit der Molotow-Rede bedeutet für die Polen und ihre Verbündeten eine weitere bittere Enttäuschung, hatte doch die Londoner Presse im Verein mit der Warschauer und Pariser große Hoffnungen auf eine angebliche „Verzögerung" der Ratifizierung des deutsch-russischen Paktes gesetzt. Die sofortige Ratifizierung des deutsch-russischen Paktes stellt die beste Antwort auf die neuen Quertreibereien der „Friedensfreunde" dar, die von Molotow treffend gekennzeichnet wurden. Nach Ansicht hiesiger politischer Kreise kann daher für das englische Volk keine Unklarheit mehr darüber bestehen, daß es bisher getäuscht wurde. Die Rückwirkungen aus der verfehlten und unsinnigen Taktik fallen auf die Schuldigen zurück.

Reichsdeutsche Ortschaften angegriffen

Polnische Aufständische überschreiten die Grenze — Tote auf beiden Seiten

Oppeln, 1. September. — Der Ueberfall auf den Sender Gleiwitz war offensichtlich das Signal zu einem allgemeinen Angriff polnischer Freischärler auf deutsches Gebiet. Etwa zur gleichen Zeit haben polnische Aufständische, wie bisher festgestellt werden konnte, an zwei weiteren Stellen die deutsche Grenze überschritten. Es handelt sich wieder um schwer bewaffnete Abteilungen, die von regulären polnischen Truppenteilen unterstützt werden. Abteilungen der im Grenzschutz stehenden Sicherheitspolizei haben sich den Eindringlingen entgegengestellt.

Bisher konnte einwandfrei festgestellt werden, daß ein Angriff auf Pitschen in der Nähe von Kreuzburg erfolgt ist. Ein weiterer Angriff auf Hochlinden (nordöstlich Ratibor) hält zur Zeit noch an. Insbesondere bei dem Angriff auf Hochlinden, der wohl der Verbindungsstraße Gleiwitz—Ratibor gilt, scheint einwandfrei festzustehen, daß es sich um polnische Truppenteile handelt.

In Hochlinden wurde u. a. das neue Zollhaus von polnischen Aufständischen und Soldaten gestürmt. Nach anderthalbstündigem Gefecht gelang es der Grenzpolizei, das Zollhaus wieder zu besetzen. Infolge der Dunkelheit konnte die Zahl der Toten und Verwundeten noch nicht genau festgestellt werden. Acht polnische Insurgenten und sechs polnische Soldaten wurden gefangengenommen.

Zu dem Angriff auf Pitschen erfahren wir noch folgende Einzelheiten: Gegen 20.30 Uhr stieß eine Patrouille der Grenzpolizei in der Gegend des Schlüsselwaldes bei Pitschen — etwa zwei Kilometer von der Grenze entfernt, auf deutschem Reichsgebiet — auf eine polnische aus Insurgen-

Kriegsverherrlichung: Das Schulheft eines Neunjährigen aus dem Jahr 1939 mit Zeitungsausschnitten vom „Polenfeldzug".

Gloryfikacja wojny: zeszyt szkolny dziewięciolatka z 1939 r. z prasowymi wycinkami na temat „polskiej kampanii".

September 1939 fest. Vor der Öffentlichkeit verschleierte er den deutschen Überfall auf Polen und rechtfertigte ihn als Verteidigungskrieg, indem er mit Hilfe der SS einen angeblichen polnischen Angriff auf den deutschen Sender Gleiwitz inszenierte. Die nationalsozialistische Propaganda berichtete von deutschen Abwehrkämpfen. In seiner Rede vor dem Reichstag in Berlin verkündete Hitler siegessicher: „Seit 5 Uhr 45 wird jetzt zurückgeschossen! Und von jetzt ab wird Bombe mit Bombe vergolten!" In Wahrheit hatte der Zweite Weltkrieg schon eine Stunde früher begonnen. Die Geschütze des deutschen Kriegsschiffes „Schleswig-Holstein" feuerten bereits seit 4 Uhr 45 auf den polnischen Stützpunkt auf der Westerplatte in Danzigs Hafen.

In den Kämpfen mußte die polnische Armee vor den überlegenen deutschen Truppen zurückweichen. Der Vormarsch der Wehrmacht wurde nicht zuletzt dadurch beschleunigt, daß die Polen versprochene britisch-französische Hilfe ausblieb. Bereits am 8. und 9. September erreichten die deutschen Truppen die südlichen und westlichen Teile Warschaus. Da die Bevölkerung die regulären Armee-Einheiten bei der Verteidigung ihrer Stadt mit aller Kraft unterstützte, konnte die deutsche Wehrmacht die polnische Hauptstadt erst nach einer fast dreiwöchigen Belagerung erobern. Die deutschen Luftangriffe und Artilleriefeuer führten in dieser Zeit zu Tausenden von Toten und Verletzten unter der Bevölkerung und zerstörten ungefähr zehn Prozent der Bausubstanz Warschaus. Den raschen deutschen Sieg über Polen – die nationalsozialistische Propaganda sprach vom „Blitzfeldzug" oder vom „Feldzug der 18 Tage" – feierte Hitler bereits am 5. Oktober in Warschau. Eine großangelegte Militärparade sollte den Warschauern vor Augen führen, wer von nun an in der Stadt und im Land das Sagen haben würde.

„Abbau der Polenstadt"

Nun erst begann das eigentliche Martyrium Warschaus. Bereits zu Beginn der Besatzungszeit fielen Tausende von Einwohnern der deutschen Gewalt zum Opfer. In der Vernichtung der Warschauer Führungs-

Einzug in die Hauptstadt: Die letzten polnischen Feldtruppen kapitulieren am 5. Oktober 1939 bei Kock. Am gleichen Tag nimmt Hitler in Warschau die Siegesparade der 8. Armee ab.

Wkroczenie do stolicy: ostatnie polskie oddziały polowe kapitulują 5. października 1939 pod Kockiem. Tego samego dnia Hitler odbiera w Warszawie paradę zwycięstwa 8. armii.

schicht – Bestandteil der landesweiten „Intelligenzaktion", die dem polnischen Volk die geistige Elite rauben sollte – sahen die NS-Ideologen die Voraussetzung für die Versklavung der „slawischen Untermenschen". Zu dem Terror der deutschen Behörden gehörten Verhaftungen, Straßenmorde, geheime und öffentliche Erschießungen sowie Deportationen in Konzentrationslager.

Verwaltungstechnisch lag Warschau seit Oktober 1939 in dem von den Deutschen geschaffenen „Generalgouvernement für die besetzten polnischen Gebiete". Das Generalgouvernement umfaßte diejenigen Gebiete des ehemaligen polnischen Staates, die nicht von den Deutschen und beim Einmarsch der sowjetischen Truppen nach Ostpolen im September 1939 von den Russen annektiert worden waren. Aus den aufgrund des Versailler Vertrages 1919 im Osten des Reiches „verlorenen" und nun annektierten Teilen wurden in erster Linie die Gaue Danzig-Westpreußen und Wartheland gebildet. Das Generalgouvernement diente als Auffangbecken für die von den Deutschen aus diesen „wiedergewonnenen Gebieten" vertriebenen Polen und als Rekrutierungsfeld für Zwangsarbeiter für das Reich. Damit nicht der Gedanke aufkommen konnte, das Generalgouvernement sei auch nur in entferntester Art und Weise ein polnischer Reststaat, wurde Krakau zur neuen Hauptstadt der deutschen Kolonie erklärt. Hitler wies unmißverständlich an, so Generalgouverneur Hans Frank 1940 in seinem Diensttagebuch, Warschau als polnische Metropole nicht mehr aufzubauen.

Gewohnter Anblick: Hunger und Typhus fordern täglich Hunderte von Opfern im Ghetto.

Normalny widok: głód i tyfus pochłaniają codziennie setki ofiar w getcie.

Der Plan zur Neugestaltung Warschaus von Februar 1940, den sehr wahrscheinlich der Würzburger Architekt und 1939 zum Chef der Warschauer Bauverwaltung ernannte Hubert Groß erarbeitet hatte, sah mehrere Stufen der Vernichtung vor: Dem „Abbau der Polen Stadt" sollte der „Aufbau der deutschen Stadt" folgen. Dieser nationalsozialistische Zukunftsentwurf beinhaltete, die Bevölkerung und das Territorium der Stadt drastisch zu verringern. Warschau sollte zu einer kleinen unbedeutenden Transitstadt zwischen West und Ost schrumpfen. Die Umsetzung des Planes wurde vorerst jedoch verschoben, da Warschau für die Eroberung der Sowjetunion als Ausbeutungsort – im Distrikt Warschau befanden sich 60 Prozent aller Industriebetriebe des Generalgouvernements – und als „größte Etappenstadt aller Zeiten" von Wichtigkeit war. Hitler schrieb der Stadt nun die Funktion „einer einzigen großen Fabrik, eines großen einzigen Bahnhofs und Hafens" zu.

Neben Gewalt und Terror beherrschten harte Arbeit, geringe Löhne und Hunger das alltägliche Leben der Warschauer Bevölkerung. Deportationen vergrößerten das Leid. Allein bis August 1944 wurden 86.000 Warschauer zur Zwangsarbeit nach Deutschland deportiert. Der ohnehin schon sehr eingeschränkte Kulturbetrieb der Stadt wurde von den Deutschen streng reglementiert. Zuwiderhandlungen und erst recht jede Form von Widerstand wurden brutal und in sehr vielen Fällen mit dem Tod bestraft.

Nationalsozialistische Vernichtungspolitik: Opfer im Warschauer Ghetto 1941.

Narodowosocjalistyczna polityka zagłady: ofiara warszawskiego getta w 1941 r.

Ghettokinder 1941:
Ein Jahr später beginnen die ersten großen Deportationen in das Vernichtungslager Treblinka.

Dzieci getta w 1941 r.:
rok później zaczynają się pierwsze wielkie deportacje do obozu zagłady w Treblince.

Ghetto-Aufstand 1943

Die jüdischen Einwohner Warschaus mußten vom ersten Tag an unter der deutschen Besatzung besonders leiden. Entrechtung und Eskalation der Gewalt kennzeichneten dabei den Leidensweg der Juden. Im Zentrum der Stadt errichteten die nationalsozialistischen Herrscher im Oktober 1940 ein jüdisches Ghetto, das schon bald mit einer über drei Meter hohen Mauer von der Außenwelt abgeriegelt wurde. Im Warschauer Ghetto herrschten katastrophale Lebensbedingungen. Die Zahl der Bewohner wuchs auf über 400.000. Die Bevölkerungsdichte betrug 146.000 Einwohner pro Quadratkilometer. Bis zu zehn Personen teilten sich einen Wohnraum. Nach dem Beschluß zur „Endlösung" der Judenfrage fand von Juli bis September 1942 die erste große Deportation aus dem Warschauer Ghetto statt. Über 300.000 Juden wurden allein in diesen Monaten in den Tod der Vernichtungslager geschickt. Mit der propagierten „Aussiedlung der Juden" aus Warschau erfüllte sich auch eine Forderung der deutschen Stadtplanung von 1940.

Im Frühjahr 1943 sollte das Ghetto, in dem sich noch ungefähr 70.000 Juden befanden, endgültig aufgelöst werden. Die von Heinrich Himmler bestellten SS-Sondereinheiten hatten mit organisiertem Widerstand gegen die Deportation nicht gerechnet. Als sie am 19. April in das Ghetto einrückten, trafen sie auf entschlossenen Widerstand. Die etwa 3.000 jüdischen Kämpfer, geführt von ihrem Kommandanten Mordechai Anielewicz, lieferten den überlegenen deutschen Militäreinheiten in Straßenkämpfen

Abtransport: Jüdische Gefangene aus dem Warschauer Ghetto nach der Niederschlagung des Aufstandes.

Wywóz: żydowscy więźniowie z warszawskiego getta po zdławieniu powstania.

harte Gefechte, so daß der mit der Auflösung des Ghettos und der Niederschlagung des Aufstandes beauftragte SS-Brigadeführer und Generalmajor der Polizei Jürgen Stroop das Ghetto wenige Tage später Haus für Haus niederbrennen ließ. Für die Aufständischen begann ein verzweifelter Überlebenskampf. Am 16. Mai 1943 meldete Stroop in seinem Tagesbericht nach Krakau: „Das ehemalige jüdische Wohnviertel Warschau besteht nicht mehr!" Nach neuesten Quellen starben etwa 15.000 Juden während des Aufstandes. Über 50.000 wurden nach der Kapitulation in den Vernichtungslagern umgebracht. Warschau lag zu weiteren 15 Prozent in Schutt und Asche.

Warschauer Aufstand 1944

Als die militärische Lage Deutschlands sich ab 1943 deutlich verschlechterte, gab es von deutscher Seite Überlegungen, die Unterdrückungs-, Ausbeutungs- und Siedlungspolitik gegenüber den Polen zu lockern und „loyale polnische Kräfte für den Kampf gegen den heranrückenden Bolschewismus" zu gewinnen. Die Aussiedlung der Polen aus dem Generalgouvernement, Bestandteil des „Generalplanes Ost", der Polen in deutschen Lebensraum umwandeln und die deutsche „Volkstumsgrenze" um tausend Kilometer nach Osten verschieben wollte, wurde eingeschränkt. Die Polen

*Kampfbereit:
Der Widerstand organisiert sich in der polnischen Hauptstadt. Am 1. August 1944 bricht der Warschauer Aufstand aus.*

*Gotowi do walki:
w polskiej stolicy organizuje się ruch oporu. 1. sierpnia 1944 r. wybucha powstanie warszawskie.*

gingen auf das deutsche Angebot jedoch nicht ein. Der polnische Widerstand, der die Form eines Staates im Untergrund annahm, wurde zunehmend stärker. Als im Sommer 1944 die Rote Armee auf Warschau vorrückte, löste die nichtkommunistische Armia Krajowa, die Heimatarmee, die größte polnische Widerstandsorganisation, unter Führung von General Tadeusz Bór-Komorowski am 1. August den Warschauer Aufstand aus. Bewaffnete Einheiten der Linken wie die Armia Ludowa, die Volksarmee, schlossen sich dem Aufstand an. In Erwartung sowjetischer Hilfe und in der Hoffnung, die polnische Hauptstadt aus eigener Kraft befreien zu können, hielten die etwa 51.000 Soldaten ihren Kampf 63 Tage aufrecht. Die Warschauer Zivilbevölkerung unterstützte den Aufstand massiv. Nach erbitterten Kämpfen und schweren Niederlagen mußten die Aufständischen jedoch am 2. Oktober vor den deutschen Truppen kapitulieren. Die sowjetischen Einheiten, die seit Mitte September im östlich der Weichsel gelegenen Warschauer Vorort Praga standen, hatten in die Kämpfe bewußt nicht eingegriffen. Bei einem erfolgreichen Aufstand wären die Möglichkeiten zur Machtübernahme im befreiten Polen für die von Stalin abhängigen polnischen Kommunisten erheblich geringer gewesen.

Die Niederschlagung des Aufstandes kostete auf polnischer Seite etwa 20.000 Kämpfern und 150.000 Zivilisten das Leben. Warschaus Zerstörungsgrad erhöhte sich um weitere 25 Prozent. Damit war die Hälfte der Stadt ein Trümmerfeld. Dies genügte Hitler jedoch noch nicht. Er befahl, die Stadt vom Erdboden zu tilgen und an ihrem Platz eine Festung zu errichten. Für die „ehrenvolle Beteiligung" an der Niederschlagung des Warschauer Aufstandes stiftete er der Wehrmacht das Kampfabzeichen „Warschauschild".

Die Zivilbevölkerung Warschaus wurde Ende 1944 aufgefordert, die Stadt zu verlassen. Etwa 550.000 Warschauer kamen in die umliegenden Durchgangslager, über 60.000 in Konzentrationslager, und mehr als 100.000 wurden nach Deutschland in Arbeitslager verschleppt. Sondereinheiten der SS vernichteten bis zur Befreiung Warschaus am 17. Januar 1945 durch sowjetische und polnische Truppen planmäßig weitere 35 Prozent der Stadt.

Kapitulation nach 63 Tagen: Kämpfer des Warschauer Aufstandes müssen sich der Übermacht der deutschen Wehrmacht ergeben.

Kapitulacja po 63 dniach: bojownicy powstania warszawskiego muszą poddać się przeważającej sile niemieckiego wermachtu.

Todesurteil: Nach der Niederschlagung des Warschauer Aufstandes befiehlt Hitler, die Stadt dem Erdboden gleichzumachen.

Wyrok śmierci: po stłumieniu powstania warszawskiego Hitler rozkazuje zrównać miasto z powierzchnią ziemi.

Symbol nationaler Identität

Die Befreier fanden eine menschenleere Einöde von Ruinen und Trümmern vor. Traurige Bilanz der deutschen Verbrechen: Über 850.000 Warschauer verloren während der Okkupation ihr Leben. 400.000 starben direkt in der Stadt, davon allein über ein Drittel durch die zahlreichen willkürlichen Exekutionen auf der Straße. Von den 1,3 Millionen Einwohnern der Vorkriegszeit „bewohnten" noch 160.000 die Stadt, auf dem linken Weichselufer sogar nur noch 22.000 von ehemals einer Million. 72 Prozent der Wohnungen, 90 Prozent der Industriebetriebe, 90 Prozent der Krankenhäuser, 80 Prozent der historischen Gebäude, 70 Prozent der Schulen und wissenschaftlichen Institutionen sowie sämtliche Bahnhöfe und Weichselbrücken wurden zerstört. Es gab kein Wasser, kein Licht und kaum Transportmittel.

Angesichts dieses Schreckensbildes traten anfänglich Überlegungen auf, die Hauptstadt Polens nach Lodz zu verlegen. Doch schon im Februar 1945 entschied man sich für den umfassenden Wiederaufbau Warschaus als Symbol nationaler Identität und Einheit. Bereits acht Wochen nach der Befreiung lagen erste Wiederaufbaurichtlinien vor, die sich auf illegal während der Okkupationszeit angefertigte Baupläne stützen konnten.

Der Beschluß zum Wiederaufbau Warschaus wurde von der polnischen Bevölkerung freudig begrüßt und unterstützt. Schon in den ersten vier Monaten kehrten

*Kontinuität:
Nach Ende des Zweiten Weltkriegs wird der historische Kern Warschaus originalgetreu wiederaufgebaut.*

Kontynuacja: po drugiej wojnie światowej historyczny rdzeń Warszawy zostaje odbudowany zgodnie z oryginałem.

200.000 Menschen in die Stadt zurück. Zu den wichtigsten Aufgaben der Anfangszeit zählte die Beseitigung der Millionen Kubikmeter Schutt und der vielen noch vorhandenen scharfen deutschen Minen und Bomben. Nachdem die kommunale Infrastruktur in Anfängen wiederhergestellt war, standen bis 1955 die Schaffung von Wohngebieten, Industriebetrieben und Verkehrsadern sowie die Rekonstruktion der historischen Alt- und Neustadt im Mittelpunkt der Wiederaufbauvorhaben. Millionen von Ziegeln wurden hierzu aus dem ganzen Land als „Gabe an die Hauptstadt" nach Warschau geschickt.

Dieser Enthusiasmus ließ auch mit dem verordneten „Aufbau des Sozialismus" im Land nicht nach. Obwohl der Wiederaufbau Warschaus hinter der Industrialisierung des Landes zweite Priorität erhielt, verstanden ihn die Polen weder als Kollaboration mit der Sowjetunion, die zum Bedauern der Warschauer mit dem Bau des Kulturpalastes im Zentrum der Stadt ihre Macht architektonisch dokumentierte, noch als Zustimmung zum Sozialismus. Der Wiederaufbau ihrer Hauptstadt bedeutete für sie vielmehr die Verarbeitung der leidvollen Vergangenheit, die Suche nach geschichtlicher Kontinuität und das Bekunden, eine international gleichberechtigte stolze Nation zu sein. Gleichzeitig sollte er auch Polens Rolle als Siegermacht des Zweiten Weltkrieges gegenüber dem ehemaligen Besatzer und Nachbarn Deutschland belegen.

Ideologie contra Vergangenheit

Der rasche Wiederaufbau Warschaus galt in der DDR als vorbildhafte Leistung. Die Regierung schickte Maurerbrigaden in die polnische Hauptstadt, wo sie die Techniken der polnischen Bauarbeiter und Handwerker erlernen sollten, um diese beim Wiederaufbau der zerstörten Städte in der DDR umzusetzen. Vor allem nach Ost-Berlin kamen polnische Bauarbeiter und vermittelten dort ihre Kenntnisse. „Das Warschauer Tempo" wurde zum geflügelten Wort. Das Selbstverständnis als antifaschistischer Staat, frei von Schuld gegenüber dem Nachbarn Polen, ermöglichte der DDR einen unbefangenen Umgang mit der Vergangenheit.

Die gemeinsame Zugehörigkeit zum Einflußbereich der Sowjetunion stellte die polnische Bevölkerung hingegen vor einen Konflikt: Der neue Partner im Ostblock durfte offiziell nicht für die deutschen Verbrechen während der Besatzungszeit verantwortlich gemacht werden – die Erinnerungen an Greueltaten und an die Zerstörung der Städte konnten allerdings nicht unterdrückt werden.

Vorbild: In der DDR kursierte der Begriff vom „Warschauer Tempo", Synonym für den raschen Wiederaufbau der im Krieg zerstörten Städte.

Wzór: w NRD kursuje pojęcie „warszawskiego tempa", synonim szybkiej odbudowy zniszczonych w czasie wojny miast.

Nationales Mahnmal: Auschwitz – Symbol des Holocaust an Millionen Juden.

Narodowy pomnik przestrogi: Oświęcim – symbol holocaustu popełnionego na milionach Żydów.

Weiße Flecken

Die wissenschaftliche Verarbeitung der NS-Zeit in Polen

Franciszek Ryszka

Diese Untersuchung über die Verarbeitung der NS-Zeit in Polen gilt vor allem der polnischen Geschichtsschreibung und Forschung. Doch ungeachtet dessen sollten die Wirkungen des kollektiven Gedächtnisses nicht außer acht gelassen werden. Es umfaßt Erfahrungen der einzelnen Menschen, wird aber durch die Massenkultur, durch die populäre Aufarbeitung von historischen Ereignissen beeinflußt. Das kollektive Gedächtnis verliert mit dem Generationswechsel immer stärker an Bedeutung, da eigene Erfahrungen immer weniger das Bild von einer vergangenen Epoche bestimmen. Die Massenkultur dagegen löst sich rasch von persönlichen Erfahrungen und wird mehr oder weniger von außen gesteuert. Manchmal unterliegt sie sogar massiven Manipulationen.

In den ersten Nachkriegsjahren in Polen waren persönliche Erinnerungen an Erlebnisse zumeist tragischer Natur vorherrschend. Der Deutsche blieb fast ausschließlich „der böse Deutsche", unabhängig davon, ob er während des Krieges als uniformierter Vertreter der Besatzungsmacht handelte oder völlig unbeteiligt an den Grausamkeiten des Krieges war. Die späten vierziger Jahren waren in Polen die Zeit der Abrechnung, die Jahre der Rache- und Haßgefühle. Sogar im schriftlichen Gebrauch – entgegen den Regeln der polnischen Sprache – wurde „Deutsch" immer kleingeschrieben:"niemcy" anstatt des der Rechtschreibung entsprechenden „Niemcy".

Die deutsche Sprache wurde aus dem Unterricht gestrichen und die deutsche Kultur nahezu völlig verbannt. Kurz gesagt: Sowohl die deutsche Sprache als auch die Deutschen sollten aus der Welt der Polen verschwinden, sofern sie nicht in der Rolle eines „bösen Geistes" der Geschichte auftraten. Die populäre Geschichtsschreibung stellte ausschließlich negative, böswillige Gestalten in eine geradezu zwangsläufige Reihe, angefangen von dem Markgrafen Gero über die Ritter des Deutschen Ordens, Friedrich den Großen, Bismarck und zum Schluß Adolf Hitler als Gipfel der Feindseligkeit gegenüber Polen.

Solche unsinnigen Behauptungen wurden durch die seriöse Geschichtsschreibung unterstützt, wenn auch nur in indirekter Weise. Im Jahre 1946 erschien beispielsweise ein Buch des angesehenen Rechtshistorikers Zygmunt Wojciechowski unter dem richtungsweisenden Titel: „Polen und Deutschland – zehn Jahrhunderte Ringen", der die These von einer gegenseitigen Erbfeindschaft vertrat. Bezeichnenderweise verfaßte sein Sohn Marian, wie der Vater Universitätsprofessor für Geschichte, 1969, mehr als zwanzig Jahre später, ein Buch unter dem Titel " Die polnisch – deutschen Beziehungen", das auch in Deutschland veröffentlicht wurde und im Gegensatz zu den historischen Konstruktionen seines Vaters ein Beispiel für wissenschaftliche Objektivität war. Ich scheue mich davor, diesen Wandel als symbolhaft zu bezeichnen, doch war es gewiß ein deutliches Zeichen des signifikanten Wandels, der sich inzwischen in der polnischen Nachkriegshistoriographie vollzog. Dieser Zeitabschnitt ist ausführlich von dem Historiker Edmund Dmitrów aus Białystok in seinem Buch mit dem Titel: „Polen und die deutsche Besatzung in der Augen der Polen. Meinungsäußerungen der Polen aus den Jahren 1945-1948" dargestellt worden. Betrachten wir jene Zeit als ein abgeschlossenes Kapitel.

Gesteuerte Propaganda

Ein Umbruch in der öffentlichen Meinung begann mit der Gründung der Deutschen Demokratischen Republik, wobei die offiziell gesteuerte Propaganda der kommunistischen Parteiführung nicht außer acht gelassen werden darf – um es möglichst vorsichtig zu formulieren. Nichtsdestoweniger führte dieser psychologische Rückzug aus ausgesprochen kriegerischen Positionen zu einer gewissen Normalität. Den „bösen Deutschen" wollte man weiterhin in Westdeutschland sehen. In der DDR dagegen glaubte man nun „fortschrittliche Traditionen" beobachten zu können. Diese vereinfachende Behauptung entsprach tatsächlich dem wiederauflebenden Interesse an der deutschen Kultur, die in Polen mehrere Jahrhunderte lang präsent gewesen war.

Repräsentativ für die Stimmungen dieser Zeit ab Ende der vierziger Jahre war das Theaterstück des bekannten Schriftstellers Leon Kruczkowski, der zwar als sturer Altkommunist galt, in Wirklichkeit jedoch gemäßigte „linke" Ansichten vertrat. Unter

Das Grauen bleibt gegenwärtig: Appellplatz des ehemaligen Arbeits- und Vernichtungslagers in Rogoznica, Groß-Rosen.

Zgroza pozostała po dzień dzisiejszy: plac apelowy byłego obozu pracy i zagłady w Rogoźnicy (Groß-Rosen).

dem Titel „Niemcy" – diesmal mit großem Anfangsbuchstaben – schilderte das Stück die Geschichte einer Intellektuellenfamilie in Deutschland zur Zeit des Krieges. Das Drama beginnt mit einem Jubiläum des Familienvaters, eines berühmten Professors, wohlhabend, gebildet, dazu noch äußerst kritisch gegenüber dem NS-Regime. Sein Sohn hingegen ist SS-Offizier im okkupierten Norwegen, die intellektuell geprägte Tochter fühlt sich angeekelt von der Gegenwart, die Mutter ist typisch „kleinbürgerlich" im Sinne der traditionellen Tugenden. Die Festlichkeiten entwickeln sich nach üblichem Ritus. Der Sohn hat Heimaturlaub, sogar der Pedell des Professors, der als Gendarm irgendwo in Polen dient und „verpflichtet" war, ein denunziertes jüdisches Kind zu erschießen, kommt zu dem Familienfest.

Plötzlich, am späten Abend, als alle eingeschlafen sind und nur der alte Professor noch wach ist, erscheint wie ein Gespenst ein unerwarteter Gast: des Professors Assistent, ein Kommunist, der aus dem KZ flüchtete. Das Drama führt – den klassischen Theaterregeln gemäß – zu einem tragischen Finale. Kruczkowski versuchte geschickt, durch klischeehafte Figuren und ihre Handlungsweisen die Stereotypen noch zu verdeutlichen: Als heldenmütig erweist sich schließlich die Tochter, die den Flüchtling rettet – um selber mit ihrer Freiheit zu bezahlen. Der Professor, der nur halbherzig bereit ist, sich für seinen Kollegen einzusetzen, hat zu wenig Courage, die Mutter ist lediglich bemüht, zu vertuschen, damit alles beim alten bleibe, der Sohn verfolgt unerbittlich den Geflüchteten. Kruczkowski hat hierzu „avant la lettre" die These von Max Frisch geäußert, die folgendermaßen lautet: „Wer sich als unparteiisch erklärt, hat schon eine Entscheidung getroffen: nämlich zugunsten der herrschenden Partei". In dem Theaterstück treten auf klassische Weise alle stereotypen Figuren „der Deutschen" auf: „der gute", „der böse" und „der schwankende" Deutsche.

Kruczkowskis Drama wurde in Breslau uraufgeführt und zog anschließend im triumphalen Marsch über die polnischen Bühnen. Zu einem sensationellen Erfolg wurde es aber in der DDR, wo es unter dem Titel „Die Sonnenbruchs", so der Name der Familie, mit etwa 80 Premieren an allen Theatern gespielt und sogar verfilmt wurde. Nicht ohne Grund: Das Stück ist gewiß kein Klassiker, doch zumindest einem Großteil des Publikums lag das Schema nahe. Stereotypen besitzen nun einmal die Eigenschaft, das sie einiges aus der konkreten menschlichen Erfahrung herausstellen, das den Tatsachen entspricht, auch wenn sie keine komplexe Realität beschreiben.

Ich habe mit Absicht Kruczkowskis Werk etwas länger betrachtet, da mir scheint, daß dessen Wirkung in Polen und möglicherweise noch mehr in der DDR vereinfacht, doch gut gezielt, erhellen kann, was in den Vorstellungen unserer Propagandisten ganz primär war. Ihre Schlußfolgerung: Die Realität war so, wie man sie sehen wollte. Ich halte es für bezeichnend, daß die Kunst, besonders in ihrer populären Form, spätere Darstellungen der Geschichtsforschung vorwegnahm. Historisch-wissenschaftliche Studien begannen bei uns erst ein paar Jahre später. Ergebnisse ließen naturgemäß noch einige Jahre auf sich warten.

Erste Forschungsarbeiten

Es fällt mir nicht leicht, meine eigene Person in den Vordergrund zu stellen. Ich habe das Glück gehabt, in den innenpolitisch schwierigen Jahren 1957 und 58 intensiv und ausführlich – nicht ohne Hilfe deutscher Kollegen, mit denen ich mich sehr angefreundet habe – das Problem der NS-Zeit erforschen zu können. Mein Schwerpunkt lag dabei auf dem staatsrechtlichen System des Dritten Reiches, ein Thema, das damals noch wenig bearbeitet wurde. An der Universität Breslau, an der ich damals arbeitete, bildete sich ein informeller Kreis, überwiegend aus Rechtshistorikern, der mit der Zeit zu einer wichtigen Forschungsgruppe für die Verarbeitung der NS-Zeit wurde. Regionale Untersuchungen, beispielsweise über die NS-Zeit in Schlesien, analytische und synthetische Werke wie die Geschichte des NS-Strafrechts, stammen aus diesem Kreis von Wissenschaftlern. Die Namen von Karol Jońca, Franciszek Połomski, Alfred Klein und deren Schüler gewannen an Bedeutung, auch in der internationalen NS-Forschung.

Zu den Forschungsarbeiten über die Entwicklung des Staats- und Rechtssystems im nationalsozialistischen Deutschland gehörten in jenen Jahren Jońcas herausragende Darstellung des „Falls Grünspan" und der „Kristallnacht", meine Untersuchung „Der Staat im Ausnahmezustand" sowie zahlreiche monographische Werke, die in Polen inzwischen zur Standardliteratur gehören. Jońca ist Herausgeber der Sammelstudien, die auf Polnisch „Studia nad faszyzmem i zbrodniami hitlerowskimi" [Studien über Faschismus und NS-Verbrechen", bisher 16 Bände seit 1971] heißen. Die Thematik dieser Reihe war vielfältig, wenn auch die Beiträge nicht immer dem Titel entsprechen. Untersuchungen zur NS-Zeit waren sicherlich vertreten, jedoch nicht dominierend. Es gab zweifellos interessante, manchmal absolut originelle

Latente Konflikte beim Umgang mit der Vergangenheit: Christliche und jüdische Symbole auf dem Gelände des ehemaligen Konzentrationslagers Auschwitz-Birkenau.

Ciągłe konflikty przy obchodzeniu się z przeszłością: chrześcijańskie i żydowskie symbole na terenie byłego obozu koncentracyjnego Oświęcim-Brzezinka.

Texte wie beispielsweise die rechtshistorischen Studien von Felix Celniker über den Begriff „des Juden" in der Nazi-Doktrin, die Gesetzgebung – „Nürnberger Gesetze" – und die Praxis der Verwaltungsbehörden, welche die Deportationen in die Gaskammern organisierten. Der Verfasser, Jurist und Mitarbeiter des Jüdischen Historischen Instituts in Warschau, starb leider vor Vollendung seiner Studien. 1985 wurde ein Teil seiner Arbeit als neunter Band der genannten Reihe veröffentlicht. Schon die Einführung allein zeigt neue Horizonte auf, liefert reichlich Material, um notwendige Fragen aufs neue zu überdenken.

Eine erstaunliche Veränderung vollzog sich ab den späten sechziger Jahren, als die deutsche Kultur, die noch wenige Jahre zuvor nahezu völlig aus dem öffentlichen Leben in Polen verbannt war, wieder großes Interesse fand. Dies war in erster Linie den Germanisten an den polnischen Universitäten zu verdanken, jedoch nicht ausschließlich, da die Rezeption rasch den geschlossenen Kreis der Spezialisten erweiterte. Hubert Orłowskis Darstellung der deutschen Literatur im Dritten Reich aus dem Jahr 1979, Henryk Olszewskis kritische Studien über die Geschichtsschreibung während des Nationalsozialismus aus dem Jahr 1982 „Der Fall der Historiographie", Ryszard Skarżyński Untersuchungen über „das Politische" bei Carl Schmitt, die 1992 erschienen, und meine Essays über Bert Brecht und Günter Grass aus dem Jahr 1967 gehören zur intellektuellen Standardausrüstung derjenigen, die den deutschen Nachbarn kennenlernen und verstehen wollen. Eine herausragende Stellung erwarb sich der Danziger Historiker Bogusław Drewniak. Seine Studien über das deutsche Theaterwesen und den deutschen Film unter der Nazi-Herrschaft („Das Theater im NS-Staat. Szenarium deutscher Zeitgeschichte 1933-1945", 1983 und „Der deutsche Film 1933-1945", 1987) fanden große Anerkennung bei den Kritikern in der Bundesrepublik und interessierte Leser.

Seit Ende der fünfziger Jahre stieg die Zahl der Übersetzungen westlicher Literatur zum Thema Nationalsozialismus, wenn auch meistens aus dem Bereich der Populärwissenschaften. Hier sind vor allem Autoren wie Roger Manvell und Heinrich Fraenkel mit ihren Veröffentlichungen über Goebbels und Göring zu nennen sowie die Bücher von Bernt Engelmann, auch wenn sie zu wenig Sorgfalt aufweisen, um als wissenschaftliche Literatur bezeichnet werden zu können. Es zeigte sich, daß auch in der „sozialistischen Planwirtschaft" der kommerzielle Faktor bei den Verlagen eine große Rolle spielte. Allerdings waren auch seriöse Bücher von hohem wissenschaftlichen Niveau überdurchschnittlich gefragt. Einen großen Markterfolg hatte Allan Bullocks Biographie von Hitler, in der die Entstehung und Geschichte des Dritten Reiches dargestellt wurde. Drei Auflagen innerhalb von sechs Jahren zwischen 1969 und 1975 erreichten in Polen die beachtliche Auflagenhöhe von 120 000 Exemplaren.

Vorbehalte gegenüber der polnischen Literatur

Was aus dem Westen kam, wurde vom polnischen Publikum bevorzugt. Dies beruhte keineswegs auf Gegenseitigkeit. Westdeutsche Verleger verhielten sich eher mißtrauisch, wenn polnische Texte angeboten wurden, selbst bei positiver Kritik von kompetenten Rezensenten in deutschen Fachzeitschriften. Nicht selten wurden Vorwürfe erhoben, daß die historische Literatur in Polen mit „kommunistischer Propaganda" verseucht sei, die mehr der Indoktrination als der Wahrhaftigkeit diene. Nicht einmal eine gründliche Analyse der polnischen Geschichtsschreibung zu den Phänomenen von Faschismus und Nationalsozialismus, die keineswegs gleichgestellt wurden – ich beziehe mich vor allem auf Leonid Luks' Darstellung in der „Historischen Zeitschrift" von 1986 – konnte derartige Vor-

*Schatten der Vergangenheit:
Ein Berg Kinderschuhe
erinnern heute im Museum des
ehemaligen Lagers Majdanek
an das Leid der hier
ermordeten Polen.*

*Cienie przeszłości:
góra dziecięcych butów
przypomina dzisiaj w muzeum
byłego obozu w Majdanku o
cierpieniu zamordowanych
tutaj Polaków.*

urteile entkräften. Der Bremer Historiker, zudem ein guter Sachkenner der polnischen Literatur, hatte sich nicht von dem Vorwurf der simplen Gleichstellung „der nachstalinistischen Faschismusforschung Polens und der Sowjetunion", so wörtlich die unzutreffende Kritik, befreien können. Hinderlich waren sicherlich Sprachbarrieren, auch wenn man die bestehende Unkenntnis nicht ausschließlich darauf zurückführen darf. Das Argument der Übersetzungskosten konnte wohl kaum als Motiv für die Zurückhaltung deutscher Verlage ausschlaggebend sein. Wie auch immer: Die Vorbehalte gegenüber der wissenschaftlichen polnischen Literatur blieben bestehen und daran hat sich bis heute wenig geändert.

Paradoxerweise – oder vielleicht auch nicht? – distanzierte sich auch die offizielle Geschichtsschreibung der DDR von den Aussagen der polnischen Kollegen. Stets ist der Vorwurf erhoben worden, unsere NS-Forschung und ihre schriftlichen Ergebnisse wichen deutlich von den marxistisch-leninistischen Prinzipien ab. Nach Meinung der führenden Wissenschaftler in der DDR war die Hauptschuld des NS-Systems im „Monopolkapitalismus" zu suchen. Die Nationalsozialistische Partei, mit Hitler an der Spitze, wäre also der Exponent des „Monopolkapitalismus" schlechthin gewesen, dessen besondere Aggressivität ebenfalls von sozioökonomischen Faktoren bestimmt worden sei. Nach dieser herrschenden Auffassung galten wir als „Revisionisten", manchmal sogar als „Nationalisten", wenn nationale Werte nach Meinung der DDR-Forschung zu stark im polnischen Schrifttum zutage traten, wie beispielsweise die These, daß der Zweite Weltkrieg, der am 1. September 1939 ausbrach, von vornherein „imperialistisch" gewesen sei; als „Befreiungskrieg" der antifaschistischen Gegner Nazi-Deutschlands könne er erst seit dem 22. Juni 1941, dem Tag des deutschen Überfalls auf die Sowjetunion, bezeichnet werden.

Nur selten ist dies offen gesagt – und gedruckt! – worden, jedenfalls nicht in öffentlichen wissenschaftlichen Auseinandersetzungen. Nichtsdestoweniger war die Haltung der Wissenschaftler in der DDR gegenüber der polnischen Geschichtsschreibung überwiegend ablehnend. Es geschah sogar bisweilen, daß entsprechende Urteile aus der DDR nach Moskau geliefert wurden – dafür gibt es unleugbare Beweise –, um kritische Äußerungen in der sowjetischen Fachzeitschrift „Woprosy Istorii" zu bekräftigen, wann immer polnische Historiker, unter anderem auch der Verfasser dieses Textes, namentlich erwähnt wurden. Selbstverständlich wurde nicht die gesamte polnische Geschichtsforschung mit derartigen Methoden in der DDR abgestempelt. Wie immer in Fachdebatten wurde sowohl gelobt als auch getadelt. Die NS-Problematik war jedenfalls ein außerordentlich „heißes Eisen". Bei ihrer Bearbeitung herrschten die harten Regeln der Ideologie – nach jenem prinzipiellen Verständnis, das im geistigen Leben der DDR herrschte.

Nationale Perspektiven dominieren

Tatsache ist, daß in der polnischen Historiographie, die sich mit der Zeitgeschichte und dem Schwerpunkt Nazi-Herrschaft befaßte, der nationale Faktor bestimmend war. Bei der großen Zahl der Schriften, die dem Thema „NS-Zeit" gewidmet waren, dominiert die Darstellung der Geschichte während des Krieges und der Besatzung in Polen gegenüber der Untersuchung des nationalsozialistischen Regimes und seiner Ideologie. Mag sein, daß eine ethnozentristische Einstellung dabei die gebotene Verhältnismäßigkeit verletzte. In der Fragestellung haben sich polnische Historiker überwiegend an eigenen Problemen orientiert. Zu wenig hat man hinterfragt, vor welchem ideologischen Hintergrund die Tragödie vorbereitet wurde und warum gerade wir in Polen auf entsetzliche Weise ihr Opfer wurden; zu wenig schließlich die Frage gestellt, warum gerade das besetzte Polen zum „Versuchsfeld" für besonders barbarische Methoden ausgewählt worden war.

Es ist eine unleugbare Tatsache, daß die polnische Geschichtsschreibung als Spiegelbild des kollektiven Gedächtnisses – gleichzeitig aber als dessen prägender Faktor – die Tragödie des jüdischen Volkes, also unserer Mitbürger, vernachlässigte. Schließlich geschah der Massenmord an Juden auf polnischem Boden – etwa die Hälfte der ermordeten Juden waren Einwohner Polens und polnische Staatsbürger. Auf polnischem Gebiet befanden sich das Konzentrationslager Auschwitz-Birkenau sowie die übrigen Mordfabriken Majdanek, Stutthof, Treblinka, Sobibór, Chełm und weitere ähnliche Einrichtungen der Nationalsozialisten: von vergleichsweise harmlosen „Erziehungslagern" – praktisch in jedem Kreisstädtchen – bis hin zu berüchtigten Gefängnissen wie das „Pawiak" in Warschau, das Krakauer Gefängnis an der Montelupichstraße oder das Lubliner Schloß.

Der gesamte Vernichtungs- und Verfolgungsapparat in Polen, ebenso wie die Konzentrationslager außerhalb der damaligen polnischen Grenzen – ist von der historischen Forschung erfaßt und inventarisiert. Eine Fülle von Literatur, aus persönlichen Erinnerungen zusammengesetzt, ergänzt das Bild des Terrors und des Leidens. Demnach wäre es nicht zuläßig zu behaupten, die historische Forschung habe etwas versäumt. Wenn ich den Vorwurf der Vernachlässigung geäußert habe, bezieht sich dies also nicht auf einen Mangel an Fakten-Darstellungen und Tatsachenberichten, sondern auf die Akzentsetzungen der Forschung. Sie tangieren allzu oft die Gefühle vor allem der Juden, die sich aus dem Holocaust retten konnten, und ihrer Nachkommen, selbst in der dritten oder vierten Generation. Sie geben Anlaß zu einer Politisierung der tragischen Erblast, durch eine Anheizung des latenten Konfliktes, wie beispielsweise die jüngste Auseinandersetzung um religiöse Symbole auf dem Gelände der KZs Birkenau-Auschwitz. Beide Seiten, das katholische Pfarramt, das die Kirche auf dem KZ-Gelände verwaltet, und die Vertreter der jüdischen Gemeinden im Ausland, haben grobe Fehler begangen. Ein Feilschen um religiöse Symbole kann gefährlich werden, wenn es zum Politikum wird. Jedenfalls zeigt diese traurige Episode, wie wichtig in Polen die Auseinandersetzung mit der NS-Zeit bleibt oder – genauer gesagt – auch mit den Symbolen des Martyriums aus jener Zeit.

Den zahlreichen Museen, staatlich geschützten Friedhöfen und ähnlichen Zeugnissen der Vergangenheit maß man in Polen stets eine außerordentlich große Bedeutung bei. Ob Gedächtnisstätten des Holocaust ausreichend darunter repräsentiert sind – verglichen mit anderen polnischen Denkmälern – ist eine andere Sache. Zweifellos hat die polnische Geschichtsschreibung als wichtigster Faktor und als Grundlage der Verarbeitung der NS-Zeit Fehler begangen und relevante Lücken hinterlassen. Doch verantwortlich für politische Streitigkeiten ist sie gewiß nicht zu machen.

Schlüsselfrage für die Geschichtsschreibung in Polen bleibt die Frage nach dem polnischen Antisemitismus, den man in der westlichen Forschung und öffentlichen Meinung, hauptsächlich in den Vereinigten Staaten, zum Anklagepunkt gegenüber Polen erhebt. Mörderische Absichten der Nazi-Herrscher in Polen, so der Vorwurf, fielen demnach auf fruchtbaren Boden antijüdischer Gesinnung. Die Polen werden zu Helfershelfern der Endlösung abqualifiziert. Ressentiments in der Volksseele werden mit einer direkten Beteiligung am Massenmord gleichgesetzt. In der Tat war der Antisemitismus in weiten Teilen der polnischen Bevölkerung präsent, bei weitem nicht nur in den unteren Schichten der Gesellschaft. Die gesamte polnische politische Rechte, katholische Kreise nicht ausgeschlossen, war vom Antisemitismus angesteckt. Dabei darf jedoch nicht außer acht gelassen werden, daß nicht selten sogar ausgesprochene Antisemiten, von den Greueltaten auf das tiefste erschüttert, den Verfolgten Hilfe leisteten. Das Risiko war äußerst groß. Jeder, der Juden versteckte oder ihnen auf andere Weise half, setzte sein Leben aufs Spiel.

Zufriedenstellender Forschungsstand

Die Fülle der historischen Schriften, die zum Thema NS-Zeit in Polen veröffentlicht wurde, sollte nicht den Blick dafür verstellen, daß Quantität nicht immer Qualität bedeutet. Aber bei der Betrachtung besonders aufschlußreicher Untersuchungen der Besatzungszeit in Polen in Hinsicht auf die Rolle der nationalsozialistischen Besatzer darf man meines Erachtens die Behauptung wagen, daß diese Veröffentlichungen im Vergleich zur Geschichtsschreibung in den übrigen von Hitler-Deutschland besetzten Ländern beispiellos sind. Dazu gehören das umfangreiche Werk von Czesław Madajczyk über die NS-Politik im besetzten Polen aus dem Jahr 1970 und Czesław Łuczaks Geschichte der NS-Wirtschaft – um nur die wichtigsten zu erwähnen.

Es kommt darauf an, ob der jetzige Stand der Dinge zufriedenstellend ist. Ohne einem Zweckoptimismus anheim zu fallen: Die Antwort sollte „ja" lauten. Die Aufarbeitung der NS-Zeit wird sich dennoch fortsetzen, wie es bei jeder Erforschung und Darstellung der Vergangenheit geschieht. Dies gilt auch für die deutsche Geschichtsschreibung. Neue Namen erscheinen am Horizont, neue Analysen und Interpretationen bereichern oder ersetzen sogar jene Veröffentlichungen, die – manchmal vielleicht vorschnell – bereits als „Klassiker" bezeichnet wurden.

Neue Generationen werden vermutlich bestehende „weiße Flecken" beseitigen, vielleicht werden sie uns hier und da auch ein Mißtrauensvotum stellen. Was immer aber erarbeitet wurde, wird insofern Bedeutung behalten, als es weitere Studien ermöglicht. Dies kann als der eigentliche Fortschritt der Geschichtswissenschaft bezeichnet werden. Seien wir optimistisch – falls „Optimismus" überhaupt einem Historiker ansteht –, selbst wenn wir jenes schreckliche Trauma der NS-Zeit bewältigen wollen ohne die Gewißheit, daß sich diese Tragödie nie wiederholen wird.

Über das vereiste Haff: Deutsche flüchten bei Kriegsende im Osten in Panik vor den vorrückenden sowjetischen Truppen. Viele kommen dabei um.

Po oblodzonej zatoce: paniczna ucieczka Niemców pod koniec wojny na Wschodzie przed nadciągającymi wojskami radzieckimi. Ginie przy tym wiele ludzi.

Verdrängte Schuld

Flucht, Vertreibung, Aussiedlung und deren Nachwirkung

Joachim Rogall

Nichts zuvor in der gemeinsamen Geschichte hat das deutsch-polnische Verhältnis so stark geprägt und beeinflußt wie die vierziger Jahre unseres Jahrhunderts mit der deutschen Besatzungspolitik in Polen während des Zweiten Weltkrieges und der anschließenden polnischen Vertreibung der Deutschen aus den Gebieten des Deutschen Reiches östlich der Oder und Görlitzer Neiße, künftig Oder-Neiße-Gebiete genannt. Beide Geschehnisse sind nicht voneinander zu trennen. Flucht und Vertreibung der ostdeutschen Bevölkerung sind eine Folge des Zweiten Weltkrieges, und nur in diesem Zusammenhang zu verstehen. Für Deutschlands Osten brachten die nationalsozialistische Kriegs- und Eroberungspolitik sowie die Vergeltungsmaßnahmen der Alliierten 1945 den Untergang, für seine Bewohner den Zusammenbruch ihrer Welt. Durch die Umsiedlungen während des Krieges und durch das Besatzungsregime hatten in den Augen der Polen und der Alliierten die Deutschen selbst das Vorbild und die moralische Rechtfertigung für ihre Behandlung nach der Niederlage geliefert.

In den Gebieten des Deutschen Reiches östlich von Oder und Lausitzer Neiße lebten vor 1939 rund 9,5 Millionen Menschen, davon in Ostpreußen 2.473.000, in Ostpommern mit Stettin 1.884.000, in Ostbrandenburg 642.000, in Schlesien 4.500.000. Hinzu kamen 348.000 Deutsche in der Freien Stadt Danzig und vor 1939 eine deutsche Minderheit in Polen von rund einer Million Menschen. Zur alteingesessenen deutschen Bevölkerung dieser Gebiete kamen während des Krieges weitere hunderttausende deutsche Umsiedler aus Osteuropa, aber auch Beamte aus dem westlicheren Reichsgebiet, Bombenflüchtlinge – vor allem in das als „Reichsluftschutzkeller" bezeichnete Schlesien – und zahlreiche Ausländer, zumeist alliierte Kriegsgefangene und Zwangsarbeiter.

Unzureichend vorbereitet

Als die Rote Armee im Oktober 1944 erstmals auf Reichsgebiet in Ostpreußen eindrang, wurden in dem Ort Nemmersdorf bei Goldap Massaker unter der deutschen Zivilbevölkerung verübt. Nach der Rückeroberung Nemmersdorfs durch die Wehrmacht wurden diese Vorfälle allgemein bekannt und lösten zunächst in Ostpreußen, aber auch in den anderen ostdeutschen Gebieten, ein starkes Gefühl der Bedrohung aus. Es kam zu ersten spontanen Fluchtbewegungen, die allerdings von den NSDAP-Parteidienststellen nach Möglichkeit unterbunden wurden. Die Verantwortung für eine Evakuierung der Zivilbevölkerung lag bei den Gauleitern, welche seit 1942 auch Reichsverteidigungskommissare waren.

Unter diesen bestand jedoch hinsichtlich eventueller Räumungsmaßnahmen keine Übereinstimmung. Ostpreußens Gauleiter Erich Koch lehnte in völliger Verkennung der Lage jegliche vorbeugenden Maßnahmen kategorisch ab und drohte bei unerlaubter Flucht mit der Todesstrafe. In Pommern, Schlesien und den Reichsgauen Wartheland und Danzig-Westpreußen wurden hingegen seit Herbst 1944 geheime Räumungspläne ausgearbeitet. Diese sahen jedoch nur eine Evakuierung der Zivilbevölkerung von der Ostgrenze in westlichere Kreise des jeweiligen Gaues vor. In allen östlichen Reichsgebieten wurden gleichzeitig Befestigungslinien errichtet. Tatsächlich war jedoch angesichts des militärischen Kräfteverhältnisses zwischen Wehrmacht und Roter Armee der Zusammenbruch der deutschen Ostfront und die Eroberung Ostdeutschlands durch die sowjetischen Truppen mit Hilfe dieser Maßnahmen nicht mehr zu verhindern.

Symbol der Heimatlosigkeit: Zwei Monate ist eine Familie mit diesem Handwagen aus Ostbrandenburg Richtung Westen unterwegs.

Symbol braku ojczyzny: wózek, z którym jedna z rodzin przemierzała dwa miesiące drogę z Brandenburgii Wschodniej na Zachód.

Als der Großangriff der Roten Armee vom 12. bis zum 15. Januar 1945 auf der gesamten Front von der Memel bis zur oberen Weichsel erfolgte, konnten die vorbereiteten Stellungen zum großen Teil noch nicht einmal besetzt werden, da Hitler die dafür vorgesehenen militärischen Reserven entgegen dem Rat der militärischen Fachleute für die Ardennen-Offensive an die Westfront verlegt hatte. Der sowjetische Vorstoß auf Schlesien, die mittlere Oder und Königsberg ging nicht zuletzt deshalb mit unerwarteter Geschwindigkeit voran. Die zur Verteidigung eingesetzten deutschen Truppen konnten ihn nicht aufhalten. Auch die vorbereiteten Räumungspläne für die Bevölkerung erwiesen sich aufgrund des raschen sowjetischen Vormarsches als völlig unzureichend. In wenigen Tagen stieß die Rote Armee von der Weichsel bis an die alte Reichsgrenze östlich von Breslau vor. In den letzten Januartagen konnte sie das oberschlesische Industriegebiet erobern. Am 16. Februar wurde die schlesische Hauptstadt Breslau eingeschlossen, die als „Festung" noch bis zum 6. Mai 1945 verteidigt wurde. Bis Ende März war auch Oberschlesien westlich der Oder in die Hand der Roten Armee gefallen. Seit dem 26. Januar war Ostpreußen nach einem sowjetischen Vorstoß an das Frische Haff bei Tolkemit von der Landverbindung mit dem übrigen Reichsgebiet abgeschnitten. Anfang März waren sowjetische Truppen auch in Hinterpommern bei Köslin zur Ostseeküste durchgestoßen, Kolberg fiel am 18. März, am 27. März Danzig und am 30. März Gdingen. So war schon bis Ende März 1945 der größte Teil der ostdeutschen Gebiete jenseits von Oder und Görlitzer Neiße von der Roten Armee besetzt worden.

Flucht vor der Roten Armee

Die nationalsozialistischen Behörden verweigerten die Erlaubnis zur Evakuierung der Zivilbevölkerung oder stimmten ihr zumeist erst in letzter Minute zu. So wurde ein Teil der Ostdeutschen, mindestens 600.000 Menschen, von dem schnellen Angriff der sowjetischen Panzer in ihrer Heimat überrascht. Die wild einsetzende Flucht nach dem Beginn der sowjetischen Offensive führte zu chaotischen Zuständen auf den Straßen. Der überaus harte Winter 1944/45 erschwerte das Los der Flüchtlinge zusätzlich. Aus Pommern, Ostbrandenburg und Schlesien konnten sich die Flüchtlinge einzeln oder in Trecks, zu Fuß oder mit den letzten Bahntransporten noch nach Westen retten. Tausende nach Sachsen geflüchtete Ostdeutsche, vor allem Schlesier, starben bei der Bombardierung Dresdens am 13. und 14. Februar 1945.

In Ostpreußen war seit dem 26. Januar der Weg nach Westen versperrt. Eine Flucht war nur noch nach Norden über den Hafen Pillau oder das zugefrorene Frische Haff und die Nehrung möglich. Bei der Überquerung des Haffs spielten sich unbeschreibliche Szenen ab. Viele der Flüchtenden, vor allem Kinder und ältere Menschen, erfroren aufgrund der eisigen Temperaturen. Hinzu kamen die Verluste durch die Kampfhandlungen. So brachen zahlreiche Trecks aufgrund der Beschießung durch Flugzeuge und Artillerie in das Eis ein. Auch das Erreichen der Nehrung brachte noch keine Rettung, denn der vorhandene Schiffstransportraum reichte bei weitem nicht aus. Die Kriegsmarine setzte zwar jedes verfügbare Schiff vom Urlaubsdampfer bis zum Fischerboot ein, mußte jedoch wertvollen Transportraum für die Versorgung der 18 deutschen Divisionen an der Kurlandfront bereithalten. Die wichtigsten Evakuierungshäfen waren Danzig, Pillau und Gdingen (Gotenhafen). Nach der Eroberung dieser Städte durch die Rote Armee verblieb nur noch Hela, von wo aus der Transport der Flüchtlinge bis zur Kapitulation am 8. Mai fortgesetzt wurde. Zwischen zwei und drei Millionen Menschen gelang auf diese Weise die relativ sichere Flucht über die Ostsee nach Kiel, Lübeck und nach Dänemark. Nur etwa ein Prozent der über das Meer Evakuierten kam bei Versenkungen von Flüchtlingsschiffen, darunter die ehemaligen KdF-Dampfer „Wilhelm Gustloff" mit 5200 Toten, „Steuben" mit 3750 Toten und „Goya" mit 7000 Toten, ums Leben. Insgesamt flüchteten etwa fünf Millionen Ostdeutsche vor der Roten Armee nach Westen.

Etwa 4,4 Millionen Ostdeutsche waren zum Zeitpunkt des Kriegsendes in ihrer Heimat verblieben oder auf der Flucht bereits östlich der Oder überrollt worden. Sie hatten während und nach der Eroberung unter ständigen Übergriffen und Gewalttaten sowjetischer Truppen zu leiden. Diese massenhaften Ausschreitungen waren nicht nur eine Reaktion auf die Verbrechen der deutschen Besatzer in der Sowjetunion während des Krieges. Die Rotarmisten waren zudem durch entsprechende Propaganda wie die Aufrufe des Schriftstellers Ilja Ehrenburg zu Plünderungen, Brandstiftungen, Morden und Vergewaltigungen aufgehetzt worden und wurden dafür von ihren Vorgesetzten auch zumeist nicht zur Verantwortung gezogen. Unmittelbar nach der Eroberung der ostdeutschen Gebiete begannen die sowjetischen Militärbehörden, arbeitsfähige Männer und Frauen zur Zwangsarbeit in die Sowjetunion zu deportieren. Die Zahl der Deportierten wird auf mehrere Hunderttausend geschätzt.

Ausweisung der deutschen Bevölkerung

Nach Abschluß der Kampfhandlungen versuchte eine große Zahl der geflohenen Ostdeutschen, wieder in ihre Heimat zurückzukehren. Die sowjetische Militärverwaltung und die aus dem im Juli 1944 gegründeten kommunistischen „Lubliner Ko-

Deutscher Flüchtlingstreck aus Schlesien auf dem Weg nach Westen: In geschlossenen Gruppen werden ganze Ortschaften vertrieben.

Kolumna niemieckich uciekinierów ze Śląska w drodze na Zachód: całe miejscowości zostają w zwartych grupach wypędzane.

Aufforderung zur Umsiedlung: Unter dem Druck der polnischen Behörden verlassen viele Deutsche ihre Heimat.

Nakaz przesiedlenia: pod presją polskich władz wielu Niemców opuszcza swoją ojczyznę.

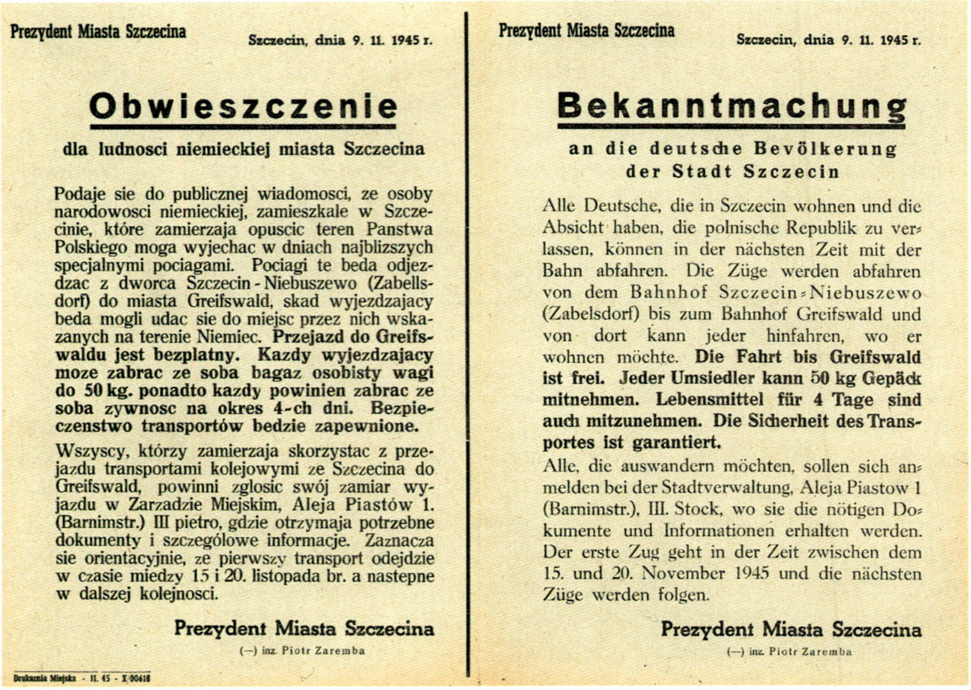

Prezydent Miasta Szczecina

Szczecin, dnia 9. 11. 1945 r.

Obwieszczenie

dla ludnosci niemieckiej miasta Szczecina

Podaje sie do publicznej wiadomosci, ze osoby narodowosci niemieckiej, zamieszkale w Szczecinie, które zamierzaja opuscic teren Panstwa Polskiego moga wyjechac w dniach najblizszych specjalnymi pociagami. Pociagi te beda odjezdzac z dworca Szczecin-Niebuszewo (Zabellsdorf) do miasta Greifswald, skad wyjezdzajacy beda mogli udac sie do miejsc przez nich wskazanych na terenie Niemiec. **Przejazd do Greifswaldu jest bezplatny. Kazdy wyjezdzajacy moze zabrac ze soba bagaz osobisty wagi do 50 kg. ponadto kazdy powinien zabrac ze soba zywnosc na okres 4-ch dni. Bezpieczenstwo transportów bedzie zapewnione.**

Wszyscy, którzy zamierzaja skorzystac z przejazdu transportami kolejowymi ze Szczecina do Greifswald, powinni zglosic swój zamiar wyjazdu w Zarzadzie Miejskim, Aleja Piastów 1. (Barnimstr.) III pietro, gdzie otrzymaja potrzebne dokumenty i szczególowe informacje. Zaznacza sie orientacyjnie, ze pierwszy transport odejdzie w czasie miedzy 15 i 20. listopada br. a nastepne w dalszej kolejnosci.

Prezydent Miasta Szczecina

(—) inz. Piotr Zaremba

Drukarnia Miejska - II. 45 - X/00618

Prezydent Miasta Szczecina

Szczecin, dnia 9. 11. 1945 r.

Bekanntmachung

an die deutsche Bevölkerung der Stadt Szczecin

Alle Deutsche, die in Szczecin wohnen und die Absicht haben, die polnische Republik zu verlassen, können in der nächsten Zeit mit der Bahn abfahren. Die Züge werden abfahren von dem Bahnhof Szczecin-Niebuszewo (Zabelsdorf) bis zum Bahnhof Greifswald und von dort kann jeder hinfahren, wo er wohnen möchte. **Die Fahrt bis Greifswald ist frei. Jeder Umsiedler kann 50 kg Gepäck mitnehmen. Lebensmittel für 4 Tage sind auch mitzunehmen. Die Sicherheit des Transportes ist garantiert.**

Alle, die auswandern möchten, sollen sich anmelden bei der Stadtverwaltung, Aleja Piastow 1 (Barnimstr.), III. Stock, wo sie die nötigen Dokumente und Informationen erhalten werden. Der erste Zug geht in der Zeit zwischen dem 15. und 20. November 1945 und die nächsten Züge werden folgen.

Prezydent Miasta Szczecina

(—) inz. Piotr Zaremba

mitee der nationalen Befreiung" hervorgegangene provisorische polnische Regierung, der von der Roten Armee die Zivilverwaltung der ostdeutschen Gebiete bis zur Oder und Görlitzer Neiße bald nach deren Eroberung übergeben worden war, hatten jedoch die Ausweisung aller Deutschen aus dem künftigen polnischen Staatsgebiet beschlossen.

Bezüglich einer Westerweiterung Polens auf Kosten Deutschlands und der Ausweisung der Deutschen aus den geforderten Gebieten herrschte während des Krieges im Grundsatz bei allen politischen Lagern Polens Einmütigkeit. Auch die Alliierten hatten entsprechende Vorstellungen akzeptiert, ohne jedoch konkrete Festlegungen zu treffen. Die Londoner Exilregierung Polens und die ihr nahestehende Untergrundbewegung im besetzten Polen hatten bereits seit 1940 Pläne dafür entwickelt, die sich allerdings bezüglich des Umfangs der Gebietsforderungen und des Zeitplanes der Zwangsaussiedlung der Deutschen je nach politischem Gesamtkonzept unterschieden. Schlesien, insbesondere sein östlich der Oder gelegener Teil, spielte dabei neben Ostpreußen eine zentrale Rolle. Für einen Anschluß dieser Gebiete an Polen wurden dabei gegenüber den Alliierten wirtschaftliche, geopolitische, strategische und ethnische Argumente vorgebracht.

Erst relativ spät, nämlich Ende 1943 hatten auch die kommunistischen Kräfte im Lande und im sowjetischen Exil den Gedanken einer Westerweiterung Polens um ostdeutsche Gebiete und der Ausweisung der dortigen Deutschen übernommen. Da sie auf Stalins Druck hin den Verlust der polnischen Ostgebiete aus der Vorkriegszeit an die Sowjetunion akzeptieren mußten, konnten sie sich nur durch möglichst weitgehende Gebietsentschädigungen im Westen in den Augen ihrer Landsleute ein Verdienst erwerben. Tatsächlich war Polen in der Grenzfrage aber ebenso wie Deutschland nur Objekt alliierter Entscheidungen. Die polnische Westgrenze hatte Stalin bereits 1944 in einem Geheimabkommen mit dem Lubliner Komitee einseitig und ohne Absprache mit seinen Verbündeten an Oder und Görlitzer Neiße festgelegt.

Angesichts des Zögerns der Westalliierten, sich bezüglich der polnischen Westgrenze festzulegen, gingen die provisorische Regierung Polens und ihre Moskauer Schutzmacht zu einer Politik der vollendeten Tatsachen über. Durch rasche Veränderung der Bevölkerungsverhältnisse in den Oder-Neiße-Gebieten zugunsten Polens sollte die Entscheidung der Alliierten beeinflußt werden. Diesem Ziel dienten die im Juni 1945 erfolgten Sperrungen der Übergänge an Oder und Görlitzer Neiße, um den Rückstrom der geflohenen deutschen Bevölkerung zu stoppen und erste Zwangsaussiedlungen von Deutschen aus den nächst der Oder und Görlitzer Neiße gelegenen Kreisen durch polnisches Militär im Juni und Juli 1945. Von diesen ersten, sogenannten „wilden Vertreibungen" waren etwa 500.000 Deutsche betroffen. Sie forderten aufgrund der improvisierten, brutalen Durchführung sehr viele Todesopfer, die Vertriebenen konnten praktisch keinerlei Habe mitnehmen und wurden in Kolonnen zu Fuß über Oder und Neiße getrieben.

Am 27. Juli 1945, also unmittelbar vor der Konferenz von Potsdam, schrieb der Kattowitzer Bischof Stanisław Adamski an den polnischen Minister für öffentliche Verwaltung:" [...] Es geht mir jedoch um die Methoden der Aussiedlung, welche in vielen Fällen, wie ich mich selbst überzeugt habe, schrecklich und kompromittierend für Polen und die polnischen Behörden gegenüber dem Ausland sind. Bezüglich der Ausschreitungen im Gebiet meiner Diözese, das heißt im Oppelner Schlesien, informiere ich den Wojewoden General Zawadzki, der sich um Abhilfe bemüht. [...] Ich fürchte, daß diese Dinge, welche man nicht verheimlichen kann, beträchtliche Schwierigkeiten auf internationaler Ebene und bei der Friedenskonferenz zur Folge haben können und halte es deshalb für meine Pflicht, den Herrn Minister davon in Kenntnis zu setzen. Das Ausland kann das als Beweis des Unvermögens der Polen im Umgang mit anderen Völkern ansehen."

„Überführung nach Deutschland"

Auf der Konferenz von Potsdam im Juli/August 1945 beschlossen die siegreichen Alliierten eine Aufteilung des Deutschen Reiches. Sie gingen dabei vom Gebietsstand vor Beginn der deutschen Anschlußbeziehungsweise Eroberungspolitik aus, wofür sie den Stichtag 31. Dezember 1937 festsetzten. Die deutschen Gebiete östlich von Oder und Görlitzer Neiße mit Ausnahme des von der Sowjetunion selbst annektierten nördlichen Ostpreußens wurden kein Teil der alliierten Besatzungszonen, sondern polnischer Verwaltung unterstellt. Die endgültige Festlegung der Grenzen Deutschlands wurde jedoch einem Friedensvertrag vorbehalten. Bezüglich der Deutschen in Polen wurde in Artikel XIII des Potsdamer Protokolls bestimmt: „Die drei Regierungen haben die Frage unter allen Gesichtspunkten beraten und erkennen an, daß die Überführung der deutschen Bevölkerung oder Bestandteile derselben, die

Armselige Habe:
Nur der Rucksack mit Blechteller, Besteck und Wäsche bleibt einer Frau nach ihrer Vertreibung aus Schlesien.

Ubogi majątek:
tylko plecak z blaszanym talerzem, sztućcami i bielizną pozostały tej kobiecie po wypędzeniu jej ze Śląska.

Befreiung von der Zwangsarbeit: Dieses Dokument verspricht Deutschen, die sich zur Ausreise entschlossen, sie von weiteren Repressalien zu verschonen.

Zwolnienie z obowiązku pracy przymusowej: dokument ten zapewniał Niemcom, którzy zdecydowali się na wyjazd, że oszczędzi się im dalszych represji.

in Polen zurückgeblieben sind, nach Deutschland durchgeführt werden muß. Sie stimmen darin überein, daß jede derartige Überführung, die stattfinden wird, in ordnungsgemäßer und humaner Weise erfolgen soll."

Der im Potsdamer Protokoll nicht näher definierte Begriff „Polen" wurde von der Sowjetunion und den von ihr als Verwaltungsmacht in den Oder-Neiße-Gebieten eingesetzten Polen auch auf die deutsche Bevölkerung bezogen. Tatsächlich entsprach auch die organisierte Durchführung der Zwangsaussiedlungen infolge der Potsdamer Konferenz nicht der Forderung nach ordentlicher und humaner Durchführung, wie ein Schreiben des polnischen Außenministers vom 15. Dezember 1945 an den Minister für öffentliche Verwaltung zeigt: „Das Außenministerium ist im Besitz von Informationen, welche beweisen, daß Ihre Instruktionen über die Durchführung der Aussiedlung der Deutschen aus den Westgebieten nicht durch die unterstellten Organe ausgeführt werden. Es ist in den letzten Wochen mehrfach vorgekommen, daß am Zielort Wagen mit Leichen anstelle von lebenden Menschen angekommen sind. Fakten dieser Art wurden sofort von uns übel gesonnenen ausländischen Kräften aufgegriffen und können als Folge die Aussiedlung der Deutschen aus Polen nicht nur erschweren, sondern ganz unmöglich machen. Deshalb bittet das Außenministerium Sie dringend, erneut Instruktionen zu erlassen, damit die Aussiedlung der Deutschen in einer Weise erfolgt, welche keinen Anlaß zu uns feindlicher Propaganda bietet."

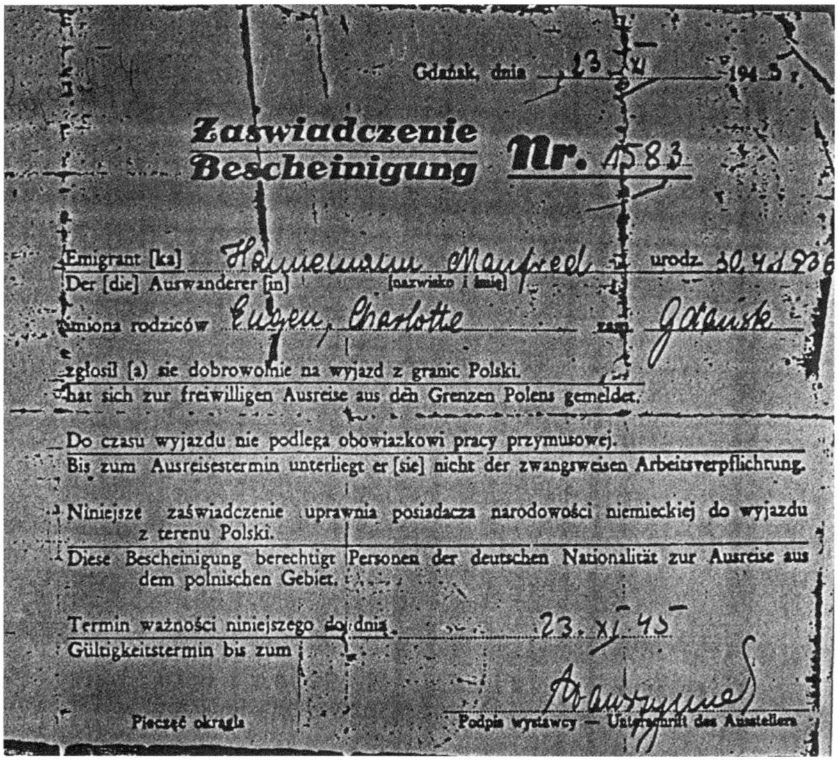

Gdańsk, dnia 13 XI 1945 r.

Zaświadczenie
Bescheinigung Nr. 4583

Emigrant [ka] ... Manfred ... urodz. 30.4.1936
Der [die] Auswanderer [in] [nazwisko i imię]

imiona rodziców ... Charlotte ... zam. Gdańsk

zgłosił (a) się dobrowolnie na wyjazd z granic Polski.
hat sich zur freiwilligen Ausreise aus den Grenzen Polens gemeldet.

Do czasu wyjazdu nie podlega obowiązkowi pracy przymusowej.
Bis zum Ausreisetermin unterliegt er [sie] nicht der zwangsweisen Arbeitsverpflichtung.

Niniejsze zaświadczenie uprawnia posiadacza narodowości niemieckiej do wyjazdu z terenu Polski.
Diese Bescheinigung berechtigt Personen der deutschen Nationalität zur Ausreise aus dem polnischen Gebiet.

Termin ważności niniejszego do dnia 23. XI. 45
Gültigkeitstermin bis zum

Pieczęć okrągła

Podpis wystawcy — Unterschrift des Ausstellers

Deutschfeindliche Ausschreitungen

Offiziell verbot die polnische Regierung zwar Rache und Willkür an den Deutschen bei Androhung harter Bestrafung. Tatsächlich aber wurden entsprechende Ausschreitungen häufig von den örtlichen polnischen Behörden zumindest stillschweigend geduldet. Zum einen waren die staatlichen Organe in den Oder-Neiße-Gebieten während der ersten Monate noch nicht in der Lage, für die Sicherheit und Ordnung zu garantieren. Zum anderen waren sie an den deutschfeindlichen Maßnahmen teilweise aktiv beteiligt. Generell war zu jener Zeit Mitleid mit den Deutschen in der polnischen Gesellschaft nach der Besatzungszeit nicht zu erwarten. Die Fälle polnischer Hilfeleistung für verfolgte und diskriminierte Deutsche sind deshalb um so höher zu bewerten.

Die polnischen Behörden begannen mit der organisierten Aussiedlung der deutschen Bevölkerung aus den Oder-Neiße-Gebieten aufgrund der Beschlüsse von Potsdam im Oktober 1945. Durch entsprechende Gesetze und Verordnungen hatten die Deutschen zuvor bereits alle Rechte und ihren Besitz verloren. Sie wurden in Sammellagern interniert, aus denen sie bis zur endgültigen Ausweisung als Arbeits-

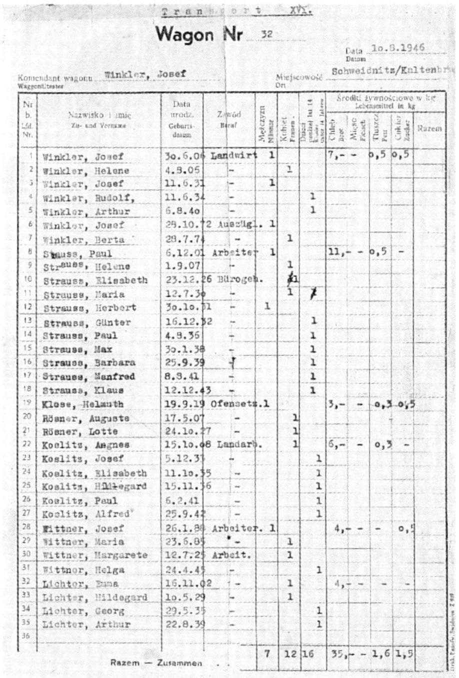

Transport XVI.

Wagon Nr 32

Data / Datum 1o.8.1946

Komendant wagonu / Waggonältester Winkler, Josef

Miejscowość / Ort Schweidnitz/Kaltenbr…

Nr b. / Lfd. Nr.	Nazwisko i imię / Zu- und Vorname	Data urodz. / Geburtsdatum	Zawód / Beruf	Mężczyzn / Männer	Kobiet / Frauen	Dzieci poniżej lat 14 / Kinder unter 14 Jahren	Środki żywnościowe w kg / Lebensmittel in kg: Chleb / Brot	Mięso / Fleisch	Tłuszcz / Fett	Cukier / Zucker	Razem
1	Winkler, Josef	3o.6.06	Landwirt	1			7,-	-	o,5	o,5	
2	Winkler, Helene	4.8.05	-		1						
3	Winkler, Josef	11.6.31	-	1							
4	Winkler, Rudolf,	11.6.34	-			1					
5	Winkler, Arthur	6.8.4o	-			1					
6	Winkler, Josef	28.10.72	Auszügl.	1							
7	Winkler, Berta	28.7.74	-		1						
8	Strauss, Paul	6.12.01	Arbeiter	1			11,-	-	o,5	-	
9	Strauss, Helene	1.9.07	-		1						
10	Strauss, Elisabeth	23.12.26	Bürogeh.		1						
11	Strauss, Maria	12.7.30	-		1						
12	Strauss, Herbert	3o.1o.31	-	1							
13	Strauss, Günter	16.12.32	-			1					
14	Strauss, Paul	4.8.36	-			1					
15	Strauss, Max	3o.1.38	-			1					
16	Strauss, Barbara	25.9.39	-			1					
17	Strauss, Manfred	8.8.41	-			1					
18	Strauss, Klaus	12.12.43	-			1					
19	Klose, Helmuth	19.9.19	Ofensetz.	1			3,-	-	o,3	o,5	
20	Rösner, Auguste	17.5.07	-		1						
21	Rösner, Lotte	24.1o.27	-		1						
22	Koslitz, Agnes	15.1o.08	Landarb.		1		6,-	-	o,3	-	
23	Koslitz, Josef	5.12.33	-			1					
24	Koslitz, Elisabeth	11.1o.35	-			1					
25	Koslitz, Hildegard	15.11.36	-			1					
26	Koslitz, Paul	6.2.41	-			1					
27	Koslitz, Alfred	25.9.42	-			1					
28	Wittner, Josef	26.1.88	Arbeiter.	1			4,-	-	-	o,5	
29	Wittner, Maria	23.6.85	-		1						
30	Wittner, Margarete	12.7.25	Arbeit.		1						
31	Wittner, Helga	24.4.45	-			1					
32	Lichter, Emma	16.11.02	-		1		4,-	-	-	-	
33	Lichter, Hildegard	1o.5.29	-		1						
34	Lichter, Georg	29.5.35	-			1					
35	Lichter, Arthur	22.8.39	-			1					
36											
	Razem — Zusammen			7	12	16	35,-	-	1,6	1,5	

Dokument der Vertreibung: In Eisenbahnwaggons, oft nur unzureichend mit Lebensmitteln versorgt, werden Menschen in den Westen verfrachtet.

Dokument wypędzenia: w wagonach kolejowych, często jedynie skąpo zaopatrzeni w środki żywnościowe, ludzie zostają wywożeni na Zachód.

kräfte zum Wiederaufbau des kriegszerstörten Landes herangezogen wurden. In diesen Ausweisungs- und Zwangsarbeitslagern kam es aufgrund von Unterernährung, schlechten hygienischen Verhältnissen, fehlender ärztlicher Behandlung und Mißhandlungen bis hin zum Mord zu einer großen Zahl von Todesopfern, deren genaue Zahl aufgrund fehlender Unterlagen wohl nicht mehr zu rekonstruieren sein wird. Das oberschlesische Lager in Lamsdorf, in welchem aufgrund der Behandlung durch die Wachmannschaften mehr als tausend Insassen zu Tode kamen, ist für viele Vertriebene zum Symbol ihres Leidens geworden.

Bis zum Jahre 1949 wurden von Polen rund 3,5 Millionen Deutsche aus den Oder-Neiße-Gebieten zwangsausgesiedelt, weitere 250.000 Ostdeutsche verließen aufgrund der völligen Rechtlosigkeit und Diskriminierung in ihren Wohngebieten auf eigene Initiative hin das Land. Eine Bevölkerungsbilanz für das Jahr 1950 ergab, daß etwa eine halbe Million Ostdeutsche als Gefallene oder in Gefangenschaft Verstorbene ein Opfer der Kriegshandlungen geworden waren und bei Flucht, Deportation und Vertreibung weitere 1,6 Millionen Ostdeutsche ihr Leben verloren hatten. Hierbei ist zu bedenken, daß die Verantwortung für die Verluste bei den Kriegshandlungen und auf der Flucht aufgrund der verspäteten Räumungserlaubnis zum größten Teil bei den nationalsozialistischen Machthabern lag. Die Opfer der Ausschreitungen gegenüber der Zivilbevölkerung während der Eroberung und der Deportationen gingen dagegen zu Lasten der Roten Armee und der sowjetischen Militärbehörden. Bei den polnischen Vertreibungsmaßnahmen forderten die sogenannten „wilden" Vertreibungen vor Potsdam und die Zustände in den Internierungslagern für die einheimische Bevölkerung die meisten Menschenleben. Die organisierten Zwangsausweisungen nach Potsdam hatten trotz der harten und teilweise dramatischen Begleitumstände nur relativ wenige Todesfälle zur Folge. Mindestens ebenso schlimm wie die körperlichen Schäden infolge der Vertreibungsmaßnahmen, zumeist sogar dauerhafter und folgenreicher für die deutsch-polnischen Beziehungen, waren aber die seelischen Verletzungen.

Ohne Rechte

In den ersten Monaten nach der Übernahme der Oder-Neiße-Gebiete durch die Polen herrschte in diesem Raum eine Atmosphäre der Unsicherheit, Vorläufigkeit und Rechtlosigkeit, welche von Plünderern ausgenutzt wurde. Sie kamen häufig in organisierten Banden aus den benachbarten polnischen Gebieten herbei und nahmen sich praktisch alles bewegliche Inventar. Widerstand der Einheimischen war aufgrund der geschilderten Rechtlosigkeit der Deutschen unmöglich, ein Menschenleben zählte in diesen Zeiten wenig. Unter den ersten polnischen Siedlern fanden sich sowohl Idealisten und Pioniere, welche unter schwierigsten Bedingungen an den Wie-

Schaubild für Schüler: Die Entscheidung der Potsdamer Konferenz über die deutschen Ostgebiete ist Thema des politischen Unterrichtes in der Bundesrepublik.

Materiał ilustracyjny dla uczniów: decyzja Konferencji Poczdamskiej, dotycząca niemieckich obszarów wschodnich jest jednym z tematów na lekcjach polityki w Republice Federalnej.

deraufbau des Landes unter polnischen Vorzeichen gingen, aber auch Abenteurer und Schieber, welche sich unrechtmäßig nach Kräften zu bereichern suchten und das Land verließen, bevor man sie zur Verantwortung ziehen konnte. Der ideelle und materielle Schaden, der durch sie angerichtet wurde, war beträchtlich. Die zumeist aus Frauen, Kindern und alten Leuten bestehende einheimische Bevölkerung konnte die Verfolgung, Diskriminierung und Beraubung nur hilflos erdulden. In dieser Zeit erfuhr ihr Verhältnis zu Polen eine entscheidende negative Prägung, auch bei solchen Familien, die traditionell nicht polenfeindlich eingestellt waren oder sogar der polnischen Vorkriegsminderheit angehört hatten.

Polen hatte seine Forderung nach Angliederung der Oder-Neiße-Gebiete unter anderem auch mit der Existenz einer größeren Zahl dort lebender polnischer Bevölkerung begründet. Dies bezog sich in erster Linie auf Oberschlesien und das südliche Ostpreußen. Dort sollten nur die Bevölkerungsteile mit ausgeprägtem deutschem Nationalbewußtsein vertrieben werden, vor allem die Angehörigen der Mittel- und Oberschicht und geistigen Führungskräfte. Die Angehörigen der organisierten polnischen Minderheit der Vorkriegszeit waren von der Vertreibung natürlich ausgenommen, aber auch die als ethnisch polnisch angesehenen sogenannten Autochthonen, deren Zahl nach polnischen Vorstellungen in Oberschlesien rund 800.000 Personen, im südlichen Ostpreußen rund 100.000 Personen betrug. Polnischerseits hoffte man, auf tatsächlich oder vorgeblich bewahrte polnische Traditionen zurückgreifend, die Autochthonen rasch in die polnische Gesellschaft integrieren zu können. Die Unterschiede zwischen den zuwandernden Polen und der einheimischen Bevölkerung waren jedoch beträchtlich und führten zu einer Abgrenzung voneinander, die heute zwar nicht mehr sofort ins Auge springt, aber de facto immer noch existiert. Entgegen der offiziellen These von der Gleichberechtigung der Autochthonen wurden diese von den polnischen Zuwanderern und der Verwaltung als Staatsbürger zweiter Klasse behandelt und keine Pflege der gewachsenen lokalen Traditionen, soweit sie im weitesten Sinne mit deutscher Kultur verbunden waren, zugelassen.

Aufgezwungene Polonisierung

Die polnischen Behörden versuchten, durch eine rigorose Polonisierung aller Lebensbereiche jegliche deutschen Spuren in den Oder-Neiße-Gebieten und die Bindungen der Einheimischen an die deutsche Kultur zu beseitigen. So wurden unter anderem der Gebrauch der deutschen Sprache verfolgt und deutschklingende Vor- und Familiennamen auch gegen den Willen der Betroffenen polonisiert. Die katholische und die evangelische Kirche Polens wurden in diesen „Kampf gegen das Deutschtum" mit einbezogen und betrieben ihrerseits eine entsprechende Politik.

Polnische Wissenschaftler bezeichneten nach dem Ende des Kommunismus in Polen diese Maßnahmen gegenüber der einheimischen Bevölkerung als faktische Kolonialpolitik. Teilweise machten sie für die Behandlung der deutschen und deutschgesinnten Bevölkerung lediglich das kommunistische System verantwortlich. Andere polnische Wissenschaftler wiesen aber auf die Gefahren einer solchen schematischen und einseitigen Schuldzuweisung hin und forderten eine umfassende Aufarbeitung der polnischen Einstellung zu den Minderheiten, nicht nur hinsichtlich der Deutschen, sondern auch beispielsweise bezüglich der Ukrainer oder Juden.

Das Mißtrauen der polnischen Behörden und Zuwanderer gegenüber der einheimischen Bevölkerung der Oder-Neiße-Gebiete wurde nicht zuletzt durch deren offensichtlich weiterbestehenden Bindungen an deutsche Traditionen verstärkt. Durch frühere Erwerbsauswanderung, Krieg und Vertreibung besaßen viele Oberschlesier und Masuren Verwandte in Deutschland und pflegten in der Regel diese Kontakte. Ein Bekenntnis zur deutschen Nationalität stellten auch die Aussiedlungsbemühun-

Drangvolle Enge:
In den Aufnahmelagern herrschen teilweise unmenschliche Lebensbedingungen für die Vertriebenen.

Dławiące zatłoczenie:
w obozach przejściowych dla wypędzonych panują niekiedy nieludzkie warunki życia.

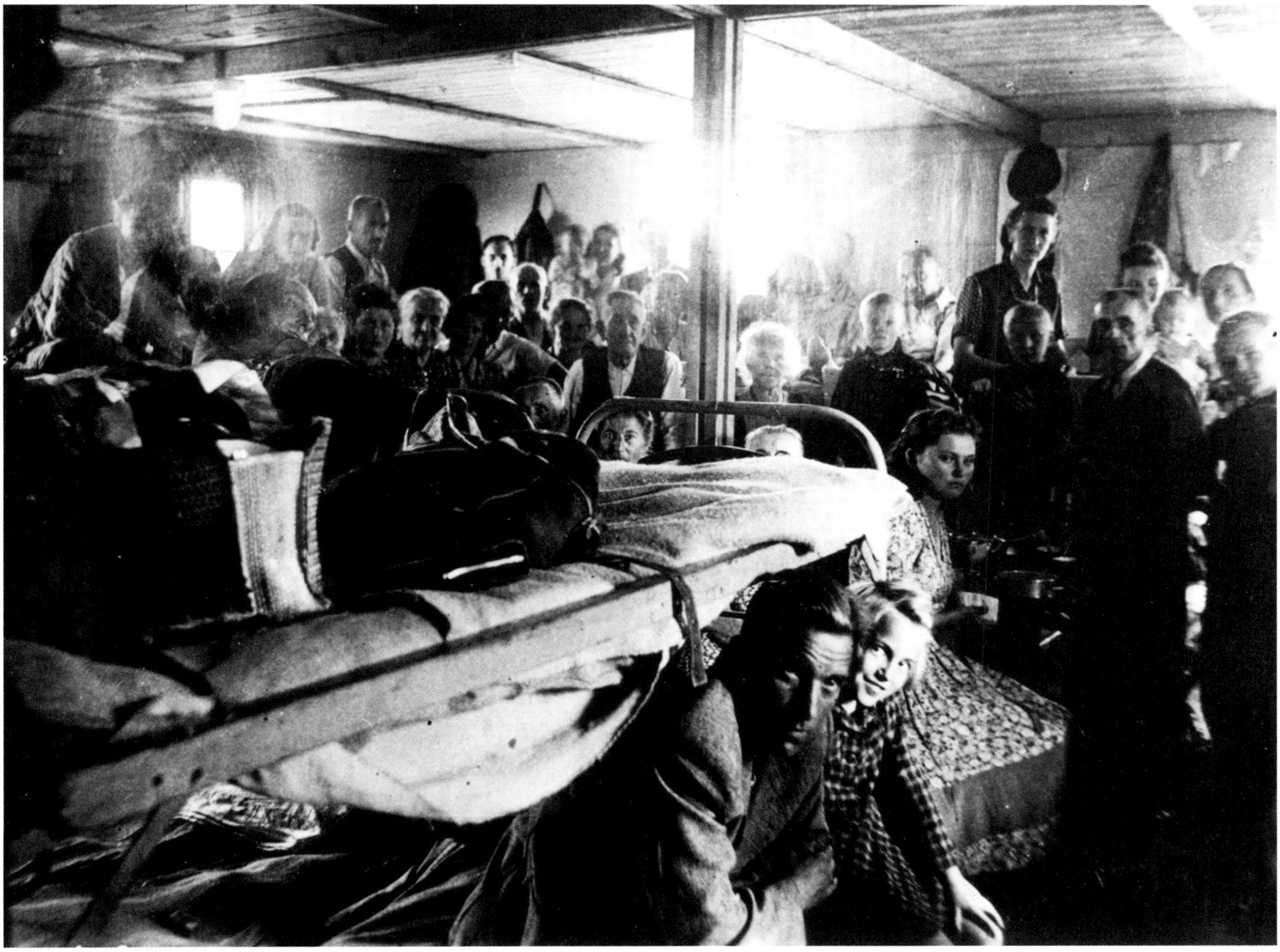

gen nach Deutschland unter Beweis, die zumeist ausdrücklich mit dem Hinweis auf die deutsche Nationalität der Antragsteller begründet wurden. Durch Ablehnung der meisten entsprechenden Anträge versuchten die polnischen Behörden zunächst, die Aussiedlung der Autochthonen zu begrenzen. Tatsächlich steigerten sie auf diese Weise aber noch den Aussiedlungsdruck.

Aufklärung: Ein in den westlichen Besatzungszonen verbreitetes Plakat macht die Bevölkerung auf den ursächlichen Zusammenhang zwischen Vertreibung und Diktatur aufmerksam.

Uświadomienie: rozpowszechniony w zachodnich strefach okupowanych plakat zwraca uwagę ludności na związek przyczynowy pomiędzy wypędzeniem a dyktaturą.

Erlaubnis zur Ausreise

Erst im Zusammenhang mit dem Warschauer Vertrag zwischen der Volksrepublik Polen und der Bundesrepublik Deutschland vom 18. November 1970 erklärte die polnische Regierung, daß „Personen mit unbestreitbarer deutscher Volkszugehörigkeit" und Personen aus gemischten Familien unter Beachtung der in Polen geltenden Gesetze die Erlaubnis zur Ausreise erhalten sollten. Die polnische Seite ging dabei nur von einigen Zehntausend Ausreisewilligen aus. Tatsächlich lagen dem Deutschen Roten Kreuz zu jener Zeit aber bereits etwa 250.000 Ausreisegesuche vor. Die weiterhin restriktive Bewilligungspraxis der polnischen Behörden veranlaßte Bundeskanzler Helmut Schmidt, anläßlich der KSZE-Konferenz in Helsinki 1975 mit dem polnischen Parteichef Edward Gierek erneut über die Aussiedlerfrage zu sprechen. Als Ergebnis sagte Polen für die nächsten vier Jahre die Erteilung von Ausreisegenehmigungen für 120.000 bis 125.000 Deutsche zu, wobei auch nach Ablauf dieser vier Jahre weitere Anträge gestellt werden durften.

Bis heute kamen mehr als zwei Millionen Aussiedler aus Polen in die Bundesrepublik Deutschland. Ihre Bezeichnung als Spätaussiedler weist zu Recht darauf hin, daß es sich bei ihnen um eine Nachhut der Vertriebenen, eine Spätfolge des Zweiten Weltkrieges handelt. Ein solches Ergebnis des Zweiten Weltkrieges und der Vertreibung ist aber auch die Lage der heutigen deutschen Minderheit in Polen. Diese Bevölkerung wurde zu einer Minderheit im eigenen Land, jahrzehntelang offiziell verleugnet, teilweise ihrer Identität beraubt. Viele Denk- und Verhaltensweisen der Deutschen in Polen heute sind nur vor diesem Hintergrund zu verstehen.

Die größte Katastrophe der deutsch-polnischen Geschichte, welche sich mit den vierziger Jahren unseres Jahrhunderts, mit Krieg, Besatzung und Vertreibung verbindet, harrt bis heute ihrer vollständigen Aufarbeitung in Deutschland wie in Polen. Die Haltung der Betroffenen angesichts dieses erdrückenden Berges von Schuld und Unrecht war lange Zeit von wechselseitigem Verdrängen gekennzeichnet. Die polnische Gesellschaft verdrängte weitgehend die Vertreibung der ostdeutschen Bevölkerung und den polnischen Anteil an dem ihnen zugefügten Leid. So wird bereits der Begriff Vertreibung abgelehnt, es habe sich nur um eine Um- beziehungsweise Aussiedlung gehandelt. Auch sei Polen zu dieser Maßnahme durch die alliierten Beschlüsse der Potsdamer Konferenz verpflichtet worden. Aus polnischer Sicht hatten die Deutschen durch den von ihnen begonnenen Krieg und den Terror der Besatzungszeit ihr Unglück selbst verschuldet.

Die deutschen Vertriebenen hingegen verdrängten häufig die Verbrechen der deutschen Besatzungszeit in Polen oder rechneten sie mit dem ihnen zugefügten Unrecht der Vertreibung auf. Ein polnischer Historiker brachte dies auf die Formel, daß für viele vertriebene Deutsche die Geschichte deutsch-polnischer Verantwortung und Schuld erst im Mai 1945 beginne, während sie für die meisten Polen zu diesem Zeitpunkt bereits beendet sei. Hinzu kam aber die Verdrängung des Vertreibungsgeschehens auch bei vielen nichtvertriebenen Deutschen, da die Erinnerung an das Deutschen zugefügte Unrecht ihnen in seltsamer Logik als eine mögliche Relativierung der NS-Verbrechen erschien.

In den ersten Nachkriegsjahrzehnten waren auf polnischer wie auf deutscher Seite die Emotionen so stark, das Geschehen noch so unmittelbar, daß man nur schwer Verständnis auch für die andere Seite erwarten konnte. Um so höher zu bewerten sind deshalb moralische Leistungen wie die Charta der deutschen Heimatvertriebenen von 1950 mit ihrem Verzicht auf Rache und Vergeltung sowie die Versöhnungsbotschaft der polnischen Bischöfe von 1966 „Wir vergeben und bitten um Vergebung“. Daß sie von der anderen Seite nicht in ihrer vollen Bedeutung gewürdigt werden konnten, lag unter anderem auch daran, daß sie in ihrem jeweiligen gesellschaftlichen Umfeld von Ausdrücken, ja teilweise sogar Ausbrüchen unversöhnlicher Gesinnung begleitet und häufig übertönt wurden. So konnten sie bei den Adressaten mit nur etwas bösem Willen leicht als Lippenbekenntnisse mißdeutet werden.

Ablehnung: Bundesaußenminister Heinrich von Brentano versichert 1956 auf dem Deutschlandtreffen der Oberschlesier, daß die Bundesregierung nach wie vor die Anerkennung der Oder-Neiße-Linie verweigere.

Odrzucenie: federalny minister spraw zagranicznych Heinrich von Brentano zapewnia na Niemieckim Zjeździe Górnoślązaków w 1956, że Rząd Federalny nadal sprzeciwia się uznaniu granicy na Odrze i Nysie.

Auseinandersetzung mit dem Unrecht: Der polnische Historiker Edmund Nowak veröffentlicht eine aufsehenerregende Untersuchung über die Verbrechen in Lamsdorf, einem Notaufnahmelager für Vertriebene.

Wyłożenie krzywd: polski historyk Edmund Nowak publikuje wzbudzające sensację badania o zbrodniach w Łambinowicach, obozie przejściowym dla wypędzonych.

Die Entwicklung der letzten Jahre zeigt, daß hier allmählich auf allen Seiten ein Umdenken einsetzt. So wird beispielsweise in Polen das Thema Vertreibung, zu kommunistischer Zeit ein Tabu, heute in der Öffentlichkeit heftig diskutiert. Gemeinsame deutsch-polnische Forschungsprojekte zum Thema Vertreibung werden geplant, aus denen beide Seiten sicherlich noch interessante Erkenntnisse gewinnen werden. Und in Deutschland wird von manchen Angehörigen der „68er-Generation" das Verhältnis zu den Vertriebenen ebenso neu überdacht wie von vielen Vertriebenen der Zusammenhang von Krieg und Vertreibung. Angesichts der tiefsitzenden Vorurteile, Verbitterungen und Verletzungen sind rasche Erfolge nicht zu erwarten. Allein die richtige Weichenstellung gibt jedoch bereits Anlaß zur Hoffnung.

Der Weg zur Normalisierung

Historische Analogie: Der Sieg über Hitler-Deutschland wird 1945 in Polen mit dem Sieg über den Deutschen Orden 1410 verglichen.

Historyczna analogia: zwycięstwo nad hitlerowskimi Niemcami porównuje się w 1945 w Polsce ze zwycięstwem nad Zakonem Krzyżackim w 1410 r.

Deutschland und Polen 1949 – 1989

Beziehungen im Zeichen von Konfrontation und Kooperation

Hans-Adolf Jacobsen

Fünfzig Jahre nach dem Ende des Zweiten Weltkrieges und fünf Jahre nach der Wiederherstellung der deutschen Einheit in Frieden und Freiheit als Folge des atemberaubenden gesamteuropäischen Transformationsprozesses lassen sich die bilateralen Beziehungen zwischen Deutschland und Polen weitaus objektiver und vielleicht auch etwas leidenschaftsloser als in den vergangenen Jahrzehnten analysieren. Gewiß, bis heute fehlt eine umfassende kritisch abgewogene Gesamtdarstellung im Rahmen der internationalen Beziehungen und innenpolitischer Bedingungsfaktoren, in der die mannigfachen Probleme, Konflikte, kooperativen Strukturen und die Bilder in den Köpfen der Menschen aus der teilweise unterschiedlichen Sicht beider Staaten und auf der Grundlage des zugänglichen Quellenmaterials angemessen behandelt werden. Aber immerhin verfügen wir bereits heute über zahlreiche Einzelstudien und Dokumentationen in beiden Ländern, die es erlauben, eine vorsichtige Zwischenbilanz zu ziehen und dabei auf jene Aspekte hinzuweisen, die seit 1949 die bilateralen Beziehungen maßgeblich bestimmt haben.

Zunächst muß man sich darüber im klaren sein, daß 1945 die Ausgangslage beider Staaten völlig unterschiedlich war: Deutschland, das durch den 1939 von den NS-Machthabern befohlenen Angriff gegen Polen den Zweiten Weltkrieg entfesselt und durch eine barbarische Besatzungspolitik unendlich viel Leid über die polnische Bevölkerung gebracht hatte, hatte die wohl schwerste Niederlage in seiner Geschichte erlitten. Es war besiegt, besetzt und entmachtet, zugleich aber, und das war das Wesentlichste, von der totalitären Herrschaft des Nationalsozialismus mit all ihren erschreckenden Erscheinungsformen befreit worden. Allerdings bedeutet das Ende der Kampfhandlungen noch längst nicht das Ende von Not, Terror und Ungewißheit für Millionen von Deutschen. Dies betraf vor allem die Kriegsgefangenen und die Bevölkerung in den deutschen Ostgebieten, die sowohl ihren Grundbesitz als auch ihre Heimat verlassen mußten. Das einst so stolze Reich aber war aufgeteilt und den Siegermächten als Objekt auf Gedeih und Verderb ausgeliefert.

Im Sog des „Kalten Krieges"

Es war indessen sehr bald dem zunehmenden Sog des „Kalten Krieges" zu verdanken, daß Deutschland – gemeint ist die Bundesrepublik – in überraschend kurzer Zeit wieder ein Subjekt der Politik im Spiel der Mächte wurde, dieses Mal fest eingebunden in die westliche Gemeinschaft. Polen war zur gleichen Zeit vom Alpdruck nationalsozialistischer Gewaltpolitik befreit, es hatte seinen, wenn auch bescheidenen, Beitrag zur Niederwerfung des Gegners geleistet. Aber die führenden Politiker des Landes wußten, daß sie die neue Unabhängigkeit in erster Linie der Politik und Kriegführung Stalins verdankten. Sie versuchten, nunmehr die für das vom Krieg furchtbar mitgenommene Land erforderlichen Konsequenzen zu ziehen, um als Subjekt europäischer Politik wieder eine achtbare und geschätzte Rolle zu spielen. Allein sie mußten sich sehr bald der Einsicht beugen, daß sie von Jahr zu Jahr mehr von dem „großen Bruder" in Moskau dominiert wurden. Auch die politische Führung Polens geriet in den Sog des „Kalten Krieges", mit der Folge, daß sie bis Ende der achtziger Jahre, wenn auch als sozialistischer Verbündeter, fremdbestimmt wurde. Dies zeigte sich nicht zuletzt bei den Möglichkeiten und Grenzen, die deutsch-polnischen Beziehungen konstruktiv zu gestalten.

Nach allem, was in der Vergangenheit geschehen war, konnte es nicht verwundern, daß das bilaterale Verhältnis zwischen Deutschen und Polen schwer belastet blieb, die gegenseitigen Bilder in den Köpfen von Mißtrauen, Haß und tiefer Ablehnung erfüllt waren. Dies schrittweise zu ändern, geduldig an dem Werk der Versöhnung zu arbeiten und die Voraussetzungen für ein friedliches Miteinander zu schaffen, blieb eine der vordringlichsten Aufgaben der Nachkriegsgeneration auf beiden Seiten.

Die Evangelische Kirche Deutschlands fordert 1965 in einer Denkschrift die Aussöhnung zwischen Deutschland und Polen.

Jeśli jest zdjęcie: Niemiecki Kościół Ewangelicki w memoriale z 1965 r. żąda pojednania Polaków i Niemców.

Freilich waren es nicht allein die schwerwiegenden historischen Hypotheken, die die bilateralen Beziehungen in ihrer jeweiligen Ausprägung mit Tiefen, Höhen, Irritationen und gegenseitigen Anschuldigungen geprägt haben, sondern auch die Qualität der jeweiligen internationalen und ideologischen Rahmenbedingungen, denen sich Deutschland – natürlich auch die DDR – und Polen von 1949 bis 1989 anpassen mußten. Der Ost-West-Konflikt mit seinem weltweiten Antagonismus, den machtpolitischen Rivalitäten, insbesondere zwischen den beiden Führungsmächten USA und UdSSR, dem Wettkampf der Systeme im Zeichen des Atomzeitalters und der wirtschaftlichen Konkurrenz hat das Schicksal der beiden Staaten in hohem Maße beeinflußt, zumal Deutschland und Polen, jedes auf seine Weise, in der Blockpolitik eine gewichtige Rolle übernommen hatten. Hinzu kam – das kann bei diesem Überblick nicht näher ausgeführt werden –, daß streng genommen in dieser Zeit immer von einem mehr oder weniger ausgeprägten triangulären Verhältnis als Bestimmungsfaktor gesprochen werden muß.

Bei vielen politischen, wirtschaftlichen und kulturellen Entscheidungen in Bonn und Warschau durfte das spezifische Interesse der SED-Führung in Ost-Berlin nicht außer acht gelassen werden, mochte dieses auch in vieler Hinsicht nur ein Reflex der sowjetischen Politik gewesen sein. Oder anders formuliert: Bis in die achtziger Jahre hat sich gezeigt, – insbesondere in den Jahren vorherrschender Konfrontation – daß Fortschritte in den Beziehungen von dem Verhalten der DDR-Führung beziehungsweise von Moskau abhängig blieben. Die deutschen Regierungen sahen sich häufig gezwungen, auf diese Konstellation (Warschauer Pakt, COMECOM) mehr Rücksicht zu nehmen, als ihnen lieb war. Selbstverständlich war außerdem, daß Bonn seine Ostpolitik weitgehend mit seinen westlichen Verbündeten abstimmte, was freilich nicht immer rechtzeitig oder in der Form geschah, wie es die verantwortlichen Politiker in den großen Hauptstädten gewünscht hätten.

„[...] Die Überprüfung der völkerrechtlichen und der theologisch-ethischen Aspekte hat gezeigt, daß die Frage der deutschen Ostgrenzen sich nicht mit absoluten Argumenten des Rechtes und der Ethik, mit den Mitteln einer Theologie der Schöpfung und der Geschichte lösen läßt. Von hier aus kann nur eine Hilfe für Entscheidungen geleistet werden, denen das deutsche Volk und seine Nachbarn nicht ausweichen können. Es handelt sich dabei um politische Entscheidungen, die in vernünftiger Einschätzung der Situation und in verantwortungsvoller Mitarbeit an einer dauerhaften Friedensordnung zwischen den Völkern getroffen werden müssen. Die in dieser Denkschrift dazu aufgeführten rechtlichen, ethischen und theologischen Überlegungen, die auch in ein politisches Handeln eingehen müssen, sollen dahin wirken, eine neue Bewegung in die politischen Vorstellungen des deutschen Volkes hineinzubringen und auch den Nachbarn im Osten einen Dialog auf neuer Ebene anzubieten. [...]"

Vier Phasen der Beziehungen

Die Beziehungen zwischen Deutschland und Polen, die erst 1972 mit der Aufnahme diplomatischer Beziehungen einen offiziellen Charakter erhielten, lassen sich in verschiedene Phasen einteilen. Zunächst waren es die Jahre 1949 bis 1955, in denen nach der Gründung der beiden deutschen Staaten unterschiedlicher Gesellschaftsordnung engere Kontakte zwischen Ost-Berlin und Warschau hergestellt wurden und zugleich unter dem Druck Moskaus die SED-Führung im Abkommen vom Juli 1950 die Oder-Neiße-Linie als „Friedensgrenze" völkerrechtlich anerkannte. Diese Entscheidung stieß auf massive Kritik in der Bundesrepublik Deutschland. Die heiß umstrittene Grenzfrage bildete seitdem den eigentlichen Streitpunkt zwischen Bonn und Warschau.

Mit der Einbeziehung der Bundesrepublik Deutschland in das westliche Verteidigungsbündnis und in das westliche Vertragssystem in den Jahren 1955 bis 1957 und der DDR in den Ostblock setzte eine zweite Phase ein, in der die konfrontativen Elemente des Ost-West-Konfliktes die gegenseitigen Bedrohungsbilder und das Wettrüsten überwogen. Gleichzeitig aber mehrten sich die Stimmen in den Gesellschaften beider Staaten, die für einen Modus vivendi und für einen Interessenausgleich zur Regelung der Streitfragen warben.

Erst in der dritten Phase zeichnete sich seit 1969 ein Prozeß der Entspannung ab, ohne daß dadurch aber der Grundkonflikt zwischen Ost und West aufgehoben werden konnte. Die Regierung der sozialliberalen Koalition leitete eine neue Ostpolitik ein, die vor allem von dem Wunsch nach Normalisierung und Versöhnung mit dem polnischen Nachbarn durchdrungen war. Höhepunkt war in diesen Jahren der 1970 unterzeichnete Warschauer Vertrag und die 1975 verabschiedete Schlußakte von Helsinki, KSZE.

Die beiden letzten Phasen der Beziehungsgeschichte in den Jahren 1976 bis 1989 waren einerseits von einer gewissen Stagnation gekennzeichnet – auch bedingt durch die Verkündung des Kriegsrechtes in Polen Ende 1981, also der systematischen Bekämpfung der Freiheitsbewegung „Solidarität" durch die polnische Regierung –, andererseits durch den Transformationsprozeß in der Ära Gorbatschow, zu dem Polen einen herausragenden Beitrag geleistet und in dem sich die erste bürgerliche Regierung Polens für die Einheit Deutschlands eingesetzt hat. Den Abschluß bildeten die zwei wohl bedeutendsten Verträge in der Geschichte beider Länder: das Grenzabkommen vom 14. November 1990 mit der definitiven völkerrechtlichen Anerkennung der Oder-Neiße-Grenze durch

Wirtschaftsbeziehungen: Seit 1958 ist die Firma Krupp auf der Posener Messe vertreten. Ihr Generalbevollmächtigter Berthold Beitz, Parteichef Wladislaw Gomulka und Ministerpräsident Jozef Cyrankiewicz. (v.l.n.r.)

Stosunki gospodarcze: od 1958 r. firma Kruppa jest reprezentowana na Targach Poznańskich. Pełnomocnik generalny firmy Berthold Beitz, szef partii Władysław Gomułka i premier Józef Cyrankiewicz (od lewej do prawej).

den gesamtdeutschen Souverän und der Vertrag über gute Nachbarschaft und freundschaftliche Zusammenarbeit vom 17. Juni 1991.

Teilung Deutschlands

Bis heute ist die alte Legende nicht auszurotten, daß die Teilung Deutschlands Konsequenz der Erklärung von Jalta im Februar 1945 gewesen sei. Wir wissen indessen, daß es mehrere unterschiedliche Gründe gegeben hat, die zur jahrzehntelangen tragischen Spaltung des Kontinents und damit des ehemaligen Deutschen Reiches geführt haben. Am Anfang stand der wahnwitzige Versuch der NS-Machthaber, Europa nach den rassischen Prinzipien des Nationalsozialismus gewaltsam zu „ordnen". Sodann war es das Treffen von sowjetischen und amerikanischen Soldaten an der Elbe im April 1945, das nicht nur das Scheitern dieses Planes symbolisierte, sondern auch den beginnenden „Kalten Krieg". Die Deutschen aber hatten die Einheit ihres Reiches in den Grenzen von 1937 selbst verschuldet verspielt. Hinzu kam das Unvermögen der Siegermächte, sich über die neuen Ordnungsprinzipien in den Besatzungszonen einvernehmlich zu einigen. An die Stelle gemeinsamer Kontrolle und Neutralisierung trat die schrittweise Assimilierung des jeweiligen Herrschaftsbereiches – vier Besatzungszonen und Berlin – nach den politischen, ökonomischen und ideologischen Prinzipien der Besatzungsmächte. Die letzte entscheidende Ursache für die Teilung Deutschlands lag somit in den unüberbrückbaren machtpolitischen

Aufruf zur Versöhnung: Evangelische und katholische Theologiestudenten demonstrieren 1966 am Rande einer Kundgebung von Vertriebenen.

Nawołanie do pojednania: ewangeliccy i katoliccy studenci teologii demonstrują w 1966 r. przy okazji manifestacji wypędzonych o pojednanie Polaków i Niemców.

Meinungsverschiedenheiten der ehemaligen Verbündeten und der kontroversen Auslegung des Potsdamer Abkommens von 1945. Vier Jahre später kam es zur Bildung der zwei deutschen Staaten.

Beide wurden sogleich in den Bereich der jeweiligen Machtblöcke von Ost und West einbezogen, und nur in diesen vermochten sie zu agieren. Seitdem zählten die Fragen nach der Einheit der deutschen Nation, ihren Grenzen im Osten und die Regelung der damit verbundenen Probleme zu einem der Grundkonflikte der Europa- und Weltpolitik. In besonderer Weise war davon das deutsch-polnische Verhältnis betroffen, wenngleich, wie angedeutet, die Zusammenarbeit zwischen der Volksrepublik Polen und der DDR auch das unmittelbare bilaterale Geschehen stets von neuem überschattete.

Historische Hypotheken

Ungeachtet der Konfliktstoffe und Spannungen zwischen den verfeindeten Blöcken mit ihren propagierten Feindbildern waren es aber vor allem die historischen Hypotheken zwischen Deutschen und Polen, die Tun und Lassen auf beiden Seiten beherrschten. Wie ein roter Faden haben nach 1945 die Reminiszenzen aus der Vergangenheit, zurückzuverfolgen bis in das 19. Jahrhundert, fast alle offiziellen Erklärungen, Reden und Ansprachen bei Jahrestagungen und Verlautbarungen auf deutscher und polnischer Seite durchzogen. Auch bei den zahlreichen Begegnungen und Konferenzen konnte diesen nicht ausgewichen werden. Sicherlich konnten dabei die Taten nicht gegeneinander aufgerechnet werden, obgleich es in Deutschland an solchen Versuchen nicht gefehlt hat. Wer das versucht, kann weder Ursache und Wirkung unterscheiden noch begreifen, daß zwischen staatlich sanktioniertem Terror – Konsequenz der Ausrottungs- und Vernichtungspolitik der nationalsozialistischen Besatzer in Polen – und individuellen Racheakten einzelner Personen und Gruppen ein fundamentaler Unterschied besteht. Aber dennoch: Für die betroffenen Vertriebenen blieb der Verlust der Heimat ein bitteres Los.

Was immer auch von Anfang an den Prozeß der Normalisierung und der Aussöhnung zwischen der Bundesrepublik Deutschland und der Volksrepublik Polen gehemmt haben mag – die verordnete „sozialistische Brüderschaft" zwischen der DDR-Führung und Warschau steht auf einem anderen Blatt –, neben den schon angedeuteten Konflikten als Resultat des „Kalten Krieges" waren es die Hinterlassenschaft aus dem unseligen Krieg mit Vertreibung, Aussiedlung und deutscher Minderheit in Polen auf der einen Seite und die vielfältigen Forderungen nach Wiedergutmachung und Entschädigung der millionenfachen Opfer der NS-Willkürherrschaft auf polnischer Seite, die neben dem Streit um die endgültige Festlegung der Grenze an Oder und Neiße das Denken und Handeln der politisch Verantwortlichen mitbestimmt haben.

Die deutsche Frage

Die deutsche Außenpolitik seit 1949 unter Konrad Adenauer hat stets ein doppeltes Ziel verfolgt: zum einen die Erhaltung des status quo, so wie er sich als Folge des Ost-West-Konfliktes herausgebildet hatte. Alle sicherheitspolitischen Maßnahmen, auch im Rahmen der kollektiven Verteidigung (NATO), waren darauf gerichtet. Zum anderen wurde nach angemessenen Mitteln und Wegen gesucht, diesen Zustand, der ja die Teilung zementierte, friedlich, einvernehmlich im Interesse aller Deutschen und der Europäer zu überwinden.

Die offene deutsche Frage war einer der beherrschenden Systemkonflikte zwischen Ost und West seit den fünfziger Jahren, zumal die UdSSR die Existenz zweier deutscher Staaten mit unterschiedlicher Ge-

„Hochwürdigste Mitbrüder im Bischöflichen Amt!

Mit Bewegung und Freude haben wir Ihre Botschaft vom 18. November dieses Jahres und Ihre freundliche Einladung zur Tausendjahrfeier der Christianisierung des polnischen Volkes empfangen. Wir betrachten es als eine kostbare Frucht unserer gemeinsamen Konzilsarbeit, daß Sie dieses Wort an uns richten konnten. Dankbar greifen wir es auf und hoffen, den begonnenen Dialog in Polen und in Deutschland miteinander fortsetzen zu können. Mit Gottes Hilfe wird dieses Gespräch die Brüderlichkeit zwischen dem polnischen Volk und dem deutschen Volk fördern und festigen. [...]
Furchtbares ist von Deutschen und im Namen des deutschen Volkes dem polnischen Volke angetan worden. Wir wissen, daß wir Folgen des Krieges tragen, die auch für unser Land schwer sind. Wir verstehen, daß die Zeit der deutschen Besatzung eine brennende Wunde hinterlassen hat, die auch bei gutem Willen nur schwer heilt. Umsomehr sind wir dankbar, daß Sie angesichts dieser Tatsache mit wahrhaft christlicher Großmut anerkennen, wie in der Zeit des Nationalsozialismus auch ein großer Teil der deutschen Bevölkerung unter schwerem Gewissensdruck gestanden hat. Wir sind dankbar, daß Sie auch angesichts der Millionen polnischer Opfer jener Zeit sich an die Deutschen erinnern, die dem Ungeist widerstanden und zum Teil ihr Leben dafür hingegeben haben. [...] Wir sind dankbar, daß Sie neben dem unermeßlichen Leid des polnischen Volkes auch des harten Loses der Millionen vertriebener Deutscher und Flüchtlinge gedenken.[...]"

Beginn eines Dialogs nach zwei Jahrzehnten des Schweigens: Die Antwort der deutschen Bischöfe an ihre polnischen Amtsbrüder von 1965.

Rozpoczęcie dialogu po dwóch dziesięcioleciach milczenia: odpowiedź niemieckich biskupów z 1965 r. ich polskim kolegom.

sellschaftsordnung als eine definitive politische Realität und als einen der wichtigsten Faktoren zur Gewährleistung ihrer Hegemonial-Politik betrachtete. Und Polen sah in der Zweiteilung Deutschlands unter den gegebenen Bedingungen – nolens-volens – ein Element seiner Sicherheitspolitik, zumindest solange Bonn sich weigerte, die Oder-Neiße-Linie als Grenze völkerrechtlich anzuerkennen. Diesem Grundkonflikt gegenüber waren alle anderen im Verlaufe der Jahre auftretenden Schwierigkeiten, Kontroversen und Meinungsverschiedenheiten im deutsch-polnischen Verhältnis von sekundärer Bedeutung.

Offene Grenzfragen

Worin bestand aber nun der Dissens, der die beiden Partner trennte, zu vielen Verbalnoten Anlaß gab und das Klima vergiftete? Polen hat an seiner Einstellung niemals keinen Zweifel gelassen: Die Grenzfrage war seiner Meinung nach entschieden. Dafür, so meinte es, sprachen der Wortlaut der Potsdamer Beschlüsse, die vollzogenen Umsiedlungsaktionen und die Strukturveränderungen durch die Bildung von Wojewodschaften im Westen des Landes. Hinzu kam die sogenannte historische Begründung, es handele sich hier um „altes polnisches Land", eine These, die freilich nie überzeugen konnte. Diese Auffassung vertraten jedoch nicht allein die von den Kommunisten geführten Regierungen – wie es einige Vertriebenenfunktionäre in der Bundesrepublik zu suggerieren versucht hatten – , sondern auch die demokratisch legitimierte Führung in Warschau, die bei den internationalen Verhandlungen des Jahres 1990 die polnische Position mit aller Entschiedenheit zu wahren und durchzusetzen verstand.

Demgegenüber vertraten die Bundesregierungen einen ganz anderen Standpunkt. Nach ihrer Interpretation der Potsdamer Vereinbarungen hatte Polen die ehemaligen deutschen Ostgebiete noch nicht endgültig erworben. Erst in einem Friedensvertrag – unterzeichnet von einem gesamtdeutschen Souverän – kam für sie eine völkerrechtlich verbindliche Lösung in Betracht. Diese Kontroverse wog schwer. Sie ist inzwischen durch die Geschichte überholt, aber in den Jahren der Spannungen und der Konfrontation war sie von existentieller Bedeutung. Ungeachtet dessen und ungeachtet der Tatsache, daß trotz mehrfacher Vorschläge keine diplomatischen Beziehungen zwischen den beiden Staaten aufgenommen werden konnten, wurden bis in die Mitte der sechziger Jahre verschiedenartige Kontakte zwischen gesellschaftlichen Organisationen, Verbänden und Zirkeln hergestellt, auch um die politische Sprachlosigkeit zu überwinden und die Menschen einander näher zu bringen, soweit dies damals möglich war. Das Rote Kreuz begann damit bereits 1955, die Binnenschiffahrt folgte, das erste Handelsabkommen wurde 1963 abgeschlossen, zugleich eine deutsche Handelsmission in Warschau errichtet, und 1965 wurde die Aufnahme der Flugverbindungen zwischen beiden Ländern vereinbart.

Zwar hatten Adenauer und seine Parteigänger vor dem Hintergrund der Reformen in Polen in der zweiten Hälfte der fünfziger Jahre gehofft, ein „freies Polen" könne ein guter Partner Deutschlands sein, um alle bestehenden Streitfragen zu regeln, aber derartige Erwartungen wurden enttäuscht, zumal sich die sowjetische Politik verhärtete. Und der Wunsch des Bundeskanzlers anläßlich des Jahrestages des Kriegsbeginns am 31. August 1959, mit Polen in Verständnis, Achtung und Sympathie zusammenarbeiten zu wollen, blieb unerfüllt. Der Standpunkt in der deutschen Frage, der Alleinvertretungsanspruch der Bundesrepublik – die sogenannte Hallstein-Doktrin – und die sicherheitspolitischen Differenzen zwischen den Blöcken machten ein solches Ziel zunichte. Jede Seite bestand auf der Durchsetzung ihrer Interessen, die sich widersprachen und einen sinnvollen Dialog erschwerten.

Friedlicher Wandel durchbricht Tabus

In der deutschen Gesellschaft entstand jedoch gleichzeitig ein langsamer Bewußtseinswandel. Vertreter von Parteien, Kirchen, der Wirtschaft und der Wissenschaft haben dabei in Verantwortung vor der Geschichte und für einen so notwendigen friedlichen Wandel Tabus durchbrochen und nicht gezögert, die zum Teil illusionäre amtliche Polenpolitik, insbesondere in der strittigen Grenzfrage, zu kritisieren. Mit ihren Appellen, Aktionen, offenen Briefen und ihrem persönlichen Engagement haben sie die Einstellungen vieler Mitbürger und Bürgerinnen zugunsten einer erforderlichen Versöhnung mit dem polnischen Volk und der Anerkennung politischer Realitäten verändert.

Damit trugen sie ihren Teil dazu bei, daß Ende der sechziger Jahre eine neue Deutschland- und Ostpolitik, die auch den veränderten internationalen Rahmenbedingungen entsprach, eingeleitet werden konnte. Diese knüpfte an das Konzept von Außenminister Gerhard Schröder Anfang der sechziger Jahre an, mit dem ein politischer Brückenschlag beabsichtigt worden war. Aber es bedurfte erster Entspannungsbemühungen – nach den dramatischen Ereignissen um Kuba 1962 –, um einen solchen Prozeß in Gang zu setzen.

„Recht auf Heimat"

Zur gleichen Zeit gab es zwei weitere Konflikte, die das bilaterale Verhältnis belastet haben und die erst im Zuge des Transformationsprozesses entweder entschärft oder weitgehend beseitigt werden konnten. Diese betrafen einmal das Thema der Vertriebenen in Deutschland, zum anderen die Existenz und die Lebensbedingungen der deutschen Minderheit in Polen. Vor dem Hintergrund des eigenen Leidensweges in den Kriegsjahren und der un-

Versöhnungsbereitschaft: Bereits 1950 sprechen sich die Heimatvertriebenen in ihrer Charta für einen Verzicht auf Rache und Vergeltung aus.

Gotowość pojednania: już w 1950 r. wypędzeni wypowiadają się w swojej Karcie za rezygnacją z zemsty i rewanżu.

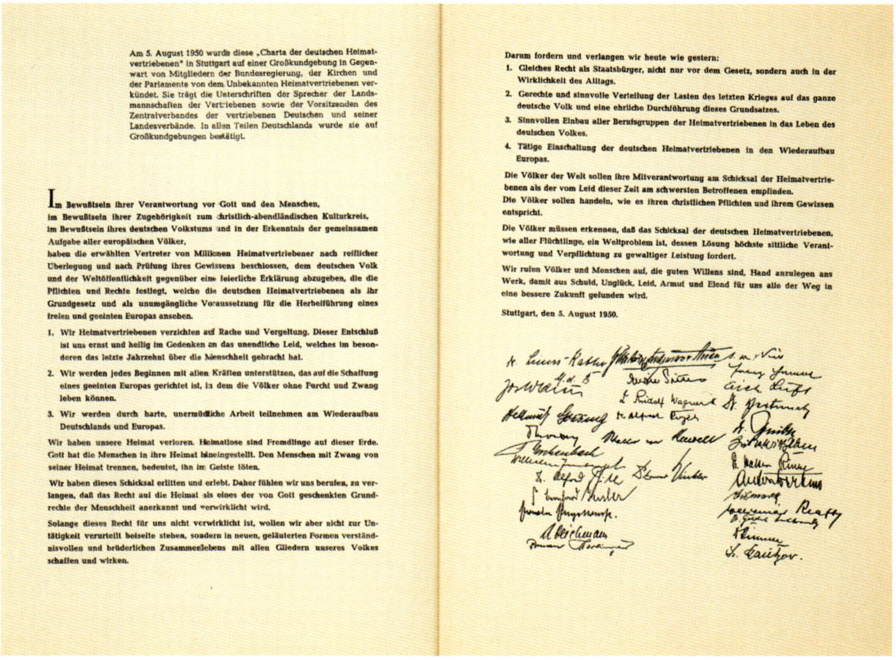
Am 5. August 1950 wurde diese „Charta der deutschen Heimatvertriebenen" in Stuttgart auf einer Großkundgebung in Gegenwart von Mitgliedern der Bundesregierung, der Kirchen und der Parlamente von dem Unbekannten Heimatvertriebenen verkündet. Sie trägt die Unterschriften der Sprecher der Landsmannschaften der Vertriebenen sowie der Vorsitzenden des Zentralverbandes der vertriebenen Deutschen und seiner Landesverbände. In allen Teilen Deutschlands wurde sie auf Großkundgebungen bestätigt.

Im Bewußtsein ihrer Verantwortung vor Gott und den Menschen,
im Bewußtsein ihrer Zugehörigkeit zum christlich-abendländischen Kulturkreis,
im Bewußtsein ihres deutschen Volkstums und in der Erkenntnis der gemeinsamen Aufgabe aller europäischen Völker,
haben die erwählten Vertreter von Millionen Heimatvertriebener nach reiflicher Überlegung und nach Prüfung ihres Gewissens beschlossen, dem deutschen Volk und der Weltöffentlichkeit gegenüber eine feierliche Erklärung abzugeben, die die Pflichten und Rechte festlegt, welche die deutschen Heimatvertriebenen als ihr Grundgesetz und als unumgängliche Voraussetzung für die Herbeiführung eines freien und geeinten Europas ansehen.

1. Wir Heimatvertriebenen verzichten auf Rache und Vergeltung. Dieser Entschluß ist uns ernst und heilig im Gedenken an das unendliche Leid, welches im besonderen das letzte Jahrzehnt über die Menschheit gebracht hat.
2. Wir werden jedes Beginnen mit allen Kräften unterstützen, das auf die Schaffung eines geeinten Europas gerichtet ist, in dem die Völker ohne Furcht und Zwang leben können.
3. Wir werden durch harte, unermüdliche Arbeit teilnehmen am Wiederaufbau Deutschlands und Europas.

Wir haben unsere Heimat verloren. Heimatlose sind Fremdlinge auf dieser Erde. Gott hat die Menschen in ihre Heimat hineingestellt. Den Menschen mit Zwang von seiner Heimat trennen, bedeutet, ihn im Geiste töten.

Wir haben dieses Schicksal erlitten und erlebt. Daher fühlen wir uns berufen, zu verlangen, daß das Recht auf die Heimat als eines der von Gott geschenkten Grundrechte der Menschheit anerkannt und verwirklicht wird.

Solange dieses Recht für uns nicht verwirklicht ist, wollen wir aber nicht zur Untätigkeit verurteilt beiseite stehen, sondern in neuen, geläuterten Formen verständnisvollen und brüderlichen Zusammenlebens mit allen Gliedern unseres Volkes schaffen und wirken.

Darum fordern und verlangen wir heute wie gestern:

1. Gleiches Recht als Staatsbürger, nicht nur vor dem Gesetz, sondern auch in der Wirklichkeit des Alltags.
2. Gerechte und sinnvolle Verteilung der Lasten des letzten Krieges auf das ganze deutsche Volk und eine ehrliche Durchführung dieses Grundsatzes.
3. Sinnvollen Einbau aller Berufsgruppen der Heimatvertriebenen in das Leben des deutschen Volkes.
4. Tätige Einschaltung der deutschen Heimatvertriebenen in den Wiederaufbau Europas.

Die Völker der Welt sollen ihre Mitverantwortung am Schicksal der Heimatvertriebenen als der vom Leid dieser Zeit am schwersten Betroffenen empfinden.
Die Völker sollen handeln, wie es ihren christlichen Pflichten und ihrem Gewissen entspricht.

Die Völker müssen erkennen, daß das Schicksal der deutschen Heimatvertriebenen, wie aller Flüchtlinge, ein Weltproblem ist, dessen Lösung höchste sittliche Verantwortung und Verpflichtung zu gewaltiger Leistung fordert.

Wir rufen Völker und Menschen auf, die guten Willens sind, Hand anzulegen ans Werk, damit aus Schuld, Unglück, Leid, Armut und Elend für uns alle der Weg in eine bessere Zukunft gefunden wird.

Stuttgart, den 5. August 1950.

Ausreisewelle: Die ersten deutschen Übersiedler aus Polen treffen 1971 in der Bundesrepublik ein. Zehntausende folgen allein in den nächsten vier Jahren.

Fala wyjeżdżających: pierwsi niemieccy przesiedleńcy z Polski przybywają w 1971 do RFN. Już w ciągu następnych czterech lat ich śladem pójdą dziesiątki tysięcy osób.

ablässig propagierten Feindbilder haben die polnischen Behörden sowie die meisten Polen diese Probleme tabuisiert. Erst Mitte der achtziger Jahre hat General Wojciech Jaruzelski öffentlich zum ersten Mal das menschliche Leid der Deutschen erwähnt, die ihre Heimat im Osten verlassen mußten. Er fügte jedoch sogleich hinzu, daß niemand das Recht habe, dieses mit dem beispiellosen Schicksal des polnischen Volkes zu vergleichen. Aber bis zu diesem Eingeständnis war es ein weiter Weg gewesen, zumal die Vertriebenenorganisationen, im besonderen bestimmte Funktionäre, mit Nachdruck in der Bundesrepublik Deutschland das „Recht auf Heimat" betont und entsprechend argumentiert hatten, ohne das Recht der dort inzwischen angesiedelten Polen – 1960 waren es bereits 50 Prozent – zu berücksichtigen.

Bekanntlich ist das „Recht auf Heimat" kein Völkerrecht, wohl aber ein Individualrecht, das mit dem Tod des Vertriebenen erlischt. Eines muß freilich in diesem Zusammenhang klargestellt werden: Wie unrealistisch, ja zum Teil auch illusionär die Haltung vieler Vertriebener gewesen sein mag – heute gibt es eigentlich nur noch ganz wenige Unbelehrbare –, diese Gruppe als „Revanchisten" zu bezeichnen, ist unzulässig. Denn in ihrer Charta der Heimatvertriebenen aus dem Jahr 1950 haben sie überzeugend und für die damalige Zeit bahnbrechend den Verzicht auf „Rache und Vergeltung" ausgesprochen. Allerdings waren sie insofern „Revisionisten", als sie sich mit den politischen Realitäten nicht abfinden wollten.

Deutsche Minderheit

Das Kapitel der deutschen Minderheit ist bis heute noch nicht geschrieben worden. Und doch verdient es eine eingehende Würdigung. Die Existenz einer solchen beachtlich großen Gruppe ist aus politischen Gründen jahrzehntelang von den polnischen offiziellen Stellen negiert und alle Bestrebungen zur Gewährung kultureller Autonomie sind unterbunden worden. Viele Deutschstämmige – von 1950 bis Ende der achtziger Jahren waren es fast eine Million – haben die Möglichkeit zur Aussiedlung auf freiwilliger Grundlage genutzt, was meistens mit großen Schwierigkeiten und Nachteilen für die Antragsteller verbunden war, während sich die anderen, die Zurückgebliebenen, drangsaliert und gemaßregelt fühlten, zugleich von der Bundesrepublik Deutschland vernachlässigt.

Sicherlich hatten sie alle nach 1945 zunächst für Polen optiert. Je aussichtsvoller jedoch ein anderes, wie es schien, besseres Leben im neuen demokratischen Deutschland in greifbare Nähe rückte, desto entschiedener wurden alle Mittel genutzt und Wege eingeschlagen, Polen zu verlassen, vor allem im Rahmen der Familienzusammenführung von Verwandten ersten und zweiten Grades. Der Streit zwischen den deutschen und polnischen Dienststellen über die Zahl der Aussiedlungswilligen beziehungsweise Berechtigten konnte erst Ende der achtziger Jahre beigelegt werden. Als Folge des Umbruchs in Europa und der Demokratisierungsbestrebungen in Polen wurde Schritt für Schritt den Deutschstämmigen die jahrelang angestrebte Kulturautonomie gewährt. Hierzu zählten der Deutschunterricht in den Schulen, Gottesdienste in deutscher Sprache, bessere Reisemöglichkeiten und die Herausgabe deutscher Zeitungen. Vor allem aber gelang es, die Interessen der deutschen Minderheit im Parlament durch Abgeordnete vertreten zu lassen.

Neue Akzente

Innen- und außenpolitische Wandlungen erleichterten es der 1966 gebildeten Regierungskoalition von CDU/CSU und SPD unter Bundeskanzler Kurt Georg Kiesinger und Außenminister Willy Brandt, die Ostpolitik zu aktivieren. Die Große Koalition räumte zwar auch, wie ihre Vorgänger, den Beziehungen zur UdSSR Priorität ein, dennoch setzte sie insbesondere in dem Verhältnis zu den osteuropäischen Staaten neue Akzente. Sie äußerte den Wunsch weiter Schichten des deutschen Volkes nach einer Aussöhnung mit Polen, dessen leidvolle Geschichte die Deutschen nicht vergessen hatten, und zeigte Verständnis für dessen Verlangen, endlich in einem Staatsgebiet mit gesicherten Grenzen leben zu wollen. Aber auch die Große Koalition mußte erneut bekennen, daß die Grenzen eines wiedervereinigten Deutschland nur in einer frei vereinbarten Regelung mit einer gesamtdeutschen Regierung festgelegt werden könnten, so daß die Voraussetzung für ein von beiden Völkern gebilligtes dauerhaftes und friedliches Verhältnis guter Nachbarschaft geschaffen werden könne.

Historischer Moment: Bundeskanzler Willy Brandt und der polnische Ministerpräsident Józef Cyrankiewicz nach Unterzeichnung des Warschauer Vertrages am 7. Dezember 1970.

Historiczna chwila: kanclerz federalny Willy Brandt i polski premier Józef Cyrankiewicz po podpisaniu Układu Warszawskiego 7. grudnia 1970 r.

Aufsehen erregte im April 1968 die Erklärung von Willy Brandt, daß durch eine spezielle Gewaltverzichtserklärung die augenblickliche polnische Grenze für jene Zeit anerkannt werden könne, für die sich die Bundesrepublik festlegen könne, nämlich bis zu einer endgültigen Friedensregelung. Der Einmarsch der Warschauer-Pakt-Truppen in die CSSR im August 1968 bremste die Entspannungsbemühungen der damaligen Zeit noch einmal, aber auf dem inzwischen geschaffenen Fundament flexibler Ostpolitik, zu dem auch die in der Opposition befindliche F.D.P. gewichtige Diskussionsbeiträge geleistet hatte, konnte die 1969 an die Macht gekommene sozialliberale Koalition unter Brandt und Walter Scheel aufbauen. Hierfür waren auch die internationalen Rahmenbedingungen günstig, die im Zeichen wachsender Abrüstungsbemühungen, stetiger Konferenzen und eines Dialoges standen. Mit deren Hilfe sollten die Spannungen zwischen Ost und West gemindert und ein Interessenausgleich angestrebt werden.

Strategie der Zugeständnisse

Ausgangspunkt aller Überlegungen der neuen deutschen Regierung war die gewachsene Einsicht, daß die Teilung Deutschlands auf vorerst unabsehbare Zeit andauern werde. Während das langfristige Ziel nach wie vor die Gewährung des Selbstbestimmungsrechtes für das ganze deutsche Volk bleiben mußte, ging es nunmehr bei dem Nahziel um den Zusammenhalt der beiden jetzt als selbständige Staaten apostrophierten Teile Deutschlands. Um dies zu erreichen, wurde eine Strategie der sich gegenseitig bedingenden Zugeständnisse entworfen, verbunden mit der Annäherung an die DDR. Bonn betrachtete diese als einen von zwei Staaten deutscher Nation. Eine völkerrechtliche Anerkennung kam jedoch nicht in Betracht.

Die Annäherung an Moskau durch den Vertrag vom 12. August 1970 mit erneutem Gewaltverzicht und dem Bekenntnis zur Unverletzlichkeit der Grenzen war eine der Voraussetzungen für das deutsch-polnische Abkommen, das am 7. Dezember 1970 in Warschau unterzeichnet wurde. Letzteres war ein erster bedeutsamer Wendepunkt in den bilateralen Beziehungen. Die Bundesrepublik Deutschland erkannte die polnische Westgrenze rechtsverbindlich an, ohne damit einem Friedensvertrag vorzugreifen und bezeugte damit, daß endlich ein Schlußstrich unter Leiden und Opfer der Vergangenheit gezogen worden sei. Hierbei sei nichts preisgegeben worden, was Deutschland nicht schon längst verspielt habe. Die Verantwortlichkeit der vier ehemaligen Siegermächte für Deutschland und Berlin als Ganzes, so wie sie 1945 festgelegt worden war, werde dadurch allerdings nicht aufgehoben.

Die sozialliberale Koalition hat dieses Vertragswerk als einen aufrichtigen Beitrag zu einer europäischen Friedenspolitik der siebziger Jahre, als Katalysator zur Verbesserung der innerdeutschen Beziehungen und zur Normalisierung der Beziehungen zu Polen sowie zu den anderen sozialistischen Staaten verstanden. Aber unmißverständlich hielt sie an dem außenpolitischen Credo der Bundesrepublik Deutschland fest, auf einen „Zustand des Friedens in Europa" hinwirken zu wollen, in dem das deutsche Volk „in freier Selbstbestimmung" seine Einheit wiedererlangt.

Leidenschaftliche Debatten

Der Prozeß der Entspannung verlief freilich nicht so geradlinig, wie es sich viele erhofft hatten. Gerade im deutsch-polnischen Verhältnis, das weniger ideologisch bedingt war, stellte sich immer von neuem heraus, wie kompliziert und belastet es war, und wie sehr es beiden Seiten schwer fiel, auf die jeweiligen innenpolitischen Bedingungsfaktoren des Partners Rücksicht zu nehmen oder diese zumindest in ihrer Bedeutung für die bilateralen Beziehungen realistisch einzuschätzen. Während Polen die vielbeschworene Politik der Normalisierung dazu nutzte, Entschädigungen für die Opfer des Nationalsozialismus zu fordern und darauf bestand, die westdeutsche Gesetzgebung dem „Geist der Ostverträge" anzugleichen – gleichzeitig suchte es um substantielle Kredite zu günstigen Konditionen nach –, drängten die Bundesregierungen auf verbesserte Möglichkeiten zur Ausreise von Deutschstämmigen aus Polen.

Irritationen und Mißtrauen verursachte in Polen die leidenschaftlich geführte Ratifizierungsdebatte im Deutschen Bundestag. Obwohl sich Anfang der siebziger Jahre bereits über 60 Prozent der deutschen Bevölkerung in Umfragen für die Anerkennung der Oder-Neiße-Grenze ausgesprochen hatten, erhielt der Warschauer Vertrag am 17. Mai 1972 nur 248 Ja-Stimmen bei 17 Nein-Stimmen; 230 Abgeordnete der CDU/CSU Opposition enthielten sich der Stimme. Hinzu kam, daß in den Grundsatzurteilen des Bundesverfassungsgerichtes von 1973 und 1975 erneut festgestellt wurde, daß das Deutsche Reich in den Grenzen von 1937 fortbestehe, was Warschau als ein Zeichen „rechtlicher Aggression" auslegte. In der Ablehnung der deutschen Einheit stimmten die führenden polnischen Vertreter in der Partei und im Sejm wohl mit ihren Genossen in Ost-Berlin und Moskau

Protest: Viele Bundesbürger sehen im Warschauer Vertrag eine Verzichtserklärung für die ehemaligen deutschen Ostgebiete und lehnen ihn daher ab.

Protest: wielu obywateli Republiki Federalnej widzi w Układzie Warszawskim deklarację rezygnacji z byłych niemieckich obszarów wschodnich i dlatego odrzuca go.

weiterhin überein, allerdings dürfte dies auch auf den Einfluß der „sozialistischen Brüder" zurückzuführen gewesen sein.

Aufbau von Kontakten

Erfreulich war indessen, daß sich in diesen Jahren die politisch-wirtschaftlichen und zwischenmenschlichen Kontakte kontinuierlich entwickelten. Dies zeigte sich vor allem beim gestiegenen Tourismus. 1971 kamen aus Polen über 57 000 Personen in die Bundesrepublik, 1979 betrug die Zahl schon 200 000. Umgekehrt reisten 1971 über 53 000 Deutsche nach Polen, 1979 waren es fast 330 000. Wissenschaftliche Austauschprogramme, eine erweiterte und konstruktivere Berichterstattung in den Medien über die bilateralen Probleme und ihre Bewältigung, Begegnungen aller Art, Partnerschaftsverträge zwischen Städten und Universitäten – so unterzeichnete die Universität Bonn als erste deutsche Universität im Jahre 1978 ein Abkommen mit der Universität Warschau, das sich auch in den Jahren der Krise gut bewährte – und vieles mehr legten davon beredtes Zeugnis ab.

Gewiß konnten in diesem Zusammenhang noch längst nicht alle Möglichkeiten ausgeschöpft werden, zumal die bürokratischen Hemmechanismen nach wie vor sehr ausgeprägt waren. Zudem war die kulturelle Präsenz nicht ganz ausgewogen. Polen hatte diese weitaus stärker in der Bundesrepublik Deutschland verwirklichen können als umgekehrt. Das 1976 unterzeichnete deutsch-polnische Kulturabkommen sollte zu dem gewünschten Ausgleich beitragen, aber dies gelang nur in Grenzen, da die SED-Führung alles tat, um ihre „kulturelle Dominanz" in Polen nicht zu verlieren, und darauf mußte Warschau Rücksicht nehmen.

Alles zusammen hat zweifellos das wachsende gegenseitige Vertrauen zwischen den Menschen auf beiden Seiten gefördert, desgleichen die kontinuierlichen Konsultationen auf politischer Ebene, die Arbeit des deutsch-polnischen Forums seit 1977 und des Jugendforums, der deutsch-polnischen Schulbuchkonferenzen zur Revision der Geschichtsbücher seit 1972 sowie kirchliche und gewerkschaftliche Aktivitäten und nicht zuletzt die regionalen Initiativen der deutsch-polnischen Gesellschaften.

Der nach langen, wechselvollen und schwierigen Verhandlungen zustande gekommene Kompromiß in der Kredit-, Renten- und Aussiedlerfrage, über den Bundeskanzler Schmidt und der polnische Parteichef Gierek Anfang August 1975 Einigung erzielten, zeugte von der Entschlossenheit der beiden Regierungen, den Normalisierungsprozeß unter

Begegnungen auf dem Weg zur Normalisierung: Bereits 1972 finden in Göttingen Polnische Kulturtage statt.

Spotkania na drodze do normalizacji: już w 1972 r. odbywają się w Getyndze Polskie Dni Kultury.

Solidarität mit der Opposition in Polen: Plakat einer Demonstration in Bonn für Freilassung der von der Militärregierung inhaftierten Mitglieder der Solidarność.

Solidaryzowanie się z opozycją w Polsce: plakat z demonstracji w Bonn z żądaniem wypuszczenia na wolność aresztowanych przez rząd wojskowy członków Solidarności.

Wahrung der eigenen Interessen und Rechte voranzutreiben. Die letzte Rate des seinerzeit vereinbarten Finanzkredites über eine Milliarde Mark wurde im November 1977 ausgezahlt. Drei Jahre später begannen die Polen mit der Rückzahlung des Kredites.

Politik der Verflechtung

1989, bei dem historischen Treffen zwischen Bundeskanzler Helmut Kohl und Ministerpräsident Tadeusz Mazowiecki, kam es zu einer bemerkenswerten, weitsichtigen Entscheidung der beiden Regierungschefs. Der Restbetrag der Schulden sollte in eine Stiftung eingezahlt werden, um als Fonds für mannigfache Projekte deutsch-polnischer Zusammenarbeit zu dienen. Auf diese Weise konnte eine Politik der Verflechtung eingeleitet werden, die im Zeichen der späteren deutsch-polnischen Interessengemeinschaft gute Dienste leistete. Im übrigen wurde die im Protokoll vom 9. Oktober 1975 festgelegte Zahl von 120 000 bis 125 000 Ausreisenden bis zum Sommer 1980 erreicht. Bis Ende 1980 trafen über 128 000 Aussiedler mit Genehmigung der polnischen Behörden in der Bundesrepublik Deutschland ein.

Dies alles geschah im Geiste jener politischen Bestrebungen in der internationalen Politik, die eine systemöffnende Kooperation zwischen West und Ost begünstigen sollten. Hierfür schuf die Schlußakte von Helsinki 1975 die wohl wichtigsten Voraussetzungen. Sicherlich konnte der damals vereinbarte „Verhaltenskodex" die antagonistischen Machtstrukturen nur sehr begrenzt auflockern. Aber die Bundesregierung sah in der Intensivierung der zwischenmenschlichen Kontakte mit verbessertem Informationsaustausch einen gewichtigen Schwerpunkt ihrer Politik. Der Helsinki-Prozeß mußte Bestand haben, um die Menschen beiderseits der Systemgrenzen in diesen verantwortlich mit einbeziehen und den Zusammenhalt der Deutschen wahren zu können. Vieles spricht dafür, daß die KSZE-Schlußakte mit ihren Elementen des Gewaltverzichtes, der wirtschaftlichen Zusammenarbeit und der angestrebten größeren Öffentlichkeit günstigere Bedingungen für Entstehung und Tätigkeiten oppositioneller Gruppen in Osteuropa, insbesondere für die „Solidarität" in Polen geschaffen hat.

Stagnation der Beziehungen

Allerdings wurden die Völker Europas Ende der siebziger und Anfang der achtziger Jahre zunächst noch einmal vor harte Bewährungsproben gestellt, als die Globalisierung des Ost-West-Konfliktes durch den Einmarsch der Sowjetunion in Afghanistan, die Verhängung des Kriegsrechtes in Polen und das verschärfte Wettrüsten verbunden mit propagierten Feindbildern zur Stagnation in den zwischenstaatlichen Beziehungen führte.

Hilfsaktion:
Das Deutsche Rote Kreuz organisiert Pakettransporte mit Lebensmitteln und Haushaltswaren, die in Polen dringend benötigt werden.

Akcja pomocy:
Niemiecki Czerwony Krzyż organizuje transporty paczek z żywnością i artykułami gospodarstwa domowego, które są pilnie potrzebne w Polsce.

Auf die Unterdrückung der Solidaritätsbewegung durch die polnische Führung reagierte die Weltöffentlichkeit empört. Auch der Deutsche Bundestag appellierte in tiefer Sorge um das Schicksal des polnischen Volkes an die Militärregierung in Warschau, alle Inhaftierten wieder freizulassen und den gesamtgesellschaftlichen Dialog, insbesondere mit der Erneuerungsbewegung unter der Führung Lech Wałęsas, fortzusetzen. Zugleich forderte er Verbände, Organisationen und die Bevölkerung der Bundesrepublik Deutschland auf, dem notleidenden polnischen Volk nach besten Kräften zu helfen. Staatliche Wirtschaftshilfe für Polen sollte solange ausgesetzt werden, wie die „Unterdrückungsmaßnahmen des derzeitigen Regimes gegen das polnische Volk andauern" würden.

Die humanitären Hilfsmaßnahmen für die polnische Bevölkerung steigerten sich im Jahre 1982 in beachtlichem Umfange. Aus der Bundesrepublik Deutschland wurden über zwei Millionen Pakete mit Lebensmitteln und Bekleidung nach Polen versandt. Dies war ohne Frage eine Geste mitmenschlicher Solidarität, die bis heute in vielen polnischen Familien nicht vergessen worden ist. Dennoch hat dies, soweit feststellbar, für die notwendige Versöhnung zwischen den beiden Völkern nur begrenzte Auswirkungen gehabt.

Soweit wir uns heute ein Urteil erlauben können, muß festgehalten werden: Sehr wahrscheinlich sah General Jaruzelski, unter stetem Druck von Moskau und Ost-Berlin, in dem rigorosen Vorgehen gegen die „Solidarität" den einzigen Ausweg, ein Blutvergießen und ein Eingreifen der „sozialistischen" Verbündeten im eigenen Land ähnlich wie 1968 in der CSSR verhindern zu können. Mit anderen Worten: Er hatte geglaubt, mit seinen Entscheidungen das Schlimmere verhütet zu haben.

Perspektive:
Karikaturist Horst Haitzinger interpretiert die Entwicklung der Handelsbeziehungen nach den Verträgen von 1975 als Brückenschlag über den Abgrund der Vergangenheit.

Perspektywa:
karykaturzysta Horst Haitzinger interpretuje rozwój stosunków handlowych po układach z 1975 r. jako pomost przerzucony nad przepaścią przeszłości.

„Pacta sunt servanda"

Der Regierungswechsel in Bonn 1982/83 erschwerte zunächst die Wiederannäherung im bilateralen Verhältnis, denn erste offizielle Äußerungen, darunter die von Bundesinnenminister Zimmermann über den Fortbestand des Deutschen Reiches in den Grenzen von 1937, veranlaßten die polnische Seite zu erneuten Protesten. Zugleich wurden deutsche Forderungen, die Rechte der deutschen Minderheit – rund eine Million Menschen – zu garantieren, von Warschau brüsk abgewiesen.

Dessen ungeachtet ließen Bundeskanzler Helmut Kohl und Außenminister Hans Dietrich Genscher keinen Zweifel an ihrer Entschlossenheit, auch weiterhin eine Politik der „pacta sunt servanda" zu verfolgen, also die Verträge ihrer Vorgänger zu respektieren. Außerdem signalisierten sie, wie schon ihre Vorgänger, Dialogbereitschaft in allen strittigen Fragen, während sie gleichzeitig versuchten, sowohl auf direktem als auch indirektem Wege die Lage der „Dissidenten" in Polen zu erleichtern. Das wird heute allzu leicht vergessen. Allerdings wird auch dieses kontroverse Kapitel in den bilateralen Beziehungen in Zukunft noch weitaus differenzierter und subtiler untersucht werden müssen, als es bisher geschehen ist. Dabei werden Legenden, Irrtümer und Einseitigkeiten auszuräumen sein.

Wirtschaftliche Kooperation

Seit den siebziger Jahren haben die Wirtschaftsbeziehungen zwischen Deutschland und Polen eine große Rolle gespielt. Freilich sind von ihnen keine wesentlichen Impulse für die Politik ausgegangen. Sowohl die Größenordnung als auch die Warenstruktur des deutsch-polnischen Handels waren durch die gegensätzlichen politischen Systeme gekennzeichnet. Der Handel ist mit keinem anderen Staat so häufig nachteilig von außenpolitischen Faktoren beeinflußt worden wie der mit Polen. Daher wurde im Artikel 3 des bilateralen Vertrages vom Juli 1970 der Wille beider Staaten zu umfassender Normalisierung auch ihrer wirtschaftlichen Zusammenarbeit zum Ausdruck gebracht. Für die deutsche Seite bedeutete dies zugleich eine weitgehende Aufhebung des bis dahin existierenden Widerspruchs zwischen der bisherigen Ostpolitik und dem seit langem bestehenden Interesse am Osthandel. Nunmehr konnte sich auf Vertragsbasis eine dynamischere Handelspolitik entwickeln. Günstig wirkte sich dabei die geographische Lage beider Staaten mit kurzen Transportwegen, traditionellen deutsch-polnischen Handelskontakten und einem relativ hohen Grad an Komplementarität beider Volkswirtschaften aus. Seit 1971 blieb die Bundesrepublik der größte Handelspartner Polens im Westen. Für die Bundesrepublik war Polen der drittgrößte Partner im

Unterstützung der notleidenden Bevölkerung: Mehr als zwei Millionen Pakete schicken die Bundesbürger Anfang der achtziger Jahre nach Polen.

Poparcie dla cierpiącego niedostatek społeczeństwa: ponad dwa miliony paczek obywatele RFN wysyłają na początku lat osiemdziesiątych do Polski.

Besuch im Ruhrgebiet: Parteichef Edward Gierek besichtigt 1976 während seines Aufenthaltes in der Bundesrepublik mit Bundeskanzler Helmut Schmidt eine Schachtanlage.

Wizyta w Zagłębiu Ruhry: szef partii Edward Gierek zwiedza w czasie swojego pobytu w 1976 w Republice Federalnej wraz z kanclerzem federalnym Helmutem Schmidtem urządzenia kopalniane.

RGW. Von 1970 bis 1979 stieg der Export der Bundesrepublik nach Polen auf 375 Prozent. Der Anteil der Fertigwaren Polens am Export in die Bundesrepublik umfaßte Anfang der siebziger Jahre 20 Prozent, 1978 betrug dieser bereits 44 Prozent.

Aber es gab von Anfang an zahlreiche Schwierigkeiten, die nur mit Mühe bewältigt werden konnten. Diese waren in erster Linie auf die schlecht funktionierende industrielle Kooperation, die mangelnde Zusammenarbeit auf den Drittmärkten und den wenig entwickelten Unternehmergeist auf polnischer Seite zurückzuführen sowie auf die unausgeglichene Handelsstruktur.

Ende der siebziger Jahre wurde die Bundesrepublik mit etwa sechs Milliarden Dollar zum größten Gläubiger Polens im Westen. Obgleich seit 1983 im wesentlichen ein positiver Saldo im Warenverkehr zwischen den beiden Staaten bestand, vergrößerte sich die Verschuldung Polens. Nach über zehn Jahren Stagnation in den beiderseitigen Wirtschafts- und Finanzbeziehungen konnte erst 1989 wieder ein Durchbruch während des Besuches von Bundeskanzler Kohl in Warschau erzielt werden. Zur Unterstützung des grundlegenden polnischen Transformationsprozesses im politischen und wirtschaftlichen Bereich erklärte sich die Bundesrepublik zu zahlreichen Hilfsmaßnahmen bereit, darunter: Beteiligung am Beistandskredit des Internationalen Währungsfonds und an zukünftigen Weltbankkrediten, die Einräumung von Zinsvorteilen im Rahmen der vierten Umschuldung im Pariser Club, die Erteilung neuer Hermes-Bürgschaften mit zugesagtem Plafond von drei Milliarden DM, die Erteilung der Garantien für Kapitalanlagen in Polen und die Durchführung eines Sonderprogrammes zur Aus- und Weiterbildung von polnischen Fach- und Führungskräften im Bereich der Wirtschaft und der Technologie. Darüber hinaus bekundeten auch einige Bundesländer ihre Bereitschaft, Polen wirtschaftlich zu unterstützen. Dank des wachsenden Vertrauens in die polnischen Reformbemühungen, die durch eine neue Gesetzgebung im Lande eingeleitet wurden, nahm die Zahl der gemeinsamen Unternehmen beachtlich zu. 1990 wurden über tausend Joint-ventures in Polen genehmigt, davon haben 40 Prozent deutsche Partner. Die meisten von ihnen betreffen die Verarbeitung von Agrarprodukten, den Dienstleistungsbereich und die Textil- und Konfektionsindustrie. Wie immer auch der Erfolg der deutsch-polnischen Wirtschaftsbeziehungen eingeschätzt werden mag, alles in allem hat er sich im Laufe der Jahre als ein gewisses stabilisierendes Element im bilateralen Verhältnis erwiesen.

Zusammenbruch des Ostblocks

Seit Mitte der achtziger Jahre begann sich die politische Situation zwischen beiden Staaten als Konsequenz der „Deformation und des Neuen Denkens" in der Sowjetunion sowie der Aufhebung des Kriegsrechts in Polen wieder merklich zu entspannen. Während sich das Netz der Kommunikation, der Zusammenarbeit und des vielfachen Austausches auf den verschiedensten Ebenen verdichtete und beide Seiten

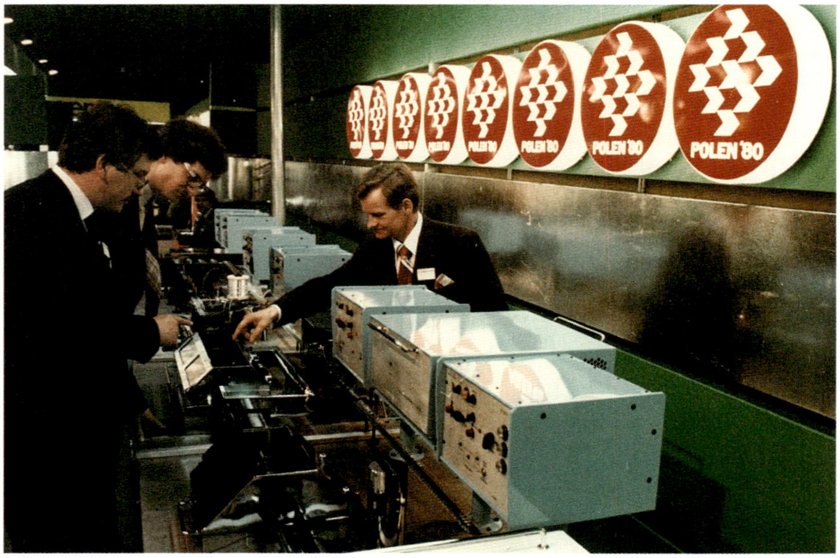

Werben für das Land: Polen präsentiert sich bei der Nationalausstellung „Polen '80" im Messe-Congreß-Center Düsseldorf.

Reklama dla kraju: Polska prezentuje się na wystawie „Polska '80" w Centrum Targowo-Kongresowym w Düsseldorfie.

um Verständnis für die eigene Position im Rahmen ihrer nationalen Interessen warben, vollzog sich mit dramatischer Schnelligkeit der Zusammenbruch des Ostblocks.

Bis heute gehen die Meinungen in Ost und West darüber auseinander, welche Gründe hierfür in erster Linie maßgeblich gewesen sind. Mit einiger Sicherheit läßt sich sagen, daß hierfür mehrere Faktoren ausschlaggebend gewesen sein dürften, bei denen jedoch die Gewichtung von Fall zu Fall und je nach Perspektive des Urteilenden unterschiedlich ausfallen wird. Hierzu zählen fraglos die sicherheitspolitischen Entscheidungen, beginnend mit dem Harmel-Bericht aus dem Jahre 1967 (hinlängliche Verteidigung und Kooperation zwischen den Blöcken), die wirkungsvollen systemöffnenden Maßnahmen (neue Ostpolitik der sozialliberalen Koalition und die KSZE), die überragende Bedeutung von Michael Gorbatschows „Perestroika" und „freie Wahl des Weges" für alle sozialistischen Staaten des Ostblocks, die in der Gegenwart schon wieder etwas von ihrem Glanz verloren zu haben scheint, die Opposition in Polen mit ihren ebenso mutigen wie effizienten Schritten zur Überwindung des kommunistischen Systems in Lande, die Haltung der ungarischen Regierung und die „sanfte Revolution" in der DDR.

Grundlegender Interessenausgleich

Mit der Wahl von Tadeusz Mazowiecki zum ersten bürgerlichen Ministerpräsidenten in Polen seit mehr als 40 Jahren durch den polnischen Sejm wurde der Weg zu einem grundlegenden Interessenausgleich zwischen der Bundesrepublik Deutschland und Polen geebnet. Dies kam bereits bei dem ersten Treffen zwischen ihm und dem Bundeskanzler unmittelbar in der Zeit des Falles der Mauer im November 1989 zum Ausdruck. Die gemeinsame Erklärung der beiden Regierungschefs vom 14. November war wegweisend und im Geiste der Versöhnung abgefaßt. Sie leitete eine Phase konstruktiver Zusammenarbeit ein, die ihren Höhepunkt mit dem Abschluß zweier Verträge 1990/1991 fand, die für das bilaterale Verhältnis völlig neue Grundlagen schufen. Überschattet wurden diese Monate allerdings durch den Einigungsprozeß der Deutschen, der aus verständlichen Gründen auch in Polen gemischte Gefühle auslöste.

Seit dem Tag der deutschen Einheit am 3. Oktober 1990 kommt es in den bilateralen Beziehungen stets von neuem darauf an, den Partnern in Osteuropa, vor allem Polen, durch Wort und Tat unmißverständlich klarzumachen, daß das Deutschland von 1990 keine Bedrohung für sie darstellt, sondern im Gegenteil ein Garant ist für die weitere friedliche Entwicklung Europas im Geiste der Charta von Paris, in deren Mittelpunkt Frieden, Freiheit, Demokratie und Menschenrechte stehen. Die Polen können endlich in völkerrechtlich abgesicherten Grenzen leben; Deutschland besitzt in Polen einen befreundeten demokratischen Staat. Beide aber müssen sich bewußt werden, daß sie den vielfachen neuen Herausforderungen unserer Zeit nur gemeinsam gerecht werden können und dies nur im Rahmen der europäischen Gemeinschaft.

Hierzu bedarf es auf beiden Seiten der historischen Einsicht, der Sensibilität, der Glaubwürdigkeit und der Berechenbarkeit beim Handeln im politischen Alltag. In den dafür notwendigen kontinuierlichen Dialog zwischen beiden Staaten müßten allerdings nicht nur die politisch Verantwortlichen und entsprechende gesellschaftliche Kräfte, sondern auch die jüngere Generation in viel stärkerem Maße als bisher einbezogen werden. Die Voraussetzungen dafür sind gegeben – sie müssen nur sinnvoll und verantwortungsbewußt genutzt werden.

Auf dem Weg zur Unterzeichnung des Görlitzer Abkommens: Der polnische Ministerpräsident Józef Cyrankiewicz und der Ministerpräsident der DDR Otto Grotewohl am 6. Juli 1950.

W drodze do podpisania Umowy Zgorzeleckiej: polski premier Józef Cyrankiewicz i premier NRD Otto Grotewohl 6. lipca 1950 r.

Brüder oder Rivalen?

Die Außenpolitik der DDR gegenüber Polen 1949 - 1989

Erhard Cziomer

Fast vierzig Jahre waren die Deutsche Demokratische Republik und die Volksrepublik Polen als direkte Nachbarn Angehörige des kommunistischen Ostblocks. Sie waren Mitglieder des Rates für Gegenseitige Wirtschaftshilfe, RGW, und Bündnispartner im Warschauer Pakt unter der Vorherrschaft der Sowjetunion als Hegemonialmacht in ganz Ostmitteleuropa. Ihre Zusammenarbeit entwickelte sich in mehreren Phasen unter der Führung und den genauen Anweisungen der kommunistischen Regierungsparteien, der Sozialistischen Einheitspartei Deutschlands, SED, und der Polnischen Vereinigten Arbeiterpartei, PVAP, ohne jedoch in breitem Umfang zur Annäherung und Verständigung zwischen den Deutschen und Polen jenseits von Oder und Lausitzer Neiße beigetragen zu haben. Sowohl die DDR als auch Polen waren keine freien und demokratischen Staaten und mußten sich immer den außenpolitischen Interessen der Sowjetunion als Hegemonialmacht unterordnen. Ihrerseits war die Sowjetunion aus eigener geopolitischer und strategischer Sicht kaum an einer echten und dauerhaften Verständigung sowie vorteilhaften Zusammenarbeit zwischen der DDR und Polen interessiert.

Determinanten der Außenpolitik

Polen nahm nach 1949 einen wichtigen Platz in der Außenpolitik der DDR ein. Hier sollen kurz die wichtigsten Inhalte und Ziele ihrer Außenpolitik gegenüber Polen bis 1989 erwähnt werden: Unter den inneren Determinanten waren es vor allem die historischen Belastungen der deutsch-polnischen Beziehungen, die geographische Lage, das demographische und wirtschaftliche Potential, das ideologische Wertesystem, der Stil der Machtausübung durch die SED sowie die Einstellung der SED-Führung zu Polen im Zusammenhang mit eigenen Interessen und Zielvorstellungen in der Außenpolitik. Von den äußeren Determinanten waren die geopolitische Lage und strategische Bedeutung im Ostblock, der internationale Status, der Stellenwert für die Sowjetunion sowie die Einstellung zur Deutschland- und Ostpolitik der Bundesrepublik Deutschland bedeutsam.

Die Außenpolitik der kommunistischen Staaten, so auch die der DDR und der Volksrepublik Polen, wurde durch die engsten Führungsgremien von Staat und Partei ge-

Brüskierung der Bundesrepublik: Die Propaganda der DDR bezeichnet den Görlitzer Vertrag als Abkommen für ganz Deutschland.

Prowokacja wobec Republiki Federalnej: propaganda w NRD określa Układ Zgorzelecki jako umowę dotyczącą całych Niemiec.

staltet. In der DDR wurden die wichtigsten Entscheidungen im Politbüro der SED mit dem Ersten Sekretär – seit 1976 Generalsekretär des Zentralkomitees, ZK, – an der Spitze getroffen. Der Generalsekretär war zumeist gleichzeitig Staatsratsvorsitzender und Vorsitzender des Nationalen Rates für Verteidigung, der ebenfalls eine wichtige Rolle bei der Gestaltung und Durchführung der Außen- und Sicherheitspolitik spielte. Die wichtigsten Vorentscheidungen und Vorbereitungen in der Außenpolitik mußten mit der Abteilung für Internationale Verbindungen des Zentralkomitees der SED und mit dem zuständigen ZK-Sekretär abgestimmt werden, der zugleich den Vorsitz im Ausschuß für Auswärtige Angelegenheiten der Volkskammer der DDR hatte. Von einer wahren parlamentarischen Kontrolle der Außenpolitik der DDR konnte nicht im geringsten Sinne die Rede sein. Für die operative Durchführung der Außenpolitik war kollegial die Regierung verantwortlich. Sie mußte auch die Arbeit der Ministerien für Auswärtige Angelegenheiten, Nationale Verteidigung und Außenwirtschaft koordinieren, welche einen besonders großen Einfluß auf die Außen- und Sicherheitspolitik der DDR nahmen.

Die deutsch-polnische Freundschaft – ein Bollwerk im Kampf um die Einheit Deutschlands und einen Friedensvertrag

Parolen:
Immer wieder beschwören Spruchbänder die neue Freundschaft zwischen den sozialistischen Bruderländern.

Hasła:
raz po raz transparenty zaprzysięgają nową przyjaźń między bratnimi krajami socjalistycznymi.

Die extreme Zentralisierung der Machtstrukturen in der DDR wirkte sich insgesamt negativ auf die Politik gegenüber Polen aus. Zu viele Politiker und Funktionäre beachteten dabei weniger objektive Interessen, sondern setzten ihre subjektiven Vorstellungen durch. Die historischen Belastungen der deutsch-polnischen Beziehungen, besonders die nationalsozialistische Politik der Ausrottung während des Zweiten Weltkrieges, spielten bis Mitte der fünfziger Jahre nur eine untergeordnete Rolle in der Politik der DDR gegenüber Polen, da sich die SED-Führung bereits unmittelbar nach 1945 auf ihre „antifaschistische Tradition" und den Kampf der Kommunisten gegen Hitler als Legitimierung des eigenen Machtanspruches berufen hatte.

Die Aufnahme der Flüchtlinge und Zwangsumsiedler aus den ehemaligen deutschen Ostgebieten in die sowjetische Besatzungszone sowie die Hinnahme der neuen polnischen Westgrenze und der Reparationszahlungen an Polen wurden von der SED-Spitze als ausreichende Wiedergutmachung und wichtige Beiträge zur Bereinigung des Verhältnisses zu Polen verstanden. Nachdem die DDR 1955 ihre Souveränität erreicht hatte und in den Ostblock integriert war, sollten die Beziehungen zu Polen auf der Grundlage der vollen Gleichberechtigung und des „proletarischen Internationalismus" gestellt werden.

Bei der Einschätzung Polens als Bündnispartner der DDR orientierte sich die SED-Führung weniger an objektiven Faktoren wie Bevölkerung oder wirtschaftliches Potential, sondern an den ideologischen und politischen Vorstellungen der jeweiligen Entscheidungsträger. Deshalb hat man mit großer Skepsis oder sogar Ablehnung alle Reformversuche in Polen vor allem in den Jahren 1956 und 1980/1981 betrachtet. Da sie nicht dem SED-Sozialismuskonzept entsprachen, wurden sie als eine große Gefahr für die DDR und den ganzen Ostblock abqualifiziert. Andererseits wußte die SED-Führung immer jede innere Schwächung Polens auszunutzen, um in die Gunst ihres wichtigsten Bündnispartners Sowjetunion zu gelangen. Sie konnte dabei zusätzlich stets auf ihre strategische Schlüsselposition im Ostblock, die Stationierungen großer Verbände der sowjetischen Truppen auf eigenem Territorium und ihre Rolle als bedeutendster Wirtschaftspartner der Sowjetunion im Bereich des Rates für Gegenseitige Wirtschaftshilfe hinweisen.

Wichtiger Bestandteil der Außenpolitik der DDR war die Abstimmung einer gemeinsamen Politik mit Polen gegenüber der Deutschland- und Ostpolitik der Bundesrepublik Deutschland. Hier trafen gleichzeitig sowohl gemeinsame Interessen als auch unterschiedliche Auffassungen der Führungen aufeinander, auch wenn beide vorrangig den sowjetischen Interessen und Zielsetzungen folgen mußten. Ohne hier auf Einzelheiten eingehen zu wollen, soll jedoch hervorgehoben werden, daß es zwischen der DDR und Polen große Übereinstimmung über die Einschätzung der Grundsätze der Ostpolitik der Bundesregierung bis 1970 gab. Sie wurde in der Regel kritisch bewertet, wobei man vor allem propagandistisch auf die Gefahr des „Revisionismus" in bezug auf den territorialen und politischen Status quo hinwies. Später wurde die Bundesrepublik eher nüchtern als Wirtschaftspartner und Vorreiter des Entspannungsprozesses bei den Ost-West-Beziehungen betrachtet.

Zusammenfassend läßt sich sagen, daß bei der Bewertung der einzelnen Phasen der Politik der DDR gegenüber Polen 1949 bis 1989 zwischen konkreten Interessen und propagandistischen Rechtfertigungen seitens der Partei- und Regierungsspitze unterschieden werden muß. Die DDR-Bevölkerung hatte keinen wesentlichen Einfluß auf die Gestaltung dieser Politik, konnte aber von Zeit zu Zeit daraus Nutzen ziehen.

Schaffung der Vertragsgrundlagen 1949 – 1955

In den Jahren 1949 bis 1955 entwickelte sich die DDR mit sowjetischer Unterstützung trotz innerer Schwierigkeiten und internationaler Isolierung zu einem Staat, der am 20. September 1955 durch die Sowjetunion in die staatsrechtliche Souveränität entlassen wurde. Polen hatte die DDR bereits am 18. Oktober 1949 diplomatisch anerkannt, ohne jedoch mit ihr Botschafter ausgetauscht zu haben. Die Aufnahme diplomatischer Beziehungen zwischen der provisorischen Regierung der DDR und der polnischen Regierung von seiten der DDR erfolgte erst am 20. Februar 1950. Polen hat sich seinerseits zu einem solchem Schritt am 28. Februar 1950 entschieden. Die Verzögerung war hier kein Zufall. Die polnische Führung verlangte von der SED die eindeutige Anerkennung der Grenze an der Oder und der Lausitzer Neiße, welche ihrer Meinung nach endgültig in der Potsdamer Konferenz von den Siegermächten festgelegt und bestätigt worden war.

Diese Forderung wollte die SED-Führung bis zum Sommer 1948 nicht zur Kenntnis nehmen. Einerseits herrschte unter der Bevölkerung der sowjetischen Besatzungszone eine negative Stimmung gegenüber Polen, andererseits bestand noch die Hoffnung auf eine Korrektur oder sogar Revision der polnischen Westgrenze zu Gunsten der SBZ mit Unterstützung der Sowjetunion. Nach der Verschärfung der Ost-West-Beziehungen und der Berlinkrise 1948 mußte diese Hoffnung jedoch vollkommen aufgegeben werden. Die zahlreichen Delegationen der SED-Führung, die in den Jahren 1948 und 1949 zu Gesprächen mit der PVAP-Spitze in Warschau weilten, waren zur Einsicht gezwungen, daß ohne Anerkennung der polnischen Westgrenze keine Verbesserung der Beziehungen zu Polen möglich war. Dieser Schritt ist der SED-Führung insofern leichter gefallen, als

Waffenbrüderschaft im Ostblock: Das Plakat zeigt das offizielle Bild der Mitgliedsstaaten des Warschauer Vertrages.

Braterstwo broni w Bloku Wschodnim: plakat pokazuje oficjalny obraz państw członkowskich Układu Warszawskiego.

im Vorfeld des PVAP-Gründungskongresses im Dezember 1948 die einflußreichen Nationalkommunisten mit Władysław Gomułka an der Spitze aus der polnischen Führung ausscheiden mußten. Gomulka selbst wurde 1951 verhaftet und in Untersuchungshaft genommen. Die Beziehungen zwischen der SED und der PVAP-Führung konnten sich in den Jahren 1948 bis 1949 positiv entwickeln, da beide Parteien ähnliche ideologisch-politische Grundsätze propagierten. Außerdem war die DDR an der Vertiefung der wirtschaftlichen Zusammenarbeit mit Polen interessiert, um zumindest die Engpässe der Versorgungskrise in den Jahren 1949/50 zu mildern.

Nach einigen Vorgesprächen kam es während des Besuches des stellvertretenden Ministerpräsidenten Walter Ulbricht in Warschau am 5. und 6. Juni 1950 zur Unterzeichnung mehrerer Verträge, Vereinbarungen und Protokolle über verschiedene Bereiche der wirtschaftlichen, wissenschaftlich-kulturellen und finanziellen Zusammenarbeit zwischen der DDR und Polen. Große politische Bedeutung hatte jedoch die Unterzeichnung einer gemeinsamen Deklaration über „die Markierung der festgelegten und bestehenden Staatsgrenze an der Oder und an der Lausitzer Neiße". Zur Durchführung der Bestimmungen dieser Deklaration und damit verbundenen Fragen des Grenzverkehrs und der Schiffahrt auf den Grenzgewässern sollte im Laufe von einem Monat ein umfassendes Abkommen unterschrieben werden.

Dieses Abkommen wurde feierlich von den Ministerpräsidenten Otto Grotewohl und Józef Cyrankiewicz am 6. Juli 1950 in Zgorzelec, dem polnischen Teil der Stadt Görlitz an der Lausitzer Neiße, unterschrieben. Es war bereits am 9. August 1950 von der Provisorischen Volkskammer der DDR ratifiziert worden und trat nach Austausch der Ratifikationsurkunden am 28. November 1950 in Kraft. Die Regelung der Grenzfrage hatte positive Auswirkungen auf die Entwicklung der politischen Beziehungen zwischen der DDR und der Volksrepublik Polen. Es gab enge Partei- und Regierungskontakte, wobei die Besuche der Präsidenten – 1950 Staatsbesuch von Wilhelm Pieck in Polen und 1951 von Bolesław Bierut in der DDR – den Höhepunkt der diplomatischen Tätigkeiten darstellten. Am 6. Oktober 1953 wurden die diplomatischen Vertretungen in den Rang von Botschaften erhoben.

Eine wichtige Hilfe für die DDR waren Anfang der fünfziger Jahre Lieferungen von Rohstoffen, vor allem Steinkohle, und Lebensmitteln aus Polen. Die 1950 bis 1955 getroffenen Vereinbarungen zwischen der

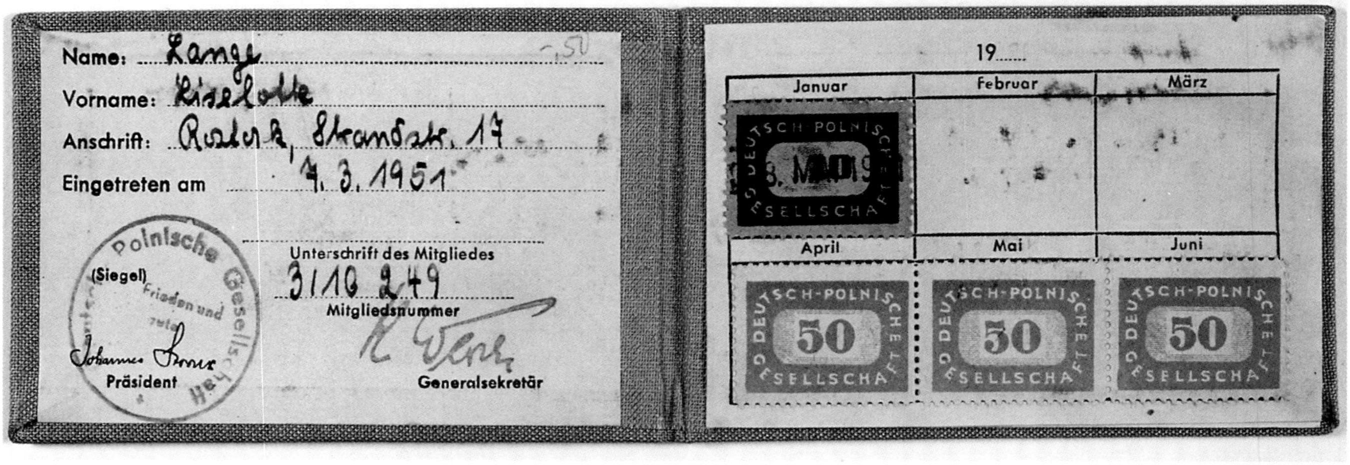
Name: Lange
Vorname: Liselotte
Anschrift: Rostock, Strandstr. 17
Eingetreten am 7. 3. 1951
(Siegel)
Unterschrift des Mitgliedes
3110 249
Mitgliedsnummer
Präsident
Generalsekretär
19
Januar | Februar | März
April | Mai | Juni

Kurzlebiger Verein: Bereits zwei Jahre nach Gründung stellt die „Deutsch-Polnische Gesellschaft für Frieden und gute Nachbarschaft" ihre Tätigkeit ein.

Krótkotrwały związek: już w dwa lata po założeniu „Niemiecko - Polskie Towarzystwo Pokoju i Dobrosąsiedzkich Stosunków" zakańcza swoją działalność.

DDR und Polen belebten auch den gegenseitigen Warenaustausch. Immerhin war Polen in der ersten Hälfte der fünfziger Jahre mit etwa zehn Prozent am Gesamtimport und 14,5 Prozent am Gesamtexport des DDR-Handels mit dem Ausland beteiligt. Durch Vereinbarung mit Polen gelang es der DDR-Regierung auch, etwa 40.000 deutsche Kriegsgefangene aus dem schlesischen Kohlenrevier in die DDR zurückzuführen. Am 23. August 1953 verzichtete die polnische Regierung im Einvernehmen mit der Sowjetunion zum 1. Januar 1954 vollkommen auf die Reparationszahlungen der DDR. Diese Maßnahme diente der inneren Stabilität der DDR nach dem Volksaufstand am 17. Juni 1953.

Vor der Unterzeichnung des Görlitzer Abkommens leitete die SED-Führung mehrere Schritte ein, um die DDR-Bevölkerung im Geiste freundschaftlicher Beziehungen zu Polen zu erziehen und die Notwendigkeit der Anerkennung der neuen Grenze mit Polen zu vermitteln. Diesem Ziel diente die im August 1948 in Berlin gegründete „Helmut von Gerlach-Gesellschaft für kulturelle, wirtschaftliche und politische Beziehungen zu dem neuen Polen", die am 3. März 1950 in „Deutsch-polnische Gesellschaft für Frieden und gute Nachbarschaft" umbenannt wurde. An ihren Veranstaltungen waren führende Politiker der SED beteiligt. Nach der Unterzeichnung des Görlitzer Abkommens sank jedoch das Interesse an der Tätigkeit dieser Gesellschaft. Sie stellte bereits 1952 ihre Tätigkeit ein und ging in die im Juni 1952 gegründete „Gesellschaft für kulturelle Verbindungen mit dem Ausland" ein, um dann später ein Teil der „Liga für Völkerfreundschaft" der DDR zu werden.

Politische Bedeutung gewann eine gesteuerte Massenkundgebung, die aber keinen Beitrag zur Überwindung der Vorurteile zwischen den Deutschen in der DDR und Polen leisten konnte. Diese Veranstaltung wurde zum fünften Jahrestag des Görlitzer Abkommens am 5. Juli 1955 in Zgorzelec festlich organisiert. Die Redner sprachen dort von der „deutsch-polnischen Freundschaft" und von der „Friedensgrenze", welche „nicht trennt, sondern verbindet". Solche Parolen wurden dann auch von der Propaganda übernommen, auch wenn sie wohl kaum der Wirklichkeit entsprochen haben. Im Alltag war die Grenze streng bewacht, und es kam nur selten zu offenen Begegnungen zwischen der deutschen und polnischen Bevölkerung. Die Bemühungen von SED und PVAP dienten mehr den ideologischen Wunschvorstellungen als der langfristigen Notwendigkeit von Annäherung und freier Verständigung der Völker.

Nach der Aufnahme als vollberechtigtes Mitglied in den RGW am 28. September 1950 und der Teilnahme an der Gründungsversammlung des Warschauer Pakts am 14. Mai 1955 in Warschau, erhielt die DDR am 20. September 1955 ihre volle Souveränität – ausgenommen waren lediglich einige Bestimmungen in bezug auf die Deutsche Frage. Anfang 1956 wurde die Nationale Volksarmee der DDR, NVA, unter das Kommando des Warschauer Paktes gestellt. Im Verhältnis zu Polen hatte also die DDR keine Statusdifferenzen im Ostblock und konnte seitdem als gleichberechtigter und selbstbewußter Bündnispartner auftreten.

Kooperationszwang und Spannungen 1956 - 1970

Infolge der Entstalinisierung in der Sowjetunion und der Oktoberereignisse 1956 in Polen wählte die PVAP einen Reformkurs und proklamierte den „polnischen Weg zum Sozialismus". Der in der DDR-Führung unbeliebte Gomułka war nicht nur 1955 aus der Untersuchungshaft entlassen und ein Jahr später rehabilitiert worden, sondern wurde 1956 zum neuen Ersten Sekretär des Zentralkomitees der PVAP gewählt – de facto war er somit neuer Staatschef in Polen. Diese Entwicklung beobachtete die SED-Führung mit großer Sorge. In den Medien beider Länder kam es zum ersten Mal zur offenen Auseinandersetzung um den Inhalt und die Entwicklungsperspektiven des Sozialismus. Den Höhepunkt erreichte die Auseinandersetzung mit der Verhaftung und Verurteilung des SED-Philosophen Wolfgang Harich. Die DDR-Justiz warf ihm in der Anklageschrift Kontakte zu polnischen Wissenschaftlern vor. In Wirklichkeit konnte man Harich jedoch nur die Teilnahme an einem Philosophenkongress in Warschau nachweisen, auf dem er angeblich revisionistische Thesen vertreten hatte. Das Verhalten der DDR-Führung stieß bei den polnischen Philosophen auf scharfe Proteste, die sogar die Unterstützung der PVAP-Funktionäre fanden.

Aus internen Berichten im ehemaligen Archiv beim Zentralkomitee der SED geht hervor, daß die Oktoberereignisse 1956 in Polen von der SED-Führung und den Parteileitungen in den Bezirken mit großer Sorge beobachtet und eindeutig als „Konterrevolution" eingestuft wurden. In der DDR-Bevölkerung wurde die anti-polnische Stimmung geschürt, Gerüchte über eine mögliche Intervention der Sowjetunion in Polen sowie eine mögliche Korrektur der polnischen Westgrenze zugunsten der DDR bei Stettin wurden in Umlauf gebracht. Doch diese Erwartungen erwiesen sich als falsch – die DDR-Führung war auf die Zusammenarbeit mit Gomułka und der neuen polnischen Führung weiterhin angewiesen.

Seit 1957 kam es wieder zu Begegnungen zwischen den SED- und PVAP-Führungen. Nach 1958 fand jährlich ein Austausch von offiziellen Partei- und Regierungsdelegationen statt, zumeist mit Ulbricht und Gomułka an der Spitze. Bei solchen Gelegenheiten wurden offen alle bilateralen und internationalen Fragen besprochen und neue Verträge und Vereinbarungen über die Zusammenarbeit in allen Bereichen unterzeichnet. Im Mittelpunkt der zahlreichen Gespräche und Verhandlungen zwischen der DDR und der Volksrepublik Polen Ende der fünfziger und in den sechziger Jahren standen folgende Sachprobleme: die gemeinsame Haltung zur Abrüstung und zur deutschen Frage, die Vertiefung der wirtschaftlichen und wissenschaftlich-technischen Kooperation sowie die Bewertung der Deutschland- und Ostpolitik der jeweiligen Bundesregierungen von Adenauer bis zu den Anfängen der sozialliberalen Koalition 1969/70. Die vielfältigen und komplizierten Fragen sollen hier nur in Form von Stichworten erwähnt werden. Im Vordergrund stehen die Strategie und Taktik der DDR-Führung gegenüber Polen.

Sicherheitspolitischer Konsens: Die DDR unterstützt seit 1957 den polnischen Vorschlag, eine atomwaffenfreie Zone in Mitteleuropa zu schaffen.

Konsens w dziedzinie polityki bezpieczeństwa: od 1957 r. NRD popiera polską propozycję założenia w Europie Środkowej strefy bezatomowej.

In der Frage der Sicherheit und Abrüstung in Europa stimmten die DDR und Polen mit der Sowjetunion überein. Die DDR unterstützte seit 1957 den polnischen Vorschlag, den sogenannten Rapacki-Plan, in Mitteleuropa eine atomwaffenfreie Zone auf dem Territorium Polens, der DDR, der Tschechoslowakei und der Bundesrepublik Deutschland zu schaffen. Dieser Vorschlag stieß jedoch auf Widerstand in Bonn – obwohl die Frage der Anerkennung der DDR wohlweislich ausgeklammert worden war –, so daß er in den nächsten Jahren fallengelassen werden mußte. Ohne Erfolg blieb auch die polnische Initiative, mit der Bundesrepublik diplomatische Beziehungen ohne Vorbedingungen aufzunehmen, die aber in Ost-Berlin eher mit Vorbehalten und Skepsis beobachtet wurde.

Polen unterstützte in vollem Umfang die deutschlandpolitischen Positionen der DDR, so beispielsweise die Berlin-Initiative der Sowjetunion vom 10. November 1958 und die Bestrebungen nach Unterzeichnung eines separaten Friedensvertrages mit der Sowjetunion. Ohne Vorbehalte unterstützte man auch die Initiative der DDR zur Abriegelung West-Berlins und den Bau der Berliner Mauer am 13. August 1961. Die in den sechziger Jahren erfolgte Annäherung zwischen der DDR und der Volksrepublik Polen fand einen klaren Ausdruck in dem Vertrag über Freundschaft, Zusammenarbeit und Beistand vom 15. März 1967, der in Warschau unterzeichnet wurde. In der Präambel wurde das Görlitzer Abkommen vom 6. Juli 1950 als „historische Wende in den Beziehungen zwischen beiden Nationen und Staaten" bezeichnet. Im Artikel 3 wurde auf die „territoriale Integrität der DDR und der Volksrepublik Polen ... und die Unantastbarkeit der Grenze ... an der Oder und Lausitzer Neiße und der Grenze zwischen der DDR und der BRD" hingewiesen, die „große Bedeutung für die europäische Sicherheit" hätten. Gemäß der Bestimmungen im Artikel 6 sollte West-Berlin als „selbständige politische Einheit" gelten. Beide Vertragsparteien beschlossen auch die Erweiterung der Konsultationen und der Zusammenarbeit in allen Bereichen.

Der Freundschaftsvertrag zwischen der DDR und der Volksrepublik Polen vom 15. März 1967 war ein Beweis für die Stärkung der Stellung der DDR im Ostblock. Polen erhoffte sich davon eine Vertiefung der bilateralen und multilateralen sowie der wirtschaftlich-wissenschaftlichen Kooperation im Rahmen des RGW. Bei den Gesprächen mit Ulbricht ging Gomułka mehrmals auf die Notwendigkeit der Vertiefung einer Kooperation im Dreieck Polen, DDR, CSSR ein, ohne seitens der DDR entsprechende Unterstützung erhalten zu haben. Die DDR unterstützte nur solche Projekte, bei denen sie von den polnischen Lieferungen profitieren konnte, wie beispielsweise die Förderung der Braunkohle im Grenzgebiet bei Turoszów. Die polnische Seite ihrerseits wollte und konnte die DDR-Kooperationsvorschläge nicht akzeptieren, da sie sich dadurch gezwungen sah, die Rolle des Rohstofflieferanten für die DDR zu übernehmen.

Zu einem offenen Eklat kam es zwischen Gomułka und Ulbricht während ihrer Begegnung in Moskau am 8. November 1967. Ulbricht lehnte es strikt ab, das zuvor durch die stellvertretenden Ministerpräsidenten der DDR und Polens vereinbarte Kooperationsvorhaben, gültig bis 1970, zu akzeptieren. Polnische Beschwerden bei der sowjetischen Führung über das Verhalten der DDR blieben ergebnislos. Die Sowjetunion war offensichtlich bemüht, sich aus diesem Streit herauszuhalten. Gomułka erneuerte in den nächsten Jahren seine Vorwürfe: Er behauptete in mehreren Gesprächen mit Vertretern der sowjetischen Führung, daß die DDR kein großes Interesse an einer wirtschaftlichen Kooperation zeige, da sie ihre Kontakte zur Bundesrepublik pflege und trotz der Propaganda gegen die Bonner Regierung große Vorteile aus dem innerdeutschen Handel ziehe.

Während der offiziellen Verhandlungen zwischen der DDR und Polen am 10. und 11. April 1969 in Moskau lehnte die DDR die Vorschläge Gomułkas zur Einführung einer

Proletarier aller Länder, vereinigt euch!

NEUES DEUTSCHLAND

ORGAN DES ZENTRALKOMITEES DER SOZIALISTISCHEN EINHEITSPARTEI DEUTSCHLANDS

17. Jahrgang / Nr. 289 — Berlin, Sonnabend, 20. Oktober 1962 — Berliner Ausgabe / Einzelpreis 15 Pf

Zum erstenmal in der Geschichte sprach ein führender polnischer Staatsmann vor einem deutschen Parlament

Ein historisches Ereignis

Heute mit Beilage DIE GEBILDETE NATION und Funkprogramm

Władysław Gomułka: Sicherheit der DDR ist auch die Sicherheit Polens

Partei- und Regierungsdelegationen erzielten während ihrer Gespräche in allen Fragen volle Übereinstimmung

DDR größte historische Errungenschaft des deutschen Volkes

Volk, Partei und Regierung Polens sehen ihre höchste Pflicht darin, die DDR nach besten Kräften zu unterstützen

In der neuen Etappe erfolgt die Vertiefung und vielseitige Entwicklung unserer wirtschaftlichen Zusammenarbeit auf dem Wege der Spezialisierung und Kooperation

Friedensvertrag wird der DDR volles Souveränitätsrecht auf ihrem Territorium sichern

Besatzungsregime in Westberlin ist schon lange zu einem Anachronismus geworden

Möglichkeiten der Verständigung über Westberlin sind noch nicht erschöpft

Unsere Zusammenarbeit auf allen Gebieten erhöht die Einheit und Kraft des ganzen sozialistischen Lagers

Besuch bei Otto Grotewohl

Władysław Gomułka spricht

Essen zu Ehren der Gäste

Gemeinsame Erklärung unterzeichnet

Walter Ulbricht: „Auf gute Durchführung der Vereinbarungen"

Gemeinsame Sache:
Ein Jahr nach dem Mauerbau besucht Wladyslaw Gomułka 1962 die DDR als Zeichen seiner politischen Unterstützung.

Wspólna sprawa:
w 1962, rok po zbudowaniu muru, Władysław Gomułka odwiedza NRD na znak swego politycznego poparcia.

konvertiblen Währung im RGW als unvereinbar mit den Interessen der DDR-Volkswirtschaft ab. Die offiziellen Beziehungen zwischen der DDR und der Volksrepublik Polen, auch zwischen Ulbricht und Gomułka, erreichten ihren Tiefpunkt. Gomułka warnte sogar vorausschauend vor einer möglichen wirtschaftlichen Abspaltung der DDR vom RGW, die in der Zukunft politische Rückwirkungen auf den ganzen Ostblock haben könnte. Diese Warnung nahm man in Moskau nicht ernst, obwohl Ulbricht aufgrund seiner Überheblichkeit auch dort an Einfluß verlor.

Nach diesen Erfahrungen mit Ulbricht unterbreitete Gomułka ohne Konsultationen mit der Sowjetunion und der DDR am 17. Mai 1969 der Bundesrepublik den Vorschlag, Gespräche über die Anerkennung der polnischen Westgrenze und die Normalisierung der gegenseitigen Beziehungen aufzunehmen. Die polnische Initiative wurde in Ost-Berlin außerordentlich kritisch aufgenommen. Da im Herbst 1969 die Gespräche zwischen Moskau und Warschau mit der Regierung Brandt-Scheel in die Phase der Vorbereitung rückten, fühlte sich die SED-Führung im Stich gelassen, da sie eigene Bemühungen um die Anerkennung von Bonn nicht durchsetzen konnte.

Begrüßung durch den polnischen Ministerpräsidenten Wladislaw Gomułka (rechts): Walter Ulbricht trifft im März 1967 zur Unterzeichnung des Freundschaftsvertrages in Warschau ein.

Powitanie przez szefa partii Władysława Gomułkę (z prawej): Walter Ulbricht przybywa w marcu 1967 r. do Warszawy w celu podpisania Układu o Przyjaźni.

Andererseits verärgerte Ulbricht die polnische Führung, als er am 18. Dezember 1969 der Bundesregierung den Vorschlag machte, diplomatische Beziehungen zwischen der DDR und der Bundesrepublik aufzunehmen. Als Vorbedingung galt nicht die Anerkennung der polnischen Westgrenze in den Formulierungen des Görlitzer Abkommens („festgelegte und bestehende deutsch-polnische Grenze"), vielmehr sollte die Bundesrepublik die Grenze „zwischen der DDR und der Volksrepublik Polen" anerkennen – wenn auch nur für zehn Jahre. Zwar lehnte die Bundesregierung den Vorschlag Ulbrichts ab, doch die polnische Regierung reagierte mit einer Protestnote an das Außenministerium der DDR, da sie in dem Vorstoß Ulbrichts den polnischen Rechtsstandpunkt in bezug auf die Grenze beeinträchtigt sah.

Nach der Unterzeichnung der Ostverträge durch die Bundesrepublik und die Sowjetunion im August 1970 und Polen im Dezember 1970 ging auch die zweite Phase der DDR-Politik gegenüber Polen zu Ende. Gomułka mußte im Dezember 1970 wegen der blutigen Niederwerfung der Arbeiterproteste an der polnischen Ostseeküste aus der Politik ausscheiden. Auch die Stellung Ulbrichts im Politbüro der SED wurde geschwächt. Anfang Mai 1971 mußte er den Posten des Ersten Sekretärs des Zentralkomitees der SED an Erich Honecker übergeben. Ulbricht wurde nicht zuletzt die Belastung der Beziehungen zu Polen vorgeworfen. Nach der Anklageschrift von Hermann Axen, dem Sekretär des Zentralkomitees der SED für Internationale Verbindungen, soll Ulbricht während einer Auseinandersetzung mit Gomułka am 2. Dezember 1969 in Moskau unter anderem wörtlich gesagt haben: „Auch wenn Ihr Euch anstrengen werdet, Ihr werdet erst in zehn Jahren soweit sein wie wir". Derartige Äußerungen trugen zu Verstimmungen im Verhältnis zwischen der DDR und Polen bei. Die neue SED-Führung unter Erich Honecker wollte sich jedenfalls von solcher Überheblichkeit gegenüber Polens trennen.

Annäherung und Partnerschaft 1971 – 1980

In den Jahren 1971 bis 1980 trugen Erich Honecker und Edward Gierek als neue Parteiführer wesentlich zur Verbesserung des Verhältnisses ihrer Staaten bei. Sie nahmen bewußt Abstand von den Querelen und Animositäten zwischen Gomułka und Ulbricht und bemühten sich, im Rahmen der beginnenden Entspannung in den Ost-West-Beziehungen am Anfang der siebziger Jahre neue Grundlagen für die bilaterale und multilaterale Zusammenarbeit zu schaffen. Unter Leitung der SED und der PVAP sollten diesmal nicht nur die offiziellen politischen und wirtschaftlichen Beziehungen, sondern auch die gesellschaftlichen Kontakte wiederbelebt werden. Nach diesem Konzept sollte es langfristig zu einer wirklichen Annäherung zwischen der DDR und Polen in allen Bereichen kommen.

Eine der wichtigsten Entscheidungen fiel bereits am 25. November 1971. In einer Vereinbarung einigten sich beide Regierungen über die Öffnung der Grenze ab Januar 1972: Die Bürger beider Länder konnten sich nun ohne Kontrolle frei bewegen, was ein außerordentliches Experiment im Bereich des gesamten Ostblocks war. Die Hintergründe für die Zustimmung der DDR-Führung zu dieser Vereinbarung lagen sicherlich einerseits in den Erfordernissen des Entspannungsprozesses, andererseits in dem Konzept der „Abgrenzungspolitik" gegenüber der Bundesrepublik. Die Bürger der DDR sollten sich nicht in Richtung Westen, sondern in Richtung Osten frei bewegen können. Wegen der Überlastung des DDR-Marktes durch die polnischen Touristen sahen sich beide Regierungen jedoch schon nach einem Jahr gezwungen, Einschränkungen im Reiseverkehr zwischen Polen und der DDR vorzunehmen, doch blieb die offene Grenze bis 1980 eine der wichtigsten Errungenschaften in den beiderseitigen Beziehungen.

Nach den offiziellen Statistiken kamen 1970 aus der DDR 539.000 Besucher nach Polen, 1980 waren es 3.403.000. Die polnischen Besucher in der DDR zählten 174.000 im Jahr 1970 und 3.784.000 im Jahr 1980. Schätzungsweise besuchten 1972 bis 1980 durchschnittlich pro Jahr etwa sechs Millionen Polen die DDR und vier Millionen DDR-Bürger Polen. Es läßt sich schwer bewerten, welche Auswirkung die Öffnung der Grenze auf das Verhältnis zwischen den Deutschen in der DDR und Polen hatte. Durch die zahlreichen Begegnungen entstanden einerseits auf privater Ebene viele Freundschaften – darunter etwa 10.000 Ehen, die im Grenzgebiet geschlossen wurden –, andererseits führten die Kontakte auch zur Verstärkung der Vorurteile. Möglicherweise fehlte es an einer geeigneten Infrastruktur und gemeinsamen Erfahrungen, wie man in der neuen Lage miteinander umgehen sollte.

Die neue Stimmungslage in den politischen Beziehungen fand ihren Ausdruck in einer „Erklärung über die Verstärkung der Freundschaft und die Vertiefung der Zusammenarbeit zwischen der DDR und der Volksrepublik Polen", die am 20. Juni 1973 durch die Partei- und Regierungschefs bei-

Erich Honecker (links) empfängt 1973 Edward Gierek in Ost-Berlin. Zum Abschluß des Besuches verabschieden beide Politiker eine Freundschafts-deklaration.

Erich Honecker (z lewej) przyjmuje w 1973 Edwarda Gierka w Berlinie Wschodnim. Pod koniec wizyty obaj politycy uchwalają deklarację przyjaźni.

Die Grenzen öffnen sich: 1972 wird der visafreie Reiseverkehr zwischen der DDR und Polen eingeführt.

Otwarcie granic: w 1972 zostaje wprowadzony bezwizowy ruch między NRD i Polską.

der Länder in Berlin unterzeichnet wurde. In den nächsten Monaten und Jahren unternahmen beide Seiten große Anstrengungen, um den Inhalt der „Erklärung" in die Praxis umzusetzen. Die Zusammenarbeit im Grenzgebiet wurde verbessert und wesentlich erweitert. Auch bei der wirtschaftlichen und technischen Kooperation gab es erste wichtige Schritte.

De facto verringerte sich der Anteil Polens am Gesamtwarenaustausch der DDR in den siebziger Jahren. War Polen noch 1970 mit 8,7 Prozent am Gesamtexport des DDR-Außenhandels beteiligt, so waren es 1980 nur noch sieben Prozent. Beim Import der DDR sank der Anteil Polens in den gleichen Jahren von 6,1 Prozent auf 5,9 Prozent. Die innere Versorgungskrise und die Auslandsverschuldung Polens seit Mitte der siebziger Jahre brachten die Aussichten auf Vertiefung der wirtschaftlichen und wissenschaftlichen Kooperation mit der DDR zu keinem Erfolg.

Als neue Grundlage für die vertragliche Zusammenarbeit zwischen Polen und der DDR galt der am 28. Mai 1977 in Berlin unterzeichnete Freundschafts- und Beistandsvertrag. Er trug der neuen internationalen und bilateralen Lage Rechnung, ohne jedoch die damit verbundenen Erwartungen zu erfüllen. Die DDR-Führung zeigte nach Durchbrechen der internationalen Isolierung in der ersten Hälfte der siebziger Jahre immer weniger Interesse an einer praktischen Zusammenarbeit mit Polen. Sie paßte sich statt dessen verstärkt der sowjetischen Außen- und Sicherheitspolitik an und unternahm zusätzlich große Anstrengungen, den innerdeutschen Handel zu erweitern und die Kooperation mit der Bundesrepublik voranzutreiben. Am Ende der siebziger Jahre zeigte die DDR-Führung noch weniger Interesse an der Zusammenarbeit mit Polen, da sie ihr Ziel, mit der Zeit zum wichtigsten Bündnispartner der Sowjetunion aufzusteigen, erreicht hatte. Nun wartete sie nur noch auf den richtigen Moment, um diesen Status öffentlich zum Ausdruck zu bringen.

Durch die Streikwelle im Sommer 1981 in Polen und die Entstehung der freien Gewerkschaft Solidarność entstand auch für die DDR-Führung eine völlig neue Lage in den Beziehungen zu Polen. Gierek mußte zurücktreten. Die neue politische Führung erschien Honecker zu nachgiebig. In seiner berühmten Rede in Gera am 13. Oktober 1980 warnte er vor den „antisozialistischen Kräften" in Polen und drohte mit Maßnahmen zum Schutze der DDR. Gleichfalls stellte er die Unterstützung der DDR für die polnischen Kommunisten in Aussicht. Als Folge dieser Ankündigung wurde der visafreie Verkehr zwischen der DDR und Polen mit dem 30. Oktober 1980 aufgehoben. Seit diesem Zeitpunkt konnte man aus Polen private Reisen nur auf Einladung mit Bestätigung der örtlichen Polizeistellen in der DDR unternehmen. Diese Maßnahme war politisch begründet und sollte die DDR-Bevölkerung vor den „antisozialistischen Kräften" schützen. In den DDR-Medien wurde von nun an nur kritisch über Polen berichtet.

Begrenzte Zusammenarbeit 1981-1989

Die Verschärfung der politischen und wirtschaftlichen Krise in Polen 1980 bis 1981 wurde von der DDR-Führung sorgfältig beobachtet und analysiert. Aus den Akten im ehemaligen Archiv beim Zentralkomitee der SED und den Unterlagen des Beauftragten für die Unterlagen des Staatssicherheitsdienstes der ehemaligen DDR, die heute der Forschung zugänglich sind, läßt sich ein genaues Bild über die Einstellung der DDR-Führung ausmachen. Sie bewertete die Entwicklung in Polen als gefährliche „Konterrevolution" sowohl für die DDR und den Ostblock, als auch für das gesamte Europa. Nicht nur die Führung der Opposition, sondern auch die Spitze der PVAP wurde negativ betrachtet, da sie nicht mehr Herr der Lage war. Die konzeptionelle und operative Handlung der DDR-Führung gegenüber Polen diente drei Zielen: der genauen Aufklärung der Lage in Polen durch den eigenen Staatssicherheitsdienst, der Unterstützung der linientreuen Kräfte in der polnischen Führung und einem aktiven Eintreten für die Ausschaltung der polnischen oppositionellen Bewegung.

Durch sicherheitsdienstliche und diplomatische Kanäle sammelte die Führung der DDR umfangreiches Material über Polen, welches nicht nur für ihre politische Entscheidungen, sondern auch für die Propaganda und Beeinflussung der eigenen Bevölkerung von Nutzen war. Die SED-Führung hat sich ausdrücklich für eine Intervention der Warschauer Pakt-Staaten in Polen ausgesprochen, um den polnischen Kommunisten eine Hilfe im Sinne des „sozialistischen Internationalismus" zu leisten. So ist es nicht verwunderlich, daß die Einführung des Kriegszustandes durch General Wojciech Jaruzelski am 13. Dezember 1981 von der DDR-Führung ausdrücklich begrüßt und unterstützt wurde. Sie erwartete dadurch ein hartes Durchgreifen gegen die oppositionellen Kräfte und stellte sogar materielle und finanzielle Hilfsmaßnahmen in Aussicht. Politisch wurde die Rolle der DDR im Ostblock als Juniorpartner der Sowjetunion verstärkt. Anfang der achtziger Jahre stieg die DDR gleichzeitig zu einem wichtigen Gesprächspartner des Westens, vor allem der Bundesrepublik, der sich um eine Fortsetzung des Entspannungsprozesses bemühte. Man kann also sagen, daß sich die DDR im Schatten der polnischen Krise international profilieren konnte.

Seit 1982 wurden wieder politische Kontakte zwischen Ost-Berlin und der polnischen Führung aufgenommen. Es kam zu regelmäßigen Begegnungen der Spitzenpolitiker, darunter auch zwischen Honecker und Jaruzelski. Die SED-Führung setzte sich zum Ziel, die Kooperation zwischen der DDR und Polen fortzusetzen. Zu den wichtigsten Vertragsregelungen und Schwerpunkten der bilateralen Zusammenarbeit gehörten unter anderem das Abkommen über den Umweltschutz vom 9. Januar 1984, der Vertrag über den Jugendaustausch vom 24. Januar 1984, der Plan zur kulturellen und wissenschaftlichen Zusammenarbeit 1986 bis 1990 vom 17. Januar 1986 sowie das Programm für eine wirtschaftliche, wissenschaftliche und technische Zusammenarbeit bis zum Jahr 2000 vom 16. Dezember 1986.

Besonders große Aufmerksamkeit schenkten beide Seiten dem Jugendaustausch. Gemäß dem Abkommen vom Januar 1984 sollte im ersten Jahr der Umfang des Austausches der Jugendlichen für jedes Land bis 100.000 betragen und in den nächsten Jahren bis 400.000 jährlich ansteigen. Der Austausch der Jugendgruppen unter Kontrolle der Lehrer und Parteiorganisationen sollte den ideologisch-politischen Zielen dienen, die zwischen der SED und der PVAP abgestimmt wurden. Immerhin war

Freier Grenzverkehr:
Die Zahl der Reisenden zwischen der DDR und Polen steigt innerhalb eines Jahres um das Zehnfache.

Swobodny ruch graniczny: liczba podróżujących pomiędzy NRD i Polską wzrasta w ciągu jednego roku dziesięciokrotnie.

es eine große organisatorische Leistung, die Jugendlichen Jahr für Jahr zusammenzubringen.

Infolge der anhaltenden Krisenentwicklung in Polen und rapiden Verschlechterungen der wirtschaftlichen Lage in der DDR ging der gegenseitige Warenaustausch in der zweiten Hälfte der achtziger Jahre weiter zurück. War Polen noch 1985 mit 5,3 Prozent am Gesamtimport der DDR beteiligt, so waren es 1989 nur 4,4 Prozent. Auch die Beteiligung am Gesamtexport der DDR ging von 5,6 auf 4,5 Prozent im gleichen Zeitraum zurück. Ebenso sank die Zahl der polnischen Arbeitskräfte in der DDR in diesen Jahren deutlich. Die meisten gemeinsamen Kooperationsprojekte waren inzwischen eingeschränkt oder sogar fallengelassen worden. In der wirtschaftlichen Zusammenarbeit zwischen der DDR und Polen setzte sich Stagnation als klare Tendenz durch.

Zum Schluß soll noch auf zwei Streitfragen zwischen der DDR und Polen in den achtziger Jahren eingegangen werden, nämlich die Abgrenzung der Küstengewässer in der Pommerschen Bucht und die Rückgabe der nach 1945 in Polen verbliebenen Sammlungen der Preußischen Staatsbibliothek an die DDR. In der ersten Frage ging es um einen komplizierten Rechtsstreit zwischen der DDR und Polen, wobei die DDR 1984, ohne zuvor die polnische Seite informiert zu haben, einseitig ihre Küstengewässer in der Pommerschen Bucht gemäß der internationalen Seerechtskonvention von drei auf zwölf Meilen ausdehnte. Dadurch entstanden Rechtsprobleme bei der Einfahrt der Schiffe in den polnischen Hafen von Swinemünde (Świnoujście). Außerdem befanden sich auf den ausgedehnten Gewässern DDR-Kriegsschiffe, welche teilweise die polnischen Fischerboote behinderten. Alle polnischen Bemühungen, diesen Streit zu regeln, wa-

Dank per Telefon: Erich Honecker begrüßt im Dezember 1981 ausdrücklich die Einführung des Kriegsrechts in Polen.

Podziękowanie przez telefon: Erich Honecker w grudniu 1981 r. wita z wyraźnym uznaniem wprowadzenie stanu wojennego w Polsce.

„Niederschrift über ein Telefongespräch des Generalsekretärs des ZK der SED, Genossen Erich Honecker, mit dem Ersten Sekretär des ZK der PVAP, Genossen Armeegeneral Wojciech Jaruzelski, am 6.12.1981, um 20.49 Uhr.

Genosse Honecker

Guten Abend, Genosse Jaruzelski, hier spricht Honecker.
Im Namen unseres Politbüros und in meinem eigenen Namen grüße ich Dich herzlichst und möchte Dir sagen, daß es uns allen ein Bedürfnis ist, Dir in diesem entscheidenden Augenblick brüderliche Kampfesgrüße zu senden. Wir wissen um Euren schweren Kampf und die große Verantwortung, die Ihr und besonders Du, Genosse Jaruzelski, zu tragen habt.
Ich versichere Dich unserer brüderlichen Solidarität und unserer Bereitschaft, alles zu tun, damit Ihr den Sieg über die Konterrevolution erreicht und sich die Lage in Eurem Land wieder normalisiert. [...]"

Jugendaustausch zwischen der DDR und Polen: Während des jährlich stattfindenden Studentensommers erscheint die Zeitschrift „Junge Welt" als Sonderausgabe zweisprachig.

Wymiana młodzieży między NRD i Polską: podczas odbywającego się corocznie studenckiego lata ukazuje się specjalne dwujęzyczne wydanie czasopisma „Junge Welt".

ren bislang gescheitert. Erst am 22. Mai 1989 einigten sich die DDR und Polen in einem Vertrag über die Beilegung des Streites und sicherten sowohl die Hoheitsrechte der DDR als auch die freie Zufahrt der Schiffe in den Hafen. Dieser Vertrag ist auch Bestandteil des Grenzvertrages zwischen dem vereinten Deutschland und der Republik Polen vom 14. November 1990.

Die zweite Frage konnte nicht geregelt werden, da sich Polen ohne Gegenleistung der DDR weigerte, die Sammlungen zurückzugeben. Nach dem Zweiten Weltkrieg verblieben mehrere polnische Sammlungen und Kunstbestände im Privatbesitz auf dem Territorium der beiden deutschen Staaten. Jegliches Bemühen, sie nach Polen zurückzuführen, scheiterte. Demgegenüber hat sich Polen bereit erklärt, die Sammlungen der Preußischen Staatsbibliothek deutschen Wissenschaftlern für Forschungszwecke zur Verfügung zu stellen. Auch nach 1990 bliebt diese Frage in den deutsch-polnischen Beziehungen ungelöst.

Der politische Umbruch in Polen vom Sommer bis Herbst 1989 blieb nicht ohne Einfluß auf die friedliche Revolution und den Sturz der SED-Diktatur in der DDR. Obwohl die meisten DDR-Botschaftsflüchtlinge über Prag und Budapest in den Westen gelangten, fanden viele auch ihre Zuflucht in Polen. Wichtiger scheint jedoch langfristig die Tatsache zu sein, daß durch den politischen Umbruch eine neue geopolitische Lage in Ostmitteleuropa geschaffen wurde, welche bessere Voraussetzung für die Überwindung der deutschen Teilung schuf und die Auflösung des Warschauer Paktes wesentlich beschleunigte.

Ehrerbietung: Carlo Schmid nach einer Kranzniederlegung am Denkmal der Opfer des Warschauer Ghettos 1958.

Oddanie cześci: Carlo Schmid po złożeniu wieńca pod pomnikiem Ofiar Warszawskiego Getta w 1958 r.

Zeichen der Versöhnung

Das deutsch-polnische Verhältnis im Spiegel politischer Begegnungen

Helene Thiesen

Das leidvolle Kapitel der NS-Zeit belastet das deutsch-polnische Verhältnis seit 1945 in besonderer Weise. Die Verbrechen der NS-Herrschaft, Vertreibung und Aussiedlung hatten derartig tiefe Gräben zwischen den beiden Nachbarn aufgerissen, daß eine Politik der Annäherung und Verständigung nur auf der Grundlage moralischer Kategorien von Schuld und Vergebung erfolgen konnte. Zwar bestimmten politische Rahmenbedingungen, die Blockzugehörigkeit und die deutsche Frage weitgehend die Möglichkeiten und Grenzen eines Dialoges zwischen Deutschen und Polen – weit schwerer wog jedoch die Frage, wie man sich der Verantwortung für das Vergangene stellte.

In den ersten Jahren nach Kriegsende waren Besuche von bundesdeutschen und polnischen Politikern lediglich als „Privatreisen" möglich, da keine diplomatischen Beziehungen zwischen der Bundesrepublik Deutschland und Polen bestanden. Erst der Warschauer Vertrag von 1970 schuf die Grundlagen für offizielle Begegnungen auf Staatsebene.

Um dem Bedürfnis nach Versöhnung zwischen Deutschen und Polen Ausdruck zu verleihen, versuchten Politiker der Bundesrepublik in allen Phasen der außenpolitischen Beziehungen nach 1945, trotz gravierender Belastungen durch den Ost-West-Konflikt, bei ihren Besuchen in Polen an den Gedenkstätten der Vergangenheit wirkungsvolle Zeichen zu setzen. Dies geschah nicht allein durch offizielle Erklärungen, Reden und Ansprachen, in denen sie sich mit der Vergangenheit auseinandersetzten, sondern vor allem durch symbolische Handlungen. Absicht und Wirkung dieser politischen Symbole werden exemplarisch herausgestellt an den Besuchen dreier bundesdeutscher Politiker. Diese markieren zentrale Stationen auf dem Weg zur Versöhnung zwischen den beiden Nachbarn Deutschland und Polen: Die Entwicklung von der Konfrontation in Zeiten des Kalten Krieges über die Entspannungspolitik und den Beginn eines Dialoges bis hin zur Versöhnung und Annäherung in jüngster Zeit.

Problembelastete „private Reise"

Als einer der ersten bundesdeutschen Politiker reist der SPD-Politiker und Vizepräsident des Deutschen Bundestages Carlo Schmid im März 1958 nach Warschau. Die Reise Schmids erfolgt unter den Bedingungen des Kalten Krieges: Offizielle Kontakte zwischen der Bundesrepublik und der Volksrepublik Polen bestehen nicht. Vor allem der Streit um die Oder-Neiße-Grenze, die Polen anerkannt sehen will und die von der Bundesregierung als „offene Frage" bis zum Abschluß eines künftigen Friedensvertrages betrachtet wird, und die sogenannte Hallstein-Doktrin verhindern die Aufnahme diplomatischer Beziehungen. Schmid kann daher nur als Privatmann auf Einladung zu einem Vortrag an der Universität Warschau reisen.

Auch auf das problembelastete deutsch-deutsche Verhältnis muß Rücksicht genommen werden. Für die Reise nach Warschau erhält Schmid daher von der polnischen Militärmission in Berlin ein Sondervisum für die DDR als separates Reisepapier, das nicht in seinen Diplomatenpaß eingetragen werden muß. Ein solcher Eintrag im Paß eines hochrangigen bundesdeutschen Politikers hätte nämlich als indirekte Anerkennung der Staatshoheit der DDR interpretiert werden können. Kurz vor der Rückkehr in die Bundesrepublik wird von seiten der DDR in Warschau signalisiert, daß das Sondervisum bei der Rückreise nicht mehr anerkannt werde – ein neues Visum könne nur auf schriftlichen Antrag ausgestellt werden. Carlo Schmid entschließt sich daraufhin, über Kopenhagen in die Bundesrepublik zurückzufliegen.

Obwohl offiziell als Privatreise deklariert, ist der Besuch des SPD-Politikers politischer Natur. Das innenpolitische „Tauwetter" infolge des „Polnischen Oktobers" und die Vorschläge des polnischen Außenministers Adam Rapacki über eine atomwaffenfreie Zone in Mitteleuropa wecken Hoffnungen, daß Bewegung in die verhärteten Fronten kommen könne. Während die Regierung Adenauer zurückhaltend reagiert, sind die Oppositionsparteien SPD und FDP trotz der Gefahr des Verlustes an Glaubwürdigkeit, der Aufgabe des Wiedervereinigungsanspruches und einer Präjudizierung der künftigen Grenzfrageregelung geneigt, dem Wunsch Warschaus nach Aufnahme diplomatischer Beziehungen entgegenzukommen. In Unterredungen mit polnischen Politikern findet Schmid Gelegenheit, die Haltung Warschaus zu sondieren und Gesprächsbereitschaft von seiten der SPD über die Einrichtung diplomatischer Vertretungen sowie mögliche Zustimmung zum Rapacki-Plan zu signalisieren.

Während seines Besuchs trifft Schmid auf Ressentiments, die das Bild der Deutschen in Polen prägen: Vorwürfe des Militarismus und Angst vor einer Revision der polnischen Westgrenze. Er versucht diese Vorurteile nicht nur in Gesprächen mit polnischen Politikern zu korrigieren, sondern

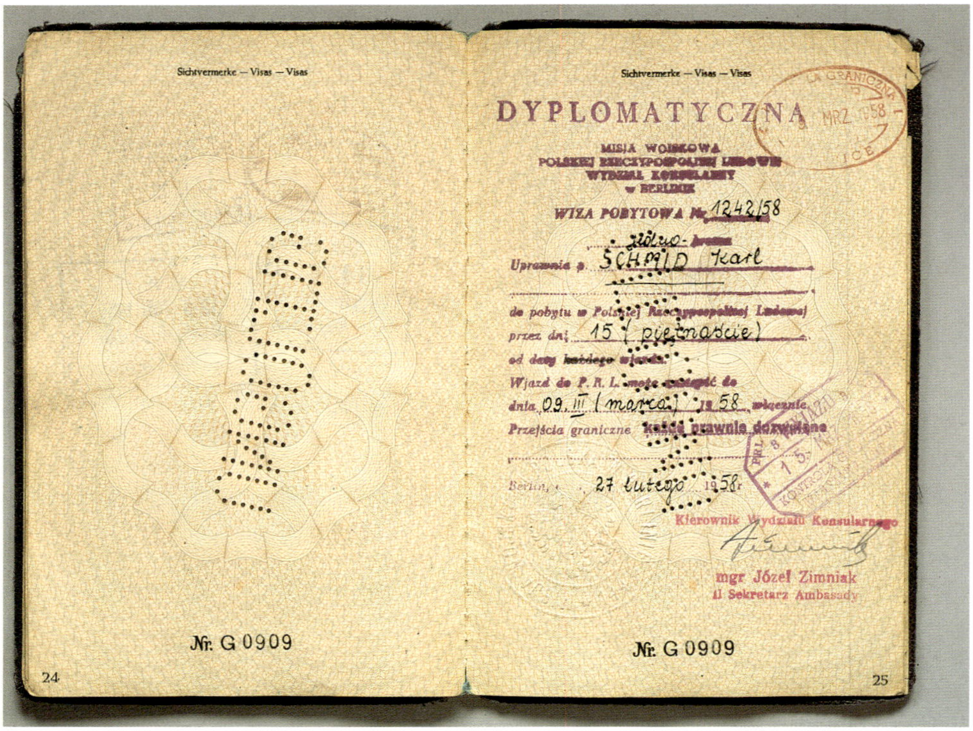

Diplomatenpaß von Carlo Schmid: Das polnische Visum für die Reise 1958 ist eingetragen, ein Transit-Visum für die DDR fehlt jedoch.

Paszport dyplomatyczny Carlo Schmida: widoczna jest polska wiza na podróż w 1958, brak jednakże wizy tranzytowej dla NRD.

verdeutlicht das Bild eines „anderen Deutschland" durch symbolische Handlungen. Aus den Stationen seines Besuches, die Schmid frei wählen kann, ist ersichtlich, daß dieser bewußt seine persönliche Haltung gegenüber der Vergangenheit dokumentieren will. Gleich am ersten Tag seines Aufenthaltes in Warschau legt er am Denkmal der Opfer des Warschauer Ghettos einen Kranz nieder. Auch ein Besuch der Gedenkstätte des ehemaligen Konzentrationslagers Auschwitz steht auf seinem Besuchsprogramm, wegen Unpassierbarkeit der Straßen muß er dieses Vorhaben jedoch aufgeben.

Am letzten Tag seiner Reise besucht Schmid das ehemalige Gestapo-Gefängnis in Warschau. Hier legt er Blumen an der Ehrentafel der Opfer nieder und schreibt in das Gästebuch: „Mit tiefer Beschämung an diesem Ort der Schande, im Vertrauen auf eine Zukunft der Menschlichkeit. Carlo Schmid, Vizepräsident des Bundestages." Deutliche Worte findet er auch in seinem Vortrag vor Professoren der Warschauer Universität, in dem er die an Polen verübten Verbrechen der nationalsozialistischen Zeit bekennt und für den gemeinsamen Aufbau einer menschlichen Welt plädiert.

In Polen findet der Besuch Schmids, der den Vorschlägen Warschaus entgegenkommt, ein positives Echo. Nicht zuletzt durch seine Haltung gegenüber der Vergangenheit gewinnt Schmids Absicht, eine Versöhnung zwischen den Nachbarn Deutschland und Polen in die Wege zu leiten, trotz bestehender Vorbehalte an Glaubwürdigkeit. Eine andere Reaktion erwartet Carlo Schmid, als er der deutschen Öffentlichkeit nach Rückkehr in die Bundesrepublik seine Erfahrungen in Polen in Interviews und Berichten zu vermitteln versucht. Bereits vor Antritt seiner Reise war sich der SPD-Politiker bewußt, daß sein Besuch in Warschau nicht auf einhellige Zustimmung stoßen würde. „Daß mein Entschluß Mißverständnissen ausgesetzt sein, daß man meinen Patriotismus in Zweifel ziehen würde, war vorauszusehen", so Schmid in seinen Memoiren. Die härtesten Vorwürfe erwarten ihn von seiten der Vertriebenen. Diese richten sich gegen den nicht deutlich genug formulierten Verweis auf polnische Verbrechen in Zusammenhang mit Flucht und Vertreibung aus den ehemaligen deutschen Ostgebieten. In der Bundestagsdebatte am 21. März 1958 kommt der Abgeordnete der konservativen Deutschen Partei Herbert Schneider sogar zu der Beurteilung, daß „Herr Professor Carlo Schmid dort vielleicht in etwas übertriebener Weise der Selbstbezichtigung gehuldigt" habe. Schmid wird vorgeworfen, daß er die nationale Würde verletzt habe.

In Zeiten des Kalten Krieges haben Schmids Bemühungen für eine Verständigung angesichts der festgefügten Bilder vom Nachbarn, die von den Schatten der Vergangenheit geprägt sind, noch geringen Erfolg. Dennoch setzt er ein Zeichen für den Versöhnungswillen der Deutschen als Option für die Zukunft.

Erster Staatsbesuch in Polen

Im Dezember 1970 reist Bundeskanzler Willy Brandt als erster bundesdeutscher Regierungschef zu einem Staatsbesuch nach Polen. Seit den sechziger Jahren hat sich das Klima zwischen der Bundesrepublik und Polen gewandelt. Veränderungen im Verhältnis zwischen den beiden Blöcken hin zu einer partiellen Kooperation trotz eines weiter bestehenden grundsätzlichen Antagonismus eröffnen neue Möglichkeiten für eine Entspannungspolitik. Diese Neuorientierung, die bereits von der Regierung Adenauer 1962 eingeleitet und von der großen Koalition fortgeführt wird, erhält starke Impulse durch gesellschaftliche Gruppen in der Bundesrepublik, vor allem durch die Kirchen. 1970 kann die sozialliberale Koalition durch den Moskauer Vertrag die Grundlage für eine Ostpolitik legen, die eine Normalisierun der Beziehungen zu

Historische Aufnahme: Willy Brandt kniet 1970 vor dem Ehrenmal an der Gedenkstätte des Warschauer Ghettos.

Historyczne zdjęcie: Willy Brandt klęczy w 1970 r. przed pomnikiem Getta Warszawskiego.

den östlichen Nachbarn und zur DDR zum Ziel hat. Die Verbesserung der Beziehungen zwischen der Bundesrepublik und Polen erweist sich als besonders schwierig, da stets der Vorherrschaft der Sowjetunion Tribut gezahlt werden muß. Daher ist der Moskauer Vertrag die politische Voraussetzung für den Abschluß des Warschauer Vertrages, in dem die Oder-Neiße-Grenze vorbehaltlich der Zustimmung des geeinten Deutschlands und des formellen Abschlusses einer abschließenden Friedensregelung als rechtsverbindlich anerkannt werden soll.

Bei seinem offiziellen Besuch in Polen will der Bundeskanzler nach Abschluß der Verhandlungen den Warschauer Vertrag unterzeichnen. Dieser ist in der Bundesrepublik wie auch in Polen nicht unumstritten. Während die vertragsrechtlichen Regelungen der polnischen Seite noch nicht weitreichend genug sind, halten viele Bundesbürger den Vertrag für ein zu großes Zugeständnis an Polen. Die Opposition befürchtet, durch den Vertrag die polnische Westgrenze festzuschreiben und damit das Ziels einer künftigen Einheit Deutschlands aufzugeben. Die Diskussion um den Vertrag läßt Ressentiments auf polnischer und deutscher Seite aufleben. Um so mehr gewinnt die Frage an Bedeutung, wie glaubwürdig die Politik einer Normalisierung und Verständigung ist, die die Regierung Brandt anstrebt.

Bei seinem Besuch in Warschau macht Willy Brandt der Weltöffentlichkeit deutlich, daß er bei der Unterzeichnung des Vertrages keineswegs einen Schlußstrich unter die Vergangenheit ziehen will, sondern daß für ihn der Prozeß der Normalisierung der deutsch-polnischen Beziehungen mit dem Erinnern beginnt. Am Grabmal des Unbe-

kannten Soldaten legt Brandt dem Protokoll entsprechend einen Kranz nieder. Das weitere Besuchprogramm vermerkt auf Wunsch des Kanzlers eine Kranzniederlegung an der Gedenkstätte des Warschauer Ghettos. Brandt gestaltet diesen Gang zu einer historischen Szene. Langsam schreitet er auf das jüdische Mahnmal zu, zieht mit zeremoniellem Griff die Kranzschleifen zurecht – und sinkt dann plötzlich auf die Knie. Minutenlang verharrt er im Blitzlicht der offenbar überraschten, herbeistürzenden Reporter. „Ich hatte nichts geplant, aber Schloß Wilanów, wo ich untergebracht war, in dem Gefühl verlassen, die Besonderheit des Gedenkens am Ghetto-Monument zum Ausdruck bringen zu müssen. Am Abgrund der deutschen Geschichte und unter der Last der Millionen Ermordeten tat ich, was Menschen tun, wenn die Sprache versagt“, erinnert sich Brandt in seinen Memoiren.

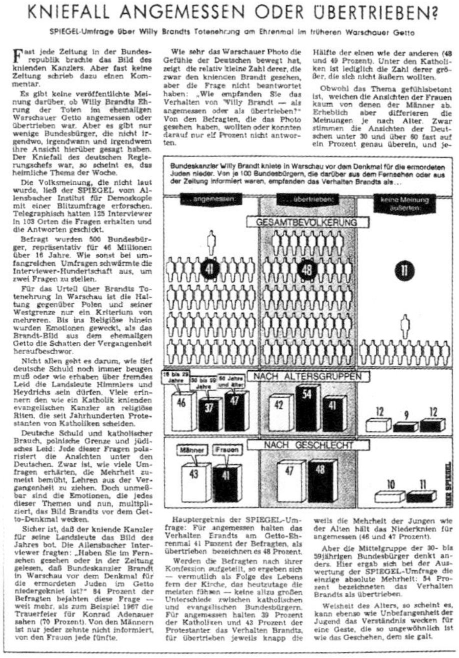
KNIEFALL ANGEMESSEN ODER ÜBERTRIEBEN?

SPIEGEL-Umfrage über Willy Brandts Totenehrung am Ehrenmal im früheren Warschauer Getto

Fast jede Zeitung in der Bundesrepublik brachte das Bild des knienden Kanzlers. Aber fast keine Zeitung schrieb dazu einen Kommentar.

Es gibt keine veröffentlichte Meinung darüber, ob Willy Brandts Ehrung der Toten im ehemaligen Warschauer Getto angemessen oder übertrieben war. Aber es gibt nur wenige Bundesbürger, die nicht irgendwo, irgendwann und irgendwem ihre Ansicht hierüber gesagt haben. Der Kniefall des deutschen Regierungschefs war, so scheint es, das heimliche Thema der Woche.

Die Volksmeinung, die nicht laut wurde, ließ der SPIEGEL vom Allensbacher Institut für Demoskopie mit einer Blitzumfrage erforschen. Telegraphisch hatten 125 Interviewer in 103 Orten die Fragen erhalten und die Antworten geschickt.

Befragt wurden 500 Bundesbürger, repräsentativ für 46 Millionen über 16 Jahre. Wie sonst bei umfangreichen Umfragen schwärmte die Interviewer-Hundertschaft aus, um zwei Fragen zu stellen.

Für das Urteil über Brandts Totenehrung in Warschau ist die Haltung gegenüber Polen und seiner Westgrenze nur ein Kriterium von mehreren. Bis ins Religiöse hinein wurden Emotionen geweckt, als das Brandt-Bild aus dem ehemaligen Getto die Schatten der Vergangenheit heraufbeschwor.

Nicht allen geht es darum, wie tief deutsche Schuld noch immer beugen muß oder wie erhaben über fremdes Leid die Landsleute Himmlers und Heydrichs sein dürfen. Viele erinnern den wie ein Katholik knienden evangelischen Kanzler an religiöse Riten, die seit Jahrhunderten Protestanten von Katholiken scheiden.

Deutsche Schuld und katholischer Brauch, polnische Grenze und jüdisches Leid: Jede dieser Fragen polarisiert die Ansichten unter den Deutschen. Zwar ist, wie viele Umfragen erhärten, die Mehrheit zumeist bemüht, Lehren aus der Vergangenheit zu ziehen. Doch unmeßbar sind die Emotionen, die jedes dieser Themen und nun, multipliziert, das Bild Brandts vor dem Getto-Denkmal wecken.

Sicher ist, daß der kniende Kanzler für seine Landsleute das Bild des Jahres bot. Die Allensbacher Interviewer fragten: „Haben Sie im Fernsehen gesehen oder in der Zeitung gelesen, daß Bundeskanzler Brandt in Warschau vor dem Denkmal für die ermordeten Juden im Getto niedergekniet ist?“ 84 Prozent der Befragten bejahten diese Frage — weit mehr, als zum Beispiel 1967 die Trauerfeier für Konrad Adenauer sahen (70 Prozent). Von den Männern ist nur jeder zehnte nicht informiert, von den Frauen jede fünfte.

Wie sehr das Warschauer Photo die Gefühle der Deutschen bewegt hat, zeigt die relativ kleine Zahl derer, die zwar den knienden Brandt gesehen, aber die Frage nicht beantwortet haben: „Wie empfanden Sie das Verhalten von Willy Brandt — als angemessen oder als übertrieben?“ Von den Befragten, die das Photo gesehen haben, wollten oder konnten darauf nur elf Prozent nicht antworten.

Hälfte der einen wie der anderen (48 und 49 Prozent). Unter den Katholiken ist lediglich die Zahl derer größer, die sich nicht äußern wollten.

Obwohl das Thema gefühlsbetont ist, weichen die Ansichten der Frauen kaum von denen der Männer ab. Erheblich aber differieren die Meinungen je nach Alter. Zwar stimmen die Ansichten der Deutschen unter 30 und über 60 fast auf ein Prozent genau überein, und je-

Bundeskanzler Willy Brandt kniete in Warschau vor dem Denkmal für die ermordeten Juden nieder. Von je 100 Bundesbürgern, die darüber aus dem Fernsehen oder aus der Zeitung informiert waren, empfanden das Verhalten Brandts als …

	… angemessen:	… übertrieben:	keine Meinung äußerten:
GESAMTBEVÖLKERUNG	41	48	11
NACH ALTERSGRUPPEN: 16 bis 29 Jahre	46	42	12
30 bis 59 Jahre	37	54	9
60 Jahre und älter	47	41	12
NACH GESCHLECHT: Männer	43	47	10
Frauen	41	48	11

DER SPIEGEL

Hauptergebnis der SPIEGEL-Umfrage: Für angemessen halten das Verhalten Brandts am Getto-Ehrenmal 41 Prozent der Befragten, als übertrieben bezeichnen es 48 Prozent.

Werden die Befragten nach ihrer Konfession aufgeteilt, so ergeben sich — vermutlich als Folge des Lebens fern der Kirche, das heutzutage die meisten führen — keine allzu großen Unterschiede zwischen katholischen und evangelischen Bundesbürgern. Für angemessen halten 39 Prozent der Katholiken und 43 Prozent der Protestanten das Verhalten Brandts, für übertrieben jeweils knapp die

weils die Mehrheit der Jungen wie der Alten hält das Niederknien für angemessen (46 und 47 Prozent).

Aber die Mittelgruppe der 30- bis 59jährigen Bundesbürger denkt anders. Hier ergab sich bei der Auswertung der SPIEGEL-Umfrage die einzige absolute Mehrheit: 54 Prozent bezeichneten das Verhalten Brandts als übertrieben.

Weisheit des Alters, so scheint es, kann ebenso wie Unbefangenheit der Jugend das Verständnis wecken für eine Geste, die so ungewöhnlich ist wie das Geschehen, dem sie galt.

Allensbacher Umfrage-Ergebnisse in der Wochenzeitschrift „Der Spiegel“ zeigen: Der Kniefall des Bundeskanzlers ist in der Bundesrepublik umstritten.

Wyniki ankiety Instytutu Allensbacha przedstawione w tygodniku „Der Spiegel“: gest padnięcia na kolana Kanclerza jest w Republice Federalnej kwestią sporną.

Der Kniefall von Warschau wird von vielen Polen und Deutschen als Symbol der Verantwortung vor der Geschichte und als Aufforderung zur Versöhnung verstanden. Doch er ist auch umstritten, weckt tiefe Emotionen. Das Wochenmagazin „Der Spiegel” beauftragt beim Allensbacher Institut für Demoskopie eine Umfrage. Auf die Frage „Wie empfinden Sie das Verhalten von Willy Brandt – angemessen oder übertrieben?” halten 41 Prozent der Befragten den Kniefall für angemessen, 48 Prozent für übertrieben, 11 Prozent äußern keine Meinung. Ob die Haltung Brandts gegenüber der Vergangenheit oder lediglich die Verwendung der religiös geprägten Symbolik des Kniefalls in säkularem Zusammenhang ausschlaggebend für die Bewertung der Befragten ist, muß offen bleiben.

Während die meisten westdeutschen Zeitungen Bilder vom Kniefall Brandts auf der Titelseite präsentieren, sucht man entsprechende Fotos in der polnischen Presse vergebens. Lediglich die in jiddischer Sprache erscheinende Warschauer „Folks-Sztyme” druckt als einzige Zeitung auf Seite Zwei ein Foto des knienden Kanzlers. Es liegt nahe, daß die kommunistische Partei und Regierung Polens nicht mit einer Veröffentlichung der symbolträchtigen Geste das Bild eines „anderen Deutschland” unterstreichen wollte. Dieses hätte bislang vorherrschende und ständig propagierte Klischees, die man zum Zweck eigener Machtsicherung instrumentalisiert hatte,

„Das neue Deutschlandbild“: Die Wirkung der Reise Willy Brandts nach Polen im Spiegel der Karikatur von Klaus Pielert.

„Nowy obraz Niemiec“: rezultat podróży Willy Brandta do Polski w karykaturze Klausa Pielerta.

Das neue Deutschlandbild

Zeichnung Pielert

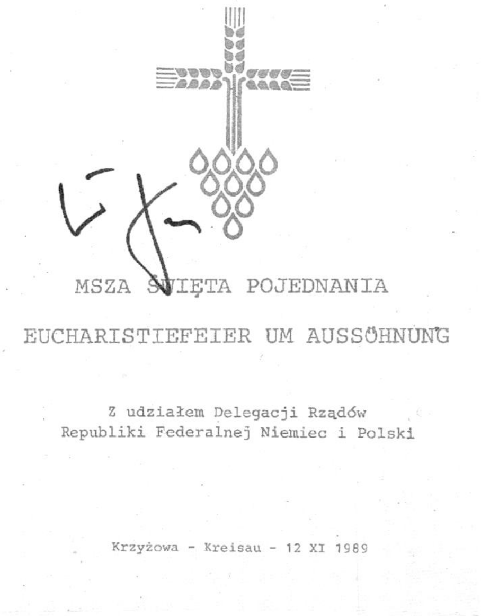

MSZA ŚWIĘTA POJEDNANIA

EUCHARISTIEFEIER UM AUSSÖHNUNG

Z udziałem Delegacji Rządów
Republiki Federalnej Niemiec i Polski

Krzyżowa - Kreisau - 12 XI 1989

Signiert von Bundeskanzler Helmut Kohl: Heft mit Lieder- und Gebetstexten der „Eucharistiefeier um Aussöhnung" in Kreisau 1989.

Podpis kanclerza federalnego Helmuta Kohla: zeszyt z tekstami pieśni i modlitw na „Eucharystyczne Święto ku Czci Pojednania" w Krzyzowej w 1989.

verdrängt. Dennoch hat sich bei vielen Deutschen und Polen das Bild vom Kniefall Willy Brandts als Ikone einer von moralischen Grundsätzen geleiteten Politik der Annäherung zwischen den beiden Nachbarn eingeprägt.

Neue Phase der Nachbarschaft

Bundeskanzler Helmut Kohl trifft am 9. November 1989 zu einem sechstägigen offiziellen Besuch in Polen ein. Die politischen Konstellationen haben sich für die Bundesrepublik und Polen seit den siebziger Jahren erneut entscheidend verändert. Vor allem das Erstarken der Demokratiebewegung in Polen – mit Tadeusz Mazowiecki steht zum ersten Mal ein durch den Sejm gewählter nicht-kommunistischer Ministerpräsident an der Spitze der Regierung – und der Wandel im gesamten Ostblock bringen Bewegung in die politische Landschaft, eröffnen neue Möglichkeiten der Kommunikation und des Austauschs zwischen den Nachbarn.

Mit seiner Reise nach Polen will Helmut Kohl diese Entwicklung nachhaltig unterstützen. In Warschau unterzeichnet er gemeinsam mit Mazowiecki eine Erklärung, in der die Bundesregierung Polen Unterstützung bei der Bewältigung wirtschaftlicher Probleme zusichert, Polen hingegen der deutschen Minderheit – bisher ein polnisches Tabu bei allen bilateralen Vereinbarungen – größere Rechte garantiert. Vor allem aber will der Kanzler zur deutsch-polnischen Versöhnung beitragen. Auch er stellt, wie zuvor Willy Brandt, Handlungen mit symbolischem Charakter in den Vordergrund seines Besuches. In Warschau legt er Kränze am Grab des Unbekannten Soldaten und an der Gedenkstätte für den Aufstand im jüdischen Ghetto nieder, besucht die Gedenkstätte des ehemaligen Konzentrationslagers in Auschwitz.

Noch immer belasten die polnische Forderung nach einer endgültigen Anerkennung der polnischen Westgrenze und die damit verbundenen Ängste der Vergan-

Geste der Versöhnung: Ministerpräsident Tadeusz Mazowiecki und Bundeskanzler Helmut Kohl umarmen sich im liturgischen Friedensgruß.

Gest pojednania: premier Tadeusz Mazowiecki i kanclerz Helmut Kohl pozdrawiają się w liturgicznym uścisku pokoju.

Ehrung der Opfer des Nationalsozialismus: Bundeskanzler Helmut Kohl besucht die Gedenkstätte des ehemaligen Konzentrationslagers Auschwitz.

Oddanie czci ofiarom narodowego socjalizmu: kanclerz Helmut Kohl odwiedza miejsce pamiątkowe byłego obozu koncentracyjnego w Oświęcimiu.

genheit das Verhältnis zwischen den Nachbarn. Deutlich wird dies, als ein von der Bundesregierung vorgeschlagener Besuch des Annaberges, Symbol der Auseinandersetzungen zwischen Polen und Deutschen um Oberschlesien nach dem Ersten Weltkrieg, von polnischer Seite als unangemessene Reminiszenz verstanden und abgelehnt wird. Wie stark jedoch der Wunsch der polnischen Regierung nach Versöhnung mit dem Nachbarn ist, dokumentiert der Vorschlag Tadeusz Mazowieckis, statt dessen gemeinsam mit Helmut Kohl an einer „Eucharistiefeier um Aussöhnung" im niederschlesischen Kreisau teilzunehmen, an dem Ort, der Symbol für den Widerstand um Helmuth Graf von Moltke gegen den Nationalsozialismus ist und somit für das „andere Deutschland" steht.

Mit ihrer gemeinsamen Teilnahme an der katholischen Messe bestätigen die beiden Staatsmänner die für Polen und Deutsche gleichermaßen gültige Zugehörigkeit zur christlich-abendländischen Tradition und setzen ein Zeichen der Gemeinsamkeit für ein zukünftiges geeintes Europa. Im liturgischen Friedensgruß umarmen sich die beiden Politiker: ein Bild christlicher Versöhnung, das man in seiner Symbolträchtigkeit mit den Bildern der Umarmung von Charles de Gaulle und Konrad Adenauer auf den Stufen der Kathedrale von Reims vergleichen kann und dessen Bedeutung sowohl in der Bundesrepublik als auch in Polen verstanden wurde.

Die dramatischen Ereignisse um den Zusammenbruch der Mauer begleiten den Aufenthalt Helmut Kohls in Polen – der Bundeskanzler unterbricht seine Visite für 24 Stunden, um in Bonn und Berlin anwesend zu sein – und signalisieren gleichzeitig den Beginn eines Einigungsprozesses der Deutschen. Bei allen ambivalenten Gefühlen, die die Wiedervereinigung bei den Polen zunächst noch einmal auslöst, schafft sie neue Grundlagen für die Annäherung. Der Abschluß der Verträge 1990/91 markiert den Beginn einer neuen Phase der Nachbarschaft zwischen Deutschen und Polen.

Beschluß der Potsdamer Konferenz: Die Westverschiebung der polnischen Grenzen nach Ende des Zweiten Weltkriegs 1945.

Postanowienie Konferencji Poczdamskiej: przesunięcie na zachód polskich granic po zakończeniu drugiej wojny światowej w 1945.

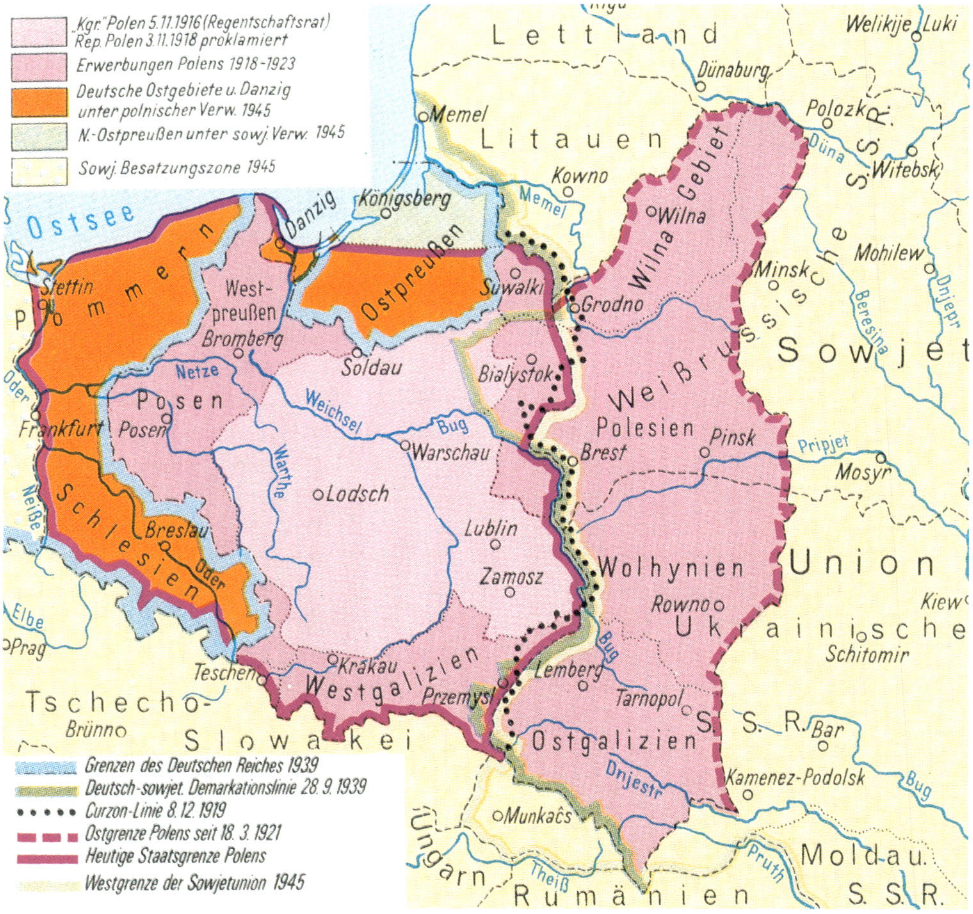

Angst vor einem übermächtigen Nachbarn

Polen und die deutsche Frage 1945 bis 1989

Andrzej Sakson

Noch bis vor kurzem besaß die deutsche Frage für Polen eine ungewöhnlich weitreichende Bedeutung. Wegen der Westverschiebung des polnischen Staatsgebietes im Jahre 1945 konnte ohne eine Regelung dieser Frage und ohne definitive Anerkennung der neuen Westgrenze Polens durch das vereinigte Deutschland von einem vollkommen normalen Funktionieren des Staates und einem Gefühl der Sicherheit unter den Millionen Polen, die auf dem Gebiet der ehemaligen Ostprovinzen Deutschlands leben, kaum die Rede sein.

Das Verhältnis der Polen zur deutschen Frage und zu Deutschland selbst hat im Laufe der Nachkriegszeit eine grundlegende Entwicklung erfahren. Wie bedeutsam diese Frage war, wird durch die Tatsache belegt, daß man in Polen von einem „deutschen Syndrom" sprach. Darunter ist eine spezifische Sensibilisierung der polnischen Gesellschaft für die Deutschen und ihren Staat zu verstehen, die sich im privaten wie im öffentlichen Bereich in einer Einstellung und in Verhaltensweisen niederschlägt, die das Produkt der Erfahrungen vieler Generationen von Polen sind. Dieses Syndrom umfaßt sowohl die Erinnerung an früher erlittenes Unrecht und Leid als auch einen Respekt vor der ökonomischen und zivilisatorischen Stärke Deutschlands, der allzu oft nicht weit von einem Minderwertigkeitskomplex entfernt ist.

Von grundlegender Bedeutung für das Verhältnis der Polen zur deutschen Frage waren verschiedene Faktoren, darunter vor allem die historischen Erfahrungen mit den wechselseitigen Kontakten – besonders in der Zeit des Zweiten Weltkriegs – die neue Festlegung der Nachkriegsgrenzen, die Zugehörigkeit Polens zu den Staaten des Sowjetblocks, die wachsende wirtschaftliche und politische Stärke der Bundesrepublik Deutschland, der allmähliche zivilisatorische Kollaps Polens sowie die direkten und indirekten Kontakte mit Deutschen.

Das Verhältnis Polens zur deutschen Frage läßt sich auf zwei Ebenen aufzeigen. Die erste bildet die offizielle Politik der staatlichen Behörden, also der kommunistischen Partei in den Jahren 1945 bis 1989 und der späteren, aus demokratischen Wahlen hervorgegangenen Regierungen. Die zweite Ebene kann man in den Einstellungen der polnischen Gesellschaft sehen, darunter vor allem ihrer meinungsbildenden Kreise, die durch die katholische Kirche, die antikommunistische Opposition und bestimmte Intellektuellenzirkel geprägt wurden. Die unmittelbare Nachkriegszeit war gekennzeichnet von einer weitgehenden Deckungsgleichheit der Einstellungen von Behörden und Gesellschaft zur deutschen Frage. Das kommunistische Polen entstand als ein antideutscher Staat. Diesem Sachverhalt lagen die Erfahrungen der Jahre 1939 bis 1945 zugrunde.

Negative Stereotypen

In den ersten Nachkriegsjahren gab es im gesellschaftlichen Bewußtsein vielfältige Traditionen, Erfahrungen, Ideen, Konzeptionen, Parolen und Emotionen im Hinblick auf die Deutschen. Ihr überragendes gemeinsames Element war das Antideutsche, das sich als ein Haß auf die Deutschen und alles Deutsche darstellte. Damals herrschte ein extrem negatives Stereotyp vor, das den Deutschen und das gesamte deutsche Volk mit dem Nationalsozialismus und den Verbrechen des Genozids gleichsetzte. Die Deutschfeindlichkeit umfaßte die ganze Gesellschaft über alle tiefen politischen Zerklüftungen hinweg und war ebenso massenhaft verbreitet wie die aus den Kriegs- und Besatzungsjahren stammenden Traumata. Die Deutschfeindlichkeit war ein Faktor, der die polnische Gesellschaft auf der Grundlage gemeinsamer tragischer Erlebnisse und des gemeinsamen Verlangens nach Vergeltung und Genugtuung für das erlittene Unrecht einte.

Politikunterricht in der Bundesrepublik 1961: Die Grenzen des geteilten Deutschlands auf dem Schulhof einer katholischen Volksschule.

Lekcja polityki w Republice Federalnej w 1961: granice podzielonych Niemiec na dziedzińcu szkolnym katolickiej szkoły podstawowej.

Die deutsche Frage spielte eine wichtige Rolle in Programm und Praxis der kommunistischen Partei, die seit 1945 die Macht in Polen ausübte. Die gegenüber den beiden deutschen Staaten entwickelte Strategie war eine direkte Konsequenz des Monopols, das die Partei in der Politik, auch der Außenpolitik, besaß. Die Haltung der kommunistischen Partei zur deutschen Frage war auch einer der wesentlichen Faktoren, die von oben gelenkt das in der polnischen Gesellschaft maßgebende Bild der Deutschen, der deutschen Staaten und der deutsch-polnischen Beziehungen bestimmten. Man legte sich keine Rechenschaft darüber ab, wie stark dieses Bild sich im allgemeinen Bewußtsein festsetzte. Die Partei steuerte die Haltung der Polen zu Deutschland mit den ihr zur Verfügung stehenden Mitteln – von diplomatischen Schritten über Propagandafeldzüge – sowie die Informationspolitik, die verschiedenen Bereiche der Kultur bis hin zum Erziehungsprogramm der Schulen.

Monopol der Kommunisten

Als auf dem Territorium des untergegangenen Dritten Reiches zwei Staaten entstanden, mußten die kommunistischen Behörden eine neue Haltung zur deutschen Frage entwickeln, zumal die Gründung der Bundesrepublik Deutschland und der Deutschen Demokratischen Republik in eine Zeit des Systemwandels in Polen fiel. Dessen Resultat war die Ausschaltung der Opposition und die Festigung der Herrschaft der Kommunisten, besonders nach der Vereinigung der Polnischen Arbeiterpartei und der Polnischen Sozialistischen Partei im Dezember 1948 zur Polnischen Vereinigten Arbeiterpartei, PVAP. Die Entstehung der PVAP und die Unterordnung anderer Organisationen und Parteien – auch solcher, die auf frühere oppositionelle Gruppierungen zurückgingen – unter ihre Kontrolle bewies, daß das politische Monopol der Kommunisten inzwischen unanfechtbar geworden war.

Was die Haltung Polens zur deutschen Frage anging, so wurde einerseits argumentiert, daß die deutsche Problematik eng mit der polnischen Staatsräson zusammenhänge. Andererseits wurde die deut-

Anfänge: Am 21. September 1949 stellt Bundeskanzler Adenauer den Alliierten Hochkommissaren sein erstes Kabinett vor.

Początki: 21. września 1949 kanclerz Adenauer przedstawia Wysokim Komisarzom aliantów swój pierwszy gabinet.

sche Frage im politischen Konzept der PVAP stärker als bisher auf der Grundlage allgemeinerer Leitlinien formuliert, die von den übrigen sozialistischen Staaten, insbesondere von der Sowjetunion, gefordert wurden. Die Führung der PVAP reagierte sehr scharf auf die Tatsache, daß im September 1949 die staatlichen Institutionen der Bundesrepublik Deutschland ins Leben gerufen wurden. Polen protestierte offiziell in einer Note, die den Siegermächten am 5. Oktober 1949 zugeleitet wurde. Die polnische Regierung betrachtete den Akt der Proklamation des neuen deutschen Staates als eine Verletzung des Potsdamer Abkommens. In der Presse wurde behauptet, die Entstehung des Staates und der Regierung in Bonn verstoße gegen das Pariser Abkommen, in dem die Westmächte sich verpflichtet hatten, ihre Bemühungen um die Einheit Deutschlands fortzusetzen.

Eine ganz andere Haltung nahm die kommunistische Regierung zur Schaffung der Deutschen Demokratischen Republik ein. Die Konzeption eines „demokratischen" deutschen Staates war bei den polnischen Kommunisten schon in den ersten Nachkriegsjahren aufgetaucht, sie setzte aber – im Einklang mit der sowjetischen Linie – die Schaffung eines vereinten Deutschlands voraus. Gemäß den Beschlüssen der Parteiführung wurde um die Jahreswende 1949/50 der Standpunkt verbreitet, daß die Entstehung zweier deutscher Staaten den Beginn eines völlig neuen Abschnitts in der Geschichte der Nationen Mitteleuropas darstelle. Nach Gründung der DDR mußte das Problem der Sicherheit Polens daher in einem neuen Lichte betrachtet werden. Dieses Problem würde sich von nun an mit der Außenpolitik des neuen Staates verbinden, vor allem mit den Entwürfen zur Lösung der deutschen Frage. Man darf hinzufügen, daß dabei die Vorstellung, die Sicherheit Polens mit der Politik der DDR zu verknüpfen, bis zum Ende der staatlichen Existenz der DDR im Denken der Parteiführung maßgebend war.

Durchbruch in der Nachkriegsgeschichte

Neue Elemente in der deutschen Frage bekräftigte das Görlitzer Abkommen, das am 6. Juli 1950 zwischen Polen und der DDR geschlossen wurde. Das Dokument stellte in Artikel 1 fest, daß „die festgelegte und bestehende Grenze, die [...] entlang dem Fluß Oder [...] und die Lausitzer Neiße entlang [...] verläuft, die Staatsgrenze zwischen Deutschland und Polen bildet". Das war unzweifelhaft ein Durchbruch in der Nachkriegsgeschichte der deutsch-polnischen Nachbarschaft. Die PVAP wie übrigens auch die anderen Parteien feierten denn auch das Görlitzer Abkommen als ein „historisches" Ereignis. Der zwanzig Jahre später, am 7. Dezember 1970

Gründung der DDR: Am 7. Oktober 1949 wird Wilhelm Pieck zum ersten Präsidenten des „Arbeiter- und Bauernstaates" gewählt.

Powstanie NRD: 7. października 1949 Wilhelm Pieck zostaje wybrany na pierwszego prezydenta „Państwa Robotników i Chłopów".

von der Volksrepublik Polen und der Bundesrepublik Deutschland unterzeichnete Vertrag über die Grundlagen der Normalisierung der gegenseitigen Beziehungen war ein Erfolg der polnischen Außenpolitik und realisierte die grundsätzliche politische Linie der regierenden PVAP im Bereich der Deutschlandpolitik.

Die PVAP betrachtete die Existenz zweier deutscher Staaten und die Freundschaft und Zusammenarbeit mit der DDR als eine der grundlegenden Garantien der Sicherheit Polens. Die im westdeutschen Grundgesetz festgehaltene Verpflichtung aller Bundesregierungen, auf die Einheit Deutschlands hinzuwirken, wurde als ein Anschlag auf die im Gefolge des Zweiten Weltkriegs entstandene Friedensordnung in Europa gewertet. In Würdigung der Bedeutung der DDR für die vitalen Interessen Polens wurden in der ersten Hälfte der siebziger Jahre die Bemühungen verstärkt, deren internationale Stellung zu festigen und die Anerkennung ihrer Souveränität durch die Bundesrepublik zu erreichen. Sämtliche Bemühungen von Parteiführung und Regierung in diesem Bereich lassen sich auf die vereinfachende Formel reduzieren: „die DDR unterstützen und festigen". Eine starke, internationale Autorität genießende Deutsche Demokratische Republik sollte nicht nur die Visitenkarte des Weltkommunismus sein, sondern auch ein Bollwerk gegen die Vereinigungsbestrebungen der Bundesrepublik. Die Öffnung der Grenze an der Oder im Jahre 1972 nahm die Parteipropaganda in Polen zum Anlaß, die DDR als musterhaftes Vorbild für den sozialistischen Aufbau darzustellen und ihr Engagement für die Entwicklung des Kommunismus in der Welt herauszustellen.

Durchbruch: Der polnische Ministerpräsident Józef Cyrankiewicz und der Ministerpräsident der DDR Otto Grotewohl unterzeichnen am 6. Juli 1950 den Görlitzer Vertrag.

Przełom: polski premier Józef Cyrankiewicz i premier NRD Otto Grotewohl podpisują 6. lipca 1950 Umowę Zgorzelecką.

Dilemma der Partei

Bis Ende der siebziger Jahre fand das Problem der Vereinigung Deutschlands kein größeres Echo in der Parteipublizistik und den zahlreichen Materialien von Parteitagen und ZK-Plenen der PVAP. Die heute zugänglichen Dokumente zeigen, daß man dieses Problem für erledigt und eine Diskussion darüber für überflüssig hielt. Kraft einer nie unterzeichneten Vereinbarung behielten sich Erich Honecker und seine Umgebung das Exklusivrecht für Äußerungen über das Thema der Vereinigung der beiden deutschen Staaten vor.

Der Beginn der Entspannungsprozesse in Europa, das Nachlassen der Dynamik der Ostpolitik der bundesdeutschen SPD/FDP-Regierung, innere Veränderungen in der Bundesrepublik und die Verstärkung der Kontakte zwischen Ost-Berlin und Bonn sorgten dafür, daß die Vereinigungsproblematik wieder auf die Titelseiten der Zeitungen zurückkehrte. Am Rande des zweiten Besuchs des sowjetischen Partei- und Staatschefs Breschnjew in der Bundesrepublik im Mai 1978 drängte sich diese Frage mit aller Macht in den Vordergrund. In zahlreichen Presseäußerungen wurden verschiedene Vereinigungsszenarien und Spekulationen darüber vorgetragen, unter welchen Bedingungen Moskau es akzeptieren würde, daß die Bundesrepublik sich die DDR einverleibe. Die Verkettung dieser ungünstigen äußeren Umstände mit zunehmenden wirtschaftlichen Schwierigkeiten und einer Schwächung der internationalen Position Polens schuf ein keineswegs geringes Dilemma für die Führung der PVAP.

In den achtziger Jahren war das Problem der Einheit Deutschlands für die Herrschenden ein Tabuthema, und alle, die versuchten, sich in die Mentalität und Seelenlage der Bürger jenes Landes hineinzuversetzen, das aufgrund der Abkommen von Jalta und Potsdam geteilt worden war, galten als die schlimmsten Feinde der polnischen Staatsräson. Literatur und Publizistik waren dermaßen von Ideologie durchtränkt, daß die deutsche Frage in diesem politischen Lager nicht zum Anstoß einer gründlicheren Reflexion über die deutsch-polnische Aussöhnung und die Stellung beider Nationen in Europa werden konnte.

Das Denkmuster der herrschenden Kreise lief auf eine schlichte Formel hinaus: Das Ruder der Regierung mußte in den Händen der PVAP bleiben, dann blieb es auch bei dem Bündnis mit der Sowjetunion, bei Garantien Moskaus für die polnische Westgrenze und damit auch bei Fortdauer der für Polen – und, wie man glaubte, für Europa – vorteilhaften Teilung Deutschlands. Die Parteielite hatte das Bewußtsein, daß das Eintreten in eine ernstere Diskussion über das geteilte Deutschland einen nicht mehr aufzuhaltenden Prozeß in Gang setzen und weitere Fragen nach sich ziehen würde – nach der Legitimität der Friedensordnung von Jalta und Potsdam, nach dem Sinn der Unterordnung Polens unter die Interessen der Sowjetunion und nach der Legitimation der Machtausübung durch die PVAP. Um diesen unbequemen Fragen auszuweichen, mißbrauchte man historische Reminiszenzen und verbreitete Ängste vor einem übermächtigen Deutschland. Die offizielle Propaganda versuchte den Polen einzureden, daß die Vereinigung Deutschlands unmittelbar den Verlust der West- und Nordgebiete, also der ehemaligen deutschen Ostgebiete, und einen anschließenden Vasallenstatus Polens nach sich ziehen würde. Dabei operierte sie mit der Parole vom „Pangermanismus" und mit Großmachtambitionen Deutschlands, um nicht den Gedanken aufkommen zu lassen, daß ein vereintes Deutschland als ein demokratischer Staat ohne territoriale Forderungen an die Nachbarn wiedererstehen könnte, der mit seinen wissenschaftlichen und technischen Errungenschaften auf Europa ausstrahlen würde.

Unterstützung: Gomułka (links), Cyrankiewicz und Ulbricht 1962 vor dem Brandenburger Tor. Gomulka erklärt: „Sicherheit der DDR ist auch die Sicherheit Polens".

Poparcie: Gomułka (z lewej), Cyrankiewicz i Ulbricht w 1962 przed Bramą Brandenburską. Gomułka stwierdza: „bezpieczeństwo NRD jest również bezpieczeństwem Polski".

Eine Analyse der Haltung der polnischen Kommunisten zur deutschen Frage in den Jahren 1945 bis 1989 bestätigt die These, daß sie für die Partei das wichtigste außenpolitische Problem darstellte. Das ergab sich nicht nur aus den Bedingungen in Europa und aus der Tatsache, daß das Thema Deutschland die Aufmerksamkeit vieler Staaten fesselte. Sehr wichtig war auch die Funktion, welche die deutsche Frage im Programm und in der Praxis der PVAP erfüllte. Die polnischen Kommunisten verstanden es auszunutzen, daß die Deutschlandpolitik und die deutsche Frage mit dem Erreichen ihrer eigenen Ziele, der Erhaltung und Festigung ihrer Macht, zusammenhing. Deshalb akzeptierten sie bedenkenlos die These von der ewigen Feindschaft zwischen Deutschland und Polen und von der seit altersher bestehenden deutschen Gefahr – was dadurch bestätigt wurde, daß Bonn sich in der Frage der Westgrenze nicht festlegen wollte. Das verbreitete Empfinden einer Bedrohung durch Deutschland legitimierte gleichsam die Herrschaft der Kommunisten, die im Bunde mit der Sowjetunion imstande waren, die Sicherheit und Unverletztlichkeit des polnischen Territoriums zu gewährleisten.

Aufruf zur Mäßigung

Daß die polnische Gesellschaft sich angesichts der Gefahr des deutschen Revisionismus und Militarismus um das Programm der Kommunisten scharen müsse, war die

Parole, mit der bereits die Polnische Arbeiterpartei und anschließend die PVAP arbeiteten: zunächst im Kampf gegen die Opposition, sodann in den Kampagnen zur Festigung ihres Monopols und schließlich in der Bekämpfung aller Versuche, auf andere Weise an die deutsche Frage heranzugehen. Zwar herrschte in der polnischen Gesellschaft grundsätzliche Einigkeit, was die deutsche Frage anging – man war sich also einig, daß ein ständiger deutscher Expansionsdrang die Existenz der polnischen Nation und des polnischen Staates bedrohte – doch gab es in den Jahren 1945 bis 1949 auch andere Auffassungen. Ihre Vertreter wiesen auf das „andere Deutschland" hin und erklärten, daß nicht alle Deutschen ein „Volk von Mördern und Verbrechern" seien. Besondere Aufmerksamkeit verdient in diesem Punkt die erstmals 1946 erschienene Arbeit von Jan E. Osmańczyk unter dem Titel „Sprawy Polaków" [Die Angelegenheiten der Polen] und die um diese Veröffentlichung geführte Diskussion. Osmańczyk wies zutreffend darauf hin, daß das besiegte Deutschland sich in relativ kurzer Zeit von der Niederlage erholen und seine Wirtschaft wiederaufbauen könne. Die Polen sollten aufhören, sich ständig in Erinnerungen an erlittene Untaten und Mißerfolge zu ergehen, denn das schwäche und verzettele die gesellschaftliche Energie, die für den Wiederaufbau des Landes benötigt werde. Nur eine vermehrte Anstrengung der gesamten Nation, ein regelrechter „Wettlauf der Arbeit", könne Polen vor einer künftigen Bedrohung von seiten Deutschlands bewahren.

Entspannung: Leonid Breschnjew bei seinem Besuch in der Bundesrepublik 1978 mit Bundeskanzler Helmut Schmidt.

Odprężenie: Leonid Breżniew z kanclerzem Helmutem Schmidtem w czasie wizyty w Republice Federalnej w 1978.

Intellektuelle Kreise, die mit der katholischen Kirche verbunden waren, versuchten, die deutsche Frage unter moralischem Aspekt zu betrachten und wiesen darauf hin, daß es zu nichts führen könne, wenn man die Zukunft der deutsch-polnischen Nachbarschaft und des neuen Europa auf Haß gründe. Ihren Aufruf zur Mäßigung in der Beurteilung des deutschen Volkes begründeten sie mit dem ungeschriebenen ethischen Kodex des Zusammenlebens der Völker. Die Bereitschaft zur Vergebung und Versöhnung äußerte sich 1965 auf besondere Weise, als der polnische Episkopat sich in einer Botschaft an die katholischen Bischöfe Deutschlands wandte, in der die bezeichnenden Worte fielen: „Wir vergeben und bitten um Vergebung".

Auf ethische Prämissen stützte man auch die Überzeugung, daß die Teilung Deutschlands nach 1945 ebenso unmoralisch sei wie die Teilung Polens im 18. Jahrhundert und sich früher oder später ändern müsse. Auf eine ähnliche Argumentation stützte sich die Auffassung oppositioneller Kreise in den siebziger und achtziger Jahren. Andrzej Kijowski schrieb 1978 in seinem Essay „Niemcy, Polacy i inni" [Deutsche, Polen und die anderen]: „Mitten durch Deutschland geht die Grenze zweier Welten. Diese Grenze ist so unübersehbar wie einst die römischen Wälle, die die zivilisierte Welt von der Barbarei trennten, wie die Chinesische Mauer, die das Reich der Mitte in jahrhundertelanger Isolation abschloß. Es gibt Streifen gepflügten Bodens, auf denen das Auge des Wächters nach Spuren von Flüchtlingen sucht, es gibt Kilometer von Stacheldraht, es gibt Wachttürme, es gibt schließlich mitten in Berlin eine Mauer, einen Graben und unter Strom stehende Drahtzäune. Entlang dieser ganzen Grenze und vor allem in Berlin fallen immer wieder Deutsche von der Hand von Deutschen. Das hat es noch nie und nirgendwo gegeben. Das kann nicht von Dauer sein. Diese Grenze reizt die nationalen Gefühle der Deutschen und birgt die Gefahr, daß diese irgendwann explodieren. Diese Grenze ist eine Beleidigung der gesamten zivilisierten Welt". Auch Jan Józef Lipski, der 1981 in seiner berühmten Broschüre „Zwei Vaterländer, zwei Patriotismen" das Verhältnis der Polen zur deutschen Frage untersuchte, stützte sich in seiner Argumentation auf die ethische Ebene. Er stellte fest, daß man keinem Volk das Recht absprechen könne, in einem einheitlichen Staat zu leben.

Spekulationen und Prognosen

Zum Gegenstand eines gesteigerten Interesses der Polen wurde die Möglichkeit einer Wiedervereinigung Deutschlands während der Vorbereitungen zum Abschluß des polnisch-westdeutschen Abkommens von 1970 sowie während der beobachteten wirtschaftlichen Annäherung zwischen der Bundesrepublik und der DDR. Ein Teil der öffentlichen Meinung Polens äußerte damals Zweifel, ob das deutsche Volk als Ganzes das Recht auf staatliche Einheit habe; man fragte: „Welche Garantien haben wir angesichts der verstärkten wirtschaftlichen Integration von DDR und BRD, die DDR im sozialistischen Lager zu halten?" und: "Kann es nach der Unterzeichnung eines Friedensvertrages mit der BRD zum Zusammenschluß der beiden deutschen Staaten kommen?"

Die Frage der Einheit Deutschlands war in den achtziger Jahren Gegenstand von Untersuchungen und Spekulationen der aus der Solidarność hervorgegangenen polnischen Opposition. Es war dies keine vereinzelte Einstellung. Mit der realen Möglichkeit einer Wiedervereinigung Deutschlands rechneten auch einige Vertreter der polnischen Wissenschaft. So schrieb zum Beispiel der Soziologe Jan Szczepański in seiner 1988 verfaßten und Anfang 1989 in Warschau erschienenen Untersuchung „Polska wobec wyzwań przyszłości" [Polen und die Herausforderungen der Zukunft] in einem Kapitel, das dem „Versuch von Prognosen" gewidmet war, daß es in allernächster Zeit „zum Zusammenschluß der beiden deutschen Staaten kommen wird, sei es in Form einer Föderation oder eines Komplexes von Abkommen oder schließlich einer vollständigen Vereinigung".

Der Fall der Berliner Mauer am 9. November 1989 und der anschließende Zerfall der DDR schufen die Perspektive einer raschen Vereinigung Deutschlands, was in der polnischen Gesellschaft ebenso wie in ganz Europa mit großer Überraschung aufgenommen wurde. Die Möglichkeit eines Zusammenschlusses der beiden deutschen Staaten löste bei den Polen unterschiedliche Reaktionen aus. Einerseits erzeugte sie die Genugtuung, daß jenseits unserer Westgrenze ein stalinistischer Staat zerfiel, dessen Führer im ganzen Lager des „realen Sozialismus" die erbittertsten Gegner von Reformen gewesen waren. Andererseits weckte sie Befürchtungen und ein Gefühl der Bedrohung.

Die von der ersten nichtkommunistischen Regierung Polens eingeleitete allmähliche Normalisierung der deutsch-polnischen Beziehungen sorgte dafür, daß die Akzeptanz des wiedervereinigten Deutschland allmählich wuchs. Wesentlich trugen dazu die 1990 und 1991 geschlossenen deutsch-polnischen Abkommen über die Anerkennung der Grenzen, gute Nachbarschaft und freundschaftliche Zusammenarbeit bei. Bei den Polen hat sich die Überzeugung durchgesetzt, daß ein stabiles, demokratisches und vereintes Deutschland im Interesse Polens und Europas liegt.

Jubel über den Fall der Mauer: Berliner in Ost und West feiern in der Nacht vom 9. zum 10. November 1989 am Brandenburger Tor die Öffnung der Grenzen.

Radość z powodu upadku muru: berlińczycy na Wschodzie i Zachodzie świętują przy Bramie Brandenburskiej otwarcie granic w nocy z 9. na 10. listopada 1989.

*Auszeichnung:
Bundespräsident
Richard von Weizsäcker
gratuliert Władysław
Bartoszewski zur Verleihung
des Friedenspreises des
Deutschen Buchhandels 1986.*

*Wyróżnienie:
prezydent federalny Richard von
Weizsäcker składa gratulacje
Władysławowi Bartoszewskiemu
z okazji przyznania mu Nagrody
Pokojowej Niemieckich
Księgarzy w 1986 r.*

Chance zur Verständigung

Die Geschichte der deutsch-polnischen Kulturbeziehungen

Andreas Lawaty

Die Geschichte der kulturellen Beziehungen zwischen Deutschen und Polen in den Jahren zwischen dem Ende des Zweiten Weltkrieges 1945 und dem Ende der Teilung Europas 1989 war nicht allein Kulturgeschichte – war es gewiß auch davor nicht. Die kulturellen Kontakte waren Teil einer von nationalen Ansprüchen und wirtschaftlichen Diskrepanzen belasteten Nachbarschaft und liefen dabei stets Gefahr, den politischen Konflikten zum Opfer zu fallen oder von auseinanderstrebenden Interessen mißbraucht zu werden. Sie hatten aber auch die Chance – und Aufgabe? –, zur Entschärfung der Konflikte beizutragen, diese durch die Schaffung eines Netzes menschlicher, künstlerischer und wissenschaftlicher Beziehungen und durch die Konfrontation der Feindbilder mit der Realität gleichsam zu unterwandern.

Das Erbe dieser Nachbarschaft war auch ohne die von Haß, Verachtung und Zerstörungswut erfüllte Polenpolitik der nationalsozialistischen Besatzungszeit schwierig genug. Allzu oft waren die Polen in preußisch-deutschen Augen ein Volk von aufwieglerischen Adligen, faulen Bauern und ungebildeten Klerikern, dem das Salz einer Nation, das Bürgertum, fehlte – „polnische Wirtschaft" eben. Die nationalsozialistische Ideologie hat derartige Vorurteile noch verschärft: Die deutschen Kulturträger schauten herab auf eine Kultur, die nach ihrem Weltbild das Wenige, was sie bieten konnte, „wissenschaftlich nachweisbar" der deutschen Herrenrasse verdankte. Selbst wenn das Polenbild nicht derartig negativ war, schaute man in Deutschland doch mit weitaus größerem Interesse zum „Erzfeind Frankreich" oder zu dem „Koloß auf tönernen Füßen", Rußland, hinüber. Was wußte man schon von Polen außer den ideologisch gefärbten Klischees, daß es irgendwann „gerechterweise und wohl zu seinem Besten" aufgeteilt worden war und sich nach dem Ersten Weltkrieg auf Kosten des niedergeschlagenen Deutschland wieder zu etablieren versucht hatte?

Die deutsche Niederlage infolge des Zweiten Weltkrieges war freilich nicht mit der Niederlage des Ersten Weltkrieges zu vergleichen, nicht zuletzt weil sie allmählich als eine moralische, als eigenes ethisches Versagen, in das Bewußtsein eindrang. Das Schuldgefühl gegenüber Polen war jedoch begrenzt: Hatte doch Polen selbst durch die Vertreibung der Deutschen aus den deutschen Ostprovinzen Schuld auf sich geladen. Daß Stalin massiv eingegriffen hatte und daß Polen das kommunistische System aufgezwungen worden war, lenkte bestenfalls von den Anforderungen an das deutsch-polnische Verhältnis ab. Die deutschen Mittler zwischen Deutschen und Polen, die es sehr wohl gab, hatten keine leichte Aufgabe. Was konnte wen dazu motivieren, kulturelle Brücken nach Polen zu schlagen?

Der polnische Blick nach Deutschland war nicht weniger belastet, jedoch stärker in sich gespalten – das gilt insbesondere für die Zeit vor der deutschen Besatzung, als das Bild des Deutschen noch keine derartig negative Prägung erhalten hatte. Vor der Besatzung unterschied man in Polen hin und wieder zwischen bösen Preußen und guten

Deutschen, zwischen Protestanten und Katholiken, zwischen Schiller und Bismarck, zwischen Fleiß, Organisationstalent und zivilisatorischem Fortschritt einerseits und Arroganz, militärischem Drill und nationalem Egoismus andererseits. Die Erfahrung mit Nazi-Deutschland führte dazu, daß man „den Deutschen" und „Deutschland" gegen alle Regeln der Grammatik klein zu schreiben begann.

Freilich machten sich einige polnische Schriftsteller Sorgen über die moralischen Folgen eines gegen eine ganze Nation gerichteten Hasses. Ihren literarischen Berichten über die schlimmsten NS-Verbrechen („Medaillons", 1946) stellte Zofia Nałkowska das Motto voran: „Es haben Menschen den Menschen angetan." Wir wissen von polnischen Autoren, die während der Besatzung in der deutschen Literatur ein Antidoton, ein geistiges Gegenmittel gegen die Zerstörung ihres Landes und ihrer Kultur, gesucht haben. Dennoch: Was konnte wen dazu motivieren, kulturelle Brücken nach Deutschland, und zu welchem Deutschland, zu schlagen?

Instrument der Politik

Es war Ausdruck eines nationalen Realismus und nicht der Sympathie, als der polnische Publizist Edmund Osmańczyk 1946 seine Landsleute aufforderte, mit den Deutschen „wirtschaftliche und kulturelle Zusammenarbeit, ja sogar kulturelle Zusammenarbeit!" aufzunehmen, sie „zu gutnachbarlichen Beziehungen mit uns zu zwingen", da diese Politik die Oder-Neiße-Grenze stabilisieren würde. Der Zwang, der auf beiden Seiten der Grenze für eine erste kulturelle Zusammenarbeit erforderlich war, wurde erst durch die kommunistische Staatsräson ausgeübt. In Polen begann man, zwischen einer in den Westzonen betriebenen „Wiedergeburt" der deutschen Kultur, also der Rückkehr zu ihren nationalistischen Wurzeln, und einer in der Ostzone postulierten "Erneuerung" der deutschen Kultur zu unterscheiden. Diese Auffassung wurde mit dem Protokoll über kulturelle Zusammenarbeit zwischen der Volksrepublik Polen und der DDR am 6. Juni 1950 besiegelt, dem 1952 ein Vertrag folgte.

Wegbereiter: Bereits in den fünfziger Jahren übersetzt Karl Dedecius (Mitte) Werke namhafter polnischer Autoren wie Tadeusz Różewicz (rechts) und Zbigniew Herbert (links).

Pionierstwo: już w pięćdziesiątych latach tłumaczy Karl Dedecius (w środku) dzieła znanych polskich autorów jak Tadeusz Różewicz (z prawej) i Zbigniew Herbert (z lewej).

Bereits 1947 wurde die Helmut-von-Gerlach-Gesellschaft gegründet, die Anstoß für einige kulturelle Austauschaktionen wie 1949 die Chopin-Ehrung in der DDR und die Goethe-Ehrung in Polen gab. 1950 wurde sie in Deutsch-Polnische Gesellschaft umbenannt und ging 1953 in der späteren Liga für Völkerfreundschaft auf. Schriftsteller wurden als Diplomaten ausgetauscht: Tadeusz Borowski, Autor der Erzählungen „Bei uns in Auschwitz", war in den Jahren 1949 und 1950 Kulturreferent in Ost-Berlin, Friedrich Wolf erster Botschafter der DDR in Polen. Von einer Lesereise in die DDR berichtete der polnische Schriftsteller Jacek Bocheński 1950, die DDR-Deutschen hielten Polen für ein Land, das sich „gegenwärtig auf einer höheren Stufe der gesellschaftlichen Entwicklung befindet als die DDR", daher seien die Deutschen bemüht, „von uns auch bestimmte Sachen zu lernen".

Doch Polen sollte bei der Umsetzung der sozialistischen Ideologie nur kurze Zeit für die DDR vorbildlich bleiben. Die Informationen über Entstalinisierung und Liberalisierung des kulturellen Lebens seit 1955 in Polen wurden dem DDR-Bürger weitgehend vorenthalten. Der Chefredakteur der Zeitung „Sonntag" mußte 1956 die Veröffentlichung der kritischen Erzählung „Verteidigung von Grenada" von Kazimierz Brandys sogar mit dem Gefängnis bezahlen. Die Berührungsängste gegenüber der polnischen Literatur nahmen zu, was die sinkende Zahl der Übersetzungen aus dem Polnischen verdeutlicht. Es galt, den sozialistischen Realismus zu verteidigen. Da half es nur wenig, wenn etwa 1956 die Historikerkommission Polen-DDR gegründet oder 1957 Kulturinstitute in Ost-Berlin und Warschau errichtet wurden. In einem vertraulichen Papier des polnischen Kultusministeriums hieß es 1964: „Trotz eines recht beträchtlichen Austausches von Personen (individuell und in Gruppen) ist [...] in der Mentalität der Bürger der DDR noch das Bild vom zurückgebliebenen Polen haften geblieben; vor allem, was die kulturellen Werte unseres Volkes betrifft. [...] Es herrscht die Meinung, Polen habe nur Folklore zu bieten."

Erste Begegnungen

Die kulturellen Kontakte Polens zur Bundesrepublik waren dagegen bis 1956, auf dem Höhepunkt des Kalten Krieges, weitgehend unterbunden. Das Bild, das die polnischen Medien vom kulturellen Leben in der Bundesrepublik vermittelten, hatte eine eindeutige Tendenz: Es zeigte arbeitslose und hungernde Künstler, ein am Abgrund stehendes Theater, Schriftsteller, die der Nation nichts Neues zu sagen hatten, ein vom amerikanischen Nihilismus zersetzter Film – und eine kleine Gruppe fortschrittlicher Kulturschaffender, deren geistige Heimat eigentlich die DDR sein sollte. Problematisch war dabei weniger die Tendenz dieser Bewertung des kulturellen Lebens in der Bundesrepublik als die Unmöglichkeit, sie in Polen zu überprüfen.

Erstes Werk zeitgenössischer Literatur aus der Bundesrepublik in Polen: „Wo warst du Adam?" von Heinrich Böll erscheint 1957 in polnischer Übersetzung.

Pierwsze dzieło literatury współczesnej Republiki Federalnej w Polsce: „Gdzie byłeś, Adamie?" Henryka Bölla ukazuje się w polskim tłumaczeniu w 1957 r.

So ist es nicht verwunderlich, daß im Zuge der Lockerung der Grenzen nach 1956 eine Welle von kulturellen Überraschungen und Neuentdeckungen – für beide Seiten – entstand. Erste Einladungen wurden ausgesprochen. Im Dezember 1956 besuchte der „katholische Schriftsteller" Heinrich Böll Polen; sein Werk erfreute sich wegen der moralischen Abrechnung mit der NS-Zeit dort einer großen Popularität. 1957 erschien eine einmalig große Zahl von 60 Übersetzungen aus dem Deutschen – darunter eben vieler westdeutscher Autoren – die erst nach 1989 überschritten werden sollte. 1958 folgte Carlo Schmid einer Einladung der Universität Warschau und hielt dort Vorlesungen, nutzte aber auch die Gelegenheit für zahlreiche politische Gespräche. Der polnische Autor Leopold Tyrmand berichtete von seiner Reise in die Bundesrepublik 1957: „Die Deutschen sind anders, als ich sie in meinen Vorstellungen gesehen habe [...] Das großpreußische Deutschland ist im Verschwinden. [...] Heute passen die Passanten irgendwie in keine Uniform mehr." Die Frage danach, welche Rolle der deutsche Passant während des Krieges wohl gespielt hatte, ob er vielleicht in Polen „seine Pflicht erfüllt" hatte, wird zu einem stets wiederkehrenden Motiv der polnischen Literatur. Das Interesse galt aber auch der Frage, was aus den Menschen und aus der deutschen Kultur nach 1945 geworden war.

Vorreiter des Dialogs: Carlo Schmid gehört zu den ersten bundesdeutschen Politikern, die Polen besuchen. Offiziell ist er Gast der Warschauer Universität.

Prekursor dialogu: Carlo Schmid jest jednym z pierwszych federalnych polityków, którzy odwiedzają Polskę. Oficjalnie jest on gościem Uniwersytetu Warszawskiego.

Ein polnischer Musikkritiker, der 1957 an den Internationalen Ferienkursen für Neue Musik in Darmstadt teilgenommen hatte, scheute sich nicht, die Situation Polens nach den Jahren der stalinistischen Isolierung mit der Deutschlands unmittelbar nach Kriegsende 1945 zu vergleichen: Die Polen waren begierig, sich über die neuesten Entwicklungen in Westeuropa zu informieren. Er mußte aber ebenso feststellen, daß die Informations-Barriere auch in umgekehrter Richtung wirksam gewesen war, daß beispielsweise die polnische Musik „in Deutschland einfach unbekannt ist und kein Vertrauen genießt". Um so erstaunlicher war es, wie schnell polnische Musiker und Komponisten, unter anderem Witold Lutosławski, Krzysztof Penderecki und Tadeusz Baird, Publikum und Fachkritik in Deutschland eroberten. Der „Warschauer Herbst" wurde zu einem festen Begriff in der Musikwelt.

„Polnische Welle"

Das geographisch dezentralisierte bundesdeutsche Kulturleben erwies sich als besonders aufnahmefähig für die polnische Kultur. Ausstellungen polnischer Plakatkunst, weniger der Malerei und Plastik, übten in den sechziger Jahren auch Einfluß auf die Entwicklung der deutschen Grafik aus. Das Theater der Bundesrepublik spielte Stücke von Stanisław Witkiewicz, Witold Gombrowicz, Slawomir Mrożek, später auch von Tadeusz Różewicz: Die Popularität dieser polnischen Autoren steht in engem Zusammenhang mit dem Umbruch im bundesdeutschen Theater und der Welle des

„Polnische Welle": Der renommierte Theaterautor Tadeusz Kantor produziert sein Stück „Die Künstler sollen krepieren" als Welturaufführung in Nürnberg.

„Polska tala": renomowany dramaturg Tadeusz Kantor wystawia w Norymberdze swoją sztukę „Niech szczezną artyści" jako premierę światową.

Auszeichnung für ein Lebenswerk: 1990 erhält Karl Dedecius den Friedenspreis des Deutschen Buchhandels.

Odznaczenie za dzieło życia: w 1990 r. Karl Dedecius otrzymuje Nagrodę Pokojową Niemieckich Księgarzy.

absurden Theaters. Die Entdeckung des „großen Triumvirats" der polnischen Literatur, wie es der Schriftsteller Horst Bienek bezeichnete, Witkiewicz, Gombrowicz und Bruno Schulz, schärfte das Bewußtsein für die künstlerische Qualität der polnischen Literatur und bildete ein Gegengewicht zu den vielen eher als politische und landeskundliche Materialien gelesenen Werken polnischer Gegenwartsautoren. Die Aphorismen von Stanisław Jerzy Lec geisterten durch bundesdeutsche Redemanuskripte, während die moderne polnische Lyrik, nachdem mit der „Lektion der Stille" die erste Sammlung in einer Übersetzung von Karl Dedecius erschienen war, eine kontinuierliche Karriere erlebte. Sie hinterließ bei den deutschen Dichtern einen bleibenden Eindruck. Michael Krüger erinnert sich an die Begegnung mit Tadeusz Różewicz 1966: „Es wurde damals viel geredet in Berlin und viel geschrieben. Aber es kam selten vor, daß wir zuhörten, und noch seltener, daß wir einer leisen Stimme aus der Gegenwart zuhörten, mit der verglichen unsere Sprache der pathetischen Bekenntnisse eigentümlich fremd klang. [...] Seither ist dieser freundliche Herr aus Breslau einer unserer unnachgiebigen Lehrer. Ein Lehrer ohne Schule. Unser Lehrer Tadeusz."

Die „polnische Welle" der sechziger Jahre in der Bundesrepublik war keine Massenbewegung, hatte teilweise sogar einen recht elitären Charakter. Entscheidend war jedoch, daß die moderne polnische Kultur in Deutschland wohl zum ersten Mal derartig intensiv wahrgenommen und hoch geschätzt wurde. Die Kulturbeziehungen vor 1970 waren weniger die Folge auswärtiger Kulturpolitik, als das Ergebnis individueller Anstrengung. Das Bedürfnis der polnischen Künstler, am deutschen und europäischen Kulturgeschehen teilzunehmen und sich dort zu behaupten, war zum einen Ausdruck der traditionellen kulturellen Bindung an Westeuropa, zum anderen aber auch ein Akt der kulturellen Selbstbehauptung und Emanzipation.

Die „polnische Welle" wurde von wichtigen moralischen Ereignissen begleitet, die von den Kirchen beziehungsweise kirchlichen

Präsent auch in Breslau: Die Bibliotheken des Goethe-Instituts in Polen bieten ein breites Spektrum deutschsprachiger Literatur.

Obecne również we Wrocławiu: biblioteki Instytutu Goethego w Polsce oferują szerokie spektrum niemieckojęzycznej literatury.

Kreisen ausgingen. 1965 wurden der Brief der polnischen Bischöfe an ihre deutschen Amtsbrüder und die sogenannte Ostdenkschrift der Evangelischen Kirche Deutschlands veröffentlicht. Beide Texte lösten in ihrem jeweiligen Heimatland heftige Kontroversen aus. Die Posener Politikwissenschaftlerin Anna Wolff-Powęska erinnerte kürzlich daran, daß die Renaissance der Idee einer europäischen Integration, die Papst Johannes XXIII. 1963 in der Enzyklika „Pacem Terris" gefordert hatte, es der katholischen Intelligenz in Polen erleichterte, auch das deutsch-polnische Verhältnis in universaleren Kategorien zu sehen. Die Berufung auf die gemeinsamen europäischen Wurzeln der polnischen und der deutschen Kultur war nicht primär eine Reminiszenz, vielmehr eine zukunftsweisende Idee. Sie kam seit 1989 erneut zum Tragen, auch wenn die Diskussionen über ein europäisches Konzept – der Streit um die Adjektive: „christliches", „liberales" oder „säkulares" Europa ist hier bezeichnend – sie eher geschwächt hatten.

Neue Institutionen

Der deutsch-polnische Vertrag von 1970, gefolgt von dem Kulturabkommen zwischen Polen und der Bundesrepublik 1976, schuf auch für die Kulturbeziehungen einen neuen Rahmen. Der Kulturaustausch wurde „organisierter", teilweise offizieller. Polen mußte selbst in der Phase der kulturellen Entspannung stets den Anspruch der DDR auf alleinige Vertretung deutscher Kultur in Polen beachten. So ist es nicht verwunderlich, daß beispielsweise Goethe-In-

stitute erst 1990 – in Warschau und Krakau – gegründet werden konnten. Doch auch die kommunistische Regierung in Polen selbst wollte weder die Drohung mit einer „deutschen Gefahr" als Druckmittel aus der Hand geben, noch zulassen, daß sich die Kulturbeziehungen durch eine Vielfalt privater Initiativen, so wie von deutscher Seite angestrebt, verselbständigen und ihrer Kontrolle entziehen könnten. Kultur war Bestandteil der ideologischen Sphäre und nahm damit an dem Interessenwettkampf mit dem Maßstab der gesamten politischen Welt teil. Außerdem sorgten die Frage nach dem Status West-Berlins und deutsche Namen nunmehr polnischer Städte in den Verträgen immer wieder für Aufregung.

Die Kulturbeziehungen der siebziger Jahre waren geprägt von institutionellen Neugründungen, so von Städtepartnerschaften, die es seit 1976 gab, oder Deutsch-Polnischen Gesellschaften, von zahlreichen Polenwochen und intensiven wissenschaftlichen Kontakten, zu denen seit 1978 Universitätspartnerschaften, zahlreiche Stipendienaufenthalte mit Hilfe der Humboldt-Stiftung, des Deutschen Akademischen Austauschdienstes und der Deutschen Forschungsgemeinschaft, aber auch die Arbeit der deutsch-polnischen Schulbuchkommission gezählt werden müssen.

Die seit 1972 kontinuierlich bis in die neunziger Jahre fortgesetzte Arbeit der Schulbuchkommission war sowohl Teil einer „Friedenspolitik", wie es der Historiker Klaus Zernack bezeichnete, als auch des Kulturdialogs zwischen Deutschen und Polen – galt es doch, sich gemeinsam darüber Klarheit zu verschaffen, was die Wurzeln einer nationalen Kultur ausmacht, nämlich das Geschichtsbewußtsein. Wie leicht dieses ohne kritische Beschäftigung mit den Fakten manipuliert werden konnte, lag in den Erfahrungen beider Länder offen zutage. Die gemeinsame Geschichte war in West-Deutschland und Polen jedoch sehr unterschiedlich verarbeitet worden: Während die eine Nation angesichts der jüngsten Verfehlungen vor der Geschichte floh, suchte die andere, von der Zukunftslosigkeit der Gegenwart bedrückt, ihre Zuflucht in der – zumindest unter moralischen Aspekten – glorreichen Vergangenheit. Seit den achtziger Jahren zeichnet sich in beiden Ländern ein deutlicher Wandel im Umgang mit der Geschichte ab. Der Ausgang dieses Wandels, der neuen Suche nach nationaler Identität, ist noch offen. In der Kommission jedenfalls kamen sich polnische und deutsche Wissenschaftler auf fachlicher und zwischenmenschlicher Ebene näher, was trotz aller Kontroversen, die 1974 und danach über die „Empfehlungen für Schulbücher" geführt wurden, nicht ohne positive Auswirkungen blieb.

Es gab noch andere Zentren der kulturellen Begegnungen: Zu ihnen können Bildungseinrichtungen wie die Evangelischen Akademien in Loccum, Tutzing und Mülheim/Ruhr gezählt werden. Ende der siebziger Jahre erklärte die Robert-Bosch-Stiftung die deutsch-polnischen Beziehungen neben den deutsch-französischen zum Schwerpunkt ihrer Arbeit auf dem Gebiet der Völkerverständigung. Dieser Stiftung ist unter anderem der Ausbau des Jugendaustausches zu verdanken, der 1993 mit Gründung des Deutsch-Polnischen Jugendwerkes zu einer festen Institution wurde. 1980 entstand das Deutsche Polen-Institut in Darmstadt mit dem Ziel, „durch wissenschaftliche Arbeit zur Vertiefung der Kenntnis des Kultur- und Geisteslebens von Polen und Deutschen beizutragen". Die Umsetzung erfolgte beispielsweise in dem einzigartigen Versuch, die literarische Tradition einer Nation vom Mittelalter bis zur Gegenwart repräsentativ in einer fünfzigbändigen Reihe, der „Polnischen Bibliothek", aufzunehmen.

Während sich in der Bundesrepublik höchst verschiedene Organisationen und Einrichtungen für einen Austausch mit Polen engagierten, orientierte sich in Polen das Interesse für Deutschland und speziell die

Bundesrepublik weitgehend an den bekannten Spaltungen des kulturellen Lebens der achtziger Jahre, in denen zwischen Kulturpolitik und kulturellem Leben, zwischen Staat und Gesellschaft, zwischen Institutionen und Individuen streng unterschieden wurde. Individuelle Kontakte oder Begegnungen mit Gruppen in der Bundesrepublik spielten dabei oft eine wichtigere Rolle als die von den Behörden abgesegneten Verträge zwischen Institutionen – ohne die freilich nicht viel bewegt werden konnte.

Die bundesdeutsche Kultur weckte in Polen Interesse, war aber keineswegs „populär", so wie die deutsche Frage für Polen überaus wichtig, aber nicht „attraktiv" war. Einige Tausend Studenten, allein 1988 waren es 2200, studierten Germanistik, einige Hunderttausend, 1988 waren es 340700, lernten Deutsch in verschiedenen Sprachkursen. Wissenschaftler und, in geringerem Maße, Studenten reisten zu Forschungs- und Studienzwecken in die Bundesrepublik. In den Jahren 1982 bis 1987 waren es über 3000. Aus dem Deutschen wurde relativ viel und Wichtiges übersetzt, allerdings keine populäre Trivialliteratur. War Thomas Mann in Polen für viele der Inbegriff des anderen Deutschland, so wurde Günter Grass zum Gegenstand einer heftigen Debatte über sein Bild von Polen, dem Katholizismus und der Moral. Die Debatte wurde durch das bis 1983 anhaltende Veröffentlichungsverbot der polnischen Übersetzung der „Blechtrommel" weiter angeheizt. Der kulturelle Import aus Deutschland gestaltete sich insgesamt etwas zäh, manches scheiterte an der Zensur, anderes fand auf Umwegen – wie die Filme Volker Schlöndorffs, die über die bundesdeutsche Botschaft zu studentischen Filmklubs mit bei weitem nicht nur Studenten als Zuschauern gelangten – seine Bestimmung. Die 1. Bundesdeutschen Kulturtage in mehreren polnischen Städten mit einem großen Aufgebot aktiver und prominenter Vertreter bundesdeutscher Kultur fanden allerdings erst kurz vor dem politischen Umbruch im Oktober 1988 statt.

Karriere auf dem Buchmarkt: Eine Sammlung polnischer Lyrik in deutscher Übersetzung.

Kariera na rynku książki: zbiór polskiej liryki w niemieckim tłumaczeniw.

Unerwünschte Anziehungskraft

In dem Verhältnis zwischen der DDR und Polen nahmen die Kulturbeziehungen trotz zahlreicher Einzelaktivitäten keine zentrale Rolle ein. Ihre Leitlinien wurden in dem Abkommen über die ideologische Zusammenarbeit von 1973 festgehalten. Der touristische Zugang zu Polen, der durch die Einführung des visa- und paßfreien Reiseverkehrs zwischen Polen und der DDR Anfang Januar 1972 möglich wurde, hatte allerdings in den Augen der DDR-Führung unerwünschte Auswirkungen. Der verdiente Übersetzer polnischer Literatur in der DDR, Henryk Bereska, erinnert an die kulturelle Anziehungskraft, die das „liberale Polen"auf die Menschen in der DDR ausgeübt hat: „Polen war, bei allen politischen Scheußlichkeiten, eine Art Mekka. DDR-Bürger pilgerten dort ins Kino, Theater, zu Ausstellungen. Die bildenden Künste waren dort schon weltoffen, während in der DDR Barlach und die Expressionisten noch verpönt waren. Dort hörte man Nono, Stockhausen und John Cage, als hierzulande Eisler und Schönberg bedenklich waren. [...] Für den DDR-Leser war die polnische Literatur mehr als nur ästhetischer Genuß. Er sah in Sławomir Mrożeks, Tadeusz Różewiczs oder Ireneusz Iredyńskis Stücken nicht nur eine von den DDR-Stücken sich stark unterscheidende formale Konstruktion, er fand hier eine radikal andere Sicht auf die Wirklichkeit. Formale Fesseln gab es hier kaum. Der Zwang zur Schönfärberei und zum obligaten Klischee entfiel. Groteske, schwarzer Humor, absurdes Theater, Realismus, alles war hier möglich". Nicht zuletzt die ablehnende Haltung der DDR-Regierung gegenüber der liberalen Kulturpolitik in Polen trug mit dazu bei, daß die Grenze im Oktober 1980 wieder geschlossen wurde.

Die DDR erlebte in den siebziger Jahren ihre „Polenwelle". Einige Lücken an Übersetzungen aus dem Polnischen wurden geschlossen, das betrifft insbesondere die Lyrik von Tadeusz Różewicz, Zbigniew Herbert und Wisława Szymborska, verboten blieben die Emigranten Czesław Miłosz und Witold Gombrowicz. Die früher verheimlichte Faszination deutscher Literatur fand in Polen nunmehr ihren Ausdruck in der Popularität der Werke von Autoren der DDR, unter ihnen Rolf Schneider, Christa Wolf, Jurij Brezan, Hermann Kant und Volker Braun. Das polnische Interesse an der Kultur der DDR hielt sich jedoch insofern in Grenzen, als das Tor zum Westen, in die Bundesrepublik, weitaus offener war und der deutsch-polnische Dialog sich dort freier gestaltete. Dennoch haben nicht wenige Polen in der DDR studiert oder dort ihre ersten Kontakte zu Deutschen geknüpft.

Die große Furcht vor der „polnischen Konterrevolution" der Gewerkschaftsbewegung Solidarność und ihrer ideologischen Infiltrierung der eigenen Bevölkerung bewog die DDR-Regierung, eher alte antipolnische Vorurteile in der Bevölkerung zu reanimieren, als durch Kulturbeziehungen deren Abbau zu fördern. Ludwig Mehlhorn, der seit den siebziger Jahren einer der wenigen war, die in der DDR an einer unabhängigen Begegnung mit Polen arbeitete, macht die Sprachlosigkeit, das Fehlen einer authentischen Auseinandersetzung zwischen Polen und der DDR für die angestauten Aggressionen gegenüber Polen verantwortlich: „Wir hatten keinen Historikerstreit, keine deutsch-polnische Schulbuchkommission und die „Blechtrommel" erst mit 25-jähriger Verspätung." Auch die Polen haben den Dialog zu den Nachbarn in der DDR nicht gesucht, sie oft als „Deutsche zweiter Klasse" behandelt. Freilich machten sie selbst nicht unbedingt ermutigende Erfahrungen. Auf Reisen in den Westen fanden die Polen in der DDR häufig nur die Bestätigung negativer Klischees von den Deutschen: Akribische oder gar schikanöse Grenzkontrollen und das militärische Gepränge der öffentlichen Selbstdarstellung weckten böse Erinnerungen. Für viele, die nur durchreisten, blieb allein die Erfahrung an der Grenze im Gedächtnis.

Signierstunde bei Warschauer Studenten: Günter Grass wird vor allem durch die polnische Ausgabe von „Die Blechtrommel" einer der populärsten deutschen Schriftsteller in Polen.

Podpisywanie książki u warszawskich studentów: Günter Grass staje się jednym z najpopularniejszych niemieckich autorów w Polsce, przede wszystkim dzięki polskiemu wydaniu „Blaszanego bębenka".

Tief eingewurzelte Mentalitäten oder schlechte Erfahrungen lassen sich, zumal bei anhaltenden wirtschaftlichen Problemen, nicht durch einige kulturelle Begegnungen ausmerzen. Und so wird wahrscheinlich über längere Zeit die Diskrepanz zwischen zahlreichen Dichterlesungen, unter anderem auch auf Schiffen, deutsch-polnisch-tschechischen Chören, deutsch-polnischen Dichterfestivals, gemeinsamen Zeitschriften- und Buchprojekten, einer deutsch-polnischen Universität oder Stereotypen-Tagungen einerseits und dem Desinteresse, einer mehr oder weniger verborgenen Abneigung und Vorurteilen andererseits erhalten bleiben. Hier sind Geduld und Ausdauer gefragt, auch für die Kultur selbst. Sie leidet nämlich sowohl im neuen Polen als auch im vereinten Deutschland unter einer wirtschaftlichen und geistigen Krise. Daß es manchmal hilft, nicht nur auf die eigene Krise, sondern auch auf das zu schauen, was man zur Verbesserung einer „schwierigen Nachbarschaft" tun kann, veranschaulicht der vom Verband der deutschen Schriftsteller 1994 mit Enthusiasmus angenommene Vorschlag des Schriftstellers Erich Loest, polnische Autoren unter prominenter deutscher Begleitung quer durch Deutschland lesen zu lassen. Der Reiseverkehr der Autoren und die Akzeptanz des Publikums lassen staunen und hoffen.

Kulturelle Identität

Der hohe Rang, den man den Kulturbeziehungen zwischen beiden Völkern auch nach der politischen Wende in Europa beimaß, wurde in dem deutsch-polnischen Vertrag über gute Nachbarschaft vom 17. Juni 1991 deutlich. Darin wurden dem Kultur- und Wissenschaftsaustausch mehrere Abschnit-

Querschnitt aus dem deutschen Theater verschiedener Jahrhunderte: Deutsche Kulturtage in Warschau 1988.

Przekrój niemieckiej twórczości teatralnej różnych wieków: Niemieckie Dni Kultury w Warszawie w 1988.

Joseph Freiherr von Eichendorff

In Danzig

Dunkle Giebel, hohe Fenster,
Türme tief aus Nebeln sehn,
Bleiche Statuen wie Gespenster
Lautlos an den Türen stehn.

Träumerisch der Mond drauf scheinet,
Dem die Stadt gar wohl gefällt,
Als läg zauberhaft versteinet
Drunten eine Märchenwelt

Ringsher durch das tiefe Lauschen
Über alle Häuser weit
Nur das Meeres fernes Rauschen –
Wunderbare Einsamkeit!

Und der Türmer wie vor Jahren
Singet ein uraltes Lied:
Wollte Gott den Schiffer wahren,
Der bei Nacht vorüberzieht!

Danzig

Ciemne szczyty, długie okna,
Mgła głęboka wieże chowa;
Bladość posągu upiorna
Stoi przy wejściu bez słowa.

Księżyc ze snu to oświetla,
Bo dlań miasto jest wspaniałe,
Niby bajka czarodziejska
Leży pod nim skamieniałe

Wokół, pośród ciszy wielkiej
Co we wszystkich domach gości,
Tylko morza szum daleki –
O, wspaniała samotności!

Jak przed laty straż na wieży
Prastarą pieśń śpiewa:
Bóg chciał zachować żeglarza,
Który nocą dal przemierzał.

(Übertragen von Bołeslaw Fac)

te gewidmet, mit dem Ziel, „damit zur europäischen kulturellen Identität beizutragen”. Auch im Verfahren fand man einen Konsens nach westlichem Maßstab: Die Vertragsparteien verpflichteten sich dazu, „insbesondere die Zusammenarbeit zwischen Vereinigungen von Künstlern, kulturellen Institutionen und Organisationen [zu] unterstützen sowie die direkten Kontakte zwischen deutschen und polnischen

Gemeinsames Kulturerbe: Auf Anregung der deutschen Minderheit errichtet die Stadt Ratibor ihrem Sohn Joseph von Eichendorff 1994 ein Denkmal.

Wspólne dziedzictwo kulturowe: z inicjatywy niemieckiej mniejszości miasto Racibórz stawia w r. 1994 pomnik swemu synowi Józefowi von Eichendorff.

Erste zweisprachige Anthologie über Danzig: Deutsche und polnische Autoren, herausgegeben und übertragen von Bolesław Fac.

Pierwsza dwujęzyczna antologia o Gdańsku: teksty niemieckich i polskich autorów tłumaczy i wydaje Bolesław Fac.

Künstlern [zu] fördern". Der Staat sollte jeweils als Förderer, nicht mehr als Kontrolleur oder Lenker auftreten; er selbst übernahm die Verantwortung für eine Verbesserung der „Infrastruktur der kulturellen Kommunikation".

Zum ersten Mal wurden die deutsche Minderheit in Polen, insbesondere in Oberschlesien, und die in Deutschland lebenden Polen auch mit ihren kulturellen Bedürfnissen in die deutsch-polnischen Beziehungen einbezogen. Ob diese Gruppen als Brücken zwischen Polen und Deutschen wirksam sein können, wie von manchen gefordert oder erhofft wird, darf zumindest als nicht sicher gelten. Zu viel Energie muß da für die Aufrechterhaltung der eigenen Kultur aufgebracht werden, die außerdem zu oft traditionalistische und folkloristische Züge trägt, als daß man der kulturell fremden Umgebung gegenüber offen und souverän auftreten könnte. Wichtiger wird es sein, ob es dieser Umgebung gelingt, der Minderheit gegenüber mit Toleranz und Respekt zu begegnen.

Neue Gemeinsamkeiten

In Polen beschäftigt man sich aber vor allem seit der Wende auch mit einer neuen Art von regionaler Identität, die eine ethnische Vielfalt als Reichtum und nicht als Belastung empfindet. Diese Identität findet sich nicht in der weitgehend ethnisch homogenen Gegenwart, sondern vielmehr in der Geschichte der Region – über alle zeitlichen Grenzen hinweg – wieder. Was früher Gegenstand oft krampfhafter Apologetik von nationalen Standpunkten war, gerät zu einem Faszinosum: So beispielsweise bei der Gruppe „Borussia", die an das ehemalige Ostpreußen als Heimat von „lebenden und toten Pruzzen, Deutschen, Ermländern, Masuren, Polen und Europäern" erinnert.

Hier könnte sich eine neue Dimension deutsch-polnischer Kulturbeziehungen entwickeln, die im Bewußtsein einer gemeinsamen Vergangenheit über die Intensivierung gegenwärtiger Kontakte zu einer neuen Gemeinsamkeit in Regionen mit einer wechselvollen deutsch-polnischen Geschichte findet. Die literarische Zeitschrift „Twórczość" zeichnete diese Perspektive 1990 mit den Worten: „Bis vor kurzem haben wir unsere Westgebiete nur polonisiert und alles das, was vor uns da war, verschwiegen, piastische Motive hervorgeholt, die deutschen Motive fallen lassen. [...] Die Einwohner von Gorzów Wielkopolski [Landsberg] werden nichts verlieren, wenn sie sich bewußt machen, daß in ihrer Stadt einst der bedeutende Theologe und Philosoph Schleiermacher lebte, daß Gottfried Benn dort war und Christa Wolf dort geboren wurde. [...] Die Bürger von Gdańsk [Danzig] haben davon nur profitiert, daß sie sich mit der literarischen Geschichte abgefunden haben, die Grass ihnen in seiner Trilogie zum Geschenk gemacht hat. Und die Geschichte geht weiter, und es wäre besser, wenn wir, Polen und Deutsche, sie in der Kultur miteinander und nicht gegeneinander fortschreiben würden."

Die bewußte Fortschreibung der Geschichte in der Kultur miteinander und nicht gegeneinander wird um so wichtiger, je weiter eine politische Vereinigung Europas voranschreitet, die auch die ostmitteleuropäischen Nachbarn Deutschlands miteinbezieht. Dabei muß jede nationale Kultur die Chance erhalten, sich zu behaupten und aus dieser Position des Selbstbewußtseins neue deutsch-polnische und europäische Verbindungen einzugehen. Es darf aber nicht bei einem Selbstbewußtsein bleiben, da diese Eigenschaft allein eher zu provinzieller Überheblichkeit führt. Die „offene Gesellschaft" bedarf einer „offenen Kultur". Der kulturelle und geistige Austausch zwischen den Nachbarländern ist daher nicht nur Zierat politischen und wirtschaftlichen Zusammenwachsens, sondern eine Klammer, die diesem Prozeß Qualität, Krisenfestigkeit und Dauerhaftigkeit verleiht. Was kann mehr dazu motivieren, kulturelle Brücken zwischen Polen und Deutschen zu schlagen und sie auszubauen?

Im Zeichen der Solidarność: Die Gewerkschaft mobilisiert und integriert alle Schichten der polnischen Bevölkerung.

Pod znakiem „Solidarności": związek zawodowy mobilizuje i integruje wszystkie warstwy polskiej ludności.

Solidarność

Eine Gewerkschaft wird zum politischen Machtfaktor

Grzegorz Leszczyński

Der 15. Jahrestag der Solidarność-Gründung im Spätsommer 1995 war in Polen Anlaß zum feiern. Eine neue Generation ist inzwischen herangewachsen, für die Solidarność nichts anderes mehr als ein Begriff ist, ein Phänomen, das der Geschichte angehört. Noch vor wenigen Jahren war der Begriff Solidarność in aller Munde. Er sorgte für Schlagzeilen auf den Titelseiten, stand auf der Tagesordnung der großen Politik, löste spontane Sympathiebekundungen in aller Welt aus und verkörperte den Widerstand gegen den alternden, aber scheinbar immer noch unerschütterlichen Kommunismus. Klischees lebten auf: Für die einen wurde Solidarność zum Symbol der polnischen Freiheitsliebe, für die anderen zum Beweis für die Illoyalität gegenüber dem kommunistischen System und der seit alters her typischen „Aufsässigkeit" der Polen. Sie war Symbol der Hoffnung, Verkörperung des Freiheitswillens und machte die Menschen im Land stolz darauf, Polen zu sein, ohne dem Nationalismus zu verfallen. Solidarność erzeugte in Polen eine nie zuvor dagewesene Solidarität innerhalb der Bevölkerung, eine von den Massen getragene Volksbewegung und eine heute kaum noch nachvollziehbare Stimmung des Aufbruchs in Demokratie und Freiheit.

Innenpolitische Krisen

Am 28. Juni 1956, dem sogenannten „Schwarzen Donnerstag", zeigte sich erstmals offen der Unmut der Bevölkerung gegenüber dem kommunistischen System: Eine mehrere zehntausend Menschen zählende Demonstration in Posen endete binnen weniger Stunden in einem Blutbad, dem mindestens 74 Menschen, darunter auch Kinder, zum Opfer fielen. Auf die Parolen: „Brot und Freiheit", „Weg mit der roten Bourgeoisie" oder „Wir wollen leben" antwortete das Regime mit dem Aufmarsch der Armee und Angehörigen des Sicherheitsdienstes.

Dieser Junitag gab den Anstoß für einen Prozeß, der zum „Polnischen Oktober" führte, in dem die alte Parteiführung abgesetzt wurde. Die neue Führung mit Władysław Gomułka, der von den Stalinisten verfolgt worden war, an der Spitze, wurde zum Hoffnungsträger einer nationalen und politischen Erneuerung. Doch sie erfüllte ihre Versprechen nicht, nahm die Neuerungen schnell zurück oder reduzierte sie und zerschlug somit die Hoffnungen der Reformer.

„Wir wollen leben": Am 28. Juni 1956 gehen in Posen Tausende auf die Straßen und fordern ökonomische und politische Veränderungen.

„Chcemy żyć": 28. czerwca 1956 r. tysiące wylegają w Poznaniu na ulice, żądając ekonomicznych i politycznych zmian.

Die Unfähigkeit des Systems zu Reformen führte das Land 14 Jahre später erneut in eine innenpolitische Krise. Am 12. Dezember 1970 rebellierten die Werftarbeiter in Danzig. Die katastrophale ökonomische Lage und eine weitreichende politische Bevormundung trieb die Arbeiter erneut auf die Straßen. Abermals reagierte die kommunistische Regierung mit Gewalt. Diesmal jedoch erhoben sich auch Belegschaften anderer Betriebe. An der gesamten Ostseeküste streikten die Arbeiter. Mehrtägige Straßenkämpfe forderten abermals zahlreiche Todesopfer. Insbesondere Parteizentralen aber auch Behördengebäude gingen in Flammen auf. Nach einer Woche setzten die Parteigremien ihre alte Führungsmannschaft, Gomułka und den seit zwanzig Jahren amtierenden Premierminister Józef Cyrankiewicz ab.

Die neue Regierung unter Edward Gierek konnte nicht jenes Vertrauenskapital erwarten, das Gomułka 1956 entgegengebracht wurde. Folglich setzte Gierek auf ökonomische Anreize und versuchte, einen konsumorientierten Kommunismus anzusteuern. Die in den siebziger Jahren von den Großmächten eingeleitete Politik der Entspannung sowie ihre vermeintliche Weltoffenheit bescherten der Regierung großzügige Kreditunterstützung aus dem westlichen Ausland, allen voran aus der Bundesrepublik. Tatsächlich jedoch wurden die Gelder durch eine dilettantische Investitionspolitik regelrecht vergeudet. Es stellte sich prompt heraus, daß der propagierte Wohlstand auf tönernen Füßen stand.

Begeisterung über den Papst: Millionen Menschen begleiten Johannes Paul II. während der Reise durch seine Heimat Polen im Juni 1979.

Entuzjastycznie witany papież: miliony ludzi towarzyszą Janowi Pawłowi II w czasie jego podróży po ojczyźnie w czerwcu 1979 r.

Fast auf den Tag genau zwanzig Jahre nach dem Protest in Posen gingen Arbeiter erneut auf die Straße – diesmal in Radom und Ursus bei Warschau. Der Staat ging in gewohnter Manier massiv gegen die Streikenden vor, vermied es aber diesmal, einen Schießbefehl zu erteilen. Er beschränkte sich auf Verhaftungen und Entlassungen. Die anschließend eingekehrte trügerische Lethargie im Land konnte über die offensichtlichen Anzeichen einer tiefen ökonomischen Krise sowohl in der Industrie als auch in der Landwirtschaft nicht hinwegtäuschen. Die Versorgungslage wurde zunehmend schwieriger, der stets verkündete gleiche Wohlstand für alle erwies sich als Farce. Es zeigte sich, daß selbst die im Ostblock beispiellose Reisefreiheit und eine relativ breite Öffnung zum Westen hin – was von der Partei als ein Sicherheitsventil betrachtet wurde – den Unmut in der Gesellschaft nicht abbauen konnten. Im Gegenteil: Als nicht beabsichtigte Folge der zahlreichen Kontakte wuchs die Überzeugung von der ökonomischen Unfähigkeit, der politischen Verlogenheit und bürokratischen Trägheit des Staatsapparates.

Im September 1976 trat das Komitee der Arbeiterverteidigung, KOR, an die Öffentlichkeit. 14 Gründungsmitglieder, Intellektuelle und Regimegegner, sandten einen Brief an das Parlament, in dem sie die Aufnahme ihrer Tätigkeit bekanntgaben. Zum ersten Mal in der polnischen Nachkriegsgeschichte kam es zu einer gegenseitigen Unterstützung von Intellektuellen und Arbeitern. Bald darauf begann das KOR seine publizistische Tätigkeit. „Kommuniqué" und „Informations-Bulletin" wurden

Streikwelle im ganzen Land: 1980 hängen Anschläge mit den 21 Forderungen nach Reformen am Geländer der Danziger Werft.

Fala strajków w całym kraju: w 1980 r. wiszą na terenie gdańskiej stoczni plakaty z 21 żądaniami reform.

zunächst als einzelne maschinengeschriebene Blätter, später als vervielfältigte Drucke unter konspirativen Bedingungen verteilt.

Im Juni 1979 reiste Karol Wojtyła, der neugewählte Papst Johannes Paul II., in sein Heimatland. Der Besuch wurde von der gesamten Nation als Triumph empfunden. Die sichere Ausstrahlung und die Autorität des Papstes schufen neues Selbstbewußtsein gegenüber dem System und unterstützten den Prozess der Solidarisierung innerhalb der Bevölkerung.

Streikwelle im ganzen Land

Die am 1. Juli 1980 verkündeten Preiserhöhungen für einige Lebensmittel führten – wie so oft in der Vergangenheit – zu zunächst unkoordinierten Protestaktionen und Arbeitsniederlegungen. Die Streikwelle erfaßte nach und nach das gesamte Land, wobei in den Regionen Warschau und Lublin die Schwerpunkte der Demonstrationen lagen. Der von ökonomischen Forderungen bestimmte Streik wandelte sich beinahe unmerklich in eine politische Auseinandersetzung. An verschiedenen Orten entstanden Streikkomitees, die Straffreiheit für Streikteilnehmer verlangten, was die geltenden Gesetze außer Kraft gesetzt hätte. Der Staat kämpfte verzweifelt darum, Herr der Lage zu werden, erfüllte die meisten Forderungen und versuchte auf diese Weise, die Solidaritätsstimmung sowie die aufkeimenden Forderungen nach grundlegenden Änderungen einzudämmen.

Eine qualitative Veränderung brachte der 14. August 1980: Die Arbeiter besetzten das Betriebsgelände der Danziger Werft und riefen den Okkupationsstreik aus. Anlaß zur Bildung eines Streikkomitees war die Entlassung von Anna Walentynowicz, einer bekannten Aktivistin aus dem Jahre 1970 und Mitglied der Freien Gewerkschaft. Angeführt wurde es von dem Danziger Elektriker Lech Wałęsa, der ebenfalls aufgrund seines gewerkschaftlichen Engagements aus dem Arbeitsverhältnis entlassen worden war. Die Arbeiter schlossen die Werfttore, bildeten eine Arbeiterwacht und formulierten fünf Forderungen, von denen die drei ersten politischen Charakter hatten: Wiederaufnahme Wałęsas und Walentynowiczs in das Arbeitsverhältnis, Bau eines Denkmals für die Opfer des Streiks von 1970 und Sicherheitsgarantien für die Streikenden. Die Betriebsdirektion ging, vermutlich aus taktischen Gründen, auf diese Forderungen ein.

Trotz dieser Zugeständnisse breiteten die Streiks sich im gesamten Raum Danzig aus. Die Regierung war sich des Ernstes der Lage bewußt und erklärte sich bereit, allen Forderungen zu entsprechen. Zwar wurde der Streik in der Werft beendet, doch das Komitee entschied sich für einen Solida-

Geburtsstunde:
Am 31. August 1980 wird mit Unterzeichnung der „Danziger Verständigung" die freie und unabhängige Gewerkschaft „Solidarność" anerkannt.

Narodziny:
31. sierpnia 1980 r. zostaje wraz z podpisaniem „Gdańskiego Porozumienia" uznany wolny i niezależny związek zawodowy „Solidarność".

ritätsstreik mit Arbeitern aus anderen Betrieben. Ihre Vertreter trafen in der Nacht zum 16. August in der Danziger Werft ein und gründeten ein überbetriebliches Streikkomitee, MKS. Bereits zwei Tage später gehörten ihm 156 Betriebe an. Die Ziele der Streikenden waren längst über gewerkschaftliche Interessen hinausgewachsen: Dem Vorsitzenden der Danziger Bezirksregierung wurde eine inzwischen bereits historische Liste mit 21 Postulaten vorgelegt, welche die Einhaltung demokratischer Grundrechte anmahnte. Das erste lautete: „Akzeptanz der freien von Partei und Arbeitgeber unabhängigen Gewerkschaft". Weiterhin verlangten die Streikenden die Einhaltung der in der Verfassung festgeschriebenen Pressefreiheit, einen freien Zugang zu den Massenmedien, die Entlassung politischer Häftlinge, die öffentliche Bekanntgabe der 21 Punkte und eine nationale Diskussion über den Zustand der Gesellschaft und der Volkswirtschaft sowie über die daraus resultierenden, notwendigen Reformen.

Der Staat indessen versuchte vergeblich, die Bedeutung der Streikwelle herunterzuspielen und der Bevölkerung einzureden, daß es sich lediglich um vereinzelte „Arbeitsunterbrechungen" handle, die zudem von staatsfeindlichen Provokateuren angezettelt worden seien. Da die Regierung das Komitee zur Arbeiterverteidigung, KOR, als Drahtzieher der Streikwelle vermutete, ließ sie einerseits viele Oppositionsaktivisten festnehmen. Andererseits entschloß sich das oberste Parteigremium, den Dialog mit den zwischenbetrieblichen Streikkomitees aufzunehmen. Zahlreiche Oppositionelle, darunter Tadeusz Mazowiecki, Bohdan Cywiński, Bronisław Geremek und Andrzej Wielowieyski, eilten nach Danzig, um dort eine beratende Expertenkommission für das Streikkomitee zu bilden.

In der letzten Augustwoche überschlugen sich die Ereignisse. In immer mehr Industrieregionen wurde gestreikt, während die Unterhändler der Regierung weiterhin einen alles andere als konsequenten Verhandlungskurs verfolgten, der von Tag zu Tag wechselte. Ganz Polen hielt den Atem an, zumal die meisten Informationen lediglich unter der Hand weitergegeben werden konnten. Der 31. August 1980 war die Geburtsstunde der freien und unabhängigen Gewerkschaft Solidarność. Das staatliche Fernsehen zeigte abends Bilder der Unterzeichnungszeremonie der sogenannten Danziger Verständigung. Die grundlegendste Konfrontation zwischen Gesellschaft und dem Staatsapparat verlief – zum ersten Mal in der Nachkriegsgeschichte Polens – vorläufig unblutig und endete mit einer Niederlage der herrschenden Kommunisten. Die polnische Bevölkerung befand sich in einem Triumphrausch, fühlte sich befreit – Solidarität war allerorts spürbar. Über drei Millionen Menschen traten in den ersten Tagen der neuen Gewerkschaft bei. Doch es stellte sich heraus, daß der Kampf an diesem Tag bei weitem nicht beendet war: Die eigentliche Arbeit mußte erst noch geleistet werden.

Erste Zugeständnisse

Am 17. September 1980 trafen sich in Danzig Vertreter der überbetrieblichen Gründungskomitees aus ganz Polen. Die Struktur der neuen Gewerkschaft nahm Gestalt an. Führungsorgan war eine Landesverständigungskommission, die zuständig für den Aufbau der Gewerkschaft war. Somit entschied sich das Gründungskomitee für eine gesamtpolnische Organisation und gegen eine Vielfalt von branchenbezogenen Einzelgewerkschaften, was der Solidarność ein respektables Gewicht für die kommenden Auseinandersetzungen verleihen sollte. Und diese ließen nicht lange auf sich warten. Schon am 3. Oktober rief die neue Gewerkschaft zum Generalstreik auf: Warnsignal für die Regierung, die nur zögerlich die Forderungen erfüllt hatte.

Die Macht der Solidarność zeigte sich deutlich, als sie durchsetzte, wenige Wochen nach ihrer Gründung in ein Gerichtsregister eingetragen und somit juristisch anerkannt zu werden. Dies blieb der Bewegung der Bauern und dem Unabhängigen Studentenbund vorerst verweigert. Solidarność wurde die freie Publizierung ihrer Wochenzeitung „Tygodnik Solidarność" und der Zugang zu staatlichen Radio- und Fernsehprogrammen zugesichert. Gleichzeitig startete die kommunistische Partei eine breitangelegte Propagandakampagne, die darauf abzielte, die neue Gewerkschaft zu diskreditieren und zu zerstückeln, um anschließend die jeweiligen Gruppen gegeneinander ausspielen zu können.

Am eindrucksvollsten demonstrierte die Solidarność ihre Macht im Dezember 1980 anläßlich des 10. Jahrestages der Arbeiterproteste in Danzig, Gdynia und Stettin. An diesem Tag wurde das Denkmal für die ermordeten Werftarbeiter enthüllt. Mehrere hunderttausend Menschen aus ganz Polen versammelten sich in Danzig, um dem Festakt beizuwohnen. Im Stiftungsakt des Gdyniaer Denkmals ist zu lesen: „Denen, die gefallen sind, als Zeichen ewigen Andenkens, den Regierenden als Warnung, daß ein Gesellschaftskonflikt in einem Vaterland nicht mit Gewalt gelöst werden darf. Allen Landsleuten zur Stärkung der Hoffnung, daß das Böse besiegt werden kann und muß".

Ruhe vor dem Sturm

Das Jahr 1981 begann mit erneuten Querelen zwischen dem Staat und der Solidarność. Vom heutigen Standpunkt aus gesehen mögen einige der Streitpunkte – Arbeit an Samstagen oder personelle Veränderungen in der mittleren Verwaltungshierarchie – zweitrangig erscheinen, doch in der damaligen Situation dienten sie als willkommener Anlaß für eine grundsätzliche Auseinandersetzung. General Wojciech Jaruzelski, bislang Verteidigungsminister, übernahm am 11. Februar den Posten des Premierministers und forderte eine Atempause: „Drei arbeitsreiche Monate – 90 ruhige Tage". Der Regierung trat Mieczysław Rakowski bei, der langjährige Chefredakteur der Zeitschrift „Polityka", Befürworter eines liberalen Kurses innerhalb der Partei und des gesellschaftlichen Dialoges. Solidarność signalisierte Entgegenkommen, wollte aber die neue Regierung nach ihren Taten, vor allem nach der Vorstellung des Reformprogramms und Erfüllung der Danziger Postulate beurteilen.

Treffen:
Lech Wałęsa mit Stefan Kardinal Wyszyński. Solidarność findet in der polnischen katholischen Kirche einen wichtigen Verbündeten.

Spotkanie:
Lech Wałęsa z kardynałem Stefanem Wyszyńskim. „Solidarność" znajduje w polskim kościele katolickim ważnego sprzymierzeńca.

Die relative Entspannung zwischen der Regierung und der Solidarność wurde einen Monat später durch eine Provokation des Staates beendet: Polizei- und Sicherheitsdienstbeamte in Zivil knüppelten Gewerkschaftler nieder, die im Gebäude des Stadtrates in Bydgoszcz mit Regierungsvertretern verhandelt hatten. Diese brutale Aktion löste Empörung im ganzen Land aus. Solidarność drohte mit massiven Warnstreiks. Es ging das ernstzunehmende Gerücht um, die Regierung plane die Einführung des Ausnahmezustands. Die Atmosphäre war bis auf das Äußerste gespannt.

Ende März führten die polnischen Arbeiter den Generalwarnstreik durch; er kann als einer der größten Erfolge der Solidarność gewertet werden. Die Positionen innerhalb der kommunistischen Partei polarisierten sich zunehmend und die Parteibasis verlangte immer lauter nach grundlegenden Reformen: „[...] wir sind ein Teil der Arbeiterklasse und wir werden nie gegen diese Klasse auftreten [...]“. In die Schlichtungsgespräche hatten sich unabhängige Intellektuelle, Künstler und der Primas von Polen, Stefan Kardinal Wyszyński, eingeschaltet. Regierung und Solidarność gelang im letzten Moment, am 30. März, ein Kompromiß, der die Ursachen der Konflikte nicht beseitigte, sondern sie auf einen späteren Zeitpunkt zur erneuten Diskussion vertagte.

Am 2. April bildeten sich lange Schlangen vor den Zeitungskiosken, man wollte es nicht versäumen die erste Nummer der „Wochenzeitschrift Solidarność“ zu kaufen – des ersten gesamtpolnischen legalen Organs, das nicht zum Medienmonopol des Staates gehörte. Sein Chefredakteur war Tadeusz Mazowiecki, Mitbegründer des Klubs der Katholischen Intelligenz, Solidarność-Berater und später der erste nichtkommunistische Regierungschef Polens.

In diesem Zusammenhang ist es nicht unbedeutend, daß gerade in jenen Tagen die Streitkräfte der Warschauer-Pakt-Staaten auf polnischem Gebiet gemeinsame Manöver abhielten, was als bedrohlicher, wenn auch möglicherweise unbeabsichtigter Faktor interpretiert werden konnte. Tatsache ist, daß die polnische Führung des öfteren nach Moskau zitiert wurde, wo man häufig deutliche Worte über eine konterrevolutionäre Gefahr und über die klare Bereitschaft, den Sozialismus in Polen mit vereinten Kräften zu verteidigen, vernehmen konnte. Es bleibt offen, ob dies nur übliche Phrasen, oder aber wirkliche Drohungen gewesen sind. Die Sowjetunion hatte sich Ende 1979 in den Afghanistan-Feldzug verstrickt, was die Hoffnung weckte, daß sie sich nicht in einer weiteren außenpolitischen Intervention engagieren würde. Andererseits hatten alle Konfliktparteien in Polen immer noch den blutigen Ausgang der Reformversuche in Budapest und in Prag vor Augen.

Die Situation in Polen spitzte sich in den nächsten Wochen zu. Die Versorgungslage verschlechterte sich so dramatisch, daß die Regierung die Grundnahrungsmittel mittels Lebensmittelkarten rationieren mußte. Endlose Schlangen, Hamsterkäufe

Do Czytelników

TYGODNIK

Solidarność

3 kwietnia 1981 roku Cena 7 zł 1

POCZĄTEK ROZMÓW

TADEUSZ MAZOWIECKI

Erstausgabe:
Am 2. April 1981 erscheint die Wochenzeitschrift „Tygodnik Solidarność“ als von Partei und Staat unabhängiges Presseorgan.

Pierwsze wydanie:
2. kwietnia 1981 r. ukazuje się pierwszy numer czasopisma „Tygodnik Solidarność“ jako organ prasowy niezależny od partii i państwa.

Zeichen des Widerstandes: Briefmarken aus dem Untergrund mit national-katholischer Symbolik und den populärsten Anführern der Solidarność.

Przejawy oporu: znaczki pocztowe drukowane w podziemiu z narodowo-katolicką symboliką i najpopularniejszymi przywódcami „Solidarności".

und Tauschhandel gehörten zum Alltag. Die offizielle Propaganda goß seit Monaten zusätzlich Öl ins Feuer, indem sie den Streikenden die wirtschaftliche Misere unterstellte. Lediglich das Attentat auf den Papst und der kurz darauf folgende Tod von Primas Wyszyński lenkten kurzfristig von den innenpolitischen Problemen ab und vermochten, die anstehende Konfrontation hinauszuschieben. Spontane „Hungermärsche" der Bevölkerung im Juli und August ließen den Konflikt eskalieren.

Am 5. September 1981 wurde in Danzig der erste Landeskongreß der Solidarność eröffnet. Die Stimmung war gereizt und die Forderungen waren radikal – aus politischer Sicht erwies sich dies als leichtsinnig. Die Partei griff frontal an: „Den Sozialismus werden wir so verteidigen, wie man die Unabhängigkeit Polens verteidigt, und zwar mit allen entsprechenden Mitteln". Es klang wie eine wörtliche Wiederholung des Briefes der KPdSU an die polnischen Parteigenossen vom vergangenen Juni: „Dem sozialistischen Polen lassen wir kein Unrecht zufügen". Die Fronten verhärteten sich.

Mitte Oktober übernahm General Jaruzelski auch den Parteivorsitz. Diese Konzentration der Macht auf eine Person stärkte die Position des kommunistischen Staatsapparates. Die Solidarność hingegen war nur in eingeschränktem Maße zu innerer Disziplin fähig. Ihre unkontrollierten und oftmals verzweifelten Streiks hatten das Ziel, aus der Sackgasse der end- und erfolglosen Verhandlungen zu gelangen. Die Kirche warnte vor einer Eskalation der Forderungen und Aktionen und mahnte zu Ruhe und Vernunft.

Anfang Dezember, auf der Tagung der Landeskommission der Solidarność in Radom, wurden „minimale Bedingungen" an die Regierung gestellt. Dazu gehörten unter anderem demokratische Wahlen zu den regionalen Verwaltungsorganen, Übertragung der Kontrollfunktionen über die Volkswirtschaft auf die Solidarność sowie der Zugang zu den öffentlichen Massenmedien. Die Erfüllung dieser Bedingungen hätte für die Partei praktisch den umfassenden Verlust ihres politischen Einflusses und somit den absehbaren Niedergang bedeutet. Die Regierung legte dem Sejm einen Gesetzentwurf über die „Außerordentlichen Vollmachten zum Schutz der Bürger und des Staates" vor. Die Weichen wurden gestellt, doch die Solidarność schien den Ernst der Lage nicht wahrzunehmen. Für den 11. und 12. Dezember wurde die nächste Tagung der Landeskommission nach Danzig einberufen.

Kriegszustand

Der 13. Dezember 1981 war ein Sonntag. Radio und Fernsehen sendeten nur getragene klassische Musik. Die Telefonverbindungen waren unterbrochen, doch dies schien nicht weiter beunruhigend, da das

Protest: Die Einführung des Kriegsrechts wird auf dem Plakat als gewaltsamer Tod der Freiheit bezeichnet.

Protest: wprowadzenie stanu wojennego zostaje określone na plakacie jako gwałtowna śmierć wolności.

Solidarität: Der Graphiker Klaus Staeck gestaltet 1981 ein Plakat, auf dem er die bekannteste Zeile der polnischen Nationalhymne zitiert.

Solidarność: grafik Klaus Staeck tworzy w 1981 r. plakat, na którym zacytowane są najbardziej znane słowa polskiego hymnu narodowego.

Telefonnetz total veraltet war und oft genug versagte. Doch dann wurde die Musiksendung für eine Ansprache von General Jaruzelski unterbrochen. Erst dann begriffen die Menschen in Polen, was geschehen war. Durch die Straßen fuhren Militärfahrzeuge, an wichtigen Verkehrspunkten und vor den öffentlichen Gebäuden standen bewaffnete Wachposten. Polizei und Militär kontrollierten verstärkt Passanten und Fahrzeuge. Für das ganze Land galt eine Sperrstunde.

General Jaruzelski verkündete die Verhängung des Kriegsrechtes auf unbestimmte Zeit. Die Verbindungen zum Ausland waren unterbrochen, die Grenzen praktisch unpassierbar. Das Militär beherrschte das tägliche Bild: im Fernsehen – sogar Ansagerinnen traten in Uniformen auf –, auf den Straßen, in der öffentlichen Verwaltung. Ebenso präsent war die Volksmiliz. Polen wurde faktisch von einem ad hoc gebildeten „Militärrat der Nationalen Rettung", WRON, regiert; auf der Straße sprachen die Menschen höhnisch von einer „wrona", was ins Deutsche übersetzt „Krähe" bedeutet. Die Nachrichten wurden auf ein streng zensiertes Minimum reduziert. Als einzige, aufmerksam verfolgte Informationsquelle blieben der Bevölkerung ausländische Sender. Der Traum von Freiheit schien ausgeträumt zu sein, der Glaube an die Stärke der Solidarność zerplatzte. Auf den Häuserwänden tauchten Anschlagzettel auf: „Am 13. 12. 81 starb die Freiheit eines tragischen Todes. Die Nation, die an die Auferstehung glaubt".

Das letzte Treffen der Landeskommission in Danzig hatte bis in die späten Nachtstunden des 12. Dezember gedauert. Einige Teilnehmer fuhren anschließend ins Sopoter „Grand Hotel". Einheiten der Sondermiliz riegelten das Hotel gegen zwei Uhr ab und verhafteten eine Stunde später die Führung der Solidarność. Diese Aktion eilte dem Dekret des Staatsrates über die Verhängung des Kriegsrechtes voraus. Seine Mitglieder wurden gegen 24 Uhr zusammengerufen, um nach einigen Diskussionen dem Dekret zuzustimmen. Das Dekret erschien im Gesetzblatt der Volksrepublik Polen vom 14. Dezember, rückdatiert auf den 12. Dezember. Alle Wehrpflichtigen hatten sich bereitzuhalten. Die Tätigkeit aller Gewerkschaften und einiger Organisationen, darunter des Verbands Polnischer Journalisten, oder gar der Vereinigung der Sozialistischen Jugend Polens wurde eingestellt. Jegliche Korrespondenz wurde zensiert und mit entsprechendem Stempel versehen, Telefongespräche begannen immer mit der Ansage: „Achtung, das Gespräch wird kontrolliert".

Provokation des Staatsapparates: Eine verbotene Fahne mit der Inschrift „Solidarność lebt" aus der Zeit des Kriegsrechts.

Prowokacja wobec aparatu państwowego: zabroniony sztandar z napisem „Solidarność żyje" z czasu stanu wojennego.

Tausende von Festgenommenen wurden in sogenannte Internierungslager eingeliefert: Lech Wałęsa erhielt „Sonderbehandlung" und Einzelhaft. Im Land kam es zu Streiks, Demonstrationen, Straßenkämpfen. Die heftigsten fanden in Danzig und in Schlesien statt. Zu einem tragischen Symbol wurde der Widerstand der Arbeiter des Kohlebergwerks „Wujek" in Oberschlesien. Die Sondereinheiten der Miliz und das Militär stürmten den besetzten Betrieb. Es fielen Schüsse, mehrere Bergleute bezahlten den Aufstand mit ihrem Leben. Der Dialog war endgültig beendet, es begann der Krieg, der im Volksmund auch „Dezember-Krieg" genannt wurde. Die Streiks – allen voran die wagemutigen Besetzungen der oberschlesischen Kohlegruben „Piast" und „Ziemowit", wo Bergarbeiter sich mehrere Tage verschanzt hatten – dauerten noch einige Wochen an. Doch im Januar 1982 zeichnete sich ab, daß das Regime die Situation unter Kontrolle hatte.

Symbolfiguren des Kampfes gegen das Militärregime: Illegale Geldscheine zeigen Papst Johannes Paul II. und Lech Walesa.

Symboliczne postacie walki przeciw reżimowi wojskowemu: nielegalne banknoty z wizerunkami papieża Jana Pawła II i Lecha Wałęsy.

Widerstand aus dem Untergrund

Die Solidarność mußte unter erschwerten, konspirativen Bedingungen agieren. Einige Gewerkschaftsführer entkamen der Verhaftung und organisierten den Widerstand aus dem Untergrund. Sie galten als echte Volkshelden. Solidarność verbreitete unzählige Flugblätter, Plakate, Informationsbroschüren und Bücher. Sie befaßten sich meist mit aktuellen politischen und sozialen Fragen oder mit der jüngsten Geschichte, wie beispielsweise das Buch „Internierung" von Mazowiecki, oder „Genese und Geschichte der Solidarność" von Jerzy Holzer. Zu den auffälligen Erscheinungsformen aus dieser Zeit gehörten zweifelsohne Gegenstände des „kleinen" Widerstands: Briefumschläge, Briefmarken, Geldscheine, die im Untergrund kursierten. Sie bedienten sich einer historisch-patriotischen Symbolik und hielten die Erinnerung an die Sinnbilder der Solidarność aufrecht. Sie riefen vor allem die Ereignisse des Zweiten Weltkrieges ins Gedächtnis: den Widerstand gegen die deutsche Besatzung und den Warschauer Aufstand. Auf den Briefmarken waren Solidarność-Führer oder der Papst zu sehen. Die Motive auf den Geldscheinen reichten von der Inschrift „Solidarische Republik" bis hin zur Geschichte von Judas und den 30 Silberlingen, mit der man Anspielungen auf den Verrat durch General Jaruzelski am polnischen Volk verknüpfte.

So ist es nicht verwunderlich, daß für die Ausstellung „Annäherungen" eine Fülle von Objekten aus der Zeit des Untergrundes zusammengetragen werden konnte. Die überwiegende Zahl der Objekte stammt aus sorgfältig gehüteten Privatsammlungen oder den polizeilichen Razzien und Beschlagnahmungen aus der Zeit des Kriegsrechts. Nach der Wende des Jahres 1989 gingen sie in die Obhut des neu gegründeten Unabhängigkeitsmuseums in Warschau über.

Zivilcourage: Demonstrationen gehören während der Jahre des Kriegsrechts zum Alltag. Häufig enden sie in Straßenschlachten mit der Polizei.

Odwage cywilma: w latach stanu wojennego demonstracje należą do codzienności. Często kończą się one walkami ulicznymi z policją.

Ende einer Ära? Im November 1995 unterliegt Lech Walesa bei der Präsidentschaftswahl dem Kandidaten des Bündnisses der Demokratischen Linken, Aleksander Kwaśniewski.

Koniec epoki? W listopadzie 1995 r. Lech Wałęsa przegrywa w wyborach prezydenckich z kandydatem Sojuszu Lewicy Demokratycznej Aleksandrem Kwaśniewskim.

Aus Anlaß verschiedener Solidarność-Gedenktage oder nationaler Feiertage, aber oft genug auch ohne ersichtlichen Grund, fanden immer wieder Straßendemonstrationen statt, die der Regierung das Fortbestehen der Solidarność – auf den Spruchbändern war zu lesen: „Solidarność lebt" – beweisen sollten. Der passive Widerstand äußerte sich im Boykott der Presse, des offiziellen Kulturlebens, aber auch in eher unspektakulären Aktionen des bürgerlichen Ungehorsams.

Tragische Bilanz

Im Dezember 1982 kamen die meisten Internierten frei. Die Regierung lockerte das Kriegsrecht wesentlich, obgleich es noch über vier Jahre dauern sollte, bis sie es endgültig aufhob. Die Bilanz der „Kriegsjahre" war tragisch genug – unabhängig von der noch abschließend zu bewertenden Fragestellung, ob die Einführung des Kriegsrechts einer sowjetischen Intervention oder dem vermeintlich drohenden Bürgerkrieg zuvorkam. Eine stets ergänzte Liste wies letztendlich nahezu hundert Namen von Opfern auf, die ihren Kampf gegen den Staatsapparat und für die Solidarność-Ideale mit dem Leben bezahlt hatten. Noch im Jahre 1985 wagte der Sicherheitsdienst einen politischen Mord an dem populären Priester Jerzy Popiełuszko, der daraufhin zu einer Symbolfigur des Widerstandes wurde. Die Kluft zwischen den Regierenden, der Partei und der Gesellschaft vergrößerte sich immer mehr: Im Laufe der Zeit wurde offensichtlich, daß das Beibehalten der bestehenden politischen Strukturen langfristig unmöglich war.

Die gesellschaftliche Solidarität und die Ideale der Jahre 1980 und 1981 haben das Kriegsrecht überdauert und führten die ehemaligen Kontrahenten im Frühjahr 1989 unter völlig neuen politischen Konstellationen wieder an einen gemeinsamen Gesprächstisch. Der diesmal beschlossene Kompromiß brachte revolutionäre Veränderungen: die ersten freien Wahlen und die erste nichtkommunistische Regierung nach dem Zweiten Weltkrieg. Diese Wahlen waren die Voraussetzung für die Auflösung der kommunistischen Partei und die spätere Wahl des Solidarność-Führers Lech Wałęsa zum Präsidenten der Republik Polen.

Heute ist die Rolle der Solidarność wieder reduziert auf eine gewerkschaftliche Funktion. Die Wahl des ehemals kommunistischen Funktionärs Aleksander Kwaśniewski zum Nachfolger Wałęsas am 19. November 1995 läßt die Schlußfolgerung zu, daß die Anziehungskraft der Solidarność verblaßt ist. Es bleibt offen, ob die Solidarność künftig nur noch eine historische Größe in der Geschichte Polens darstellt.

Perspektiven einer Partnerschaft

*Umstrittene Grenze:
Seit 1945 sind Oder und Neiße
Grenzflüsse zwischen
Polen und Deutschland.*

*Sporna granica:
od 1945 r. Odra i Nysa są
rzekami granicznymi między
Polską a Niemcami.*

Symbol für Abgrenzung und Brückenschlag

Die Oder-Neiße-Linie seit dem Zweiten Weltkrieg

Uwe Keßler

Oder und Neiße markieren heute die Staatsgrenze zwischen der Bundesrepublik Deutschland und Polen. Die Grenze verläuft von der Ostsee unmittelbar westlich von Swinemünde durch das kleine Haff des Stettiner Haffs und den Neuwarper See, anschließend über Land bis Mescherin und von dort die Oder entlang bis zur Einmündung der Lausitzer Neiße und dieser folgend bis zur tschechischen Grenze. Dabei ist die in Tschechien entspringende Oder, polnisch und tschechisch Odra, auf 162 Kilometern Länge Grenzfluß zwischen der Bundesrepublik und Polen. Die Quelle der Lausitzer beziehungsweise Görlitzer Neiße, polnisch Nysa Łużycka und tschechisch Luzická Nisa, befindet sich ebenfalls in Tschechien. Sie ist ein linker Nebenfluß der Oder und bildet auf 199 Kilometern die Grenze zwischen der Bundesrepublik Deutschland und Polen.

Willkürliche Grenzziehung

Oder und Neiße waren bis 1945 keine Grenzflüsse. Die beschriebene östliche Grenze Deutschlands, die Westgrenze Polens ist keine über Jahrhunderte historisch gewachsene Grenze, sondern das Ergebnis einer willkürlichen Entscheidung: Die Siegermächte des Zweiten Weltkrieges, USA, Sowjetunion und Großbritannien, legten sie auf der Potsdamer Konferenz vom 17. Juli bis zum 2. August 1945 fest. Städte wie Frankfurt an der Oder, Görlitz oder Guben wurden geteilt und zu Grenzstädten. Zwar sollte die endgültige Grenzziehung einer späteren Friedensregelung vorbehalten bleiben. Doch die in Potsdam getroffenen Entscheidungen – vor allem die Unterstellung der bis 1945 zu Deutschland gehörenden Gebiete östlich von Oder und Neiße als „ehemalige deutsche Ostgebiete" unter polnische Verwaltung – bildeten wichtige Voraussetzungen für die politische Entwicklung der Nachkriegszeit.

*Ideologie:
Das Spruchband aus der DDR von 1952 propagiert ein friedliches Nebeneinander an der Oder-Neiße-Grenze.*

*Ideologia:
transparent z NRD z 1952 r. propagujący pokojowe współistnienie wzdłuż granicy na Odrze i Nysie.*

Die Oder-Neiße-Linie wurde für Deutschland zum Symbol für Gebietsverluste und leidvolle menschliche Schicksale: Eine der größten Völkerwanderungen der europäischen Geschichte setzte ein. Millionen Deutsche aus den Gebieten östlich von Oder und Neiße flohen, wurden vertrieben und ausgesiedelt. Die polnischen Siedler ihrerseits waren ebenfalls zum überwiegenden Teil gezwungen worden, ihre Heimat in Ostpolen, das die UdSSR nach dem Zweiten Weltkrieg ihrem Staatsgebiet einverleibt hatte, zu verlassen. Sie stammten zum größten Teil aus der Umgebung von Lemberg, Tarnapol und Wilna. Daher verband die Menschen auf beiden Seiten der Oder-Neiße-Grenze weder eine gemeinsame Geschichte, eine kulturelle Vergangenheit oder gemeinsame Sprache noch, wie sonst häufig in Grenzgebieten der Fall, Verwandtschaft. Es fehlten somit viele Faktoren, die ein gegenseitiges Verständnis erleichtern.

Für eine Normalisierung der Beziehungen zwischen Polen und Deutschland bildete aus polnischer Sicht die Anerkennung der

Glockenläuten: Die Friedensglocke in Frankurt an der Oder wird im Januar 1953 als Symbol des Friedens und der Freundschaft mit allen Völkern eingeweiht.

Bicie dzwonów: dzwon pokoju we Frankfurcie nad Odrą w styczniu 1953 r. zostaje poświęcony jako symbol pokoju i przyjaźni ze wszystkimi narodami.

Oder-Neiße-Linie als deutsch-polnische Grenze eine wichtige Voraussetzung. Bereits seit 1945 betonten polnische Politiker immer wieder die Endgültigkeit dieser Grenze. Viele Polen fürchteten, der westliche Nachbar würde – wieder erstarkt – zur alten Politik zurückkehren, die Polen während des Zweiten Weltkrieges Überfall, Besatzung, Terror und Vernichtung gebracht hatte, und die 1945 verlorengegangenen Gebiete notfalls mit Gewalt zurückerobern. Ein außenpolitisch verbindlicher Standpunkt zur Grenzfrage war in Deutschland hingegen zunächst nicht möglich. Das Land war besetzt, in vier Zonen geteilt und unterstand einer alliierten Militärregierung, hatte also keine außenpolitischen Kompetenzen. Erst 1949 wurden zwei deutsche Staaten gegründet: die Bundesrepublik Deutschland und die Deutsche Demokratische Republik.

Verordnete Freundschaft

Die DDR stimmte in der Warschauer Deklaration vom 6. Juni 1950 und im Görlitzer Abkommen vom 6. Juli 1950, dem „Abkommen zwischen der Republik Polen und der Deutschen Demokratischen Republik über die Markierung der festgelegten und bestehenden polnisch-deutschen Staatsgrenze“, der Oder-Neiße-Linie als Grenze zu. Polen und die DDR wurden Partner in der kommunistischen Staatengemeinschaft unter sowjetischer Führung, im Warschauer Pakt und im Rat für Gegenseitige Wirtschaftshilfe. Die Oder-Neiße-Linie avancierte für vierzig Jahre im sozialistischen Sprachgebrauch zur „Friedensgrenze“: Die Unantastbarkeit der polnischen Westgrenze an Oder und Neiße war nach Aussage der Ostblockstaaten eine der wichtigsten Voraussetzungen für Frieden in Europa. Ein markantes Zeichen hierfür ist die Friedensglocke, die von der Ost-CDU gestiftet und 1953 am Ufer der Oder in Frankfurt aufgestellt wurde.

Verordnete Freundschaft: Das Plakat erscheint in der DDR anläßlich des deutsch-polnischen Freundschaftstages am 22. Juli 1950.

Przyjaźń nakazana: plakat wydany w NRD 22. lipca 1950 r. z okazji niemiecko - polskiego Dnia Przyjaźni.

Die Kontakte zwischen Bürgern der DDR und der Volksrepublik Polen waren ideologisch gesteuert und staatlich gelenkt. Deutsch-Polnische Freundschaftsgesellschaften wurden gegründet, Freundschaftstreffen – beispielsweise auf der „Brücke der Freundschaft“ in Frankfurt an der Oder – und Friedensfahrten organisiert. Am 15. März 1967 wurde in Warschau der Freundschaftsvertrag zwischen Polen und der DDR geschlossen. Die verordnete Freundschaft führte nicht zu einer intensiven und erlebten Partnerschaft, auch wenn durch die Grenzöffnung 1972 und zunehmende Freizügigkeit im Personengrenzverkehr immer mehr DDR-Bürger und Polen das jeweils andere Land und dessen Bevölkerung kennenlernen konnten.

Insbesondere die DDR-Führung war an einer wirklichen Annäherung von Deutschen und Polen wenig interessiert, da sie den Reformbemühungen im Nachbarland stets ablehnend gegenüberstand. Dies wurde bereits in den fünfziger Jahren deutlich: Die Wahl Gomułkas 1956 zum Ersten Sekretär der Vereinigten Polnischen Arbeiterpartei leitete in Polen Reformen im gesellschaftlichen, politischen und kulturellen Leben ein, den sogenannten „Polnischen Oktober“. Diese Ansätze zu einer Liberalisierung und Entstalinisierung ver-

Sozialistische Friedensfahrt über die Neiße: Die „VIII. Internationale Radfernfahrt für den Frieden Prag-Berlin-Warschau" führt am 17. Mai 1955 über die Görlitzer Grenzbrücke.

Socjalistyczny Przejazd Pokoju przez Nysę: „VIII Międzynarodowy Kolarski Wyścig Pokoju Praga - Berlin - Warszawa" prowadzi 17. maja 1955 r. przez most graniczny w Zgorzelcu.

folgte die DDR-Führung mit Argwohn. Sie versuchte mit allen Mitteln, ein Übergreifen dieser Reformbewegung auf die DDR zu verhindern. Als in den achtziger Jahren die Gewerkschaftsbewegung Solidarnosc eine breite demokratische Basis bildete, verurteilte die DDR-Führung die polnische Demokratiebewegung, schottete sich gegenüber Polen ab und befürwortete sogar den Einmarsch von Truppen des Warschauer Paktes – auch über Oder und Neiße – nach Polen.

Belastungen durch die Vergangenheit

Im Gegensatz zur Situation in der DDR war in der Bundesrepublik Deutschland eine offene, emotionale Diskussion der Grenzfrage möglich: Der Schmerz über das am Ende des Zweiten Weltkrieges Erlebte – Verlust der Angehörigen, des Eigentums und der Heimat – stand bei vielen Menschen im Vordergrund. Vor allem die Vertriebenenverbände pochten auf ihr Recht auf Heimat. Alle Parteien, mit Ausnahme der KPD, lehnten eine Anerkennung der Oder-Neiße-Grenze entschieden ab. Bundeskanzler Konrad Adenauer formulierte diesen Standpunkt in seiner Regierungserklärung am 20. September 1949: „Wir können uns [...] unter keinen Umständen mit einer von Sowjetrußland und Polen [...] einseitig vorgenommenen Abtrennung dieser Gebiete abfinden". Dieser in der Bundesrepublik vorherrschende Grundsatz basierte auf einer völkerrechtlichen Argumentation: keine Anerkennung einer deutsch-polnischen Grenze vor Abschluß eines Friedensvertrages. In der Bundesrepublik wurden die Potsdamer Vereinbarungen der Siegermächte derart interpretiert, daß Polen die ehemaligen deutschen Ostgebiete noch nicht endgültig erworben hatte und erst in einem Friedensvertrag – unterzeichnet von einem gesamtdeutschen Souverän – eine völkerrechtlich verbindliche Lösung möglich sei. Vor diesem Hintergrund bewegte sich zunächst zwischen Westdeutschen und Polen relativ wenig.

Im Rahmen der Ostpolitik der sozialliberalen Koalition unter Bundeskanzler Willy Brandt und Außenminister Walter Scheel wurde am 7. Dezember 1970 der „Vertrag zwischen der Bundesrepublik Deutschland und der Volksrepublik Polen über die Grundlagen der Normalisierung ihrer gegenseitigen Beziehungen", der Warschau-

Geschönte Wirklichkeit: Das Gemälde von Karl-Heinz Völker stilisiert die Eröffnungsfeier der Grenzbrücke zwischen Görlitz und Zgorzelec.

Rzeczywistość upiększona: obraz Karla-Heinza Völkera stylizuje uroczystość otwarcia mostu granicznego między Görlitz a Zgorzelcem.

Proteste:
Vor allem die Vertriebenenverbände in der Bundesrepublik sperren sich gegen eine Anerkennung der Oder-Neiße-Grenze.

Protesty:
przede wszystkim związki wypędzonych w Republice Federalnej bronią się przed uznaniem granicy na Odrze i Nysie.

er Vertrag, unterzeichnet, in dem die Oder-Neiße-Linie als „westliche Staatsgrenze der Volksrepublik Polen” akzeptiert und anerkannt wurde, obwohl auch dieser Vertrag betonte, daß diese Anerkennung eine friedensvertragliche Regelung für Deutschland nicht vorwegnahm. In den Augen vieler Polen entwertete dieser Vorbehalt das Vertragswerk. In Deutschland sahen Befürworter im Warschauer Vertrag einen bedeutenden Beitrag zur Entspannungspolitik, Gegner den „Ausverkauf” ehemals deutscher Gebiete an Polen.

Lagebeurteilung:
Der Plan der Nationalen Volksarmee der DDR von 1981 zeigt den möglichen Einsatz von Truppen des Warschauer Paktes jenseits der Oder-Neiße-Grenze.

Ocena sytuacji:
Plan Narodowej Armii Ludowej NRD z 1981 r. ukazuje ewentualne wkroczenie wojsk Układu Warszawskiego poza granice na Odrze i Nysie.

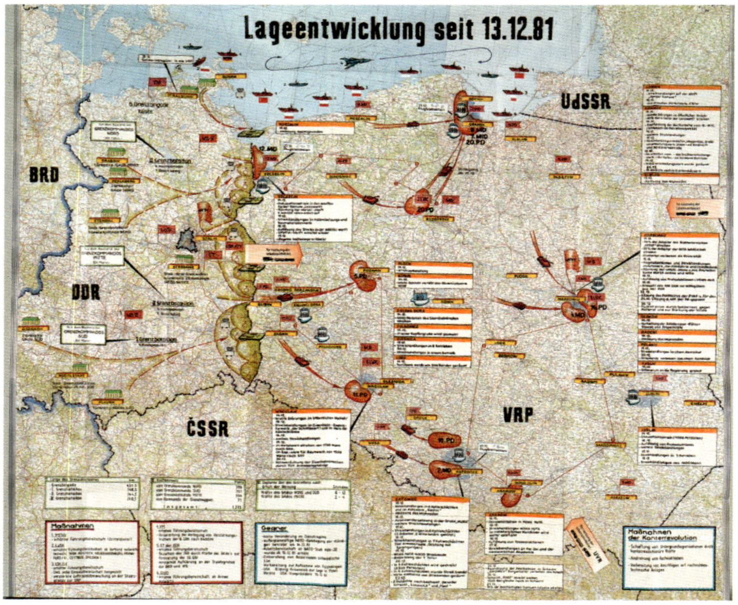

Nach einer langen innenpolitischen Debatte wurde der Vertrag am 17. Mai 1972 durch den Bundestag und am 19. Mai durch den Bundesrat ratifiziert. Am 14. September 1972 nahmen die Bundesrepublik Deutschland und die Volksrepublik Polen diplomatische Beziehungen auf. Bundesbürger konnten jedoch die Oder-Neiße-Linie nur an drei Grenzübergängen mit Visum überschreiten: Frankfurt an der Oder – Świecko, Pomellen – Kołbaskowo und Görlitz – Zgorzelec. Alle übrigen Grenzübergänge vom Gebiet der DDR nach Polen waren Bürgern der „sozialistischen Bruderländer” vorbehalten.

Endgültige Friedensregelung

Aktualität erfuhr die Frage der Oder-Neiße-Grenze mit dem Wandel im Osten: Vor dem Hintergrund der Ereignisse des Jahres 1989 – dem Machtwechsel in Polen, der sogenannten „friedlichen Revolution” in der DDR und dem Fall der Mauer – und dem sich abzeichnenden Ende der Spaltung Europas wurde die im Potsdamer Vertrag angestrebte Friedensregelung für Deutschland zum wichtigen Thema der europäischen Diplomatie. Mit den Zwei-plus-Vier-Vereinbarungen zur Herstellung der Einheit Deutschlands wurden die Bundesrepublik und die DDR – und anschließend das vereinte Deutschland – aufgefordert, einen Grenzvertrag mit Polen abzuschließen, der die faktisch bestehende Oder-Neiße-Grenze völkerrechtlich verbindlich anerkannte. Dies bekräftigten die am 18. März 1990 erstmals frei gewählte Volkskammer der DDR und der deutsche Bundestag in gleichlautenden Erklärungen am 21. Juni 1990.

Am 14. November 1990 unterzeichneten die Außenminister Genscher und Skubiszewski den „Vertrag zwischen der Bundesrepublik Deutschland und der Republik Polen über die Bestätigung der zwischen ihnen bestehenden Grenze“. Somit war die aus polnischer Sicht bestehende Grundproblematik des deutsch-polnischen Verhältnisses, die strittige Grenzfrage, gelöst. Im April 1991 – nach Inkrafttreten der Visafreiheit für Polen – wurde die Oder-Neiße-Grenze zu einer ganz normalen Grenze, die seither von Bürgern beider Staaten an allen Grenzübergängen ohne Visum nach flüchtiger Kontrolle überschritten werden kann. Vorausgegangen war die Abschaffung der Visumpflicht für deutsche Staatsbürger zum 1. Januar 1991.

„No Pasaran!" – „Sie kommen nicht durch!": Die polnische Karikatur kommentiert polenfeindliche Übergriffe auf Reisende nach Inkrafttreten der Visumfreiheit an der Oder-Neiße-Grenze 1991.

„No Pasaran!" – „Nie przejdą!": polska karykatura komentuje wrogie wobec Polaków napady na turystów po wprowadzeniu w życie ruchu bezwizowego przez granicę na Odrze i Nysie w 1991r.

Regionale Zusammenarbeit

Um die deutsch-polnischen Beziehungen auf eine gute nachbarschaftliche Basis zu stellen und eine dauerhafte Versöhnung einzuleiten, unterzeichneten am 17. Juni 1991 in Bonn der polnische Ministerpräsident Jan Krzysztof Bielecki und Bundeskanzler Helmut Kohl den „Vertrag zwischen der Bundesrepublik Deutschland und der Republik Polen über gute Nachbarschaft und freundschaftliche Zusammenarbeit". Dieses Vertragswerk bildet die politische und rechtliche Voraussetzung und Basis für die künftige bilaterale Zusammenarbeit in allen Bereichen. Eingebettet in den Vertrag ist unter anderem ein Abkommen über das Deutsch-Polnische Jugendwerk.

Seit dem Grenzbestätigungsvertrag von 1990, der Grenzöffnung und dem Nachbarschaftsvertrag 1991 soll die Oder-Neiße-Grenze zu einem Symbol neuer Nachbarschaft und des Austauschs werden. Angestrebt ist eine Entwicklung hin zu einer freundschaftlichen Grenzüberschreitung und zur Vernetzung von informellen und institutionellen Kontakten. Oder und Neiße sollen die beiden Völker nicht mehr trennen, sondern eine Brücke zwischen Deutschen und Polen werden.

Die neue Qualität der Grenze findet ihren Ausdruck bereits in vielfältigen Formen und Beispielen grenznaher regionaler Kon-

Meilenstein: Der polnische Ministerpräsident Jan Krzysztof Bielecki und Bundeskanzler Helmut Kohl bei Vertragsunterzeichnung des Nachbarschaftsvertrages am 17. Juni 1991 in Bonn.

Kamień milowy: polski premier Jan Krzysztof Bielecki i kanclerz Helmut Kohl przy podpisywaniu Układu o Stosunkach Dobrosąsiedzkich 17. czerwca 1991 r. w Bonn.

Klischees trotz neuer Perspektiven: In der polnischen Karikatur von 1993 stehen Wolf (Deutschland) und Schaf (Polen) einträchtig vor der EU-Fahne - Zeichen für das beiderseitige Bestreben, im vereinten Europa zusammenzuarbeiten.

Stereotypy mimo nowych perspektyw: w polskiej karykaturze z 1993 r. wilk (Niemcy) i owca (Polska) stoją zgodnie przed flagą Unii Europejskiej – symbol obustronnych wysiłków dla współpracy w zjednoczonej Europie.

takte. Hierzu zählen beispielsweise die Zusammenarbeit von Städten beiderseits von Oder und Neiße, die durch die Grenzziehung 1945 geteilt wurden, die Schaffung des Nationalparks Unteres Odertal, der zu einem deutsch-polnischen Internationalpark ausgebaut werden soll, oder der Fürst-Pückler-Park im deutschen Bad Muskau, gegenüber der polnischen Stadt Łęknice gelegen. Während die frühere regionale Kooperation zwischen der Volksrepublik Polen und der DDR staatlich verordnet und das Ergebnis einer ideologisch geprägten Politik war, entspringen die Kontakte der neunziger Jahre dem Bedürfnis, das wirtschaftliche Potential der Gebiete beiderseits von Oder und Neiße zu aktivieren und das gegenseitige Kennenlernen und die gemeinsame Annäherung zu fördern.

Seit dem Verschwinden des ideologischen Ost-West-Konfliktes sind die Schicksale der europäischen Völker stärker miteinander verbunden. Friedenssicherung und Zusammenarbeit gehören zur gemeinsamen Aufgabe der europäischen Staaten. Polen und Deutsche tragen wegen ihrer geographischen Lage in Europa eine besondere Verantwortung. Trotz aller grenzüberschreitenden bilateralen Bemühungen um Zusammenarbeit ist jedoch die Oder-Neiße-Linie erneut zur Grenze geworden, zur Außengrenze der Europäischen Union. Polen ist noch kein Mitglied in dieser Institution, bemüht sich jedoch um Aufnahme. Seit dem 1. Februar 1994 besteht ein Assoziierungsabkommen mit der EU. Am 8. April 1994 stellte Polen offiziell einen Aufnahmeantrag. Eine solche Mitgliedschaft wird auch von deutscher Seite unterstützt. Die Schaffung von deutsch-polnischen Euroregionen kündet von dem Willen, den gegenwärtigen Zustand zu verändern.

Erwartung: Am üppig gedeckten Ende des Europatisches sitzen die Staatsmänner Kohl, Mitterand und Major – Walesa, Mazowiecki und Jelzin hoffen auf die Einladung zum Essen.

Oczekiwanie: przy suto zastawionym końcu europejskiego stołu siedzą mężowie stanu Kohl, Mitterand i Major – Wałęsa, Mazowiecki i Jelcyn mają nadzieję na zaproszenie do posiłku.

Grenzübergreifende Projekte an Oder und Neiße

Görlitz – Zgorzelec: Zwillingsstadt mit Visionen

Die Oder-Neiße-Grenze teilt seit dem Zweiten Weltkrieg die an der Neiße gelegene niederschlesische Industriestadt Görlitz in einen deutschen und einen polnischen Teil: Görlitz und Zgorzelec. Die Doppelstadt Görlitz liegt im Herzen Europas, genau auf dem 15. Längengrad. Görlitz ist die östlichste Stadt Deutschlands. Wichtige Grundlage für die Zusammenarbeit zwischen beiden Städten nach der deutschen Wiedervereinigung ist der zwischen Görlitz und Zgorzelec geschlossene Kooperationsvertrag vom 22. April 1991, ergänzt durch den neuen Partnerschaftsvertrag vom 2. Dezember 1993. Seither sind verschiedene Projekte ins Leben gerufen worden, die ein gegenseitiges Kennenlernen erleichtern. Seit Dezember 1991 gibt es eine gemeinsame Stadtbuslinie und seit dem 1. Februar 1993 die Einrichtung „Inter Taxi". Ziel ist die bevorzugte Abfertigung von Taxifahrzeugen am Grenzübergang Görlitz – Zgorzelec, um den Fahrgästen Wartezeiten zu ersparen. Weitere Projekte sind geplant. So soll die Altstadtbrücke über die Neiße wiederaufgebaut werden.

Zur Förderung des gegenseitigen Verständnisses und der Begegnung bedarf es jedoch nicht nur der Verkehrsverbindungen, sondern auch geistiger Brücken, also des Transfers von Wissenschaft und Kultur: Im Frühjahr 1994 schrieben die Jürgen Ponto-Stiftung und die Kulturstiftung des Freistaates Sachsen in Zusammenarbeit mit verschiedenen deutschen und polnischen Hochschuldozenten den deutsch-polnischen Ideenwettbewerb „Kulturbrücke Görlitz/Zgorzelec" aus. Arbeitsgruppen, jeweils bestehend aus Studenten einer deutschen und einer polnischen Hochschule, legten mit Hilfe von Plänen und Modellen Lösungsmöglichkeiten vor. Es handelt sich um Architekturmodelle für mögliche Gebäude deutsch-polnischer Kulturbegegnungen und deren räumliche Lage und Verknüpfung in der Zwillingsstadt. Den mit dem ersten Preis ausgezeichneten Wettbewerbsbeitrag haben Studenten der Technischen Universitäten Braunschweig und Krakow konzipiert: kein zentrales Gebäude für grenzüberschreitende Kulturbegegnungen und Projekte, sondern die Integration von vorhandenen Gebäuden in Görlitz und Zgorzelec mit neu zu schaffenden Bauten, zwei auf polnischer, ein Gebäude auf deutscher Seite, und drei die Bauten verbindende Fußgängerbrücken über die Neiße.

Der Ideenwettbewerb ist zugleich Symbol für eine mögliche Zusammenarbeit von Studenten beider Länder. Eine wichtige Grundlage für diesen Wettbewerb bildete die Idee von Professor Wolf-Dieter Ludwig,

*Zwillingsstädte:
Das Plakat zeigt Gemeinschaftsprojekte der Städte Görlitz und Zgorzelec in den neunziger Jahren.*

*Bliźniacze miasta:
plakat pokazuje wspólne projekty miast Görlitz i Zgorzelec w latach dziewięćdziesiątych.*

Gemeinsamer Auftritt: Das Europera-Orchester spielt anläßlich der internationalen Wirtschafts- und Kulturtage der Städte Görlitz und Zgorzelec 1992.

Wspólne wystąpienie: orkiestra „Europera" gra z okazji Międzynarodowych Dni Gospodarki i Kultury miast Görlitz i Zgorzelec w 1992 r.

Internationale
Wirtschafts- und Kulturtage
der Städte Görlitz und Zgorzelec

ERÖFFNUNGSKONZERT

am Freitag, dem 18. September 1992,
um 19.30 Uhr in der Stadthalle

Ausführende
EUROPERA-ORCHESTER
Dirigent
Reinhard Seehafer
Solist
Miroslav Petráš
Violoncello, Prag

Programm
Krzysztof Penderecki
„Den Opfern von Hiroshima"
Antonin Dvořak
Konzert für Violoncello und Orchester h-Moll op. 104
Ludwig van Beethoven
Sinfonie Nr. 3 Es-Dur op. 55

– Eine Veranstaltung des Musiktheaters der Stadt Görlitz –
Intendant: Prof. Wolf-Dieter Ludwig

Auszeichnung: Für Verdienste um Verständigung vergibt die Stadt Görlitz 1993 erstmals den Brückepreis.

Wyróżnienie: za zasługi na rzecz porozumienia miasto Görlitz przyznaje po raz pierwszy w 1993 r. nagrodę pod nazwą „Brückepreis".

Intendant des Görlitzer Musiktheaters, das sogenannte Europera-Programm zu realisieren (Europa Opus = Europäisches Werk). Seit 1991 besteht das grenzübergreifende Kulturinstitut Europera. Aus ihm soll eine Zusammenfassung von voneinander unabhängigen multinationalen wissenschaftlichen und kulturellen Einrichtungen entstehen. Kern des Europera-Programms ist das Europera-Orchester, Teil des Europera-Musiktheaters, mit Musikern aus Deutschland, Polen, Tschechien und anderen osteuropäischen Ländern.

Für besondere Verdienste um den Ausbau der Beziehungen zwischen Ost- und Westeuropa auf wirtschaftlichem, kulturellem, wissenschaftlichem und sozialem Gebiet vergibt die Stadt Görlitz seit 1993 im Abstand von zwei Jahren den „Brückepreis". Bislang wurden 1993 mit Marion Gräfin Dönhoff, der Herausgeberin der Wochenzeitung „Die Zeit" und 1995 mit Adam Michnik, dem polnischen Bürgerrechtler, Historiker und Chefredakteur der polnischen Tageszeitung „Gazeta Wyborcza", Persönlichkeiten mit dem Hauptpreis ausgezeichnet, die sich in besonderer Weise um das deutsch-polnische Verhältnis verdient gemacht haben.

Universität Viadrina – Beitrag zur europäischen Integration

Ein weiteres Beispiel für Zwillingsstädte an der Oder-Neiße-Grenze sind Frankfurt und Słubice – getrennt durch die Oder. Am 6. September 1991 wurde in Frankfurt an der Oder die Viadrina eröffnet. Sie knüpft an die Tradition der ersten Brandenburgischen Landesuniversität, der Viadrina (1506-1811) an. Die alte Oder-Universität hatte in ihrer 300-jährigen Geschichte den Charakter einer Begegnungsstätte von Ost und West. Unter den ausländischen Studenten waren damals Polen am stärksten vertreten. An der deutsch-polnischen Grenze will die Europa-Universität Viadrina heute aufs Neue geistige Brücken bauen: Die Universität möchte in allen Studiengängen mindestens zu einem Drittel polnische Studierende aufnehmen, betont aber ihren internationalen Charakter. An der Grenze zwischen West- und Osteuropa will die Universität zur europäischen Integration beitragen. Sie möchte interdisziplinär tätig sein und das Thema „Europa" als Lehr- und Forschungsgegenstand aufgreifen. Hierzu gehören auch Kooperationen mit internationalen Universitäten, ein gemischt-nationaler Lehrkörper und ein von der EU finanzierter Lehrstuhl „European Community – Law and European Integration". Die Europa-Universität Viadrina startete im Oktober 1992 ihr erstes akademisches Jahr mit dem Ziel, einen Beitrag zu leisten für ein gemeinsames Zusammenleben in einem Europa, das sowohl den Westen wie den Osten umfaßt.

Eine Besonderheit stellt das geplante Collegium Polonicum dar. Errichtet wird es

Jahrhundertalte Tradition: Die Wurzeln der 1991 eröffneten Europa-Universität in Frankfurt/Oder liegen in der ersten brandenburgischen Landesuniversität, der Viadrina.

Wiekowa tradycja: korzenie założonego w 1991 r. Europejskiego Uniwersytetu we Frankfurcie nad Odrą sięgają pierwszego Krajowego Uniwersytetu w Brandenburgii, „Viadriny".

am polnischen Oderufer in Słubice in einer Kooperation der Europa-Universität Viadrina und der Adam-Mickiewicz-Universität Poznań. Das Collegium Polonicum wird das Lehrangebot der beiden Universitäten in allen Bereichen ergänzen. Schwerpunkte werden osteuropäische Kultur, Sprache, Wirtschaft und Politik bilden. Darüber hinaus soll sich das Forschungsprogramm des Collegium Polonicum auf multikulturelle, europabezogene Problembereiche richten.

Nationalpark an der europäischen Grenze

Am 10. September 1995 wurde der Nationalpark Unteres Odertal eröffnet. Er umfaßt eine Fläche von 9.500 Hektar und ist der zwölfte deutsche Nationalpark. Der erste allerdings, der nicht nur die deutsche Grenze, sondern auch die Außengrenze der Europäischen Union überschreitet. Der brandenburgische Teil bei Schwedt in der Uckermark soll mit 10.000 Hektar auf der polnischen Seite zu einem deutsch-polnischen Internationalpark – von Hohenstaaten bis Szczecin – verbunden werden, der sich den Umwelt- und Naturschutz zum Ziel setzt. Auf polnischer Seite existieren bislang die Landschaftsschutzparks „Park Krajobrazowy Dolina Dolnej Odry", also der Landschaftsschutzpark Unteres Odertal, und „Cedyński Park Krajobrazowy", also der Landschaftsschutzpark Zehden. Sie alle sollen in fünf bis zehn Jahren in einen Nationalpark umgewandelt werden. Dieser Schritt ist Voraussetzung für die Schaffung eines Internationalparks. Einen hohen ökologischen Stellenwert besitzt das untere Odertal durch seine in Mitteleuropa herausragende Auenlandschaft, die über einen artenreichen Tier- und Pflanzenbestand und zahlreiche Feuchtbiotope verfügt.

Das gesamte Gebiet soll zu einer Stätte der deutsch-polnischen Begegnung und Zusammenarbeit werden. Geplant ist beispielsweise die Renovierung von Schloß Criewen als deutsch-polnisches Umweltbildungszentrum. Schon heute arbeiten die Einrichtungen auf deutscher und polnischer Seite eng zusammen: Alle wesentlichen Vorhaben werden abgestimmt, regelmäßige Treffen, Veranstaltungen und Tagungen finden statt. Seit März 1994 lernen die Mitarbeiter der deutschen Verwaltung polnisch, seit Anfang 1995 die Mitarbeiter auf der polnischen Seite deutsch.

Erweckt aus dem Dornröschenschlaf: Der Muskauer Pücklerpark

In einer Talaue der Lausitzer Neiße liegt auf beiden Seiten des Flußes der Pücklerpark Muskau-Łęknice, Park Pücklera w Mużakowie-Łęknicy. Er hat eine Fläche von tausend Hektar, etwa 200 auf deutscher und etwa 800 auf polnischer Seite. Die Parkanlage umfaßt auch die Städte Bad Muskau in Deutschland und Łęknice in Polen. Bis 1945 war Łęknice ein am rechten Ufer der Neiße gelegener Ortsteil von Muskau. Nach dem Zweiten Weltkrieg wurde der Park durch

„Bilanz und Perspektive": In seinem Rechenschaftsbericht gibt das Jugendprojekt „Muskauer Park" Auskunft über seine Aktivitäten.

„Bilans i perspektywa": w sprawozdaniw rozliczeniowym młodzieżowy projekt „Muskauer Park" podaje informacje o swej działalności.

Ehrung:
Der Jugendfriedenspreis des Deutschen Roten Kreuzes 1995 geht an das Jugendprojekt „Muskauer Park" an der deutsch-polnischen Grenze.

Uhonorowanie:
Młodzieżowa Nagroda Pokoju Niemieckiego Czerwonego Krzyża zostaje w 1995 r. przyznana za projekt „Muskauer Park" na granicy polsko-niemieckiej.

Der
Internationale Jugendfriedenspreis
des
Deutschen Roten Kreuzes
wird
für herausragende Aktivitäten
zur Förderung von
Frieden und Völkerverständigung
an das
deutsch-polnische Jugendprojekt
„Muskauer Park"
verliehen.

Zur Förderung der Projektarbeit ist mit dieser Verleihung ein Preisgeld von 10.000 DM verbunden.

Bonn, den 7. Mai 1995

Prof. Dr. Dr. h.c. mult. Knut Ipsen
Präsident des Deutschen Roten Kreuzes

die Staatsgrenze an der Lausitzer Neiße getrennt. Heute ist Bad Muskau eine Grenzstadt in der Oberlausitz im nordöstlichsten Zipfel Sachsens. Der Muskauer Park – Deutschlands größter Landschaftspark – war eines der herausragendsten Beispiele der europäischen Gartenkunst des 19. Jahrhunderts. Seine Entstehung verdankt er dem Fürsten Pückler-Muskau, der ihn zwischen 1815 und 1845 gestaltete. Pückler strebte ein Natur-Gesamtkunstwerk unter Einbeziehung von Architektur und Skulptur an. Zu diesem Zweck bereiste er Europa – England, Frankreich, Spanien und die Schweiz – und sammelte Eindrücke für seine Parkanlagen. Der insbesondere an englische Parkanlagen anknüpfende Park ist ein Beispiel für die europäische Kulturtradition.

Der Zweite Weltkrieg hatte jedoch auch für ihn verheerende Folgen: 1945 verlief etwa acht Wochen eine Hauptkampflinie quer durch den Park. Die Stadt Bad Muskau und auch der Park wurden stark in Mitleidenschaft gezogen. Vor allem im polnischen Teil hat die Natur im Laufe der Nachkriegszeit die einstmals künstlerische Anlage zurückerobert. Inzwischen bemühen sich polnische und deutsche Denkmalpfleger um die Bewahrung des Muskauer Parks. Auf der westlichen Seite errichtete der Freistaat Sachsen die unselbständige Stiftung des öffentlichen Rechts „Fürst-Pückler-Park Bad Muskau". Der polnische Teil ist Kulturschutzgebiet. Die Pflege übernimmt das Zentrum für den Schutz historischer Landschaft in Warschau, Ośrodek Ochrony Zabytkowego Krajobrazu w Warszawie. Ziel ist eine partnerschaftliche Parkverwaltung beiderseits der Grenze und eine Wiederherstellung des Parks nach historischem Vorbild. Der Park soll zu einem Ort polnisch-deutscher Begegnung und Freundschaft und im Rahmen des kleinen Grenzverkehrs begehbar und erlebbar werden. Gleichzeitig ist der Park aufgrund seiner Genese ein europäisches Kulturerbe, auch wenn die Neiße auch hier noch die Außengrenze der EU bildet. Der Muskauer Park steht beispielhaft für Gebiete an Oder und Neiße – gemeinsame Vergangenheit, Kriegszerstörungen und Trennung, Chancen zum Wiederaufbau und zur partnerschaftlichen Zusammenarbeit.

Ein weiteres Beispiel hierfür ist das deutsch-polnische Jugendprojekt „Muskauer Park". 1995 erhielt es den Internationalen Jugendfriedenspreis des Deutschen Roten Kreuzes für „herausragende Aktivitäten zur Förderung von Frieden und Völkerverständigung". Aus einem kommunalen Jugendclub und einer Ortsgruppe der Bürgerbewegung „Demokratie jetzt" gründete sich im Mai 1990 der gemeinnützige Verein „Jugendprojekt im Muskauer Park e.V.". Sitz des Vereins ist Bad Muskau. Basis aller Aktivitäten ist das soziokulturelle Zentrum Turmvilla im Muskauer Park. Es besteht eine enge Zusammenarbeit mit der Stiftung „Fürst-Pückler-Park Bad Muskau". Der deutsch-polnischen Jugend- und Kulturarbeit kommt ein besonderer Stellenwert zu. Der Verein führt deutsch-polnische Jugendbegegnungen durch, fördert den Kulturaustausch und organisiert generations- und spartenübergreifende Workshops und Workcamps. Erweitert wird die bilaterale Tätigkeit durch die Teilnahme von Jugendlichen aus anderen Ländern und sogar aus Übersee.

Deutsch-polnische Euroregionen

Die neue Qualität der Oder-Neiße-Grenze in den neunziger Jahren spiegelt sich auch in der Gründung von deutsch-polnischen Euroregionen wider. Ein Anknüpfungspunkt ist hierbei die grenzüberschreitende kommunale und regionale Zusammenarbeit innerhalb der Europäischen Gemeinschaft, die sich seit mehr als zehn Jahren zwischen der BRD und den Beneluxstaaten entwickelt hat. Ziel ist die Überwindung der staatlichen Grenze als soziale, wirtschaftliche, infrastrukturelle und kulturelle Barriere. Die Besonderheit der Regionen an Oder und Neiße besteht darin, daß beide Grenzflüsse nicht nur zwei Staaten trennen, sondern gleichzeitig die EU-Außengrenze bilden. Trotzdem haben Städte, Gemeinden und Kreise, organisiert in Vereinen und Verbänden, von vier deutsch-polnischen Grenzregionen, die das gesamte deutsch-polnische Grenzgebiet umfassen, ihre Absicht bekundet, den Brückenschlag über Oder und Neiße zu wagen und sich möglichst effektiv als Interessenvertretung des gesamten beiderseitigen Grenzgebiets zu organisieren.

Die vier Euroregionen „Neiße“, „Spree-Neiße-Bober”, „Pro Europa Viadrina” und „Pomerania” sind gegründet. Als erste entstand im Mai 1991 die Euroregion „Neiße” – die einzige trinationale Euroregion in diesem Gebiet: Die 11.494 Quadratkilometer umfassen in der Republik Polen Teile Niederschlesiens und des Riesengebirges, in der Tschechischen Republik Gebiete Nordböhmens und in der Bundesrepublik die Oberlausitz und einen Teil Niederschlesiens. Am 21. Dezember 1993 schlossen sich in Schloß Rogi der deutsche Verein „Mittlere Oder e.V.“, der polnische Verein der „Lubuser Gemeinden” und der polnische Verband der „Gorzower Gemeinden” zur Euroregion „Pro Europa Viadrina” zusammen. Ziele der Euroregion sind: Stärkung der Wirtschaftskraft der Region, Verbesserung der Umweltsituation und der Infrastruktur, Erhöhung der regionalen Identität, Förderung von Kultur, Sozialwesen und Sport, Förderung gutnachbarschaftlicher Beziehungen, Förderung des europäischen Gedankens.

Trotz vieler Hindernisse – Infrastrukturdefizite, unterschiedliche Rechtssysteme und Verwaltungstrukturen,Umweltschäden, Sprachbarrieren, mangelnde Finanzierungsmöglichkeiten durch den fehlenden grenzüberschreitenden Einsatz von EU-Mitteln und das daraus resultierende krasse Ungleichgewicht in den Mitteln und Möglichkeiten dies- und jenseits der EU-Außengrenze – wollen die Euroregionen den grenzüberschreitenden Weg der Zusammenarbeit weiter verfolgen.

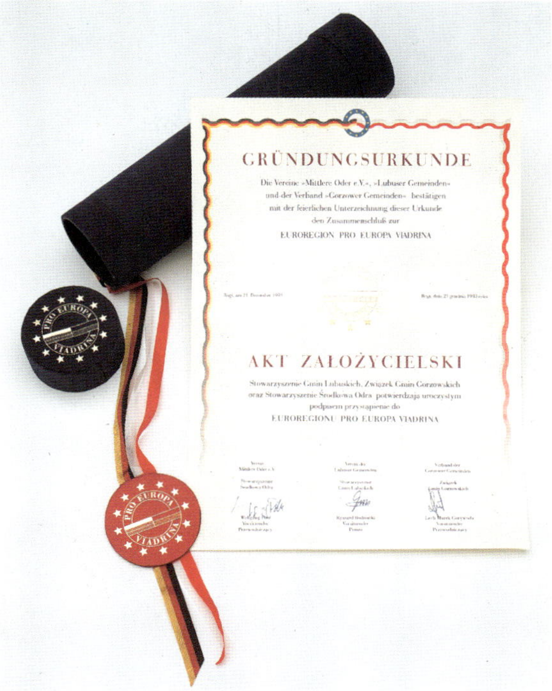

Nicht nur unmittelbar an der Oder-Neiße-Grenze bemühen sich Deutsche und Polen die Idee eines gemeinsamen Europa voranzutreiben. 1991 schlossen sich Nürnberg und Kraków – nach zwölf Jahren städtepartnerschaftlicher Beziehungen – zu einer Partnerschaft zusammen und vereinbarten, sich gemeinsam um den Titel „Europäische Kulturstädte” zu bewerben, um hierdurch einen Beitrag zur kulturellen Einheit Europas zu leisten. Auch in diesem Schritt zeigt sich die neue Qualität der Grenze – gleichzeitig die gemeinsame historische Vergangenheit von Deutschen und Polen. Denn im Jahre 2000 – bis dahin wollen beide Städte „Europäische Kulturstädte” werden – feiert Nürnberg sein 950-jähriges Stadtjubiläum, während Kraków das eintausendste Jahr der Gründung der Erzdiözese Kraków begehen wird.

Gründungszeremonie:
Am 21. Dezember 1993 wird als eine von vier Euroregionen im deutsch-polnischen Grenzgebiet die Euroregion Pro Europa Viadrina ins Leben gerufen.

Ceremonia inauguracyjna:
21. grudnia 1993 r. zostaje powołany do życia w niemiecko - polskim obszarze granicznym jeden z czterech euroregionów – euroregion Pro Europa Viadrina.

Wende in Polen:
Die Wahl Tadeusz Mazowieckis 1989 hat auch Auswirkungen auf die deutsch-polnischen Beziehungen.

Przełom w Polsce: wybór Tadeusza Mazowieckiego w 1989 r. ma również wpływ na stosunki niemiecko-polskie.

Deutschland und Polen in Europa

Probleme und Herausforderungen unter neuen Konstellationen

Dieter Bingen

Die dramatisch veränderte Lage Deutschlands und Polens nach dem Zusammenbruch des Kommunismus in Europa und der Vereinigung Deutschlands spiegelt sich in zwei Verträgen wider. Mit dem „Vertrag zwischen der Bundesrepublik Deutschland und der Republik Polen über die Bestätigung der zwischen ihnen bestehenden Grenze vom 14. November 1990" sollte die Jahrzehnte währende Diskussion über die deutsch-polnische Grenze endgültig abgeschlossen werden. Der „Vertrag zwischen der Bundesrepublik Deutschland und der Republik Polen über gute Nachbarschaft und freundschaftliche Zusammenarbeit" vom 17. Juni 1991 symbolisierte den festen Willen der politischen Entscheidungsträger in Bonn und Warschau, die Beziehungen der Nachbarn an Oder und Lausitzer Neiße zum Wohle der Deutschen und Polen auf einer ganz neuen Ebene der Zusammenarbeit zu entwickeln, um damit der deutsch-polnischen Grenze ihren trennenden Charakter zu nehmen.

Von Umbrüchen und historischen Wenden ist in den Beziehungen zwischen der alten Bundesrepublik und Polen des öfteren die Rede gewesen. Politische Ereignisse und persönliche Gesten, wie die Versöhnungsbotschaft der polnischen Bischöfe an die deutschen und die Denkschrift der Kammer für öffentliche Verantwortung der Evangelischen Kirche Deutschlands – beide aus dem Jahr 1965 –, der Kniefall Willy Brandts vor dem Ghettodenkmal in Warschau 1970 oder der christliche Bruderkuß des deutschen Bundeskanzlers Helmut Kohl und des polnischen Ministerpräsidenten Tadeusz Mazowiecki in Kreisau im November 1989 erinnern daran, daß die deutsch-polnische Verständigungspolitik ohne Zweifel weitaus älter ist als die Verträge von 1990 und 1991.

Aber erst der Zusammenbruch des Kommunismus in Europa, Freiheit und Demokratie in Polen und die Vereinigung Deutschlands schufen die Voraussetzungen für eine Erweiterung und Vertiefung der deutsch-polnischen Beziehungen, die sogar den Vergleich mit den deutsch-französischen Beziehungen nicht zu scheuen brauchen, obwohl die Ausgangsbedingungen für Partnerschaft und Freundschaft im deutsch-polnischen Verhältnis weitaus schwieriger sind.

Probleme ungleicher Partner

Die Philosophie des deutsch-polnischen Nachbarschaftsvertrages mußte die historische Chance für eine wirkliche Verständigung, wenn möglich „politische Freundschaft", zwischen Deutschland und Polen in einer revolutionär veränderten europäischen Situation reflektieren und Felder der Zusammenarbeit vorbildlich für Europa erschließen, die vor dem „Völkerfrühling" des Jahres 1989 unvorstellbar waren. Der Vertrag mußte aber im selben Maße die neuen Risiken und Gefahren ansprechen, die mit dem Zusammenbruch der alten Ordnung auftauchten. Plötzlich gab es eine unvermittelte Nachbarschaft des trotz der mit der Einheit verbundenen großen Transformationsprobleme ökonomisch starken, politisch stabilen und mächtigen Deutschland mit dem zwar demokratischen, aber ökonomisch und technologisch noch weit zurückliegenden Polen. So wird Polens vielbeschworene „Rückkehr nach Europa" stark vorherbestimmt durch die Wahrnehmung der geographischen, wirtschaftlichen, kulturellen und politischen Brückenfunktion Deutschlands nach Westeuropa sowie durch die Wahrnehmung dieses Deutschlands als einer dominanten Macht. Der Blick auf den starken Nachbarn weckt in Polen – und nicht nur dort – einen Zwiespalt der Gefühle, Haltungen und Erwartungen.

Konzeptionen der Anbindung an Westeuropa könnten an Attraktivität verlieren. Die „Wenn und Aber" werden lauter. Die Befürchtung einer deutschen Dominanz in Mitteleuropa und die irrationale Angst vor deren Folgen sind psychologisch verständlich, erschweren aber eine mutige polnische Politik, die dem Land die einzige Chance gibt, in absehbarer Zeit den ökonomisch-zivilisatorischen Anschluß nicht an Deutschland oder Luxemburg, wohl aber an Länder wie Portugal und Spanien zu erreichen. Ungeachtet einer bisweilen als schicksalhaft angenommenen Ungleichheit der Partner Deutschland und Polen liegt es in entscheidendem Maße an den politischen und wirtschaftlichen Weichenstellungen – Öffnung der Märkte, politische und ökonomische Fairness – und an phantasievollen Politikern in Polen und in Deutschland, die Prozesse innerhalb kooperativer europäischer Strukturen zu steuern. Auch die westeuropäische Einigungspolitik nach 1945 hätte ohne den politischen Willen von Persönlichkeiten wie Konrad Adenauer, Robert Schuman oder Alcide de Gaspari, die alten Gegensätze zu überwinden, scheitern müssen.

Friedensregelung: Die Außenminister Krzysztof Skubiszewski und Hans-Dietrich Genscher unterzeichnen im November 1990 in Warschau das Vertragswerk, in dem das wiedervereinigte Deutschland die Oder-Neiße-Grenze anerkennt.

Uregulowanie pokojowe: ministrowie spraw zagranicznych Krzysztof Skubiszewski i Hans-Dietrich Genscher podpisują w listopadzie 1990 r. w Warszawie tekst układu, w którym zjednoczone Niemcy uznają granicę na Odrze i Nysie.

Es gibt einen weitgehenden Konsens unter den deutschen Regierungs- und Oppositionspolitikern, daß von allen deutsch-osteuropäischen Beziehungen die deutsch-polnischen die wichtigsten sind und bleiben werden – sieht man von den deutsch-russischen Beziehungen ab. Das deutsch-polnische Verhältnis besitzt eine gesamteuropäische Scharnierfunktion. Zugleich bleibt es, da sind sich deutsche und polnische Politiker recht einig, eines der schwierigeren Verhältnisse. In Deutschland wird deshalb von Politikern und Wirtschaftlern eine westeuropäische Präventionsstrategie gefordert, die verhindert, daß Polen und andere neue Demokratien Mittel- und Südosteuropas – weitgehend auf sich allein gestellt – in neue ökonomische Risiken mit unvorhersehbaren politischen Folgen geraten und die technisch-zivilisatorische Mauer seitens der Europäischen Union, der „Festung Europa", höher wird als der politische „eiserne Vorhang" jemals gewesen ist. Der Begriff „deutsch-polnische Interessengemeinschaft in Europa", den der damalige Außenminister Krzysztof Skubiszewski Anfang 1990 prägte, wird auch von der deutschen Politik unterschrieben. Das deutsche Interesse an einer Erweiterung Europas hat Bundeskanzler Helmut Kohl am 6. Juli 1995 in einer Rede vor den beiden Kammern des polnischen Parlaments demonstrativ zum Ausdruck gebracht, als er Polens Mitgliedschaft in der EU bis zum Jahr 2000 als wünschenswert bezeichnete.

Gehört es nicht zu den Paradoxien der europäischen Geschichte am Ende des 20. Jahrhunderts, daß das demokratische Po-

Versöhnungsgeste: Bundespräsident Roman Herzog bittet 1994 bei den Gedenkfeiern zum 50. Jahrestag des Warschauer Aufstandes um Vergebung für die deutschen Verbrechen in Polen.

Gest pojednania: w 1994 prezydent federalny Roman Herzog w czasie uroczystości upamiętniających 50. rocznicę Powstania Warszawskiego prosi o przebaczenie za niemieckie przestępstwa w Polsce.

len in dem vereinigten Deutschland heute einen Schlüsselpartner in Europa hat? Nun, da kommen schon die mißtrauischen Fragen, und sie kommen nicht nur aus Polen: Warum sind die Deutschen plötzlich so an Polen interessiert? Warum wollen sie Polen unbedingt in der Europäischen Union und in der NATO haben? Die Antwort ist ganz einfach: Es gibt ein existentielles deutsches Interesse an einem politisch stabilen, sich wirtschaftlich rasch entwickelnden und Deutschland freundlich gesonnenen Polen. Denn langfristig ist die politische Stabilität Deutschlands, seine wirtschaftliche Entwicklung insbesondere in den neuen Bundesländern und seine europäische Attraktivität nur zu sichern, wenn die europäische Stabilitätszone möglichst weit nach Osten verschoben wird. Es gibt also ein gemeinsames deutsches und polnisches Interesse an möglichst engen Beziehungen aus teilweise unterschiedlichen Motiven – beide aber entstanden aus dem Bedürfnis nach Stabilität.

Bei allem Optimismus darf jedoch nicht übersehen werden, daß der Einfluß der polenfreundlichen Strömung in Deutschland in Zukunft davon abhängen wird, daß auch von den Gruppen und Entscheidungsträgern, die nicht a priori als Polen wohlgesonnen gelten können, erkannt wird, daß die Förderung der Beziehungen zu Polen ein wesentlicher Bestandteil der deutschen Staatsräson im europäischen Stabilisierungs- und Integrationsprozeß ist, von dem die internationale Position Deutschlands und seine innere Stabilität am Beginn des 21. Jahrhunderts abhängen wird. Die rein pragmatisch an den Gesichtspunkten der Nützlichkeit orientierte Lobby für eine Erweiterung und Intensivierung der Beziehungen mit Polen aus Unternehmern, Versicherungen, Polizei- und Grenzschutzbehörden ist seit der Wende 1989/90 von Jahr zu Jahr größer geworden. Der Eigennutzgedanke ist allemal schnöder als der altruistische, aber man muß realistisch bleiben. Auch der deutsch-französische

Beitrag zur Aussöhnung: Außenminister Wladyslaw Bartoszewski - hier mit seinem deutschen Amtskollegen Klaus Kinkel – hält am 28. April 1995 in einer gemeinsamen Gedenkstunde von Bundestag und Bundesrat eine vielbeachtete Rede zum Kriegsende vor 50 Jahren.

Wkład w pojednanie: minister spraw zagranicznych Władysław Bartoszewski - widoczny tutaj ze swoim kolegą Klausem Kinkelem - wygłasza 28. kwietnia 1995 r. na uroczystej wspólnej sesji Bundestagu i Bundesratu znajdujące powszechne uznanie przemówienie z okazji 50. rocznicy zakończenia wojny.

Versöhnungsprozeß seit den fünfziger Jahren wurde von kühlen Kalkulationen in Bonn und Paris angetrieben, die dennoch nichts von der historisch-moralischen Dimension der deutsch-französischen Verständigung entwerten konnten.

Kann man sich nun zurücklehnen, zufrieden damit, daß es eine einflußreiche polenfreundliche Orientierung in Deutschland gibt? Ich glaube nicht. Eine Lobby zu haben ist wichtig. Aber solange viele Deutsche beim Stichwort „Polen" zuerst an gestohlene Autos, Schwarzarbeiter oder jugendliche Prostituierte am Bahnhof Zoo denken, bleibt für Deutsche und Polen noch viel zu tun.

Deutsch-polnischer Partnerschaftsvertrag

Tatsächlich spiegelt der Wortlaut des deutsch-polnischen Partnerschaftsvertrages die weit über das Bilaterale hinausgehende europäische Funktion der Ausgestaltung der deutsch-polnischen Beziehungen und die europäische Stellvertreteraufgabe der Bundesrepublik Deutschland. Schon in der Präambel des Partnerschaftsvertrages wird Bezug auf die wirtschaftliche Zusammenarbeit als notwendiges Element beim „Abbau des Entwicklungsgefälles" genommen und auf die „Bedeutung, welche die Bundesrepublik Deutschland in der Europäischen Gemeinschaft und die politische und wirtschaftliche Heranführung der Republik Polen an die Europäische Gemeinschaft für die künftigen Beziehungen der beiden Staaten haben". Schließlich war die vertraglich fixierte Selbstverpflichtung der deutschen Seite, sich für eine künftige EG-Mitgliedschaft Polens in den EG-Gremien aktiv einzusetzen, eine der wesentlichen Verhandlungspositionen der polnischen Vertragspartner gewesen.

In Artikel 2 des Vertrages wird eine in der deutsch-polnischen Beziehungsgeschichte der vergangenen zweihundert Jahre völlig undenkbare Betrachtung angestellt, nämlich „Minderheiten und gleichgestellte Gruppen als natürliche Brücken zwischen dem deutschen und dem polnischen Volk" zu sehen, und die Zuversicht niedergeschrieben, „daß diese Minderheiten und Gruppen einen wertvollen Beitrag zum Leben ihrer Gesellschaften leisten". Der wahrscheinlich politisch gewichtigste Teil des gesamten Vertragswerks war für die polnische Seite der Artikel 8, in dem sich die Bundesrepublik Deutschland, wie in der Präambel angedeutet, dazu verpflichtet, die politische und wirtschaftliche Heranführung der Republik Polen an die Europäische Gemeinschaft „im Rahmen ihrer Möglichkeiten nach Kräften" zu fördern. Der Schlüsselsatz lautet: „Die Bundesrepublik Deutschland steht positiv zur Perspektive eines Beitritts der Republik Polen zur Europäischen Gemeinschaft, sobald die Voraussetzungen dafür gegeben sind". Einen wirklich europäischen Geist atmet der deutsch-polnische Partnerschaftsvertrag auch in den Artikeln 12 und 13, in denen beide Seiten „der partnerschaftlichen Zusammenarbeit zwischen Regionen, Städten, Gemeinden und anderen Gebietskörperschaften, insbesondere im grenznahen Bereich, hohe Bedeutung" beimessen und in diesem Zusammenhang die Notwendigkeit einer grenzüberschreitenden Raumordnungspolitik unterstreichen.

Grenzüberschreitende Zusammenarbeit

Wenn „gute Nachbarschaft und freundschaftliche Zusammenarbeit" eine Bedeutung gewinnen sollen, dann in den grenznahen Regionen beiderseits von Oder und Neiße. Nur wenn die Menschen, die beiderseits der Grenzen leben, aufeinander zugehen und gemeinsame Interessen entdecken und entwickeln, kann eine wirkliche Annäherung zwischen Völkern stattfinden. Seit dreißig Jahren geschieht dies entlang der Grenzen innerhalb der EG. Die Euroregio-Konzepte gelten als beispielhaft auch für die deutsch-polnische Grenzregion.

Erfreulich ist, daß Politiker auf beiden Seiten der Grenze die Notwendigkeit einer grenzüberschreitenden Zusammenarbeit erkannt haben. Eine Vielzahl von Initiativen für grenzüberschreitende Projekte wurde in den Ländern Mecklenburg-Vorpommern, Brandenburg und Sachsen entwickelt, angefangen im Norden mit gemeinsamen Projekten – Verkehrsverbindungen, kommunale Infrastruktur, Tourismus – auf der geteilten Insel Usedom über die Gründung einer europäischen Universität in Frankfurt an der Oder mit dem Traditionsnamen „Viadrina" der alten Frankfurter Universität und polnischen Mitgliedern im Gründungssenat und im Süden endend mit einer Kooperation der Stadtverwaltungen von Görlitz und Zgorzelec.

Wenn für die polnische Seite vielleicht die vertragliche Verankerung der EU-Perspektive ein Kernpunkt im Vertragswerk war, dann war es für die deutsche Seite die ausführliche Beschreibung der Rechte für die deutsche Minderheit in Polen. Die Rechte der „Angehörigen der deutschen Minderheit in der Republik Polen, das heißt Personen polnischer Staatsangehörigkeit, die deutscher Abstammung sind oder sich zur deutschen Sprache, Kultur oder Tradition bekennen" wie es der Artikel 20 formuliert, werden in den Artikeln 20 bis 22 ausführlich beschrieben. Dies gilt vice versa für „Personen deutscher Staatsangehörigkeit in der Bundesrepublik Deutschland, die polnischer Abstammung sind oder sich zur polnischen Sprache, Kultur oder Tradition bekennen". Für diese Gruppe kommt in dem Vertrag allerdings nicht der Begriff der Minderheit zum Tragen.

Hervorzuheben ist noch, daß die Errichtung eines Deutsch-Polnischen Jugendwerks in Anlehnung an das seit drei Jahrzehnten bestehende Deutsch-Französische Jugendwerk – eine seit Jahren von Bundeskanzler Kohl verfochtene Idee – im Vertragswerk ebenfalls erwähnt wird im Zusammenhang mit der grundlegenden Bedeutung, die dem gegenseitigen Kennenlernen und Verstehen der jungen Generation für die Dauerhaftigkeit „der Verständigung und der Versöhnung zwischen dem deutschen und polnischen Volk" beigemessen wird.

Der deutsch-polnische Vertrag vom 17. Juni 1991 ist das umfangreichste Vertragswerk mit den konkretesten Beschreibungen von Kooperationsfeldern in der Reihe der seit dem Ende der kommunistischen Herrschaft in Europa abgeschlossenen Freundschaftsverträge zwischen einem „west"europäischen und einem „ost"europäischen Land. In den Ratifikationsdebatten des deutschen Bundestages und des polnischen Sejm ist die europäische Bedeutung des deutsch-polnischen Vertrages und die Vorbildlichkeit der darin angesprochenen Ansätze zu einer endgültigen Lösung von bisherigen Konfliktfeldern sowohl von Regierungsvertretern wie von Abgeordneten unterstrichen worden. Allerdings klammert der Vertrag Entschädigungsfragen und Probleme der Staatsangehörigkeit aus. Das Niederlassungsrecht für Deutsche in Polen, das nicht zuletzt von Vertretern der deutschen Landsmannschaften eingefordert wird, ist in dem Vertrag ebenfalls noch nicht abschließend geregelt worden. Dazu wird in einem Briefwechsel auf die Perspektive eines polnischen EU-Beitritts ver-

Jugendbegegnungen: 1993 übernimmt das Deutsch-Polnische Jugendwerk die Verantwortung für den Jugendaustausch zwischen beiden Ländern.

Spotkania młodzieży: w 1993 r. Niemiecko - Polska Organizacja ds. Młodzieży przejmuje odpowiedzialność za wymianę młodzieży między obu krajami.

Verkehrschaos: Wie hier an der deutsch-polnischen Grenze in Frankfurt an der Oder gehören Fahrzeugschlangen zum Alltagsbild

Chaos w komunikacji: widok kolejek samochodowych należy do codzienności, tak jak tutaj na polsko - niemieckim przejściu granicznym we Frankfurcie nad Odrą.

wiesen, die „zunehmend Möglichkeiten schaffen wird, auch deutschen Bürgern eine Niederlassung in der Republik Polen zu erleichtern".

Stand der deutsch-polnischen Beziehungen

Die bilateralen Beziehungen befinden sich fünf Jahre nach der Unterzeichnung des Partnerschaftsvertrages in einer Phase des dynamischen und umfassenden Auf- und Ausbaus. Trotzdem ist das Verhältnis noch störanfällig, nicht frei von residualem Mißtrauen. In einigen Teilbereichen sind auch noch keine Fortschritte zu verzeichnen. Auf die großen Verträge von 1990 und 1991 folgte in den Jahren 1992 bis 1994 eine größere Anzahl von Abkommen, darunter die Abkommen zur Erleichterung der Grenzabfertigung, zur Festlegung neuer Grenzübergänge, zur Zusammenarbeit im militärischen Bereich, zur Zusammenarbeit hinsichtlich der Auswirkung von Wanderungsbewegungen und zur Umweltkooperation. Im Zusammenhang mit dem Nachbarschaftsvertrag wurde eine Regierungskommission für regionale und grenznahe Zusammenarbeit eingesetzt. Die Bauminister Klaus Töpfer und Barbara Blida unterzeichneten im Oktober 1995 eine Absichtserklärung über eine engere Zusammenarbeit in der grenznahen Raumordnungspolitik beiderseits von Oder und Neiße.

Wenn man die Frage stellt, wo angesichts des beeindruckend positiven Tableaus der deutsch-polnischen Beziehungen auf der Makroebene die Defizite im Alltag liegen, dann geht es hier nicht um eine möglichst lückenlose Aufzählung der noch zwischen Deutschland und Polen bestehenden Probleme. Anhand einiger Beispiele soll hier der Alltag der deutsch-polnischen Beziehungen umrissen werden. Die unterschiedlichen Kooperationsformen und die Art der Probleme, ihre Wahrnehmung und die Versuche ihrer Überwindung sind zugleich ein Barometer der Qualität deutsch-polnischer Beziehungen. Es sei hier die These aufgestellt, daß die Struktur der deutsch-polnischen Zusammenarbeit und der noch zu lösenden Fragen schon einen Hinweis auf die neue Qualität der Beziehungen gibt. Erst der Paradigmenwechsel von 1989/90 schuf die Voraussetzungen dafür, sich mit all dem zu beschäftigen, was heute teilweise eher für negative als für positive Schlagzeilen in den deutschen und polnischen Medien sorgt. Denn vor sechs Jahren hätten Deutsche und Polen, konfrontiert mit den heutigen Agenturmeldungen, ausgerufen: „Solche Probleme möchten wir haben!"

Brennpunkt Grenze

Der Ausbau der Grenzübergänge und die gemeinsame Verbrechensbekämpfung bilden einen Problemschwerpunkt in den deutsch-polnischen Regierungskontakten. Die Lage an den Grenzübergängen hat große negative Breitenwirkung im transnationalen Verhältnis. Wegen des stetig steigenden Personen- und Warenverkehrs wird eine wirksame Kontrolle an der 431 Kilometer langen deutsch-polnischen Grenze immer dringlicher. Besorgniserregende Steigerungsraten bei professionellem Schmuggel, Drogenhandel, KFZ-Verschiebung und illegalem Grenzübertritt erfordern gezielte Gegenmaßnahmen. Ein entsprechendes deutsch-polnisches Grenzabkommen unterzeichneten die Innenminister Kanther und Milczanowski im April 1995 in Bonn. Kanther bezeichnete das Abkommen als weiteren Schritt in der gemeinsamen deutsch-polnischen Sicherheitspolitik. Der Vertrag habe eine Pilotfunktion, weil erstmals die polizeiliche Zusammenarbeit über die Außengrenze eines Schengen-Staats hinweg geregelt wird.

Bei dem stetig steigenden Fahrzeugstrom sind die bisherigen Abfertigungsanlagen an der deutsch-polnischen Grenze völlig überlastet. Tagelange Wartezeiten haben bereits mehrfach zu handfesten Protestaktionen aufgebrachter Trucker geführt. Daraufhin vereinbarte eine Expertenkommission im Dezember 1994, die Zahl der Übergänge auf 29 zu erhöhen. Für Erleichterungen sollten im Frühjahr 1995 erstmals Grenzübertrittsstellen im sogenannten „kleinen Grenzverkehr" sorgen.

Deutsche Minderheit

Bei der deutschen Minderheit in Polen handelt es sich um deutsche Staatsbürger oder deren Nachkommen, die durch die faktische Westverschiebung Polens im Jahr 1945 zu einer Minderheit in Polen wurden. Bis 1989 unterdrückt, wird die deutsche Minderheit heute von den polnischen Behörden als die zahlenmäßig größte der nationalen Minderheiten angesehen. Die Schätzungen der Vertreter der deutschen Minderheit liegen bei 570.000. Deutsche Zahlenangaben liegen teilweise darüber, manche Statistiken sprechen gar von einer Million. Diese Differenzen stellen aber zwischen Deutschland und Polen kein politisches Problem

Pflege der deutschen Sprache: Wie hier in Walce (Walzen) erteilen aus Deutschland entsandte Lehrer an Schulen in Oberschlesien Unterricht.

Pielęgnowanie języka niemieckiego: wysłani z Niemiec nauczyciele udzielają lekcji niemieckiego w szkołach na Górnym Śląsku, tak jak to ma miejsce tutaj w Walcach.

Traditionspflege: Musikveranstaltung des „Deutschen Freundschaftskreises in Schlesien".

Pielęgnowanie tradycji: impreza muzyczna „Niemieckiego Koła Przyjaciół na Śląsku".

mehr dar, da bestimmte Grundprinzipien der Minderheitenpolitik von beiden Seiten übereinstimmend anerkannt werden.

Die Rolle einer Brücke, die der deutschen Minderheit in Polen und der polnischen Gruppe in Deutschland in dem Vertrag vom 17. Juni 1991 zugedacht wurde, können sie derzeit noch nicht ausfüllen. Sie wären damit schlicht überfordert. Für die Angehörigen der deutschen Minderheit geht es heute in erster Linie darum, daß an ihnen das nach 1945 durch Polen zugefügte Unrecht wiedergutgemacht wird. Was nun die Vorstellungen von der Rolle der deutschen Minderheit betrifft, so scheinen auch in der Bundesrepublik die Zukunftsperspektiven nicht geklärt zu sein.

Soll die deutsche Minderheit, soweit sie organisatorisch erfaßt ist, aus unvermeidbarer, aber lästiger Verpflichtung nur so lange und soweit wie unbedingt nötig unterstützt werden, mit der stillen Hoffnung, daß sich das Problem mit dem Abtreten der mittleren und älteren Generation gewissermaßen biologisch lösen wird? Oder will eine überzeugende Mehrheit der Deutschen in Deutschland in dieser Minderheit eine Brücke zwischen Deutschen und Polen sehen? Der Minderheit müßte rasch geholfen werden, aus ihrem geistigen Freilichtmuseum herauszukommen, ohne die Eigenart in ihrer historisch-kulturellen Umgebung zu verlieren. Zu einer Brücke würde die deutsche Minderheit nur dann werden können, wenn man sie ernst nähme, man ihr Wertschätzung entgegenbrächte und Deutsche wie Polen sie als Bereicherung für das Zusammenleben in einem historischen Raum schwebenden Volkstums und oszillierender Identität betrachteten und nicht als Hindernis bei der Schaffung sogenannter klarer Verhältnisse.

Doppelte Staatsbürgerschaft

Mehr Konfliktpotential als die grundsätzlich bereits geregelte Minderheitenfrage birgt die doppelte Staatsbürgerschaft von polnischen Staatsbürgern deutscher Option vornehmlich in Oberschlesien. Da deren deutsche Staatsbürgerschaft nach geltendem deutschen Recht nie erloschen ist – denn das Vaterland verließ sie, nicht aber sie das Vaterland –, bedarf es augenblicklich nur eines Feststellungsverfahrens, um wieder in den Besitz des deutschen Passes zu gelangen. Nach neuesten Angaben sind ungefähr 170.000 polnische Staatsbürger bereits im Besitz eines deutschen Passes. Steigt die Zahl in der nächsten Zeit ähnlich schnell wie bisher, könnte es bald mehr

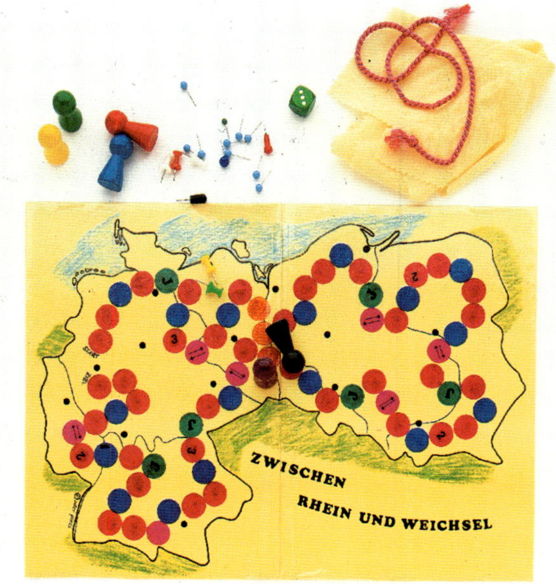

„Zwischen Rhein und Weichsel": Das Frage-und-Antwort-Spiel des Vereins inter pares - Deutsch Polnischer Arbeitskreis will Jugendlichen auf unterhaltsame Art Kenntnisse über den jeweiligen Nachbarn vermitteln.

„Między Renem i Wisłą": gra w pytania i odpowiedzi, wydana przez związek Inter Pares – Niemiecko-Polską Grupę Roboczą, pragnie przekazać młodym ludziom w formie rozrywki wiedzę o sąsiadach.

als 300.000 Zweistaatler geben: In Polen sind sie Polen, in Deutschland sind sie Deutsche. Die Folgen sind noch nicht abzusehen. Andererseits profitieren auch Hunderttausende nach Deutschland eingewanderte Polen von der unausgesprochenen Akzeptanz der – gesetzlich untersagten – doppelten Staatsbürgerschaft: Sie leben mit deutschem Paß in Deutschland, ohne ihren polnischen zurückgegeben zu haben, und lassen sich diesen vom polnischen Konsulat erneuern.

Es darf allerdings nicht übersehen werden, daß die alltägliche Praxis in Oberschlesien die Spaltung zwischen den dortigen Bewohnern zu vertiefen droht, da die faktische Doppelstaatsbürgerschaft sozioökonomische Konsequenzen hat. „Männer mit deutschem Paß für Maurerarbeiten in Deutschland" werden täglich in der Oppelner Regionalpresse gesucht. Deutsche Paßinhaber können ohne Visum in Deutschland arbeiten, sie erhalten auch Arbeitslosengeld, Sozialhilfe und Rente. Wer drei Monate in einer deutschen Stadt polizeilich gemeldet ist, kann sogar von seinem Wahlrecht Gebrauch machen, auch wenn er mit polnischem Paß in Oppeln wählt. So stellt sich die Frage der staatsbürgerlichen Pflichten und der Loyalität der deutschen Minderheit mit neuer Intensität. Eine „versöhnte Vielfalt", wie sie dem Oppelner Bischof Alfons Nossol vorschwebt, wird nur dann in Oberschlesien entstehen, wenn sich die Minderheit eindeutig zum polnischen Staat bekennt.

Probleme und Fortschritte

Die Aufzählung der Defizite und Probleme in den deutsch-polnischen Beziehungen könnten mühelos fortgesetzt werden. So läßt die grenzüberschreitende lokale und regionale Zusammenarbeit immer noch sehr zu wünschen übrig. Mentalitäts- und Bewußtseinsfragen, Geldmangel und inkompatible Verwaltungsstrukturen auf beiden Seiten von Oder und Neiße lassen die Realisierung der Idee der Euroregionen oft im Ansatz steckenbleiben: Denn es scheint schon schwierig zu sein, in Görlitz die alte Fußgängerbrücke über die Neiße wiederherzustellen, in Bad Muskau/Łęknice einen Übergang über die Neiße zu schaffen, eine Straße auf die Insel Usedom einzurichten oder eine normgerechte Kläranlage in Swinemünde (Świnoujście) mit deutscher Hilfe zu bauen. Hier steht noch eine riesige Aufgabe vor den Politikern, wenn es mit der allmählichen Heranführung Polens an die Europäische Union wirklich ernst werden soll. Andererseits schreitet der Bau der ersten von Deutschen und Polen gemeinsam betriebenen Kläranlage für die geteilte Grenzstadt Guben/Gubin voran.

Hoffnung
Nr 3 (9)
Deutsche Zeitschrift in Oberschlesien
Czasopismo Niemców na Górnym Śląsku
cena 5000 zł
Nr indeksu 323047
W numerze:
- A. Scholtis Ein „Armer Herr Aus Bolatitz"
- Wywiad z profesorem Skubiszewskim
- Aus Konrad Adenauers Erinnerungen
- Deutschland und Mitteleuropa
- Stasi – Akten Sorgen für Aufregung
- Die Reise nach Paris...

RUDA ŚLĄSKA FOTO: MARKUS DWORACZYK

Hoffnung trotzt Hoffnungslosigkeit

Nadzieja wbrew nadziei

Dietmar Brehmer

Organ für die deutsche Minderheit: Die zweisprachige Zeitschrift „Hoffnung" erscheint in Oberschlesien.

Organ niemieckiej mniejszości: ukazujące się na Górnym Śląsku dwujęzyczne czasopismo „Hoffnung" (nadzieja).

Ein Schlüssel für die langfristige Festigung der deutsch-polnischen Verständigung ist die Überwindung von Vorurteilen und gegenseitiger Unkenntnis in der jungen Generation der beiden Länder. Zu diesem Zweck wurde das Deutsch-Polnische Jugendwerk eingerichtet, das vor zwei Jahren seine Tätigkeit aufnahm. Diese an sich löbliche Einrichtung, die nach dem Vorbild des Deutsch-Französischen Jugendwerks gegründet wurde, krankt aber daran, daß sie über einen viel zu niedrigen Haushalt verfügt – 1995 waren es acht Millionen Mark –, als daß sie die Nachfrage nach Unterstützung deutsch-polnischer Jugendmaßnahmen befriedigen könnte. Hier ist eine finanzielle Aufstockung für 1996 versprochen worden, die die Betonung des Stellenwerts dieser Zukunftsinvestition seitens der verantwortlichen Politiker glaubwürdig machen soll.

Erfreulich entwickelt sich die Zusammenarbeit im militärischen Bereich. Eine deutsch-polnische „Vereinbarung über die Zusammenarbeit im militärischen Bereich" ist im Januar 1993 von den beiden Verteidigungsministern in Bonn unterzeichnet worden. Die Kooperationsmöglichkeiten wurden seit 1991 in bestimmten Programmen zusammengefaßt. So umfaßte das Kooperationsprogramm für 1994 knapp 70 Projekte und war damit das umfangreichste Ausbildungsprogramm zwischen der Bundeswehr und einem ihrer Kooperationspartner aus Ostmitteleuropa. In tri- und multilateralen Übungen wird seit 1994 das NATO-Konzept „Partnerschaft für den Frieden" implementiert, das Polen mit deutscher Unterstützung näher an die NATO

Erinnerungsfoto: Deutsche und polnische Jugendliche 1993 auf dem Marktplatz in Krakau vor dem Denkmal des polnischen Schriftstellers Adam Mickiewicz.

Zdjęcie pamiątkowe: młodzież z Polski i Niemiec w 1993 r. na Rynku w Krakowie przed pomnikiem Adama Mickiewicza.

heranführen soll. Eine Vielzahl von Begegnungen und Kontakten findet entlang der deutsch-polnischen Grenze zwischen den dort stationierten Truppenteilen statt. Am 13. September 1994 wurde die erste Patenschaftsübereinkunft zwischen dem Wehrbereichskommando VIII. Division in Neubrandenburg und der 12. Panzergrenadierdivision in Stettin im Beisein der beiden Verteidigungsminister unterzeichnet.

Vorzeichen einer neuen europäischen Ordnung

Die Beziehungen zwischen Deutschland und Polen und ihre Perspektiven waren in den vergangenen zweihundert Jahren noch nie so gut wie heute. Sie waren auch noch nie so komplex wie in den ersten Jahren nach dem Systemwechsel 1989/90. Die bilateralen Beziehungen sind in den vergangenen Jahren so weit gediehen, daß Deutsche und Polen froh sein können, daß sie sich mit den Herausforderungen und Problemen zu beschäftigen haben, die in der Folge der Öffnung der Grenzen und der gemeinsamen Zugehörigkeit zu den freiheitlichen Demokratien in Europa entstanden sind. Zugleich ist noch eine große Asymmetrie im deutsch-polnischen Verhältnis zu überwinden.

Die Staus an der Grenze und der Ärger mit der deutschen und polnischen Bürokratie, der deutsche Einkaufstourismus in Polen, die Invasion der polnischen Gartenzwerge in deutschen Vorgärten und beim deutschen Zoll, die Querelen um deutsche Inschriften auf schlesischen Kriegerdenkmälern, die polnische Geschäftstüchtigkeit entlang der deutsch-polnischen Grenze und die Angst vor dem deutschen Kapital, das andererseits herbeigewünscht wird, das alles sind die Vorzeichen einer neuen europäischen Ordnung. Was Deutsche und Polen heute miteinander und aneinander erleben, das sind „wilde" Spielarten der europäischen Integration, die Deutsche und Polen gewollt haben und der die Beteiligten die Regeln noch geben müssen. Polen und Deutsche stehen noch am Anfang eines langen Weges zur Partnerschaft.

Bemühen um Verständigung: Ein Titelbild der zweisprachigen Zeitschrift Dialog räumt mit deutschen und polnischen Vorurteilen auf.

Wysiłki na rzecz pojednania: strona tytułowa dwujęzycznego pisma „Dialog" rozprawia się z niemieckimi oraz polskimi uprzedzeniami.

Kennenlernen: Deutsche und polnische Jugendliche bei einer Veranstaltung des grenzübergreifenden Jugendprojekts „Muskauer Park".

Poznawanie się: młodzież z Polski i Niemiec na imprezie projektu młodzieżowego „Muskauer Park", realizowanego ponad granicami państwowymi.

Große Erwartungen

Entwicklungstendenzen in den deutsch-polnischen Wirtschaftsbeziehungen

Klaus Bolz und Andreas Polkowski

Als in Polen 1989 der politisch-ökonomische Systemwechsel eingeläutet wurde, hatte das Land bereits über dreißig Jahre vergeblich versucht, durch Reformen innerhalb der sozialistischen Planwirtschaft die Leistungsfähigkeit seiner Volkswirtschaft zu steigern. Angelaufen waren die Reformen Ende der fünfziger Jahre mit einer Diskussion über die Notwendigkeit von mehr betrieblicher Autonomie und der ökonomischen Rechnungsführung bei zentraler Planung. In den darauf folgenden Jahren gab es zahlreiche partielle Veränderungen. In mehreren Reformwellen wurden neue Planungs- und Lenkungsmethoden eingeführt mit dem Ziel, die Rolle der einzelnen Betriebe im Wirtschaftsprozeß zu stärken. Dazu gehörte auch die ansatzweise Liberalisierung des Außenhandels, die sich darin äußerte, daß ausgewählte Produktionsbetriebe den Außenhandel in eigener Regie durchführen durften. Hinter der letzten Maßnahme stand die Absicht, den Außenhandel nicht nur in seiner bisherigen Funktion als Lückenbüßer bei Planfehlentwicklungen zu nutzen, sondern ihn ganz gezielt als Wachstumsfaktor einzusetzen.

In der Gierek-Ära öffnete sich die polnische Wirtschaft dem Westen. Das zu Beginn der siebziger Jahre konzipierte Programm einer gleichzeitigen Verbesserung des Lebensniveaus der Bevölkerung und der Modernisierung der Wirtschaft sollte mit Hilfe westlicher Kredite umgesetzt werden. Die Rechnung ging leider nicht auf. Nachdem bereits Mitte der siebziger Jahre klargeworden war, daß die auf westliche Kredite gestützte, in sich aber inkonsistente Reformpolitik zum Scheitern verurteilt war, unternahm die polnische Regierung 1976 den Versuch, die angeschlagene Planwirtschaft dem westlichen Privatkapital zu öffnen, um sich damit eine neue Kapitalquelle für die Überwindung binnen- und außenwirtschaftlicher Defizite zu erschließen. Die ersten rechtlichen Regelungen sollten Auslandspolen zu Investitionen in der alten Heimat ermutigen. Anfang der achtziger Jahre wurde dann ein Joint-Venture-Gesetz verabschiedet – später noch mehrmals novelliert –, das generell an ausländische Investoren adressiert war. Ziel all dieser Experimente war es, die sozialistische Planwirtschaft leistungsfähiger zu machen, dabei aber das Prinzip der zentralen Leitung nicht in Frage zu stellen.

Erst mit dem im Oktober 1989 von der ersten nichtkommunistischen Regierung vorgelegten Reformprogramm wurde die Grundsatzentscheidung zugunsten des Systemwechsels getroffen. Dieses Programm umfaßte sowohl Sofortmaßnahmen zur Stabilisierung der Wirtschaft als auch den Übergang zu einer offenen Marktwirtschaft. Der generellen Preisfreigabe – mit einigen wenigen Ausnahmen – zum 1. Januar 1990 folgte unter anderem die Einführung eines einheitlichen Wechselkurses verbunden mit der sogenannten inneren Konvertibilität, die die endgültige Beseitigung des zentralen Devisenzuteilungssystems bedeutete. Zugleich wurden Anstrengungen unternommen, die marktwirtschaftlichen Rahmenbedingungen für selbständig agierende Wirtschaftssubjekte zu gestalten.

Konkret bedeutete dies die Schaffung von gesetzlichen und institutionellen Grundlagen für den Entstaatlichungs-, Demonopolisierungs- und Privatisierungsprozeß sowie für ein leistungsfähiges Bankensystem und einen funktionsfähigen Kapitalmarkt. Mit Blick auf die angestrebte Intensivierung der Wirtschaftsbeziehungen mit westeuropäischen Ländern und die EU-Mitgliedschaft orientierte sich Polen bei der Ausgestaltung der Rahmenbedingungen für ein neues Wirtschaftssystem von Anfang an auf die EU-Rechtsnormen und -Standards, wohlwissend, daß dem Transformationsprozeß nur dann ein dauerhafter Erfolg beschieden sein kann, wenn sich Polens Exporte quantitativ und technisch-strukturell sowie der Zufluß ausländischen Kapitals nach Polen positiv entwickeln werden.

Nach fünf Jahren marktwirtschaflicher Reformen sind die positiven Ergebnisse dieses Prozesses sowohl für die polnische Binnen- als auch für die Außenwirtschaft nicht zu übersehen. Die stärkere außenwirtschaftliche Verflechtung mit potenten westeuropäischen Industrieländern trägt Früchte für immer breitere Bereiche der polnischen Volkswirtschaft.

Wirtschaftsbeziehungen mit der sozialistischen Volksrepublik Polen

Um die Dynamik in den deutsch-polnischen Wirtschaftsbeziehungen nach der Wende zu verdeutlichen, sei rückblickend kurz auf den Warenaustausch zwischen den beiden Ländern eingegangen, als Polen noch Volksrepublik war und auch seine Austauschbeziehungen mit dem Ausland nach den Spielregeln einer sozialistischen Planwirtschaft abwickelte. Obwohl Polen mit seinen vergleichsweise reichen Bodenschätzen und einer großen landwirtschaftlichen Anbaufläche über das mit Abstand größte Wirtschaftspotential unter den sozialistischen Ländern Osteuropas – nach der Sowjetunion – verfügte, konnte dieses Land nur mit Mühe die zweite Position unter den deutschen Handelspartnern aus dem Rat für Gegenseitige Wirtschaftshilfe halten.

In den zwanzig Jahren von 1950 bis 1970 konnte sich der deutsch-polnische Warenumsatz trotz seiner Verzehnfachung, bedingt durch die niedrige Ausgangsbasis, nur auf ein Volumen von 1,4 Milliarden DM erhöhen. Dieser Handel war über die Jahre hinweg ziemlich ausgeglichen und problemlos, hatte aber für die beiden Volkswirtschaften keine besondere Bedeutung.

Da sich in Polen ansatzweise durchgeführte Wirtschaftsreformen als wenig geeignet erwiesen, die polnische Binnen- und Außenwirtschaft zu dynamisieren, entschied sich die polnische Regierung unter Parteichef Gierek – wie bereits oben angesprochen – zu Beginn der siebziger Jahre dafür, über umfangreiche kreditfinanzierte westliche Anlagen- und Ausrüstungsimporte die Leistungs- und damit auch die Exportfähigkeit der polnischen Wirtschaft entscheidend zu verbessern. Von dem kreditfinanzierten Importboom profitierte insbesondere auch die deutsche Wirtschaft. Die deutschen Ausfuhren stiegen sprunghaft an, die jährlichen Exportüberschüsse zugunsten der deutschen Wirtschaft erreichten im Jahre 1974 mit 2,2 Milliarden DM einen Höhepunkt. Kumuliert war bis 1974 ein Handelsbilanzüberschuß der Bundesrepublik von rund vier Milliarden DM entstanden.

Bereits zu diesem Zeitpunkt mehrten sich in Polen die Stimmen, die ein Scheitern des Exportfinanzierungskonzepts voraussagten. Von einer Selbstfinanzierung der im Westen aufgenommenen Kredite durch Exporte neuer, wettbewerbsfähiger Produkte konnte keine Rede mehr sein. Fortan war die aufgelaufene Schuldenlast ein begrenzender Faktor für die deutsch-polnischen Handelsbeziehungen. Zwar pendelte das Umsatzvolumen in der zweiten Hälfte der siebziger und in den achtziger Jahren weiter um das im Jahre 1974 erreichte Niveau von gut fünf Milliarden DM, jedoch war die polnische Außenhandelspolitik gegenüber Deutschland von einer restriktiven Importpolitik gekennzeichnet.

In der zweiten Hälfte der achtziger Jahre entwickelte sich die polnische Verschuldung in Hartwährungen in Richtung 40 Milliarden US-Dollar. Diese Höhe ging nicht zuletzt auf ausgebliebene Zinszahlungen Polens an die westlichen Gläubiger zurück, aber auch auf Dollarkursveränderungen gegenüber der DM. Nicht nur die Weltbank und andere internationale Organisationen, sondern beispielsweise auch der stellvertretende polnische Finanzminister kamen Ende 1987 zu der Bewertung, daß Polen seine Rückzahlungsprobleme nicht vor Mitte der neunziger Jahre würde lösen können und dies auch nur dann, wenn es Polen gelänge, permanent hohe Überschüsse im Handel mit westlichen Staaten zu erreichen.

Schwerpunkt der Wirtschaftsbeziehungen nach der Wende

Nach der Wende im Jahre 1989 in Polen und der DDR sowie der deutschen Vereinigung im Herbst 1990 ist der Warenaustausch zwischen Polen und den neuen Bundesländern stark zurückgefallen, weil an sich noch gültige bilaterale Warenabkommen nicht eingehalten wurden, die neuen Bundesländer sich im Warenverkehr voll auf die alten Bundesländer ausrichteten und Polen eine intensivere Verflechtung mit westeuropäischen Ländern anstrebte. Im Jahre 1992 erreichten die polnischen Exporte in die neuen Bundesländer nur noch 28,7 Prozent des Wertes von 1989, und die polnischen Importe aus den neuen Bundesländern gingen im entsprechenden Zeitraum auf 16,8 Prozent zurück. Auch 1993 war dieser Warenverkehr noch rückläufig, so daß die polnischen Exporte in die neuen Bundesländer in jenem Jahr nur noch einen Anteil von etwa zehn Prozent an den polnischen Exporten nach Deutschland erreichten, die polnischen Importe aus dieser Region einen Anteil von fünf bis sechs Prozent. Die alten Bundesländer haben also ihr Übergewicht in den deutsch-polnischen Handelsbeziehungen noch ausgebaut, das bereits zu DDR-Zeiten bestanden hatte. Zum Vergleich: Der DDR-Anteil am polnischen Außenhandel betrug 1989 etwa vier Prozent, der Anteil der Bundesrepublik etwa 15 Prozent.

Der deutsch-polnische Handel ist in der ersten Hälfte der neunziger Jahre – bei allen Unsicherheiten sowohl in der deutschen als auch in der polnischen Statistik – sprunghaft angestiegen. Mit 20.474 Millionen DM – gemäß deutschen Angaben – liegt der Außenhandelsumsatz im Jahre 1994 nahezu um ein Drittel höher als im Jahre 1991 mit 15.725 Millionen DM. Vergleicht man den Umsatz des Jahres 1994 für ganz Deutschland – bei einem relativ geringen Anteil der neuen Bundesländer – mit den Umsätzen der alten Bundesländer in der zweiten Hälfte der achtziger Jahre, dann hat sich der Warenaustausch etwa vervierfacht.

Die hohe Dynamik im deutsch-polnischen Handel hat Deutschland unter den polnischen Wirtschaftspartnern den mit Abstand wichtigsten Rang eingebracht. Der deutsche Anteil an den polnischen Exporten lag 1994 bei über 34 Prozent, an den Importen entsprechend bei 27,5 Prozent. Deutschland hat im polnischen Außenhandel anteilsmäßig heute den Rang, den die Sowjetunion zu Beginn der achtziger Jahre innehatte. Besonders plastisch wird die Bedeutung der deutschen Wirtschaft für Polen an dem hohen Anteil des deutsch-polnischen Handels am polnischen Bruttoinlandsprodukt. Er betrug in den Jahren 1990 bis 1994 durchschnittlich fünf Prozent. Umgekehrt liegt

Polen unter den deutschen Handelspartnern bestenfalls im Mittelfeld.

Gemessen am deutschen Bruttoinlandsprodukt ergibt sich zwar für Deutschland eine äußerst geringe Bedeutung dieses Handels. Zur Würdigung des deutsch-polnischen Handels gehört jedoch auch, daß man von der jüngsten Entwicklung Notiz nimmt: Polen ist nicht nur unumstritten die Nummer eins unter den mittel- und osteuropäischen Handelspartnern Deutschlands, zur Jahresmitte 1995 konnte Polen sogar Rußland überholen. Dies ist nicht zuletzt das Ergebnis der alles in allem konsequent durchgeführten polnischen Transformationspolitik.

Die starke Zunahme im deutsch-polnischen Warenverkehr ist in den einzelnen Jahren nicht kontinuierlich, sondern sowohl bei den deutschen Importen als auch bei den Exporten sehr sprunghaft verlaufen. Die starke Aufwärtsentwicklung wie auch die Sprunghaftigkeit erklären sich aus den grundlegend veränderten Rahmenbedingungen, unter denen dieser Handel seit einigen Jahren verläuft. Die Handelsausweitung kann man als Normalisierung der wirtschaftlichen Verflechtung zwischen zwei großen Nachbarländern interpretieren, deren Wirtschaftssubjekte diesen Warenaustausch inzwischen in einem mehr oder weniger ähnlichen marktwirtschaftlichen Rahmen betreiben. Aber auch die Sprunghaftigkeit ist Ausdruck der im Zuge der Transformation gewandelten Verhältnisse. Es wäre ein Zufall gewesen, wenn die Aufwärtsentwicklung in den Austauschbeziehungen kontinuierlich verlaufen wäre. Der deutsch-polnische Handel entwickelt sich heute nicht mehr wie in der Vergangenheit, also zumindest tendenziell nach übergeordneten Plänen, sondern auf der Basis von Einzelentscheidungen der Unternehmen.

Und hier spielen in den letzten Jahren zunehmend private Firmen eine Rolle, deren Bedeutung sich nicht nur in dem hohen Beitrag zum polnischen Bruttoinlandsprodukt ausdrückt, sondern sich vergleichsweise noch stärker im polnischen Außenhandel widerspiegelt. Die privaten Firmen waren 1994 an der polnischen Einfuhr nämlich mit 66 Prozent beteiligt, an der polnischen Ausfuhr mit 51 Prozent. Bemerkenswert ist, daß die entsprechenden Anteile im deutsch-polnischen Handel noch einige Prozentpunkte höher liegen, nämlich bei rund 70 beziehungsweise 60 Prozent.

Allein in den Jahren 1991 bis 1994 hat sich – gemäß der deutschen Statistik – im deutsch-polnischen Warenaustausch ein kumulierter Saldo in Höhe von rund 2,5 Milliarden DM zugunsten Deutschlands aufgebaut. Es ist davon auszugehen, daß ein Teil dieses Saldos durch Kredite westdeutscher Lieferanten und Banken finanziert worden ist. Aber auch ganz unabhängig von diesem Saldo ist grundsätzlich festzuhalten, daß aufgrund der neuen ökonomischen Rahmenbedingungen in Polen Kreditfinanzierungen im deutsch-polnischen Handel wieder zur Normalität gehören.

Die Warenstruktur des deutsch-polnischen Handels in der ersten Hälfte der neunziger Jahre weist gegenüber den zurückliegenden Jahren gewisse qualitative Veränderungen auf. Bei den polnischen Importen aus Deutschland dominieren weiter technologieintensive Industrieerzeugnisse mit hoher Wertschöpfung insbesondere aus den Bereichen Elektromaschinen und Chemie. Die polnischen Exporte nach Deutschland zeichnen sich noch durch einen niedrigeren Verarbeitungsgrad aus.

Die niedrigere Verarbeitungsstufe der polnischen Exportwaren nach Deutschland resultiert nicht zuletzt aus der Tatsache, daß daran zu 60 Prozent private, überwiegend kleine Firmen mit Produkten hoher Arbeitsintensität beteiligt sind. Mitte 1994 sollen über 30.000 polnische Firmen etwa 2.300 Artikel nach Deutschland geliefert haben. In diesen Firmen engagiert sich verstärkt auch ausländisches Kapital. Dennoch sind beim polnischen Export „Veredlungsfortschritte" nicht zu verkennen, dies insbesondere in den Bereichen Elektromaschinen und Leichtindustrie. Der überwiegende Teil des polnischen Exportzuwachses in die EU und nach Deutschland geht auf den Anstieg von Fertigwarenexporten zurück. Der Anteil von Halbwaren und Vorprodukten am Export ist inzwischen geringer geworden.

Dies ist aber nicht allein das Ergebnis vermehrter Fertigwarenexporte, sondern auch des mit der EU abgeschlossenen Assoziierungsabkommens, das nur einen allmählichen Abbau der Importbeschränkungen für sensible Produkte aus Polen vorsieht. Weil die polnische Exportstruktur und die Wettbewerbsfähigkeit der polnischen Waren nach wie vor als unzureichend angesehen werden, sprechen polnische Autoren weiter von einer qualitativen Asymmetrie im deutsch-polnischen Warenaustausch, die erst längerfristig durch strukturelle Anpassungsprozesse in der polnischen Wirtschaft überwunden werden kann. Diese Asymmetrie sei Ausdruck gravierender Unterschiede zwischen den Wirtschaftspotentialen beider Länder und der bestehenden technologischen Lücke, die Polen durch Importe von High-Tech-Produkten, insbesondere aus Deutschland, zu schließen versucht. Von qualitativer Asymmetrie des Warenaustausches zwischen beiden Ländern wird aber auch gesprochen, weil nicht die intraindustrielle, sondern die interindustrielle Zusammenarbeit dominiert.

Ausländische Investitionen in Polen

Bisher stand Polen bezüglich ausländischer Direktinvestitionen quasi im Schatten von Ungarn und Tschechien, da diese beiden Länder als Investitionsstandorte von ausländischen Kapitalanlegern auch aus Deutschland bevorzugt wurden. In jüngster Zeit, so meldet die polnische Agentur für Auslandsinvestitionen, haben sich die ausländischen Direktinvestitionen deutlich erhöht. Bis Ende September 1995 haben sie ein Gesamtvolumen von fast sechs Milliarden US-Dollar ohne Investitionsverpflichtungen erreicht. Allein in den ersten neun Monaten des Jahres 1995 fand ein Kapitalzufluß in Höhe von 1,6 Milliarden US-Dollar statt, im gesamten Jahr 1994 lag der Betrag nur bei 1,3 Milliarden.

Von polnischer Seite wird beklagt, daß Deutschland seinen Spitzenplatz unter den ausländischen Kapitalanlegern nicht gehalten hat und statt dessen Unternehmen aus den Vereinigten Staaten den ersten Rang – gerechnet in Dollar – einnehmen. Mit bis Ende September insgesamt 614 Millionen US-Dollar liegen die deutschen Direktinvestitionen in Polen an zweiter Stelle.

Polen erwartet ein größeres, das heißt ein dem Potential entsprechendes Engagement der deutschen Wirtschaft und verweist auf eine ganze Reihe von Anreizen für deutsche Kapitalanleger: So hat sich durch Umschuldungsabkommen mit dem Pariser und dem Londoner Klub der Finanzstatus Polens deutlich verbessert. Zudem befindet sich Polens Wirtschaft seit vier Jahren im Aufschwung; der Privatsektor wächst und leistet bereits einen Beitrag von rund 60 Prozent zum Bruttoinlandsprodukt. Weitere Anreize für deutsche Kapitalanleger sind qualifizierte Arbeitskräfte und niedrige Löhne, die geographische Nähe eines relativ großen Marktes sowie die Lage Polens als Brückenkopf für eine Zusammenarbeit mit Staaten der GUS.

Kritische Analysen, auch von polnischen Verfassern, stellen durchaus in Frage, ob diese Fakten zur Stimulierung deutscher Investoren ausreichen. Im übrigen wird auf die Ergebnisse einer erst jüngst durchgeführten Unternehmensbefragung hingewiesen, die mehrere das Kapitalengagement in Polen behindernde Phänomene nennt: Bürokratie und Staatsinterventionismus, die bisweilen unklare Rechtslage, eigentumsrechtliche und steuerliche Instabilität sowie eine Demokratie, die noch mit Widersprüchen zu kämpfen hat.

Die „nackte" Zahl von 614 Millionen US-Dollar reicht im übrigen nicht aus, um die volkswirtschaftliche Bedeutung der deutschen Direktinvestitionen für Polen zu bewerten. Wichtig erscheint, daß mehr als ein Drittel der deutschen Investitionen in den ersten neun Monaten des Jahres 1995 durchgeführt wurde, was auf eine erhöhte Dynamik der jüngsten deutschen Aktivitäten schließen läßt. Noch wichtiger scheint aber, daß Deutschland in einer am Ende des dritten Quartals 1995 aufgestellten Liste von insgesamt 329 ausländischen Investoren, die jeweils mehr als eine Million Dollar in Polen angelegt haben, mit 71 Firmen vertreten ist.

Weiterhin muß beachtet werden, daß Direktinvestitionen unter einer Million Dollar in die Statistiken keinen Eingang gefunden haben, wodurch das deutsche Engagement stark unterzeichnet wird. Deutschland leistet mit seinen insgesamt über 4.000 Kapitalbeteiligungen einen wesentlichen Beitrag für die Entwicklung des Privatsektors in Polen, aber insbesondere auch für die Entstehung eines leistungsfähigen Mittelstandes. Positiv für die polnische Volkswirtschaft dürfte es auch sein, daß das deutsche Engagement vor allem in der Industrie stattfindet und fast über das ganze Land verteilt ist, während von den Direktinvestitionen einiger großer amerikanischer Firmen nur wenige Standorte profitieren. Als sehr bedeutsam ist das Engagement mehrerer deutscher Banken zu werten, die inzwischen von der polnischen Nationalbank Lizenzen erhalten haben. Ihre Dienstleistungen werden den deutschen Investoren vor Ort von Nutzen sein.

Belastung oder Herausforderung?

Die Bedeutung der Vergangenheit für die Gestaltung der Zukunft

Hans-Henning Hahn

Zum Traditionsverständnis europäischer Gesellschaften gehört die Vorstellung, daß sich die Zukunft aus der Vergangenheit heraus entwickelt. Wie soll man jedoch mit einer Vergangenheit umgehen, die als „schwierig" eingestuft wird oder mit der gar traumatische Erinnerungen verknüpft sind? Was ist von Traditionen zu halten, welche die Beziehungen zu Nachbarn vergiften? Die Unterscheidung zwischen „besseren" und „schlechteren" Traditionen erscheint da fast als eine Notwendigkeit. Denn einfacher als mit Traditionen zu brechen scheint es allemal zu sein, sie zu verändern, indem man sie neu interpretiert beziehungsweise die Traditionslinien anders zieht als bisher. Die Vergangenheit kann dann weiterhin Legitimationsfaktor für gegenwärtiges und zukünftiges Verhalten bleiben.

Die Beziehungen zwischen Völkern werden oft mit widersprüchlichen, ja konträren Geschichtsbildern beschrieben. Die unterschiedlichen Aussagen über das deutsch-polnische Verhältnis sind da ein fast klassisches Beispiel. Eine alte polnische Redewendung behauptet: „Jak świat światem, nigdy nie był Niemiec Polakowi bratem" – „Solange die Welt besteht, war niemals der Deutsche dem Polen ein Bruder." Eine ähnliche Aussage formulierte der militärische Rationalist General von Clausewitz 1831: „Nun gibt es aber kein Volk, gegen welches die Polen mehr Geringschätzung zeigten als das deutsche, hauptsächlich, weil es keines gibt, was einen stärkeren Gegensatz zu ihren National-Eigentümlichkeiten bildet. Ferner gibt es kein Volk, mit welchem Polen permanentere feindlichere Interessen hätte als Deutschland."

Was Clausewitz noch den Polen unterschob, erklärte Bismarck 1861 viel unverblümter und emotionaler: „Haut doch die Polen, daß sie am Leben verzagen; ich habe alles Mitgefühl für ihre Lage, aber wir können, wenn wir bestehen wollen, nichts anderes tun, als sie ausrotten; der Wolf kann auch nicht dafür, daß er von Gott geschaffen ist, und man schießt ihn doch dafür tot, wenn man kann." Das Stereotyp der deutsch-polnischen Feindschaft, das hier geschaffen wurde, argumentierte mit der Natur selbst und erhob so den Anspruch auf Unveränderlichkeit und ewige Gültigkeit.

Eine völlig konträre Aussage läßt sich diesen Behauptungen gegenüberstellen: Graf Ludwik Orpiszewski, ein polnischer Exilpolitiker des 19. Jahrhunderts, faßte seine Erinnerungen an die freundliche, nahezu enthusiastische Aufnahme, welche die polnischen Emigranten nach 1831 in Süd-, Mittel- und Westdeutschland fanden, in einem Satz zusammen, der die oben genannte Redewendung bewußt paraphrasierte, ja travestierte: „Jak świat światem, nigdy tak blisko Niemiec nie był Polakowi bratem" – „Solange die Welt besteht, war noch nie der Deutsche so eng dem Polen ein Bruder." Zur selben Zeit schrieb Johann Georg August Wirth, einer der Organisatoren des Hambacher Fests der deutschen Liberalen im Jahr 1832, von der Notwendigkeit eines „treuen Bündnisses des französischen, deutschen und polnischen Volkes" und erklärte: „Die Wiederherstellung Polens kann nur durch Deutschland geschehen. Unsere Nation ist hierzu moralisch und rechtlich verbunden, um die schwere Sünde der Vernichtung Polens zu sühnen; unser Volk muß die Wiederherstellung Polens aber auch wegen der eigenen Interessen zu seiner wichtigsten und dringendsten Aufgabe machen."

Zwischen zwei Extremen

Ewige Feindschaft und brüderliches Bündnis – zwischen diesen Extremen schwanken seit zweihundert Jahren die Interpretationen vom Wesen des deutsch-polnischen Verhältnisses. Je nachdem, zu welcher Seite der Interpretation das Pendel ausschlägt, gestaltet man die Gegenwart und stellt sich die Zukunft vor. Zunächst behielt das Stereotyp vom naturgegebenen deutsch-polnischen Gegensatz die Oberhand. Seitdem Wilhelm Jordan in einer berüchtigten Rede am 24. Juli 1848 in der Frankfurter Paulskirche die Deutschen zu einem „gesunden Volksegoismus" in ihrem Verhältnis zu den Polen aufrief und „deutsche Eroberungen in Polen" zu einer „Naturnotwendigkeit" erklärte, die durch den Gang einer tausendjährigen Geschichte hinlänglich bewiesen sei, war das Bild eines ewigen deutsch-polnischen Antagonismus über ein Jahrhundert lang fest etabliert. Ob deutscher Drang nach Osten oder deutsch-polnische Erbfeindschaft seit Jahrhunderten – historische Bilder schaffen Traditionen, die nur allzu oft als konkrete Handlungsanweisungen verstanden werden.

Ist es heute angesichts dieser Entwicklung nicht sinnvoll, derartige Traditionen bewußt zu verändern, indem man andere Geschichtsbilder in den Vordergrund stellt? Lassen sich in der deutsch-polnischen Beziehungsgeschichte nicht genügend Ereignisse und Vorgänge finden, mit denen sich ganz andere, friedlichere und freundlichere Bilder malen lassen? Es ist nicht schwer, bei genauerer Betrachtung deutsch-polnische Gemeinsamkeiten in vielen Bereichen der Geschichte aufzufinden: Die Grenze zwischen dem Königreich Polen und dem Heiligen Römischen Reich Deutscher Nation war jahrhundertelang, vom 14. bis zum 18. Jahrhundert, die ruhigste Grenze Europas, die unverändert blieb und um die keine Kriege geführt wurden; deutsche Einwanderer lebten seit dem Mittelalter in weitgehend friedlicher Symbiose mit ihren polnischen Mitbürgern in den Städten des Königreichs Polen; sächsische Kurfürsten herrschten als gewählte Könige der Adelsrepublik Polen; das Bündnis deutscher und polnischer Demokraten im 19. Jahrhundert von der deutschen Polenfreundschaft in den dreißiger Jahren des vorigen Jahrhunderts über die Waffenbrüderschaft auf den Barrikaden der Revolutionen von 1848/49 mit der Parole „Für Eure und Unsere Freiheit" bis zur Ersten Internationalen 1864 war von langer Kontinuität und schuf nahezu einen Mythos; es gab ständige gegenseitig befruchtende Kulturbeziehungen – deutsch war und ist die Sprache, in die am meisten aus dem Polnischen übersetzt wird.

Positive Traditionen

Um eine konstruktive, friedliche Zukunft im Verhältnis beider Völker zu gestalten, scheint es geradezu notwendig zu sein, diese verschütteten Traditionen freizulegen und mit ihnen ein neues, positives Geschichtsbild zu zeichnen. Erst wenn die negativen Bilder von der ewigen Feindschaft ersetzt worden sind durch das Wissen, „daß es in der jüngeren Vergangenheit auch herzliche Beziehungen zwischen beiden Völkern gab", wie es in einer deutschen Publikation zum 150. Jahrestag des polnischen Novemberaufstands von 1830/31 heißt, läßt sich eine Zukunft bauen; denn nur mit dem Bewußtsein, in einer „positiven" Tradition zu stehen, auf einer „guten" Vergangenheit aufzubauen und sie weiterführen zu können, läßt sich die Zukunft entwerfen. Ebenso wie die Bundesrepublik Deutschland erhebliche Anstrengungen unternommen hat, die vom Kaiserreich und dem Dritten Reich verschütteten parlamentarischen und demokratischen Traditionen in der deutschen Geschichte wiederaufzufinden und zu pflegen, um auf diese Weise eine historische Legitimation für die demokratische Staatsform zu erhalten, müssen ähnliche Traditionen auch in den Beziehungen zwischen Deutschen und Polen wiederentdeckt und reaktiviert werden. Die kollektive Erinnerung, die in vielen Gesellschaften gerade für die Beziehungen zu anderen Völkern von ausschlaggebender Bedeutung ist, muß neu, positiv besetzt werden.

Jedoch – bei allem guten Willen, der einem solchen Unterfangen sicherlich nicht abzusprechen ist – läßt sich das überhaupt bewerkstelligen, und ist es ratsam und nützlich? Besteht die Gestaltung der Zukunft wirklich darin, eine andere Vergangenheit als bisher zu konstruieren? Die möglichen Argumente für und wider sind keineswegs so einfach und eindeutig, wie es zunächst scheinen mag. Negative Stereotypen anderer Völker werden meist historisch begründet: „Sie sind so, denn die Geschichte beweist, daß sie schon immer so waren." Negative Stereotypen von den anderen brauchen konfrontative Geschichtsbilder, die von ewigen Feindschaften erzählen. Wenn wir also auf der einen Seite die negativen Stereotypen bekämpfen und ihre verhängnisvolle Wirkung auf die Menschen unterbinden wollen, dann müssen wir sie durch positive Stereotypen ersetzen; dies gelingt aber keineswegs, wenn wir nicht hierfür ein „historisches Unterfutter" entwickeln, denn positive Stereotypen benötigen die Geschichte ebenso wie negative Stereotypen, und erst deren Eliminierung garantiert eine friedlichere Zukunft.

Wahrheit nicht unterdrücken

Auf der anderen Seite, so läßt sich argumentieren, ist Geschichte nun einmal geschehen, man kann sie nicht im nachhinein ungeschehen machen. Zwar ist es richtig, daß der Begriff Geschichte eine doppelte Bedeutung hat: zum einen das Geschehene, zum anderen die Kunde vom und die Erinnerung an das Geschehene. Daß menschliche Erinnerung selektiv verläuft, manches verdrängt und vergißt, ist nur allzu bekannt. Aber kann man die Geschichte als das Geschehene auf diese Weise vergewaltigen? Weder die Beteiligung zweier deutscher Großmächte am Untergang des polnischen Staatswesens im 18. Jahrhundert noch die preußische Germanisierungspolitik, der Zweiten Weltkrieg oder die Vertreibung der Deutschen aus den Ostgebieten nach 1945 kann man doch ungeschehen machen. Es geht nicht an, so zu tun, als ob Polen und Deutsche sich immer gut verstanden hätten. Die historische Wahrheit läßt sich nicht unterdrücken. Eine Geschichtsklitterung bleibt auch dann eine Geschichtsklitterung, wenn sie aus guter Absicht geschieht.

Aber was heißt hier schon „historische Wahrheit? Beweist denn nicht die Entwicklung der Geschichtsschreibung, daß die Geschichte ohnehin ständig neu geschrieben und interpretiert wird? Sollen wir etwa für immer Sklaven des Geschehenen bleiben und damit Sklaven der Friedlosigkeit unserer Vorväter oder ihrer Unfähigkeit, ihre Welt und das Zusammenleben in ihr friedlicher zu gestalten? Da die Menschen sich in ihren kollektiven Einstellungen und Handlungen oft davon bestimmen lassen, was sie für eine sie verpflichtende Tradition halten, und da sie so gern im Einklang mit der Geschichte, so wie sie diese verstehen und im Gedächtnis behalten, leben wollen, muß man eben die Traditionen und Erinnerungen so gestalten, daß sie zu einem friedlichen, brüderlichen Verhalten befähigen. Schließlich soll doch die Geschichte kein Selbstzweck, kein Gefängnis sein, aus dem man nicht entrinnen kann.

Allerdings – kann oder darf man sich auf eine derart willkürliche Verfügbarkeit der Geschichte einlassen? Selbst wenn man zugesteht, daß es mit den besten Absichten geschieht – diese ganze Argumentation läuft darauf hinaus, daß nicht mehr historia magistra vitae, sondern eher historia ancilla vitae ist, und das ist letztendlich eine intellektuelle Unredlichkeit, die allen europäischen Denktraditionen entgegensteht. Lassen sich diese Widersprüchlichkeiten auflösen, indem man sich für die eine oder andere Argumentation entscheidet? Oder stecken wir in einer Sackgasse? Versuchen wir, die Problematik etwas differenzierender anzugehen.

Keine Kontinuitäten

Zunächst einmal – was versteht man eigentlich unter der Bezeichnung deutsch-polnische Beziehungsgeschichte? Die scheinbar einfache Antwort lautet: Es geht um die Beziehungen zwischen zwei benachbarten Nationen. Aber durch wen oder was werden Nationen in diesen Beziehungen repräsentiert? Wenn sich der Wettiner August der Starke und der Hohenzoller Friedrich der I. trafen, begegneten sich da zwei deutsche Kurfürsten von Sachsen und Brandenburg oder der König von Polen und der König von Preußen? Beziehungen zwischen Menschen und sozialen Gruppen sind ebenso komplex wie das menschliche Identitätsbewußtsein: Man war und ist nicht nur Pole oder Deutscher, sondern gleichzeitig Katholik oder Protestant, Bauer, Bürger oder Adliger, Angehöriger eines Berufsstandes, Sozialist, Liberaler oder Konservativer und so weiter. Wenn man sich entscheidet, daß vor allem der nationale Aspekt der Beziehungen interessiert, dann darf man erstens nicht vergessen, daß dies nur eine mögliche Ebene von Beziehungen unter anderen ist, zweitens ist zu fragen, was man in der jeweiligen Epoche unter „Deutscher" und „Pole" verstanden hat – dazu zählt beispielsweise die Frage, was man für gewichtiger hält, Staatsangehörigkeit oder Volkszugehörigkeit – und drittens muß man sich darüber im klaren sein, daß im konkreten Fall eventuelle Gemeinsamkeiten – oder Unterschiede – auf anderen Ebenen, seien sie beispielsweise konfessionell oder sozial, viel wichtiger sein konnten als der nationale Unterschied.

Solange es sich um die Beziehungen zwischen rechtlich klar zu definierenden Gruppen oder Institutionen wie Staaten, Regierungen oder Herrscher handelt, lassen sich noch klare Aussagen machen. Aber die Geschichte sowohl der polnischen wie der deutschen Staatlichkeit ist derart kompliziert, daß sich keine eindeutigen Kontinuitäten herstellen lassen. Die Dominanz nationaler Identität vor anderen möglichen Identitäten gilt ohnehin erst, und auch das nur mit Einschränkungen, seit dem 19. Jahrhundert.

Stereotyp Erbfeindschaft

Was hat es nun mit dem Geschichtsbild eines grundsätzlich antagonistischen deutsch-polnischen Verhältnisses auf sich? Es wäre sicherlich unsinnig, den in den letzten zweihundert Jahren wachsenden deutsch-polnischen Antagonismus leugnen zu wollen; es genügt, sich die mörderische deutsche Besatzungspolitik in Polen 1939 bis 1945 ins Gedächtnis zu rufen. Allerdings behauptet das Stereotyp von der deutsch-polnischen Erbfeindschaft nicht, daß es in einer bestimmten historischen Epoche einen deutsch-polnischen Konflikt gegeben habe, sondern daß der Antagonismus zwischen beiden Nationen schon immer, seitdem Deutsche und Polen Nachbarn sind, existiert habe, daß diese Beziehungen von Natur aus und in ihrem Wesen immer antagonistisch gewesen seien. Die friedlichen Perioden dagegen seien nicht nur die Ausnahme, sondern geradezu ein Ausweis der zeitweiligen Schwäche, und man habe sich da vom Gegner täuschen lassen. Die borussische Geschichtsschreibung mit Heinrich von Treitschke an der Spitze diskreditierte in der zweiten Hälfte des 19. Jahrhunderts dementsprechend die Polenfreundschaft der deutschen Liberalen in den dreißiger Jahren des 18. Jahrhunderts als undeutschen, unpatriotischen und letztlich unpolitischen Kosmopolitismus, der die nationalen Interessen verraten habe. Die deutsche Geschichtswissenschaft brauchte bis in die siebziger Jahre unseres Jahrhunderts, um sich von diesem Verdikt zu befreien.

Stereotypen fallen nicht vom Himmel: Das Stereotyp der ewigen Feindschaft zwischen Deutschen und Polen ist im 19. Jahrhundert und vor allem in dessen zweiter Hälfte in einem spezifischen historischen Kontext entstanden und bis nach dem Zweiten Weltkrieg fast ungebrochen wirksam gewesen – Gegenstimmen wurden nur vereinzelt und quasi als Minderheitenvotum laut. Um die polenfeindliche Politik preußisch-deutscher Regierungen und die antipolnische Einstellung bestimmter Gruppen der deutschen Gesellschaft zu begründen und zu legitimieren, ist das Bild der ewigen Feindschaft geschaffen und die entsprechende Geschichte hinzu konstruiert worden: seien es nun mittelalterliche Grenzkriege, die Auseinandersetzungen zwischen dem Staat des Deutschen Ordens und der polnisch-litauischen Union oder Streitereien zwischen deutschsprachigen Lutheranern und polnischsprachigen Katholiken. Irgend etwas ließ sich immer in dem reichhaltigen Reservoir der tausendjährigen deutsch-polnischen Beziehungsgeschichte finden.

Wenn wir heute der Ansicht sind, freundschaftliche Nachbarschaft fromme unseren Interessen mehr als expansive Aggressivität, und deshalb erklären, das Wesen der deutsch-polnischen Beziehungen habe in einer friedlichen Symbiose bestanden, wenn wir beteuern, daß es sich bei allen davon abweichenden Vorkommnissen doch im Grunde nur um beklagenswerte und – gemessen an dem langen Zeitraum nachbarschaftlicher Koexistenz – kurzfristige Verirrungen handle, dann tun wir das gleiche, nur umgekehrt. In beiden Fällen handelt es sich um das Bemühen, eine gültige Aussage über das Wesen und den tieferen Inhalt einer Beziehungsgeschichte zu machen, daraus eine Kontinuität zu konstruieren und diese als verpflichtende Tradition zu deklarieren: Denn so läßt sich diese vorgebliche Wesenhaftigkeit für gegenwärtiges und zukünftiges Handeln zum Maßstab erklären. Es handelt sich um die gleiche Stereotypisierung von Geschichte, bei der nicht nur harmlose Geschichtsbilder produziert, sondern aus denen auch fast immer Handlungsanweisungen abgeleitet worden sind, allerdings mit einer unterschiedlichen Gefährlichkeit der Folgen.

Erinnerung als konstitutives Element

Läßt sich, angesichts des offensichtlichen Dilemmas, wie mit widersprüchlichen Traditionen und der Stereotypisierung von Geschichte umzugehen ist, die Gegenwart und Zukunft allein aus sich selbst heraus zu gestalten? Kann man die Vergangenheit für abgeschlossen erklären und ihr einfach kein „Mitspracherecht" einräumen? „Laß die Toten ihre Toten begraben", heißt es im Matthäus-Evangelium. Können wir die Gegenwart zur tabula rasa erklären? Gibt es so etwas wie eine Stunde Null, den voraussetzunglosen Neuanfang? Kann man die Vergangenheit einfach durchstreichen, für irrelevant erklären?

Die Antwort lautet eindeutig: nein. Der Mensch lebt nicht nur in der Dimension der Zeit, sondern er hat auch ein aktives Bewußtsein von ihr, er kann sich die Welt und sich selbst nur mit einer Vergangenheit überhaupt vorstellen. Erinnerung ist ein konstitutives Element der conditio humana, und die Forderung nach historischer Voraussetzungslosigkeit geht an der Art und Weise vorbei, wie Gesellschaften mit Erinnerungen leben. Selbst wenn bestimmte Dinge verdrängt werden, die Erinnerung bleibt trotzdem weiterhin wirksam.

Sind wir also der Geschichte ausgeliefert? Die Antwort hängt davon ab, ob man Geschichte als Schicksal begreift, als etwas, das von einer nicht menschlichen Instanz eindeutig festgelegt ist, und wodurch die Vergangenheit quasi die Gegenwart und die Zukunft determiniert, ob man Geschichte und vor allem nationale Beziehungsgeschichte als einen ständigen „Kampf ums Dasein" versteht, dem niemand entrinnen kann, in dem es nur Sieger und Verlierer, nur Täter und Opfer – und eventuell noch Zuschauer – gibt.

Wie auch immer der Einzelne sich als Opfer, als Objekt historischer Ereignisse und Entwicklungen sieht, denen gegenüber er sich als machtlos empfindet – es ist nicht die Geschichte, die handelt und die verantwortlich zu machen ist für Unglück oder Glück, sondern es sind konkrete Menschen, deren Entscheidungen zu beurteilen sind. Polen ist 1945 nicht durch die Geschichte geographisch von Osten nach Westen und politisch von Westen nach Osten verschoben worden, sondern durch Entschlüsse, Vereinbarungen, Handlungen und Unterlassungen konkret benennbarer Staatsmänner. Kriege werden von konkreten Menschen begonnen beziehungsweise nicht verhindert, sie brechen nicht von selbst aus. Auch wenn wir uns angewöhnt haben, soziale Veränderungen als unpersönliche, anonym ablaufende Prozesse zu sehen – wie die konkreten sozialen Verhältnisse dann aussehen, wird von Menschen gestaltet.

Geschichte als Herausforderung

Geschichte ist nicht Schicksal, sondern Herausforderung – und damit kehren wir zu unserer Titelfrage zurück: Welche Rolle spielt die Vergangenheit für die Gestaltung der Zukunft? Geschichte als Herausforderung – damit ist nicht gemeint, daß man Geschehenes als ungeschehen erklären kann, und auch nicht, daß man Erinnerungen an Geschehenes verdrängen kann. Aber wie Vergangenes erinnert wird, welche Deutung wir für uns dem Geschehenen geben, das bestimmen die Menschen in der Gegenwart, nach den Wertkategorien, die sie für sich und ihre Zukunft als relevant empfinden. Insofern besteht die Rolle der Vergangenheit für die Zukunft nicht in positiver Traditionsbildung, sondern in einer Auseinandersetzung mit ihren vielfältigen Aspekten und ihrem reichen Angebot an Erfahrungen.

Die Geschichte ist keine Einbahnstraße hin zu unserer Gegenwart ohne mögliche Abzweigungen. In der Geschichte des wachsenden deutsch-polnischen Antagonismus hat es immer wieder Menschen beider Nationen gegeben, die ihre warnende Stimme erhoben haben, ob es die europäische Öffentlichkeit war, welche die Teilungen Polens als das Ende internationaler Rechtlichkeit interpretierte oder Ferdinand Gregorovius, der den „unklugen, ungerechten und wetterwendischen Abfall von der Sache der Polen" durch die deutschen Liberalen im Jahre 1848 mit Verbitterung kommentierte: „Denn Gott ist noch ironischer als Shakespeare."

Die Zukunft liegt sicherlich nicht in der Vergangenheit, indem wir uns sympathische Stimmen und Ereignisse herausfischen und andere vergessen oder für unwesentlich erklären. Menschliches Leid und Irren und Scheitern gehören ebenso zur Geschichte. Aber wenn es uns gelingt, die Vergangenheit zu zivilisieren, indem wir sie geistig erfassen und nicht wild wuchern lassen, dann kann sie zu einem Baustein der Zukunft werden. Die vollkommen neue Qualität der Beziehungen zwischen Polen und Deutschen seit den sechziger Jahren erweist sich gerade in den Bemühungen um einen bewußten Umgang mit einer letztlich doch gemeinsamen Vergangenheit. Die Offenheit des Dialogs zwischen Deutschen und Polen, seien es nun Historiker, Publizisten oder Politiker, über alle diesbezüglichen Aspekte gilt in vielen anderen Ländern zu Recht als beispielhaft. Die Anstrengungen, die viele Menschen in Polen und Deutschland in den vergangenen drei Jahrzehnten in diese Richtung unternommen haben, und die Ehrlichkeit, mit der dabei von beiden Seiten vorgegangen wurde, geben Anlaß zu berechtigten Hoffnungen, daß zumindest diese Lektion gelernt wurde.

Autoren

Dr. Dieter Bingen, Jahrgang 1952, wissenschaftlicher Referent für Polen am Bundesinstitut für ostwissenschaftliche und internationale Studien in Köln. Lehrbeauftragter für Politische Wissenschaft an der Universität Bonn. Stellvertretender Vorsitzender der Deutsch-Polnischen Gesellschaft Bonn.

Dr. Klaus Bolz, Jahrgang 1938, Wirtschaftswissenschaftler, Leiter der Abteilung Wirtschaftssysteme und Wirtschaftsbeziehungen osteuropäischer Länder am HWWA, Institut für Wirtschaftsforschung, Hamburg.

Dr. Erhard Cziomer, Jahrgang 1940, Professor für Internationale Beziehungen am Institut für Politische Wissenschaft der Jagiellonen-Universität Krakau. Seit 1990 stellvertretender Vorsitzender der Polnisch-Deutschen Gesellschaft in Krakau.

Dr. Veit Didczuneit, Jahrgang 1964, Historiker, Projektmitarbeiter der Ausstellung „Annäherungen. Deutsche und Polen 1945-1995".

Dr. Hans-Henning Hahn, Jahrgang 1947, Professor für osteuropäische Geschichte an der Carl-von-Ossietzky-Universität Oldenburg, Mitglied der deutsch-polnischen Schulbuchkommission.

Dr. Dr. h.c. Hans-Adolf Jacobsen, Jahrgang 1925, emeritierter Professor für politische Wissenschaft an der Universität Bonn, Vorstandsmitglied der Stiftung für deutsch-polnische Zusammenarbeit.

Dr. Uwe Keßler, Jahrgang 1962, Historiker, Projektmitarbeiter der Ausstellung „Annäherungen. Deutsche und Polen 1945-1995".

Adam Krzemiński, Jahrgang 1945, Publizist, Redakteur der Wochenzeitschrift „Polityka".

Dr. Andreas Lawaty, Jahrgang 1953, Historiker, Wissenschaftlicher Mitarbeiter am Deutschen Polen-Institut in Darmstadt, Vertreter des Direktors, Herausgeber der „Veröffentlichungen des Deutschen Polen-Instituts" und Redakteur der „Polnischen Bibliothek".

Grzegorz Leszczyński, Jahrgang 1956, Historiker, Projektmitarbeiter der Ausstellung „Annäherungen. Deutsche und Polen 1945-1995".

Ulrich Op de Hipt, Jahrgang 1953, Historiker, Wissenschaftlicher Mitarbeiter im Haus der Geschichte der Bundesrepublik Deutschland, Projektleiter der Ausstellung „Annäherungen. Deutsche und Polen 1945-1995".

Dr. Czesław Madajczyk, Jahrgang 1921, emeritierter Professor am Institut für Neuere Geschichte der Polnischen Akademie der Wisschenschaften, Vizepräsident des Internationalen Komitees zur Geschichte des Zweiten Weltkrieges.

Dr. Andreas Polkowski, Jahrgang 1949, Wirtschaftswissenschaftler, Leiter der Forschungsgruppe Wirtschaftsstruktur und -entwicklung osteuropäischer Länder am HWWA, Institut für Wirtschaftsforschung, Hamburg.

Dr. Joachim Rogall, Jahrgang 1959, Historiker, Wissenschaftlicher Mitarbeiter am Historischen Seminar der Johannes-Gutenberg-Universität Mainz.

Dr. Franciszek Ryszka, Jahrgang 1924, Professor für Politische Wissenschaft an der Universität Warschau, Mitglied der Polnischen Akademie der Wissenschaften.

Dr. Andrzej Sakson, Jahrgang 1952, Professor für Soziologie an der Adam-Mickiewicz-Universität in Posen, Wissenschaftlicher Direktor am West-Institut Posen.

Dr. Hermann Schäfer, Jahrgang 1942, Professor, Direktor der Stiftung Haus der Geschichte der Bundesrepublik Deutschland.

Dr. Helene Thiesen, Jahrgang 1956, Historikerin, Wissenschaftliche Mitarbeiterin im Haus der Geschichte der Bundesrepublik Deutschland, Projektmitarbeiterin der Ausstellung „Annäherungen. Deutsche und Polen 1945-1995".

Friedrich Griese übersetzte die Beiträge von Czesław Madajczyk und Andrzej Sakson aus dem Polnischen. Waleria Radziejowska-Hahn übersetzte die Bildlegenden und das Vorwort ins Polnische.

Literaturhinweise

Arndt, Claus: Die Verträge von Moskau und Warschau. Politische, verfassungsrechtliche und völkerrechtliche Aspekte, Bonn 1982.

Auswärtiges Amt und Bundesministerium des Innern in Zusammenarbeit mit der Botschaft der Republik Polen (Hrsg.): Die deutsch-polnischen Verträge vom 14. 11. 1990 und 17. 6. 1991, Bonn o. J.

Bartoszewski, Władysław: Es lohnt sich, anständig zu sein. Meine Erinnerungen. Mit der Rede zum 8. Mai, Freiburg 1995.

Bingen, Dieter: Deutschland und Polen in Europa. Probleme, Verträge und Perspektiven, Berichte des Bundesinstituts für ostwissenschaftliche und internationale Studien, Köln 1991.

Bingen, Dieter: Die Bonner Deutschlandpolitik 1969-1979 in der polnischen Publizistik, Frankfurt /Main 1982.

Bingen, Dieter und Wec, Janusz Józef: Die Deutschlandpolitik Polens 1945-1991. Von der Status-quo-Orientierung bis zum Paradigmenwechsel, Kraków 1993.

Bontschek, Frank: Die Volksrepublik Polen und die DDR. Ihre Beziehungen und ihre Probleme, Köln 1975.

Broszat, Martin: Nationalsozialistische Polenpolitik. 1939-1945, Stuttgart 1961.

Broszat, Martin: Zweihundert Jahre deutsche Polenpolitik, Frankfurt/Main 1972.

Buchhofer, Ekkehard und Kortus, Bronisław (Hrsg.): Deutschland und Polen. Geographie einer Nachbarschaft im neuen Europa, Frankfurt/Main 1994.

Dedecius, Karl: Zur Literatur und Kultur Polens, Frankfurt/Main 1981.

Dönhoff, Marion Gräfin: Polen und Deutsche - Die schwierige Versöhnung, Frankfurt/Main 1991.

Elsing, Ludwig: Sozialdemokratie und Polen. Die Polenpolitik der SPD bis zum Warschauer Vertrag, Bonn 1981.

Empfehlungen für die Schulbücher der Geschichte und Geographie in der Bundesrepublik Deutschland und in der Volksrepublik Polen, hrsg. v. Georg-Eckert-Institut für Internationale Schulbuchforschung, erweiterte Neuauflage, Braunschweig 1995.

Feindt, Hendrik (Hrsg.): Studien zur Kulturgeschichte des deutschen Polenbildes 1848-1930, Veröffentlichungen des Deutschen Polen-Instituts Darmstadt, Bd.9, Wiesbaden 1995.

Foschepoth, Josef (Hrsg.): Adenauer und die Deutsche Frage. Zwölf Beiträge, Göttingen 1988.

Friedrich-Ebert-Stiftung (Hrsg.): Schweigendes Grauen. Ehemalige NS-Vernichtungslager in Polen. Fotografiert von Axel Thünker, Bonn 1995.

Gutschow, Niels und Klain, Barbara: Vernichtung und Utopie. Stadtplanung Warschau 1939-1945, Hamburg 1994.

Hajnicz, Artur: Polens Wende und Deutschlands Vereinigung. Die Öffnung zur Normalität 1989-1992, Paderborn 1995.

Hirsch, Helga: Das Deutschlandbild in der unabhängigen Presse Polens, in: Osteuropa, 9, 1987.

Holzer, Jerzy: „Solidarität". Die Geschichte einer freien Gewerkschaft in Polen, hrsg. von Hans-Henning Hahn, München 1985.

Jacobmeyer, Wolfgang (Red.): Die Beziehungen zwischen der Bundesrepublik Deutschland und der Volksrepublik Polen bis zur Konferenz über Sicherheit und Zusammenarbeit in Europa (Helsinki 1975), XIX. deutsch-polnische Schulbuchkonferenz der Historiker vom 20. bis 25. Mai 1986 in Saarbrücken, Braunschweig 1987.

Jacobsen, Hans-Adolf (Hrsg.): Mißtrauische Nachbarn. Deutsche Ostpolitik 1919-1970. Dokumentation und Analyse, Düsseldorf 1970.

Jacobsen, Hans-Adolf / Schweitzer, Carl Christoph / Sulek, Jerzy und Trzeciakowski, Lech (Hrsg.): Bundesrepublik Deutschland - Volksrepublik Polen. Bilanz der Beziehungen. Probleme und Perspektiven ihrer Normalisierung, Frankfurt/ Main - Warzawa 1979.

Jacobsen, Hans-Adolf und Tomala, Mieczysław (Hrsg.): Bonn-Warschau 1945 - 1991. Die deutsch-polnischen Beziehungen, Köln 1992.

Kellermann, Volkmar: Brücken nach Polen. Die deutsch-polnischen Beziehungen und die Weltmächte 1939-1973, Stuttgart 1973.

Kleßmann, Christoph: Die Selbstbehauptung einer Nation. NS-Kulturpolitik und polnische Widerstandsbewegung, Düsseldorf 1971.

Kobylińska, Ewa / Lawaty, Andreas und Stephan, Rüdiger (Hrsg.): Deutsche und Polen. 100 Schlüsselbegriffe, München-Zürich 1991.

Korger, Dieter: Die Polenpolitik der deutschen Bundesregierung von 1982-1991, Bonn 1993.

Von Krockow, Christian Graf: Die Reise nach Pommern, Bericht aus einem verschwiegenen Land, München 1988.

Kubina, Michael und Wilke, Manfred (Hrsg.): „Hart und kompromißlos durchgreifen". Die SED contra Polen 1980/81. Geheimakten der SED-Führung über die Unterdrückung der polnischen Demokratiebewegung. Studien des Forschungsverbundes SED-Staat an der Freien Universität Berlin, Berlin 1995.

Lehmann, Hans Georg: Der Oder-Neiße-Konflikt, München 1979.

Lipski, Jan Józef: Zwei Vaterländer, zwei Patriotismen. Mit einem Vorwort von Gotthold Rhode, in: Kontinent, Nr. 22/1982.

Ludwig, Michael: Polen und die deutsche Frage. Mit einer Dokumentation, Bonn 1991.

Madajczyk, Czesław: Die Okkupationspolitik Nazideutschlands in Polen 1939-1945, Berlin 1987.

Madajczyk, Czesław unter Mitarbeit von Stanisław Biernacki u.a. (Hrsg.): Vom Generalplan Ost zum Generalsiedlungsplan, München 1994.

Miszczak, Krzysztof: Deklarationen und Realitäten. Die Beziehungen zwischen der Bundesrepublik Deutschland und der (Volks-) Republik Polen von der Unterzeichnung des Warschauer Vertrages bis zum Abkommen über gute Nachbarschaft und freundschaftliche Zusammenarbeit (1970-1991), München 1993.

Pailer, Wolfgang: Stanisław Stomma. Nestor der polnisch-deutschen Aussöhnung, Bonn 1995.

Pflüger, Friedbert und Lipscher, Winfried (Hrsg.): Feinde werden Freunde. Von den Schwierigkeiten deutsch-polnischer Nachbarschaft, Bonn 1993.

Plum, Werner (Hrsg.): Ungewöhnliche Normalisierung. Beziehungen der Bundesrepublik Deutschland zu Polen, Bonn 1984.

Reiff, Klaus: Polen. Als deutscher Diplomat an der Weichsel, Bonn 1990.

Roos, Hans: Geschichte der polnischen Nation 1918-1985, Stuttgart 1986.

Schade, Wulf (Hrsg.): Wider die geschichtlichen Vorurteile. Sammelband zu den Gedenkfeiern im ehemaligen KZ Auschwitz, Düsseldorf 1995.

Schieder, Theodor in Verbindung mit Adolf Diestelkamp u.a. (Hrsg.): Dokumentation der Vertreibung der Deutschen aus Ost-Mitteleuropa, 5 Bde., Bonn 1953-1961, unveränderter Nachdruck 1994.

Schweitzer, Carl Christoph und Feger, Hubert (Hrsg.): Das deutsch-polnische Konfliktverhältnis seit dem Zweiten Weltkrieg. Multidisziplinäre Studien über konfliktfördernde und konfliktmindernde Faktoren in den internationalen Beziehungen, Boppard 1975.

Sikora, Franz: Sozialistische Solidarität und nationale Interessen. Polen, Tschechoslowakei, DDR, Köln 1977.

Souchon, Lennart und Hirschmann, Kai (Hrsg.): Die deutsch-polnische Kooperation in Fragen der Sicherheitspolitik. Aufbauend auf den deutsch-französischen Erfahrungen. Diskussionspapiere des 1. Deutsch-Polnischen Workshops vom 28.- 30. November 1994 in Berlin, 1995.

Stehle, Hansjakob: Nachbar Polen, Neuausgabe, Frankfurt/Main 1968.

Stettin/Szczecin 1945-1946. Dokumente - Erinnerungen. Dokumenty - Wspomnienia. Hrsg. v. d. Ostsee-Akademie Lübeck-Travemünde u. d. Institut für Zeitgeschichte der Universität Stettin, Rostock 1994.

Strobel, Georg W.: Deutschland - Polen. Wunsch und Wirklichkeit, Bonn u.a. 1969.

Süssmuth, Hans (Hrsg.): Deutschlandbilder in Polen und Rußland, in der Tschechoslowakei und in Ungarn, Baden-Baden 1993.

Urban, Thomas: Deutsche in Polen. Geschichte und Gegenwart einer Minderheit, 3. aktualisierte Aufl., München 1994.

Van der Meulen, Hans (Hrsg.): Anerkannt als Minderheit. Vergangenheit und Zukunft der Deutschen in Polen, Baden-Baden 1994.

Zernack, Klaus: Preußen-Deutschland-Polen. Aufsätze zur Geschichte der deutsch-polnischen Beziehungen, hrsg. von Wolfram Fischer und Michael G. Müller, Berlin 1991.

Fotonachweis

Archiv für Kunst und Geschichte, Berlin, 34, 43 u., 44, 45, 46

Archiv der sozialen Demokratie, Bonn, 112

Associated Press, Frankfurt/Main, 135

Bundesarchiv, Koblenz, 24, 25, 27, 28, 29, 31, 32, 33 u., 37, 38, 40, 47, 78, 96, 102, 105, 107, 109, 122, 123, 155 o.

Deutsche Presseagentur, Bildarchiv Düsseldorf, 75

Deutsche Presseagentur, Bildarchiv Frankfurt/Main, 86, 89, 92 o., 93 u., 120, 126

Deutsches Historisches Museum, Berlin, 100

Dialog, Herausgeber: Bundesverband Deutsch-Polnischer Gesellschaften, Göttingen-Düsseldorf, 136

Droste Verlag GmbH, Düsseldorf, 138

Herbert Geisler, Salzgitter, 67

Paul Glaser, Berlin, 174

Brigitte Hiss, Berlin, 156 u.

Haus der Geschichte, 33 o., 42, 43 o., 53, 66, 68, 69, 71, 72, 74, 76, 85, 91, 92 u., 93 o., 97, 98, 99, 103, 106, 115, 116 o., 129, 131, 134, 148 o., 153, 154 u., 155u., 156 o., 157 o., 158, 159, 160, 161, 162, 163, 169, 172 u., 173, 175 o.

Historisches Archiv Krupp, Essen, 81

Jürgens Ost+Europa-Photo, Berlin, 121 u., 152

Jugendprojekt im Muskauer Park e.V., Bad Muskau, 175 u.

KNA-Bild, Frankfurt/Main, 82

Konrad-Adenauer-Stiftung, Sankt Augustin, 154 o.

B. Niedźnalski, 143

Politisches Archiv des Auswärtigen Amtes, Bonn, 26

Polska Agencja Prasowa, Warszawa, 30, 50, 110, 117, 130, 141, 142, 150

Aus: Peter Poralla: Unvergänglicher Schmerz, Freiburg 1987, 70

Presseagentur Sven Simon, Bonn, 140

Presse- und Informationsamt der Bundesregierung, Bonn, 64, 73, 88, 94, 114, 116 u., 121 o., 124, 125, 157 u., 166, 167, 168, 170

Privat, 128, 149 u.

Stadtarchiv Göttingen, 90

Tadeusz Stani, Warszawa, 146, 147, 148 u., 149 o., 164

Krzysztof Świderski, Opole, 137, 172 o.

Dokumente

Leihgeber

Wir bedanken uns für die Unterstützung bei der Realisierung der Ausstellung durch Schenkungen, Leihgaben und Fotorechte.

adidas AG, Herzogenaurach

Alfried-Krupp-von-Bohlen-und-Halbach-Stiftung, Essen

Arbeitsamt Göttingen

Archiv der sozialen Demokratie, Bonn

Archiv für Kunst und Geschichte, Berlin

Archiv Heimatkreis Stettin, Lübeck

Archiwum Akt Nowych, Warszawa

Archiwum Dokumentacji Mechanicznej, Warszawa

Archiwum Państwowe Szczecin

Archiwum PRL, Warszawa

Udo Arnold, Bad Münstereifel

Auswärtiges Amt, Dienststelle Berlin

Peter Baron, Opole

Baumwoll-centre Chemnitz GmbH i.L., Chemnitz

Prof. Dr. h.c. Berthold Beitz, Essen

Berliner Zeitung Dokumentation, Berlin

Biblioteka Narodowa, Warszawa

Biblioteka Sejmowa, Warszawa

Bibliothek zur Geschichte der DDR, Bonn

Bildarchiv Preußischer Kulturbesitz, Berlin

Bistum Aachen

Astrid Böcker, Frankfurt/Oder

Börsenverein des Deutschen Buchhandels e.V., Frankfurt/Main

Robert Bosch Stiftung, Stuttgart

Brandenburgische Landeszentrale für politische Bildung, Potsdam

Barbara Brandt, Hamburg

Brückenberger Trachtengruppe, Bonn

Bundesarchiv, Koblenz

Bundesarchiv, Abteilungen Potsdam, Potsdam

Bundesarchiv, Abteilungen Zehlendorf, Berlin

Bundesarchiv, Stiftung Archiv der Parteien und Massenorganisationen der DDR, Berlin

Bundesarchiv-Militärarchiv, Freiburg i.Br.

Bundespräsidialamt, Bonn

Bundesverwaltungsamt, Außenstelle Friedland

BVB Archiv, Dortmund

Centrum Teatru Studio, Galeria, Warszawa

Janina Chlebowska, Hamburg

Cricoteca, Krakow

Daimler-Benz, Aero-Space AG, Bremen

Karl Dedecius, Frankfurt/Main

Departament Archiwum Ministerstwa Spraw Zagranicznych, Warszawa

Die Deutsche Bibliothek Deutsche Bücherei, Leipzig

Deutsche Bischofskonferenz, Bonn

Deutsche Presseagentur, Bildarchiv Düsseldorf

Deutsche Presseagentur, Bildarchiv Frankfurt/Main

Deutscher Caritas-Verband, Freiburg i. Br.

Deutscher Fußball-Bund, Frankfurt/Main

Deutsches Bergbaumuseum, Bochum

Deutsches Filmmuseum, Frankfurt/Main

Deutsches Historisches Museum, Berlin

Deutsches Polen-Institut, Darmstadt

Deutsches Rundfunkarchiv, Frankfurt/Main – Berlin

Deutsches Rotes Kreuz, Generalsekretariat, Bonn

Deutsches Rotes Kreuz, Suchdienst Hamburg

Deutsches Sportmuseum, Berlin

Deutsches Theater Berlin

Deutschlandhaus Berlin

Deutsch Orden Hospitalwerk, Bonn

Deutsch-Polnische Gesellschaft Berlin e.V., Berlin

Deutsch-Polnisches Jugendwerk, Potsdam

Dialog, Herausgeber: Bundesverband Deutsch-Polnischer Gesellschaften, Göttingen-Düsseldorf

Dr. Veit Didczuneit, Bonn

Documenta Archiv, Kassel

Droste Verlag GmbH, Düsseldorf

Europa-Universität Viadrina, Frankfurt/Oder

Euroregion Pro Europa Viadrina Mittlere Oder e.V., Frankfurt/Oder

Filmmuseum Potsdam

Filmoteka Narodowa, Warszawa

Frankfurter Brücke e.V., Frankfurt/Oder

Friedrich-Ebert-Stiftung, Bonn

Freie Hansestadt Bremen

Herbert Geisler, Salzgitter

Georg-Eckert-Institut für Internationale Schulbuchforschung, Braunschweig

Georg-Westermann-Verlag, Braunschweig

Gerlach S.A., Warszawa

Główna Komisja Badania Zbrodni przeciwko Narodowi Polskiemu, Instytut Pamięci Narodowej, Warszawa

Galeria Plakatu, Krzysztof Dydo, Kraków

Galeria Sztuki Współczesnej Zachęta, Warszawa

Galerie Wolfgang Gmyrek, Düsseldorf

Galerie Klaus Staeck, Heidelberg

W. Górnicki, Warszawa

Grenzdurchgangslager Friedland

Ilse Gudden-Lüddeke, München

Horst Haitzinger, München

Haus Schlesien, Königswinter

Historisches Archiv der ARD, Frankfurt/Main

Historisches Archiv des Erzbistums Köln, Köln

Historisches Archiv Krupp, Essen

Hoch- und Tiefbauamt Görlitz

Instytut Prymasowski, Warszawa

Internationale Jugendbegegnungsstätte Kreisau, Grodziszcze

Jürgen Ponto-Stiftung, Frankfurt/Main

Jugendprojekt im Muskauer Park, Bad Muskau

R. Kaczmarek, Łódź
Bolesław Kałuza, Grodziszcze
Maria Kantor, Kraków
Heinz-Georg Kiesling, Frankfurt/Oder
Klub Inteligencji Katolickiej, Warszawa
KNA-Bild, Frankfurt/Main
Władysław Knap, Gdańsk
Gerd Kolbe, Dortmund
Konrad-Adenauer-Stiftung, Sankt Augustin
Ryszard Kopczyński, Wuppertal
Janusz-Korczak-Schule, Göttingen
Kreis Borken
Dr. Ernst Kretzschmar, Görlitz
Günther Kühnel, Nürnberg
Kulturstiftung des Freistaates Sachsen, Dresden
Landesbildstelle Berlin
Landesmuseum Schlesien e.V., Görlitz
Hauke Lange-Fuchs, Kiel
Reinhold Lehmann, Frankfurt/Main
Prof. Dr. Wiesław Lesiuk, Berlin
Grzegorz Leszczyński, Bonn
Malteser-Hilfsdienst, Köln
Martin-Opitz-Bibliothek, Herne
Maximilian-Kolbe-Werk, Freiburg i.Br.
Militärhistorisches Museum der Bundeswehr, Dresden
Nick Monro, Hamburg
Museum für Post- und Kommunikation, Berlin-Bonn
Museum Viadrina, Frankfurt/Oder
Museum Wustrow
Muzeum w Gorzowie Wlpk, Gorzów Wielkopolski
Muzeum Historyczne Miasta Krakówa, Kraków
Muzeum Historyczne Miasta Warszawy, Warszawa
Muzeum Narodowe, Warszawa
Muzeum Niepodleglości, Warszawa
Muzeum Plakatu, Warszawa
Muzeum Sztuki, Łódź
Muzeum Wojska Polskiego w Warszawie, Warszawa
Muzeum Ziemi Lubuskiej, Zielonna Góra
Nationalparkverwaltung „Unteres Odertal“, Schwedt
Leon Niemczyk, Łódź
Nowohuckie Centrum Kultury, Kraków
Oberschlesisches Landesmuseum, Ratingen
Ostpreußisches Landesmuseum, Lüneburg
Państwowy Teatr im. J. Słowackiego, Kraków
Państwowe Muzeum Oświęcim Brzezinka, Oświęcim
Pax Christi, Aachen
Klaus Pielert, Düsseldorf
Politisches Archiv des Auswärtigen Amtes, Bonn
Polnisches Institut, Düsseldorf
Polska Agencja Prasowa, Centralna Agencja Fotograficzna, Warszawa
Presse- und Informationsamt der Bundesregierung, Bonn

Przędzalnia Bawełny „Zawiercie“ Sp. z.o.o., Zawiercie

Dr. Andrzej Rawicki, Gliwice

Ernst Röhl, Zepernick

Joachim Rogall, Meckenheim

J. Romaniuk, Warszawa

Sankt Hedwig-Stiftung Dortmund-Wrocław, Dortmund

Peter Schilling, Apolda

Siemens-Archiv, München und Erlangen

Klaus Otto Skibowski, Sankt Augustin

Sportmuseum Leipzig

Stadtarchiv Frankfurt/Oder

Stadtarchiv Görlitz

Stadtarchiv Göttingen

Stadtarchiv Nürnberg

Stadt Frankfurt/Oder

Stadt Görlitz

Stadt Nürnberg

Stadtgeschichtliches Museum Leipzig

Städtische Kunstsammlungen Görlitz

Marian Stefanowski, Berlin

Stiftung Bundeskanzler-Adenauer-Haus, Rhöndorf

Stiftung „Fürst-Pückler-Park Bad Muskau", Bad Muskau

Stiftung Kreisau für europäische Verständigung e.V., Grodziszcze

Stocznia Gdańska S.A., Gdańsk

Stanisław Stomma, Warszawa

Straż Graniczna, Warszawa-Zgorzelec

Józef Szajna, Warszawa

Teatr Współczesny, Warszawa

Karl-Heinz Trescher, Berlin

Günther Uecker, Düsseldorf

Ullstein Bilderdienst, Berlin

Verein inter pares, Kamen

Willi Wilczek, Düsseldorf

Willy-Brandt-Archiv im Archiv der sozialen Demokratie, Bonn

Jan Ptaszyn Wróblewski, Warszawa-Bemowo

Ursula Zachariae, Eutin

Życie Warszawy, Warszawa